Kozljanič: Philanthropie als Maske der Macht

Reihe Zivilisationskritik und Befreiungsdenken

Robert Josef Kozljanič:

Philanthropie als Maske der Macht

—

Corona, Gates und das Geschäft mit der Angst

Ein Handbuch zur Enttarnung antidemokratischer Netzwerke

Albvnea Verlag Mvenchen

FSC
www.fsc.org
MIX
Papier aus verantwortungsvollen Quellen
Paper from responsible sources
FSC® C105338

Titelbild: „Bocca della Verità“

Seldeneckstr. 18
D-81243 München
www.albunea.de
info@albunea.de

Herstellung: Books on Demand GmbH, Norderstedt

ISBN 978-3-937656-31-1

INHALT

Einleitung

Warum ich diese Untersuchung schreiben musste

Ich bin Kulturwissenschaftler und Lebensphilosoph. Mein Hauptinteresse galt bisher nicht der Politik, der politischen Vernunft, dem aktuellen Zeitgeschehen oder den Konzerninteressen, sondern der Lebenserfahrung, der lebendigen Vernunft, der Kulturgeschichte und dem gelebten Leben. Wie sagte mein Großvater seinerzeit? „Zeitungsblatt – politisch Wort / weht ein jeder Wind hinfort.“ Ja, genau. Und weil das so ist, sollte jeder Philosoph, jede Philosophin weder mit dem Gesicht am Bildschirm kleben, noch auch jeder Mode und jedem Zeitgeschehen hinterherhinken. Wer, wenn nicht wir, die Philosophinnen und Philosophen, könnten es sich leisten, in größeren Maßstäben zu denken: zeitlich, räumlich, geistig? Wie ein Leuchtturm sein: den Kopf über Dunst und Gischt erheben, ein wenig mehr Überblick und Orientierung wagen, geben.

Immerhin steht die Philosophenzunft in einer zweieinhalbtausendjährigen Tradition und Diskussion. Das bringt natürlich nicht nur Vorteile mit sich. Aber es bringt *auch* Vorteile mit sich. Erst aus einer historisch versierten und gelassenen, zugleich aber auch kritisch zugewandten Distanz lassen sich Dinge überblicken und einordnen. Wichtiger noch: erst aus solch einer Distanz lassen sich *Zusammenhänge* sehen und *verstehen* – und, most important, nachhaltige Alternativen entwickeln.

All das heißt nicht, dass ich als Philosoph unpolitisch wäre – und mich nur im akademischen Elfenbeinturm aufgehalten hätte. Ein Elfenbeinturm ist kein Leuchtturm. Und mir war der Leuchtturm immer wichtiger. Es heißt auch nicht, dass ich am Zeitgeschehen uninteressiert gewesen sei. Sicher nicht. Auch würde ich nicht sagen, dass mich erst Corona aus einem Dornröschenschlaf geweckt hätte. Aus dem Dornröschenschlaf wurde ich schon viel früher geweckt. Allerdings nicht durch Küsse, sondern durch Schläge: durch geistige Schläge und desillusionierende Schocks. Und die Ereignisse gaben mir seitdem auch keine Chance, wieder in einen solchen Dornröschenschlaf zurückzufallen. Um nur eine paar Stichworte zu geben: Der Ober-Amigo Franz Josef Strauß bzw. die Stoppt-Strauß-Kampagne während meiner Schulzeit; dann Tschernobyl, Waldsterben, Ozonloch, Rinderwahnsinn, Genmanipulation und Patent-auf-Leben; auch völkerrechtswidrige US-Irak-Kriege, Jugoslawien-Kriege, Fukushima, durch

WikiLeaks und Snowden aufgedeckte US-Total-Überwachung und US-Kriegsverbrechen, aber auch Sozialabbau der Ära Kohl und die „Agenda 2010" von Gerhard Schröder alias „Genosse der Bosse", Klimawandel, islamistischer Terror – und jetzt, Ende Februar 2022, der völkerrechtswidrige Einmarsch der Russen in die Ukraine ...

Auch wenn mir dies erst nach und nach gelang, versuchte ich doch die Geschehnisse *gelassen aber zugewandt,* distanziert aber doch auch politisch verantwortungsvoll zu begleiten. Im eigenen Denken und Schreiben, gemeinsam mit Anderen in Gesprächen und Kontroversen, in Bürger- und Elterninitiativen, mit Vereinen und Vereinsgründungen, durch eigenes verantwortungsbewusstes Konsumverhalten und basisdemokratisches Engagement.

Mit der gleichen gelassen-distanzierten Zugewandtheit verfolgte ich die ersten Corona-Maßnahmen und die Corona-Politik. Obwohl mehr Fragen als Antworten im Raum standen, obwohl es viel zu hinterfragen und kritisieren gab, war doch spätestens dann, als immer mehr Intensivstationen am Rande ihrer Kapazitäten und einige sogar am Rande der Verzweiflung angelangt waren, klar: Dass das Corona-Virus (SARS-CoV-2-Virus) nicht mit dem harmlosen Schweinegrippen-Virus (Influenza-A-Virus H1N1) vergleichbar ist.[1] Und wenngleich, was die Anzahl der tatsächlich *an Corona* Verstorbenen betraf, von Anfang an nicht mit

---

[1] Dass die in ihren Verläufen harmlose Schweinegrippe v. A. eine Big-Pharma-WHO-Kampagne und ein gigantisches Geschäft mit Angst und Desinformation war, sollte spätestens seit der arte-Doku „Profiteure der Angst" von 2009 zum Allgemeinwissen gehören (und in höheren Schulklassen als solches vermittelt werden). Erst die Änderung der Pandemie-Definition durch die WHO während der Schweinegrippe (Abkoppelung des Pandemie-Status von der Zahl der Verstorbenen) verwandelte diese harmlosen Grippewelle in eine ‚Pandemie'. Vgl. hierzu: Wodarg, W.: Falsche Pandemien, Argumente gegen die Herrschaft der Angst. (Spiegel Bestseller Platz 1), München 2021, S. 79f u. 93f. – Das Schweinegrippe-Geschäft war bereits die zweite Big-Pharma-WHO-Kampagne. Die erste fand 2005/2006 statt. Hier wurde das Geschäft mit der Angst vor der Vogelgrippe und mit dem Medikament Tamiflu (Roche) gemacht. Faktisch sind 2005/2006 laut WHO-Angaben 122 Menschen an der Vogelgrippe gestorben; vgl. Schreyer, P.: Chronik einer angekündigten Krise. Wie ein Virus die Welt verändern konnte, Frankfurt a. M. 2020, 77-80. – Vgl. hierzu auch den Wikipedia-Artikel „Oseltamivir" (= Tamiflu), in: https://de.wikipedia.org/wiki/Oseltamivir – Abgerufen am 20.2.22. „Aus der ‚detaillierten Dokumentation' gehe hervor, die ‚Gesundheitsbehörden rund um den Globus' hätten sich ‚mit unvollständigen Unterlagen des Pharmakonzerns begnügt', als sie ‚für Milliarden Steuergelder Tamiflu' auf Vorrat einkauften. […] Zwei von der europäischen Zulassungsbehörde hinzugezogene Experten des belgischen Gesundheitsministeriums und des schwedischen Instituts für Infektionskrankheiten haben Verbindungen zu Roche. An der Ausarbeitung der WHO-Pandemieleitlinien waren auch Experten beteiligt, die zuvor an einer von Roche finanzierten Studie mitarbeiteten – diese Untersuchung gilt als wichtigstes Werk für den Nutzenbeleg von Tamiflu. Eine Auswertung von zehn Studien wurde maßgeblich von Roche-Mitarbeitern oder bezahlten Beratern verfasst."

sauberen Zahlen operiert wurde,[2] war trotzdem klar: Es sterben Menschen an Corona. Vor allem Ältere und Vorbelastete. Wie schlimm Corona wirklich ist, ist eine nach wie vor offene Frage. Aber eins steht trotzdem fest: Corona ist nicht harmlos. Folglich *musste* politisch gehandelt werden – vor allem auch wegen der von der Weltgesundheitsorganisation (WHO) festgelegten und novellierten Pandemie-Richtlinien. Da diese Situation neu war, gab es wenig Erfahrungswerte, auf die mensch sich hätte berufen können. Es gab keine bereits erprobten und/oder bewährten Konzepte. So kam es zu neuartigen und gravierenden Corona-Maßnahmen. Wegen dieser gravierenden Maßnahmen standen auch gravierende Fragen im Raum. Etwa: Welche Maßnahmen genau – und in welchem Umfang? Und: Rechtfertigt diese neue Situation Eingriffe in unsere Freiheits- und Grundrechte, wie wir sie so, zumindest seit dem zweiten Weltkrieg, nicht erlebt hatten?[3] Oder: Wäre es, auf's Ganze gesehen, nicht sinnvoller gewesen, den moderateren und freiheitlicheren schwedischen Weg zu gehen?

Diese meine – in meinem Leben erübte und erworbene – zugewandt-distanzierte Gelassenheit schien aber meinen Zeitgenoss/inn/en im Corona-Geschehen mehr

---

[2] Denn es wurden und werden nicht nur die tatsächlich *an* Corona Verstorbenen in den Sterbestatistiken erfasst, sondern auch die *mit* Corona Verstorbenen, d. h. Menschen, die nachweislich *an etwas ganz Anderem* gestorben sind (z. B. Krebs, Herzinfarkt, schweren chronischen Krankheiten…), aber zur Zeit ihres Ablebens u. A. auch mit Corona infiziert waren. Dies wurde erst möglich, nachdem die WHO die ärztlichen Richtlinien zum Ausfüllen des Totenscheins im April 2020 geändert hatte. Ein Beispiel. Angenommen, jemand mit schwerem Lungenkrebs bekam, geschwächt und todkrank, eine Lungenentzündung und starb, dann musste früher im Totenschein als Todesursache logischerweise „Lungenkrebs" vermerkt werden. Zu Beginn der Corona-Epidemie wurde dieses Verfahren von der WHO geändert. Jetzt musste *immer* Corona als Todesursache vermerkt werden, sofern sich nur irgendwie am Patienten das Covid-19-Virus nachweisen ließ. Damit wäre auch der Patient in meinem Beispiel offiziell an Corona und nicht an Lungenkrebs gestorben. Hier die Original-WHO-Richtlinie: „A death due to COVID-19 may not be attributed to another disease (e.g. cancer) and should becounted independently of preexisting conditions that are suspected of triggering a severe course of COVID-19." Und: „COVID-19 should be recorded on the medical certificate of cause of death for ALL decedents where the disease caused, or is assumed to have caused, or contributed to death." Siehe: International Guidelines for Certification and Classification (Coding) of Covid-19 Cause of Death (16.4.20), in: https://www.who.int/classifications/icd/Guidelines_Cause_of_Death_COVID-19.pdf – Abgerufen am 20.2.22. – Durch diese Definitionsänderung schnellten die Zahlen der ‚Corona-Toten' natürlich gewaltig nach oben. „Zur Erinnerung: In den USA hatten 94 Prozent der ‚COVID-19-Toten' mindestens eine, oft mehrere zum Teil massiv schwere Grunderkrankungen.": Reiss, K. u. Bhakdi, S.: Corona unmasked. Neue Zahlen, Daten, Hintergünde (Spiegel Bestseller Platz 1), Berlin 2021, S. 109.

[3] Laut Giorgio Agamben – er spricht hier für Italien, aber eben längst nicht *nur* für Italien – waren die Maßnahmen sogar drastischer als alle früheren Weltkriegs-Maßnahmen; vgl.: Agamben, G.: An welchem Punkt stehen wir? Die Epidemie als Politik, Wien u. Berlin 2021, S. 68.

und mehr abhanden zu kommen. Sowohl den offiziellen und offiziösen Funktionsträger/inne/n – sprich: Politiker/innen und Medienleuten – als auch meinen unmittelbaren Mitmenschen: Freunden, Arbeitskolleginnen, Verwandten. Politiker wie Markus Söder und Karl Lauterbach entwickelten sich zu Angstmachern und Katastrophenpropheten. Ihre Medienauftritte häuften sich unverhältnismäßig. Denn auch in den Leitmedien schien es nur noch *ein* Thema zu geben – und auch das wurde im Panikmodus behandelt.[4] Auf der anderen Seite dann die genauso hysterisierte Gruppe derer, die in Allem, aber auch wirklich Allem, eine politische Intrige, eine mediale Lüge oder globale Verschwörung sahen.

Zur Infektion durch das Corona-Virus gesellte sich eine zweite Infektion. Es war eine geistig-seelische Infektion namens Panik. Durch sie wurden wesentlich mehr Menschen infiziert. Diese Infektion war die geistige-seelisch Innenseite dessen, was die Politik äußerlich zum „Ausnahmezustand“ erklärte. Auch die meisten Philosophinnen und Philosophen wurden davon infiziert. Nur wenige meiner Zunft behielten einen einigermaßen klaren Kopf. Etwa Richard David Precht.[5] Oder die kanadische Ethik-Professorin Julie Ponesse. Sie lehrt seit 20 Jahren am Huron University College in Ontario, wurde als Nicht-Geimpfte beurlaubt und durfte danach den Campus nicht mehr betreten.[6] Und auch Giorgio Agamben, der, wegen seines Alters, selbst zur Risikogruppe zählte. Agamben reagierte am schnellsten und deutlichsten. Er schrieb im März 2020: „Es kam in der Vergangenheit zu schlimmeren Epidemien als der heutigen, aber niemand hatte jemals gedacht, deshalb einen Notstand wie den jetzigen auszurufen, der uns sogar

[4] Mich erinnerte das an die – mir aus historischen Quellen bekannte – mediale Kriegsberichterstattung aus der Anfangszeit des ersten Weltkriegs. Auch damals wurden die Menschen täglich mit aktuellen Frontberichten und -statistiken bombardiert und emotionalisiert. (Fast) ein ganzes Volk war auf Kurs gebracht, in den Ausnahmezustand versetzt und ‚fieberte' mit. Bis dann gegen Mitte und Ende des Krieges die Ernüchterung kam und die Wirklichkeit durchschien.

[5] „Im Podcast mit Markus Lanz vom 29. Oktober 2021 kritisierte Precht die Ausübung von Druck auf Menschen, die in freier Entscheidung eine Corona-Impfung für sich vorläufig oder grundsätzlich ablehnen, und betonte mehrfach, dass er Kinder niemals mit den neuartigen Corona-Impfstoffen impfen lassen würde, weil deren ‚im Aufbau begriffenes Immunsystem' nicht ‚manipuliert' werden dürfe. Precht sprach sich für einen vorsichtigen Umgang mit den ‚gentechnischen' Impfstoffen aus, da Wirkungen, die nach längerer Zeit sichtbar würden, noch nicht bekannt sein könnten. Für diese Äußerungen wurde Precht teilweise heftig kritisiert. […] Im Spiegel warf Marco Evers am 2. November 2021 Precht vor, ‚intellektuell abgestürzt' zu sein.“ Wikipedia-Artikel „Richard David Precht“, in: https://de.wikipedia.org/wiki/Richard_David_Precht – Abgerufen am 19.2.22. – Die Zukunft mag erweisen, wer hier wirklich intellektuell abstürzte.

[6] Vgl. Z. B. die von Bastian Barucker übersetzte Rede von Julie Ponesse „Warum entscheiden sich so viele für ein Leben in einem Käfig?”, in: https://blog.bastian-barucker.de/warum-entscheiden-sich-so-viele-fuer-ein-leben-in-einem-kaefig-dr-julie-ponesse/ – Abgerufen am 19.2.22.

daran hindert, uns frei zu bewegen. Die Menschen haben sich daran gewöhnt, unter Bedingungen einer ständigen Krise und eines ständigen Notstands zu leben. […] Eine Gesellschaft, die im ständigen Ausnahmezustand lebt, kann keine freie Gesellschaft sein. Wir leben in der Tat in einer Gesellschaft, die die Freiheit zugunsten sogenannter Sicherheitsgründe opfert".[7]

Sowohl an dem äußerlichen als auch an dem innerlichen Ausnahmezustand war die Politik beteiligt. Das Bundesinnenministerium hat strategisch Angst geschürt. In einem internen Strategiepapier („Verschlusssache") vom 18.3.2020 mit dem Titel „Wie wir COVID-19 unter Kontrolle bekommen" heißt es u. A.: „Wir müssen wegkommen von einer Kommunikation, die auf die Fallsterblichkeitsrate zentriert ist. […] Diese Mechanismen haben in der Vergangenheit sicher zur Verharmlosung der Epidemie beigetragen. Um die gewünschte Schockwirkung zu erzielen, müssen die konkreten Auswirkungen einer Durchseuchung auf die menschliche Gesellschaft verdeutlicht werden: […] Viele Schwerkranke werden von ihren Angehörigen ins Krankenhaus gebracht, aber abgewiesen, und sterben qualvoll um Luft ringend zu Hause. Das Ersticken oder nicht genug Luft kriegen ist für jeden Menschen eine Urangst. Die Situation, in der man nichts tun kann, um in Lebensgefahr schwebenden Angehörigen zu helfen, ebenfalls. Die Bilder aus Italien sind verstörend."[8]

Interessanterweise waren die Bilder aus Italien zwar verstörend, aber zugleich auch irreführend. Den größten Effekt hatte das Foto vom Militärkonvoi aus Bergamo. Was hatte es damit auf sich? „In Wahrheit war das Militär nicht etwa eingesetzt worden, weil Berge von Leichen nicht anders hätten transportiert werden können. Die Anzahl der Verstorbenen war damals nicht höher als bei manchen Grippewellen in Italien (Stand April Anfang 2020). Es war die Angst vor dem ‚Killervirus' genannten Erreger. Um Fakten zu schaffen, beschloss man die sofortige Einäscherung der an COVID Verstorbenen. Normalerweise werden in Italien aber nur die Hälfte aller Verstorbenen eingeäschert. Deshalb reichten die Kapazitäten des Krematoriums in Bergamo nicht aus und die Leichen mussten in umliegende Orte transportiert werden." „Ebenfalls aus Italien erreichte uns damals ein Foto mit mehreren Reihen von Särgen, auf denen eine rote Rose liegt, kombiniert mit dem Satz: ‚Vielleicht ein Grund, dass alle mal zuhause bleiben sollten'. Nur leider: Einen Zusammenhang mit der Corona-Pandemie gab es in diesem Fall gar nicht, das Foto stammt aus dem Jahr 2013 und zeigt die in einem

---

[7] Agamben, G.: a. a. O., S. 27f.

[8] https://fragdenstaat.de/dokumente/4123-wie-wir-covid-19-unter-kontrolle-bekommen/ – Abgerufen am 7.2.22. Das Zitat findet sich auf S. 13 der „Verschlusssache".

Flughafen-Hangar aufgereihten Särge ertrunkener Boots-Flüchtlinge auf Lampedusa."[9]

So kam es, dass sich zwei extreme Lager bildeten. Hier die alarmistischen Politiker/innen und Leitmedien, die sich immer mehr auf eine einseitige Corona-Propaganda einschworen und, wenig tolerant, alle Andersdenkenden als „Querdenker", „Corona-Leugnerinnen" oder „Verschwörungstheoretiker" zu diskreditieren versuchten. Und dort die ins mediale Abseits geschobenen, marginalisierten und teils auch paranoisierten Menschen, die sich und ihre Kritik mit Ausgrenzung, Diffamierung und Zensur konfrontiert sahen. Die Gesellschaft war damit gespalten. Ein offener Dialog war offiziellerseits nicht erwünscht. Das wiederum hatte zur Folge, dass auch gediegen-kritische Stimmen kaum mehr Gehör fanden. Diese gediegenen Stimmen fanden sich auf einmal im Lager der Ausgegrenzten wieder. Im Lager derer, die zwar irgendwie auch ‚kritisch' waren – aber auch hysterisiert, mit Zügen ins Paranoide, mancherlei abstruse Theorien aufnehmend, für wahr haltend und weiterleitend.

Und was gab und gibt es da nicht alles an abstrusen Theorien. Bekannte wiesen mich darauf, dass mit den neuen Gen-Impfstoffen zugleich Microchips in den Körper injiziert werden sollen: um alle Menschen zu markieren und zu überwachen. Eine Verwandte leiteten mir eine Sprachaufzeichnung einer angeblichen Kinderärztin weiter, die sich sicher war, dass die neuen Gen-Impfstoffe alle Geimpften für immer und ewig unfruchtbar machen würden. Und die Verantwortlichen deshalb einem Militär-Kriegs-Gericht überstellt werden sollten, wo ihnen sozusagen den ‚Nürnberger Prozess' gemacht werden sollte. Ein Arbeitskollege sagte mir, dass die PCR-Nasentests gefährlich seien, weil sie bis ins Gehirn dringen und dort irreversible Veränderungen bewirken würden. Ein Anderer behauptete allen Ernstes, dass es jetzt (laut irgendeiner Videonachricht) bewiesen sei, dass gesunde Geimpfte mit ihrer Atemluft Covid-Viren aussondern – und dadurch besonders für Ungeimpfte äußerst gefährlich seien. Diese und noch

---

[9] Siehe: Metzdorf, J.: Der Militärkonvoi aus Bergamo. Wie eine Foto-Legende entsteht (26.10.2021), in: https://www.br.de/kultur/wieso-das-foto-des-militaerkonvois-in-bergamo-fuer-corona-steht-100.html – Abgerufen am 15.2.22. Ähnlich verhielt es sich bei anderen Schocker-Fotos. „Aus New York erreichten uns Drohnenaufnahmen von Gruppenbegräbnissen auf Hart Island: einfache Holzsärge wurden eng beieinander in riesigen Gruben gestapelt, ganz ohne Abschiedszeremonien mit Angehörigen. Das wirkte wie der Kollaps des Bestattungssystems, wie ein Zivilisationsbruch, der Corona endgültig zur Katastrophe, zur Zeitenwende gemacht hätte. In den Särgen waren auch wirklich Corona-Tote, doch es waren Obdachlose, die keine Angehörigen hatten oder Arme, deren Angehörige sich kein anderes Begräbnis leisten konnten. Sie waren auch früher schon nach gleichem Prozedere auf der Insel beerdigt worden, ohne dass das irgendjemanden gekümmert hätte."

abstrusere Theorien – z. B. von sogenannten Impfmücken – kursierten und kursieren in den sozialen Netzwerken.

Es war und ist nicht leicht, in diesem alarmistischen und hysterisierten Spannungsfeld einen klaren Kopf und ein nicht verhärtetes, empathie- und empörungsfähiges Herz zu bewahren. Weil dieser Punkt so wichtig ist, wiederhole ich ihn, leicht variierend: So unverzichtbar ein klarer Kopf, so unverzichtbar ist auch ein nicht verhärtetes, empathie- *und* empörungsfähiges Herz. Gerade in Zeiten wie diesen. Denn die Corona-Politik hat, spätestens ab dem Moment, an dem sie zur leitmedial flankierten Corona-Propaganda wurde und sich auf ein Einheitsnarrativ einschwor, die Köpfe und Herzen gespalten. Und dadurch eine ausgewogene, vermittelnde Kritik und eine produktive demokratische Kontroverse verunmöglicht. Diese Corona-Politik hat nicht nur die Köpfe und Herzen gespalten, sie hat, schlimmer noch, den Herzenskompass von vielen Menschen dejustiert.[10] Es gibt elaborierte sozialpsychologische Methoden, um eine Dejustierung des Herzenskompasses von Vielen herbeizuführen. Eine sehr wirkungsvolle Art der Dejustierung ist die Politik der Angst und der Ausgrenzung. Der menschliche Herzenskompass reagiert sehr sensibel auf solche sozialsuggestive Einflüsse. Und Politik und Öffentlichkeits-Management („social engineering“) können sich dieser massenpsychologischen Methoden immer besser bedienen.

Schiebe ich mit dieser Darstellung und Interpretation gesellschaftlicher Spaltungsvorgänge den ‚Schwarzen Peter' zu sehr in Richtung offizieller Corona-Politik und leitmedialer Corona-Berichterstattung? Vergesse oder verleugne ich, dass es noch ganze andere Gruppen gab und gibt, die an einer gesellschaftlichen Spaltung mitarbeiten? Ja mehr noch: dass es Gruppen gibt, die diese Spaltung bewusst und strategisch herbeiführen und für ihre eigenen sinistren politischen Zwecke instrumentalisieren wollen? Nein, das vergesse oder verleugne ich nicht. Ich weiß, dass es z. B. im rechtsextremen Lager Bestrebungen gibt, um vermittels gezielter Des- oder Falschinformation unsere Demokratie zu spalten und zu destabilisieren. Rechtsextreme agieren dabei oft verdeckt, politisch und strategisch geschickt. Wie andere antidemokratische Kräfte auch (z. B. oligarchische, militärische, wirtschaftslobbyistische, scientologische, islamistische, parteikommunistische …) bilden sie Netzwerke aus, versuchen Institutionen und Medien zu unterwandern, gehen auf ‚Bauernfang', instrumentalisieren Meinungen – und eben auch Demonstrationen. Eine wachsame Demokratie muss solche

---

[10] Selbst der „Ethik-Rat“ hat, als er im Herbst 2021 das Einheitsnarrativ und seine mittelalterliche Sündenbock-Strategie übernahm, *philosophisch und emotional* versagt. Vgl. hierzu die hervorragende Analyse und Interpretation von: Imhof, A.: Der Ethik-Rat hat versagt (16.11.2021), in: https://multipolar-magazin.de/artikel/der-ethikrat-hat-versagt – Abgerufen am 15.2.22.

Bestrebungen genau beobachten. Dazu ist u. A. auch der Verfassungsschutz da. Und eine wehrhafte Demokratie muss spätestens dann, wenn diese Unterwanderung ein kritisches Maß erreicht – etwa die freie Meinungsbildung verunmöglicht, gravierende Verfassungsverstöße begeht, Menschenrechte verletzt oder die Gewaltenteilung gefährdet – intervenieren. Wir haben (zumindest in dieser Hinsicht noch) eine halbwegs wachsame Demokratie. Wir haben einen Verfassungsschutz; freilich einen Verfassungsschutz, der in der Vergangenheit, wenn es wirklich darauf ankam, auf seinem rechten Auge ein wenig blind war. Stichwort Oktoberfest-Attentat und NSU. Aber – und damit komme ich zu einer weiteren wichtigen Frage – Wieso wurde der Verfassungsschutz auf Corona-Demonstrierende angesetzt?

Ich versuche, es möglichst unbefangen zu sehen. Und da stellen sich mir die Corona-Demos so dar: Es gab und gibt seit Beginn der Corona-Maßnahmen viele Menschen, die gegen den Entzug ihrer Grund- und Freiheitsrechte demonstrieren – und auch gegen so manche politische Intransparenzen. Und es wäre in einer auch nur halbwegs funktionierenden Demokratie auch merkwürdig gewesen, wenn das nicht passiert wäre und nicht weiterhin passieren würde. Die Demonstrierenden sind ein Querschnitt durch die Gesellschaft, ein buntes Volk. Politisch links oder rechts oder in der Mitte stehende Menschen. Besorgte Eltern und Großeltern. Verantwortungsbewusste Bürgerinnen und Bürger mit und ohne Migrationshintergrund. Alte und junge Menschen, die den Rechtsstaat in Gefahr sehen. Menschen aus medizinischen Berufen, Lehrerinnen und Erzieher, Handwerkerinnen und Akademiker. Und natürlich auch ein paar Rechtsextreme und auch Einige, die absurden Theorien anhängen.

Nachdem es 2020 – nach Vorgaben und Absprachen zwischen Politiker/innen und Medien-Konzernen – zu einer neuartigen echten Zensur kam,[11] gibt es für viele Menschen noch einen Grund mehr zu demonstrieren: nämlich für Meinungsfreiheit. Und nachdem Ende 2021 die Bundesregierung ihr Versprechen gebrochen hat und direkt auf eine Impfpflicht zusteuert, sind nun noch mehr von Denjenigen dabei, die das Menschenrecht auf körperliche Unversehrtheit massiv bedroht sehen. Die meisten dieser Bedenken sind nicht aus der Luft gegriffen, sondern berechtigt. Die Sorgen sind nachvollziehbar. Und es ist auch leicht nachvollziehbar, dass bei vielen Menschen diese Sorgen eher zu- als abgenommen haben. Immerhin wurden fast sämtliche Grundrechte außer Kraft gesetzt oder stark eingeschränkt: so das Recht auf allgemeine Handlungsfreiheit, auf Religionsfreiheit, auf Freiheit der Lehre, auf Kunstfreiheit, auf Versammlungs-

[11] Z. B. dahingehend, dass Youtube alle Videos löscht, die corona-politisch nicht der WHO-Sicht entsprechen; oder dass Facebook auch bei gediegen-kritischen Beiträgen den Warnhinweis „Dieser Beitrag enthält Fehlinformationen" vorschaltet – wenn diese Beiträge nicht dem offiziellen Einheitsnarrativ entsprechen.

und Vereinigungsfreiheit, auf Berufsfreiheit, auf Eigentumsfreiheit, das Recht auf Unverletztlichkeit der Wohnung.

Nun hatten und haben die Politiker/innen und die im Corona-Gleichschritt mit ihnen gehenden Leitmedien seit 2020 nichts Besseres zu tun, als diese um ihre Rechte besorgten Menschen zu marginalisieren und, schlimmer noch, zu diffamieren. Es handele sich, so soll uns weiß gemacht werden, bei den Demonstrierenden v. A. um Rechtsextreme, um „Querdenker", „Corona-Leugnerinnen", um „Verschwörungstheoretiker". Also zugespitzt formuliert: die Demos bestünden v. A. aus Nazis und Schwurblern. Wer nur auf einer dieser Demos war, weiß, dass das nicht stimmt. Wer bisher nicht auf solch einer Demo war, aber ein wenig nachdenkt, sollte das ebenfalls wissen. Und wer bisher nicht nachdenken wollte, kann ja mal für sich und im stillen Kämmerlein versuchen, folgende Fragen zu beantworten: Wenn in einem Staat Freiheits-, Grund- und Menschenrechte massiv eingeschränkt werden, und keine/r demonstriert, ist das dann eine Demokratie? Oder: Wenn in einem Staat Freiheits-, Grund- und Menschenrechte eingeschränkt werden, gehen dann nur (oder fast nur) Nazis und Schwurbler auf die Straße? Das ist extrem unwahrscheinlich. Aber gut, selbst angenommen, es wäre so: Würden sich dann nicht – in diesem extrem unwahrscheinlichen Fall – die Nazis und Schwurbler *ausnahmsweise* für echt demokratische Werte einsetzen? Im Gegensatz zu all den anderen Lehnsessel- und Tagesschau-Demokrat/innen, die daheim bleiben, zuschauen und durch ihr Nicht-Aktiv-Werden weiteren Demokratie-Abbau dulden und unterstützen?

Irgendetwas stimmt doch da nicht. Was ist los? So muss sich ein einigermaßen unbefangener und vernünftiger Mensch fragen. Was geht da in unserem Land – und auch in anderen Ländern – vor sich? Da läuft doch etwas gewaltig aus dem Ruder. Welche Gefahr geht denn von diesen Demonstrierenden wirklich aus? Sie demonstrieren doch vor Allem für demokratische Normen und Rechte. Und die wenigen Nazis, die sich da drunter mischen, werden doch eh schon vom Verfassungsschutz beobachtet. Wo ist also die Gefahr? Könnte es sein, dass die Hauptgefahr für die Regierenden und die Leitmedien darin besteht, dass ihr Einheitsnarrativ relativiert wird? Und: Wäre das mehr eine Gefahr für die Einheitsnarrateure oder mehr eine Gefahr für die Demokratie?

Ich frage weiter: Wäre es schlimm, wenn das Einheitsnarrativ ein gutes Stück zurückgestutzt würde? Nicht unendlich weit, sondern nur so weit, dass sich die bisher verdrängten gediegen-kritischen Stimmen wieder zu Wort melden könnten und im öffentlichen Diskurs wieder gleichberechtigt Gehör fänden? Wäre es schlimm? Ich glaube: Nein. Ich glaube, es wäre ein Gewinn, ein demokratischer

Gewinn. Ein Gebot der Stunde. Ein Mehr an Meinungsvielfalt, ein Mehr an Vernunft.

Was haben die Politiker/innen denn zu befürchten? Die meisten Menschen und die meisten Parteien haben doch die Corona-Maßnahmen der Regierung bisher mitgetragen. Selbst die Leitmedien haben sich mit ihrer Kritik zurückgehalten, weit mehr als nötig und angemessen gewesen wäre. Vor was haben die Einheitsnarrateure also Angst? Wieso halten sie mit aller ihnen zur Verfügung stehenden Macht an ihrem Einheitsnarrativ fest? Und benutzen dazu Mittel, die weder einer echten Demokratie würdig, noch auch der tatsächlichen Situation angemessen sind: Propaganda-Methoden und Zensur, Diffamierung von rechtmäßig Demonstrierenden, Anprangern abweichender Meinungen? Selbst kleine Abweichungen vom Einheitsnarrativ werden moralisch geahndet und angeprangert. Was ist los? Wie konnte es so weit kommen?

Es waren solche und ähnliche Fragen, die mich umtrieben und stutzig gemacht haben. Gleichwohl habe ich zumindest bis in den Sommer 2021 die staatlichen Corona-Maßnahmen mitgetragen. Denn es ist leicht, von der Ferne aus das Eine oder Andere zu bemäkeln und besserwisserisch zu kommentieren. Aber wenn mensch die politische Verantwortung hat – wie unsere Corona-Politiker/innen sie hatten und haben; und wenn falsche politische Entscheidungen Menschenleben kosten können: dann stellt sich der Fall eben doch anders dar. Mir ging es wie so vielen Gleichgesinnten, die den Prozess kritisch begleiteten: Ich trug die Maßnahmen mit Geduld und gemischten Gefühlen mit. Trug sie halb und halb ertrug ich sie. Aber ich blieb wachsam.[12] Und so bemerkte ich, dass sich im Herbst 2021 etwas zu ändern begann.

Noch knapp ein Jahr zuvor, im Dezember 2020, hieß es, bei einer Impfquote von 60 bis 70 Prozent sei die Herdenimmunität erreicht. Und die Corona-Maßnahmen könnten dann schön langsam auslaufen. Die entsprechende Impfquote war im Herbst 2021 erreicht. Dann kam die vierte Infektions-Welle. Verursacht von der Delta-Variante. Sie war schlimmer als die vorherigen Wellen. Es war klar: Die Prognosen von 2020 waren komplett falsch. Doch warum? Ja, warum? Das wäre die entscheidende Frage gewesen. Und mensch hätte sie unbefangen, grundlegend und wissenschaftlich fundiert stellen müssen.

Doch noch ehe grundlegende Fragen gestellt wurden, ehe fundierte wissenschaftliche Zahlen erhoben werden konnten, fuhr das – nun ein wenig modifizierte und radikalisierte – Einheitsnarrativ dazwischen: „Die Ungeimpften

[12] Auch dank noch wachsamer und unbestechlicher Freundinnen und Freunde. Mein Dank gilt hier insbesondere Rudi, Susan, Heike und Dany. Danke Euch!

sind schuld. Sie sind die Pandemietreiber. Deshalb müssen noch mehr Menschen – am besten alle, auch Kinder – geimpft werden." Die alte schwarz-rote Regierung und das an die Weisung der Regierung gebundene „Robert Koch-Institut" lehnten es ab, diese Aussagen wissenschaftlich zu belegen. Saubere Zahlen, die zwischen infizierten Geimpften und infizierten Ungeimpften klar unterschieden, waren auch diesmal nicht erwünscht und wurden auch nicht erhoben. Doch die „United Kingdom Health Security Agency" erhob diese Daten für Großbritannien. Und dort zeigte sich: Geimpfte und Ungeimpfte stecken sich gleichermaßen an, ja, die Geimpften sogar ein bisschen mehr.[13] Als die Omikron-Variante kam, stieg die Zahl der infizierte Geimpften nochmals und zwar so, dass sich Geimpfte wesentlich öfters ansteckten als Ungeimpfte.[14] Was den Nutzen der Impfung in Frage stellte, aber offiziell nicht kommuniziert wurde. Stattdessen hieß es: Impfpflicht.

Auch die neu regierenden Parteien, SPD, Grüne, FDP, wollten diese Zahlen und diese Kommunikation nicht. Am 10.12.21 erfuhr ich, dass ein dementsprechender Antrag im Bundestag abgelehnt wurde. Der Antrag lautete: „Keine Entscheidung über Corona-Maßnahmen ohne ausreichende Datengrundlage über Wirksamkeit und Nebenwirkungen der Impfung". „Um über Corona-Maßnahmen und deren möglichen Umfang diskutieren und entscheiden zu können, müssen dem Bundestag ausreichend valide Daten über die Auswirkung der Krankheit als auch über die Wirksamkeit und die Nebenwirkungen der COVID-19-Impfstoffe vorliegen. Hierbei geht es insbesondere um die anteilige Infektionsrate von Geimpften und Ungeimpften, über Impfnebenwirkungen unterschiedlicher Altersgruppen, über Langzeitschädigungen von Erkrankten, sowohl als Folge der Impfung als auch einer Infektion mit dem Virus. [...] Die Bundesregierung ist zur Erfassung und Bereitstellung der Daten verpflichtet. Erfassung und Bereitstellung müssen frühestmöglich erfolgen, um die parlamentarische Diskussion über anstehende Änderungen des IFSG [Infektionsschutzgesetzes] faktenbasiert führen zu können."[15]

---

13 Siehe: https://www.gov.uk/government/publications/covid-19-vaccine-weekly-surveillance-reports – Abgerufen am 7.2.22. Vgl. die Statistik der 42. Kalenderwoche 2021, die als Entscheidungsgrundlage hätte relevant sein können (v. A. S. 13f.): https://assets.publishing.service.gov.uk/government/uploads/system/uploads/attachment_data/file/1027511/Vaccine-surveillance-report-week-42.pdf – Abgerufen am 7.2.22.

14 Beeindruckend auch die schottischen Zahlen, siehe S. 38, in:: https://www.publichealthscotland.scot/media/11223/22-01-19-covid19-winter_publication_report.pdf – Abgerufen am 7.2.22.

15 Deutscher Bundestag, Drucksache 20/193 vom 7.12.21, S. 1, in: https://dserver.bundestag.de/btd/20/001/2000193.pdf – Abgerufen am 8.2.22.

Doppelt zu denken gab, wieso solch ein Antrag überhaupt gestellt werden musste. Denn eigentlich verstünde sich das in einer funktionierenden Demokratie doch von selbst. Und, zweitens, wieso er erst im Dezember 2021 gestellt wurde. Doppelt zu denken gab auch, dass der Antrag von der AfD gestellt, von allen andern Parteien aber abgelehnt wurde. Ganz unabhängig davon wie mensch der AfD politisch oder persönlich gegenübersteht, muss hier doch wiederum gefragt werden: Was ist los in unserem Land? In einem Land, in dem *jetzt* die AfD die einzige (halb-demokratische) Partei ist, die in diesem so wichtigen Kontext auf ein vernünftiges und faktenbasiertes Vorgehen drängt – und alle anderen (angeblich voll-demokratischen) Parteien das ablehnen? Es bleibt hier nur eine Schlussfolgerung: Faktenbasiertheit und unvoreingenommene, demokratische Diskussion ist auch bei der neuen Regierung politisch nicht gewollt.

Zurück in den Oktober 2021. Wie gesagt: eigene solide Statistiken wurden nicht erhoben. Und solide Statistiken aus anderen Ländern – etwa Großbritannien – schienen nicht zu interessieren. Die Leitmedien und Politiker/innen hierzuland schwiegen dazu. Und die Verantwortlichen holten zum nächsten Schlag aus. Was sie noch vor einem Jahr versprochen hatten: dass es keine Impfpflicht geben würde (Jens Spahn: „Ich gebe Ihnen mein Wort“), dass Ungeimpfte nicht als Menschen zweiter Klasse behandelt werden würden, dass es keinen Immunitätsnachweis geben würde: all das war vergessen. Die Ungeimpften wurden – entgegen besserer wissenschaftlicher Erkenntnis – zu Sündenböcken gemacht und wie Menschen zweiter Klasse behandelt. Als Joshua Kimmich, Starspieler des FC Bayern, sagte, dass er nicht geimpft sei, sich aber an die Corona-Maßnahmen halte; und dass er auch kein Impfgegner sei, aber „persönlich noch ein paar Bedenken“ habe, „gerade, was fehlende Langzeitstudien angeht“, war das sein gutes Recht. Kimmich hat sich hierbei verantwortungsbewusst, differenziert und sehr vernünftig verhalten. Es half ihm nichts. Eine mediale und politische Hetzkampagne brach los. So als hätte er sich eines schweren moralischen Verbrechens schuldig gemacht. Die Einheitsnarrateure wollten ihn auf Linie bringen. Was schließlich gelang.

Der Herbst schritt fort, die Corona-Infizierten wurden mehr, die Intensivbetten wurden wieder knapp. Doch obwohl die Lage unter Kontrolle blieb, wurde wieder auf die Ungeimpften gehetzt. Sie seien schuld an der Verknappung der Intensivbetten. Nun lagen zwar im Herbst 2021– die britischen Zahlen zeigten es – etwas mehr Ungeimpfte als Geimpfte auf Intensiv. Doch wieder wurde nur den Ungeimpften der Schwarze Peter zugeschoben. Dass zwischen 2020 und 2021 – also mitten in der Corona-Epidemie – die bundesdeutsche Gesamtzahl der

Intensivbetten statistisch nachweislich reduziert wurde,[16] und dass das v. A. an einer politischen Entscheidung und Misswirtschaft lag, wurde verschwiegen. Stattdessen wurde die Angstkeule geschwungen und mit einem Triage-Szenario gedroht.

All das hat mich noch mehr zum Nachdenken gebracht. Diesen völlig aus dem Ruder gelaufen Kurs der Regierung und der Leitmedien konnte und wollte ich so nicht mehr mittragen. Hier war für mich eine demokratisch und ethisch verantwortbare Grenze überschritten. In diese Zeit, es war Oktober 2021, fiel auch ein Ereignis, das mich restlos vom Glauben an der Richtigkeit der offiziellen Corona-Politik und an die Gediegenheit der Leitmedien hat abfallen lassen. Ole Skambraks, ein langjähriger Mitarbeiter des öffentlich-rechtlichen Rundfunks (SWR/ARD) schrieb in einem offenen Brief: „Ich kann nicht mehr schweigen. Ich kann nicht mehr wortlos hinnehmen, was seit nunmehr anderthalb Jahren bei meinem Arbeitgeber, dem öffentlich-rechtlichen Rundfunk passiert. In den Statuten und Medienstaatsverträgen sind Dinge wie ‚Ausgewogenheit', ‚gesellschaftlicher Zusammenhalt' und ‚Diversität' in der Berichterstattung verankert. Praktiziert wird das genaue Gegenteil. Einen wahrhaftigen Diskurs und Austausch, in dem sich alle Teile der Gesellschaft wiederfinden, gibt es nicht.

Ich war von Anfang an der Ansicht, dass der öffentlich-rechtliche Rundfunk genau diesen Raum füllen sollte: den Dialog fördern zwischen Maßnahmenbefürwortern und Kritikerinnen, zwischen Menschen, die Angst haben vor dem Virus, und Menschen, die Angst haben ihre Grundrechte zu verlieren, zwischen Impfbefürworterinnen und Impfskeptikern. Doch seit anderthalb Jahren hat sich der Diskussionsraum erheblich verengt. […]

Das Ergebnis von anderthalb Jahren Corona ist eine Spaltung der Gesellschaft, die ihresgleichen sucht. Der öffentlich-rechtliche Rundfunk hat daran großen Anteil. Seiner Verantwortung, Brücken zwischen den Lagern zu bauen und Austausch zu fördern, kommt er immer seltener nach."[17]

Obwohl Skambraks in diesem offenen Brief völlig sachlich, vernünftig und ausgewogen argumentiert (ich werde auf seine Argumente später noch eingehen); obwohl er nur versucht, eine fairere und differenziertere Diskussion in Gang zu bringen; obwohl er mehr Fragen – allerdings stichhaltige und gewichtige – stellt, als er Antworten gibt: er wurde umgehend vom Dienst befreit und kurz darauf mit fadenscheinigen Begründungen gekündigt. Dabei fungierte Skambraks nicht als Redakteur oder gar Chefredakteur. Er war einer von vielen Mitarbeitern der ARD

[16] Vgl. hierzu die offizielle Statistik der „Deutschen Interdisziplinären Vereinigung für Intensiv- und Notfallmedizin", in: https://www.intensivregister.de/#/aktuelle-lage/zeitreihen – Abgerufen am 8.2.22.

[17] Skambraks, O.: Ich kann nicht mehr [schweigen], (5.10.21) in: https://multipolar-magazin.de/artikel/ich-kann-nicht-mehr – Abgerufen am 7.2.22.

– ohne Schlüsselfunktion oder Schlüsselposition. Er war also aufs Ganze gesehen nicht so wichtig. Eine kleine Stimme im großen öffentlich-rechtlichen Rundfunk und Fernsehen. Und er hat auch nichts Schlimmes gesagt oder getan. Und wurde trotzdem gekündigt. Wieso? Mir fällt nur eine vernünftige Erklärung ein: Um ein Exempel zu statuieren. Um die eigenen Leute und das Volk weiterhin auf Kurs zu halten. Dass ja keine/r ausschert.

Das versetzte mir einen Schock. Ich dachte bis dahin nicht, dass es mit den Leitmedien – vor allem mit den öffentlich-rechtlichen – soweit gekommen sei. Oder auch je soweit kommen könnte. Sofort unterbrach ich meine Herausgeber-Tätigkeit am „Jahrbuch für Lebensphilosophie", fror ein weiteres Buchprojekt ein und stellte auch alle anderen Arbeiten und Pflichten soweit als möglich zurück. Mir war klar: Ich kann nicht länger einfach nur zusehen. Ich muss etwas tun. Ich muss – so klein er auch sein mag – *jetzt* meinen Beitrag leisten. Ich muss nun in die Arena des Zeitgeschehens treten und mitkämpfen: für Menschlichkeit, für unsere Rechte, für eine echt-demokratische Zukunft.

In einem bisher nicht dagewesenen Umfang bezog ich nun als Lebensphilosoph und Kulturwissenschaftler massiv und direkt zeitpolitisch Position. Ich recherchierte, analysierte, skizzierte und schrieb – immer wieder er- und abwägend, immer wieder um Ein- und Überblick ringend. Mehr und mehr erwies und erhärtete sich, dass hinter der aktuellen Corona-Politik ganz andere Themen und Zusammenhänge zum Vorschein kommen: Machtpolitik und Manipulation der öffentlichen Meinung, Wirtschaftsinteressen und Konzerndominanz, global agierende Stiftungen und Netzwerke, gigantische Profite und Korruption. Und immer wieder tauchte Bill Gates, seine Stiftung, seine Unter- und Nebenorganisationen auf. Dabei zeigte sich, dass all dem ohne eine gediegene lebensphilosophische Machtkritik und ohne Analyse der machtpolitischen Zusammenhänge nicht beizukommen ist. Es ist nicht allzu schwer, irgendwelche Zusammenhänge globaler Netzwerke und Verfilzungen zu vermuten. Weniger leicht ist es, auf dieser Ebene tatsächliche Zusammenhänge auch minutiös aufzuzeigen und nachzuzeichnen. Denn die machtpolitischen Zusammenhänge sind hochkomplex und spielen auf verschiedenen Ebenen: ökonomischen, medialen, institutionellen, soziologischen, psychologischen, ...

So kam es zu diesem Buch, das Sie nun, werte Leserinnen und Leser, in Händen halten. Es ist ein aufgrund der drängenden Situation schnell gearbeitetes Buch. Mit allen Vor- und Nachteilen. Es stellt (m)einen Versuch dar, nachzuzeichnen und nachzuvollziehen, was passiert ist und wie es soweit kommen konnte. Und wie wir es in Zukunft besser machen können: demokratischer, menschlicher – und weniger autoritätsgläubig.

Mein thematisches Vorgehen ist dabei Folgendes: *Im ersten Teil* („Kritik der Über-Mächtigen und ihres Macht-Willens“) schaue ich mir genauer an, wie die mächtigsten Global Player – Superreiche wie Machtpolitiker – ticken. Es geht mir dabei in erster Linie um eine unverwässerte Machtkritik. Und das kann nur eine Kritik und Charakterologie der Mächtigsten und Reichsten sein, der Oligarchen und Super-Funktionäre. Also eine Kritik der „Machtelite“ (C. W. Mills), eine Kritik der „Super-Klasse“ (D. Rothkopf), eine Kritik der „Über-Mächtigen“ (R. J. Kozljanič) und ihrer Netzwerke. Diese meine Kritik ist historisch fundiert, zielt aber – direkt wie indirekt – ins Hier und Jetzt der Corona-Politik. Meine Kritik zeigt, dass die Über-Mächtigen fast ausschließlich gemäß einer antidemokratischen und unsolidarischen Logik agieren. Es ist, mit Friedrich Nietzsche gesagt, die Logik des „Willens zur Macht“, eine Logik der „Herren-“ und „Übermenschen“. Diese Logik – und die mit ihr engstens verknüpfte Strategie der gemeinwohlzersetzenden Disruption – gilt es in den Blick zu bekommen. Das wäre eigentlich gar nicht so schwer, wenn die Über-Mächtigen nur mit offenen Karten spielen würden. Daran ist ihnen aber aus verschiedene Gründen nicht gelegen. Vor Allem deswegen, weil es nicht gut für ihre Geschäfte wäre. Hierzu benötigen sie nämlich unter Anderem ein einigermaßen demokratie-konformes Image. Darin liegt auch der Grund, weshalb viele Über-Mächtige genau in dem Moment, wo ihnen ein gravierender Image-Schaden droht, eine ‚philanthropische‘ Stiftung ins Leben rufen – und sich so einer Philanthropie-Maske bedienen. Der superkapitalistische Wolf tarnt sich mit einem menschenfreundlichen Schafspelz. Das lässt sich – angefangen mit dem ersten us-amerikanischen ‚Philanthropen‘ Andrew Carnegie (1835-1919) bis zum heute mächtigsten ‚Philanthropen‘ Bill Gates (1955-?) – historisch gut nachweisen. Noch etwas werde ich im ersten Teil meiner Untersuchung zeigen: dass der antidemokratischen und unsolidarischen Logik der Über-Mächtigen eine demokratische und solidarische Idee gegenübersteht. Eine rousseauistische Idee. Diese Idee leuchtet aus sich selbst. Sie brauch keine künstliche Auratisierung durch Macht und Geld. Es ist die Idee einer demokratischen Gleichberechtigung und freiheitlichen Selbstbestimmung. Sie setzt Volkssouveränität und Gewaltenteilung voraus. Wohingegen die Machtlogik Kapitalsouveränität und Machtkonzentration voraussetzt. Zwischen der disruptiven Machtlogik und der solidarischen Freiheitsidee findet seit Langem ein dramatisches Ringen statt. Jede Seite versucht Krisen für sich zu nutzen: die Über-Mächtigen zur Machtvermehrung, die Solidarischen für demokratischen Freiheitszugewinn. Mit diesen drei Einsichten – dem Einblick in die Macht-Willens-Logik, dem Wissen um die Philanthropie-Maske und der Geschichte des dramatisch-freiheitlichen Ringens um mehr Demokratie – sind wir für den zweiten Teil meiner Untersuchung bestens gewappnet. Diese drei Einsichten sind meines Erachtens der Schlüssel zum Verständnis dessen, was macht- und konzernpolitisch Sache war (vor Corona) und Sache ist (mit Corona). Viele der oben gestellten Fragen lassen sich mit diesem Schlüssel in der Hand erst aufschlüsseln.

Im zweiten Teil meiner Untersuchungen („Disruption der Weltgesundheit: Die Gates-Stiftung und ihr Impfgeschäft") wird es dann noch konkreter und zeitbezogener. Hier analysiere und interpretiere ich die „Bill and Melinda Gates Foundation", ihre disruptive Unterwanderung des globalen Impfsektors inklusive „World Health Organization" (WHO). Letztlich geht es um Kontrolle und Ausbeutung globaler Lebens- und Gesundheitszusammenhänge. Ich werfe dabei aber immer auch Seitenblicke auf andere wichtige ‚gemeinnützige' Stiftungen wie etwa das „World Economic Forum", die „Rockefeller Foundation" oder die „Bertelsmann-Stiftung". Dieser Miteinbezug anderer Stiftungen, ihrer Ziele, ihrer ökonomischen, politischen und medialen Netzwerke ist wichtig. Weil sich nur so ein umfassenderes Bild ihres enormen weltumspannenden Einflusses ergeben kann. Und weil sich nur so sachlich und differenziert vor Augen führen lässt, was das Geschäftsmodell dieser Stiftungen ist. Denn, so wird zu zeigen sein, diese Stiftungen sind nur auf den ersten Blick das, wofür sie sich geben: gemeinnützige und philanthropische Veranstaltungen. Auf den zweiten und dritten und vierten Blick sind sie Netzwerke der Macht, Netzwerke der Über-Mächtigen, gut getarnte (und steuerbegünstigte) Super-Konzerne. Das mag für Manche übertrieben klingen. Deshalb vertröste ich die Leserschaft auf den zweiten Teil. In dem ich minutiös aufzeigen werde, wieso es kein Zufall ist, dass Bill Gates in der Corona-Zeit von 2020 bis 2021 sein Vermögen von 98 auf 134 Milliarden US-Dollar hochfahren konnte. Und warum das mit seinem gerissenen Geschäftsmodell – der Gates-Stiftung – zu tun hat. Und dass dieses disruptive Geschäftsmodell insgeheim auf Gemeinwohlausbeutung und Demokratieabbau setzt – und davon profitiert. Das, was uns allen an Macht, Einfluss und Geld entzogen wird, landet hinten herum auf den Konten der Über-Mächtigen, auf den Konten derer, die eh schon zuviel haben. Dabei bleiben nationale und demokratische Selbstbestimmung sowie soziale Gerechtigkeit auf der Strecke. Dabei werden, wenn es sein muss, auch globaler Frieden und globale Gesundheit geopfert. Um die Welt-Vorherrschaft einiger weniger Männer (ja, vor allem sind es Männer) und einiger weniger Großkonzerne auszubauen.

Im dritten Teil („Mehr Demokratie und Barfußdenken wagen: Politische und persönliche Schlussfolgerungen") wird zu fragen sein, wie wir gemeinsam den Über-Mächtigen und ihren Super-Konzernen das Handwerk legen können. Und zwar, indem wir uns – mehr und mehr – aus deren Machtlogik lösen und die Demokratie-Idee, energischer als je, begreifen und freiheitlich-dramatisch umsetzen. Es geht also um demokratische Politik *gegen* „Über-Menschen“, gegen Machteliten und korrumpierte Expertenmacht, gegen Spekulationsblasen und Impfblasen. Aber auch und vor Allem um demokratische Politik *für* Menschen, *für* ein schönes und gleichberechtigtes Miteinander und Füreinander. Politik *für uns* – nicht für Machteliten. Im Zuges dessen stelle ich einige Idealforderungen. Z. B. nach einer zeitgemäßen und umfassenden Gewaltenteilung, die erstmals – neben den drei klassischen Staatsgewalten Legislative, Judikative und Exekutive – eine vierte Gewalt (Medien), eine fünfte (Wirtschaft) und sechste Gewalt (Bildung) in die Pflicht nimmt. Und zwar so, dass eine Vermischung und damit Anhäufung von Gewalten verunmöglicht wird. Das setzt gesetzliche und ökonomische Eingriffe voraus, auch die Enteignung der Über-Mächtigen und ihrer Super-Konzerne. Den Idealforderungen folgen Realforderungen: Sonderstatus und Schutz von Enthüllungsplattformen wie WikiLeaks. Echte Demokratisierung des Internets bei gleichzeitigem Schutz der Privatsphäre mit Freiheitsstrafen für alle, die aus geschäftlichen, polizeilichen, geheimdienstlichen oder ähnlichen Gründen tracken und überwachen (mit strengsten Ausnahmeregelungen, die aber jederzeit einer demokratischen Kontrolle unterliegen). Und vor Allem: Flächendeckende Einführung von Volksentscheiden mit niedrigen Hürden; und zwar auf Gemeinde- und Länderebene, auf nationaler, europäischer und UN-Ebene. Da es aber – realistisch gesehen – noch sehr sehr lange dauern wird, bis die Idealforderungen umgesetzt sein werden; und da es immer noch lange dauern wird, bis die Realforderungen umgesetzt sein werden: weise ich auf eine dritte Option hin. Eine Option, die uns Menschen und Mitmenschen immer offen steht: mit den Füßen abstimmen. Ich nenne das Barfußwählen. Dem zur Seite steht das Barfußdenken. Wie wir gemeinsam und einzeln das Barfußwählen und Barfußdenken stärken und praktizieren können: das werde ich abschließend vor Augen führen. Zwei Fragen stehen dabei im Vordergrund. Erstens: Wie überwinden wir die uns von klein auf anerzogene Autoritätsgläubigkeit und gelangen so zur Selbstermächtigung? Und zweitens: Wie verwirklichen wir – mit Herz und Vernunft – einen echten Humanismus, eine Demokratie des befreiten Herzens?

Noch ein Wort zu meiner Vorgehensweise. Ich fahre sozusagen auf vielen Ebenen mehrgleisig. *Thematisch*, indem ich nicht nur das Hauptthema, sondern auch die damit zusammenhängenden Nebenthemen und die wechselseitigen Bezüge beleuchte. *Philosophisch*, indem ich nicht nur die spätkapitalistische Philosophie des Willens zur Macht, sondern auch die demokratische Philosophie der Solidarität und Mitmenschlichkeit betrachte. *Historisch*, indem ich machtelitäre und philanthro-kapitalistische Strategien nicht nur synchron, sondern auch diachron analysiere und interpretiere. *Quellenkritisch*, indem ich sowohl mit gediegenen wissenschaftlichen Werken und Aufsätzen (historischen, soziologischen, politologischen, medientheoretischen) arbeite, als auch mit journalistischen Quellen, sowohl aus den Leitmedien als auch aus alternativen Medien; wobei ich machtkritisch darauf achte, dass die benutzten Quellen möglichst vertrauenswürdig sind – und nicht durch zu großen Konzern- und Machtpolitik-Einfluss oder durch anderweitige antidemokratisch-ideologische Beeinflussung (z. B. aus dem rechtsextremen Milieu) kontaminiert. Und schließlich *lebensweltlich*, indem ich bewusst die Lebenserfahrungen meiner Mitmenschen sowie auch meine eigenen Lebenserfahrungen mit einfließen lasse, sie Ernst und beim Wort nehme.

Deshalb glaube ich, dass meine Argumentation gut aufgestellt und abgesichert ist. So dass – was keiner je ausschließen kann – wenn die eine oder andere Quelle sich später dennoch als halbseiden oder unzuverlässig herausstellen sollte, die Argumentation in ihren Grundzügen nicht entgleist. Denn, da mache ich mir nichts vor: Sollte dieses Buch auch nur einigermaßen Verbreitung finden, werden sich viele gerufene und unberufene ‚Faktenchecker' darüber her machen. Und es zerlegen. Damit am Ende die Über-Mächtigen und ihre Höflinge wieder ruhig schlafen können. Und der deutsche Michel in Ruhe weiterkonsumieren kann und nicht etwa auf die Idee kommt, für seine Rechte zu demonstrieren oder um seine Freiheit zu ringen.

WÄHREND WIR ZUSEHEN,
BAUEN SIE UNSEREN KÄFIG!

I. Kritik der Über-Mächtigen und ihres Macht-Willens

Idealtypische Machtkritik. Methodisches und Prinzipielles

Folgende Überlegungen zu Macht, Machtwillen und Korrumpiertheit-durch-Macht scheinen zunächst rein theoretisch zu sein. Sie wirken wie deduktive Setzungen oder dogmatische Konstruktionen. Und das wären sie auch, wenn sie für sich alleine stünden und nicht durch Fakten gedeckt wären. Meine Überlegungen haben realen, erschreckend realen Bezug. Sie beziehen sich auf konkrete Menschen, Organisationen, Machenschaften. In diesem Fall v. A. auf Bill Gates, seine Stiftung, seine Stiftungs-Netzwerke und ihre Strategie der Disruption der globalen Gesundheit im Impfsektor. Meine Überlegungen haben aber auch weiter reichenden historischen Bezug. Sie zeigen, dass Themen wie Machtelite, Machtkonzentration und Machtmissbrauch eine lange Tradition haben. Dass auch Superreiche und Über-Mächtige wie Bill Gates nicht vom Himmel gefallen sind. Und ihre Machtstrategien und Machtideologien auch nicht.

Meine Überlegungen haben also sowohl konkret-aktuellen wie historisch-weitreichenden Bezug. Von dort her, so hoffe ich, erhalten sie auch ihre Überzeugungs- und Schlagkraft. Dies bitte ich die Leser/innen gegenwärtig zu halten, wenn sie nachfolgende machtkritische Überlegungen lesen. Sie können aber auch die machtkritische Theorie sofort überblättern und mit dem konkreten zweiten Teil dieses Buches beginnen. Ist es doch der entscheidende Teil. Und von ihm her kann ja jede/r selbst seine/ihre eigenen machtkritischen Überlegungen anstellen. Das ist eh das Beste: Selber-Denken.

Meine Theorie der korrumpierenden ‚Über-Macht', meine Theorie der zu mächtigen ‚Über-Menschen' und ihres skrupellosen Willens zur Macht sollte als *idealtypisches Konzept* gelesen werden. Ein idealtypisches Konzept ist nicht die Wirklichkeit selbst. Denn die Wirklichkeit ist nur selten idealtypisch. Deshalb bin ich auch nicht der Meinung, dass alle Über-Mächtigen immer und überall skrupellos, macht-besessen und krank wären. Oder dass sie überall und immer nur hinterhältige Super-Geschäftsmänner und geldgierige Ausbeuter seien; also Menschen, die im Zweifelsfall *Alles* dem Business unterordnen: auch ihre

Weltanschauung und ihr Gewissen. Nein, so einfach ist es nicht. Wirklichkeiten und Menschen sind vielschichtiger, komplexer, ambivalenter.

Zudem sind viele Über-Mächtige heutzutage global-ökonomische Technokraten, „gefangen in einem Techniker-Tunnelblick, der für alles nur technologische und kommerziell verwertbare Lösungen“[1] sieht. Und die Frage wäre, ob diese Kommerz-Technokraten zu den gemeingefährlichen bzw. gemeinwohlgefährdenden Willen-zur-Macht-Menschen gezählt werden könnten. Paul Schreyer meint z. B. in Bezug auf Bill Gates und seine Rolle im Corona-Geschäft: „Auf geradezu idealistische Weise gab er sich überzeugt davon, das Profitstreben von gesichts- und kulturlosen Weltkonzernen ließe sich mit Menschenliebe und Altruismus in schönster Harmonie vereinen. Darin konnte man eine tragische Selbsttäuschung sehen. Ein eiskalter Schurke aber, der mit der Krise bloß Geld verdienen wollte, war Gates sicher nicht – eher ein mächtiger Mitspieler in einem vielschichtigen Netzwerk sehr verschiedener Interessen, die alle versuchen, die sich abzeichnende Situation eines weltweiten Ausnahmezustands für eigene Vorhaben zu nutzen.“[2]

Ich persönlich weiß nicht, ob Gates ein „eiskalter Schurke“ ist. Ich weiß, dass Paul Schreyer ein hervorragender Journalist und Denker ist, kritisch und mit klarem Blick und Augenmaß. Ich habe viel aus seinen Büchern und seinem mit anderen freien Journalisten betriebenen „Multipolar-Magazin“ gelernt. Und lerne stets dazu. Das Multipolar-Magazin ist m. E. eine der momentan wichtigsten und gediegensten journalistischen Internet-Plattformen. – Trotzdem denke ich, dass die Frage „Eiskalter Schurke, ja oder nein?“ in diesem Fall nicht den Punkt trifft. Bill Gates ist, allem zuvor, ein gerissener Super-Geschäftsmann. Und als solcher schreckt er auch vor gewissen Skrupellosigkeiten nicht zurück. Das lässt sich bei allen Super-Geschäftsmännern beobachten. Das bringt sozusagen ihr Job mit sich. Denn *nur* mit Geschick, Fleiß, Glück und fairem Wettbewerb kommt mensch nicht so weit. Ein Zitat des Soziologieprofessors Hans Jürgen Krysmanski bringt das auf den Punkt: „Ray Kroc, der die Würstchenbude der Brüder McDonald in ein Fastfood-Imperium verwandelte, wirft mit seinem Business-Credo […] ein Schlaglicht […]. Was sagte er über die Konkurrenz? *‚This is rat eat rat, dog eat dog. I'll kill ‘em, and I'm going to kill ‘em before they kill me.’* Über den Reichsten unter den Reichen der Gegenwart, über den virtuellen Räuberbaron der Jahrtausendwende, Bill Gates, kann ich aus Zeitgründen nur wenig sagen. Vielleicht nur, dass auch dieser Titan Ray Krocs Credo beherzigt.”[3]

[1] Schreyer, P.: Chronik einer angekündigten Krise. Wie ein Virus die Welt verändern konnte, Frankfurt a. M. 2020, S. 135. – Ein augenöffnendes Buch, das die Hintergründe der Corona-‚Pandemie’ ausleuchtet.

[2] Schreyer, P.: Chronik einer angekündigten Krise, a. a. O., S. 135.

[3] Krysmanski, H. J.: 0,1 %. Das Imperium der Milliardäre, Frankfurt a. M. 2015, S. 16.

Ich werde jetzt dazu auch nur wenig sagen, dafür im zweiten Teil meiner Untersuchungen umso mehr. Bei Gates zeigt sich seine Gerissenheit z. B. daran, dass es ihm mit Microsoft v. A. durch notorisch wettbewerbs-verzerrende und wettbewerbs-aushebelnde ‚Tricks'[4] gelang, Konkurrenten auszuschalten, eine monopolartige Vormachtstellung zu erlangen, um so einer der reichsten Männer der Welt zu werden. Von dieser Position aus kann er nun – elegant und souverän, subtil und unbremsbar – das von ihm eroberte gigantische Marktsegment global beherrschen und zu seinen Gunsten ‚weiterentwickeln'. Er hat die wichtigsten Fäden in der Hand. Mit anderen Worten: er kann sehr sehr viele Menschen und Institutionen knebeln und (beinahe) konkurrenzlos zur Kasse bitten, sprich: ausquetschen. Und das tut er auch.

Was für die allermeisten Über-Mächtigen gilt, scheint auch für Gates zu gelten: Der Idealismus hört dort auf, wo das Geschäft beginnt. Dies ist nichts allzu Verwunderliches, es ist einfach eine dem „Willen zur Macht" inhärente Dynamik: der Macht- und Markt-Zweck heiligt die strategischen Mittel. Und ein so superreicher, rein technokratisch verfahrender Machtmensch wie Gates ist gerade dann, wenn er, wie Paul Schreyer oben so treffend sagte, „tragischer Selbsttäuschung" erliegt, besonders gefährlich. Denn er hat zuviel Macht. Er ist inzwischen zwar ‚nur' mehr der viertreichste Mensch der Erde, insgeheim aber – was seine Marktkontrolle und Netzwerke betrifft – der mächtigste.[5] Keiner kann ihn wirklich kontrollieren. Er agiert über weite Strecken jenseits demokratischer Kontrolle und Legitimation. Global. Das ist nicht gut.

Und es zeigt: Über-Macht ist demokratisch nicht legitim. Ja mehr noch: Über-Macht ist verhängnisvoll und, wie die Geschichte zeigt, (potenziell) gemeingefährlich und zerstörerisch. Dabei bitte ich gegenwärtig zu halten: Ich argumentiere hier nicht gegen Macht als solche. Ich bin auch nicht der Meinung, dass Macht immer und in jedem Fall etwas Nur-zu-Kritisierendes und Rein-Ablehnenswertes sei. Meine Kritik richtet sich gegen Über-Macht, nicht gegen Macht. Wir werden Macht nicht aus der Welt schaffen. Sie gehört zum Leben. Sie gehört zum Menschsein. Schon die Eltern sind gegenüber ihren Kindern mächtig, sehr mächtig. Wo dieser elterlichen Macht nicht ein dementsprechendes Maß an Liebe und Verantwortung gegenübersteht, kippt das Verhältnis und es kommt zum

---

[4] Gavil, A. u. First, H.: The Microsoft Antitrust Cases: Competition Policy for the 21st Century, Cambridge 2014.

[5] Wie kommentiert Sven Böttcher? „Jaja, manchmal gilt Bill als der zweitreichste, manchmal der viertreichste, aber wenn wir fair sind und seine ‚gemeinnützigen' Stiftungs- und Beteiligungsnetzwerke richtig bewerten, ist er doch bitteschön der reichste." Böttcher, S.: Wer, wenn nicht Bill? Wer, wenn nicht wir? Anleitung für unser Endspiel um die Zukunft, München 2021, S. 158.

elterlichen Macht-Missbrauch. Die Eltern-Kind-Beziehung ist gewissenmaßen *die menschliche Grund-Situation* realer Macht-und-Verantwortungs-Verhältnisse. Darauf hat als Erster Hans Jonas (1903-1993) hingewiesen: „Das Urbild aller Verantwortung ist die von Menschen für Menschen. [...] und die Ur-Verantwortung der elterlichen Fürsorge hat *jeder zuerst* an sich selbst erfahren";[6] oder – bei elterlichem Macht-Missbrauch – auch nicht.

Politisch ist das ähnlich und doch anders. Denn hier geht es *nicht* um die menschliche Grund-Situation einer Eltern-Kind-Beziehung. Hier geht es um *eine gesellschaftlich-demokratische Grund-Konstellation*. Die Politiker haben es dabei nicht mit Kindern, sondern mit Erwachsenen und mit komplexen gesellschaftlichen Prozessen zu tun. Denn ihr Mandat und Delegat wurden ihnen – auf der Basis eines Gesellschafts-Vertrages – von den Wahlberechtigten *verliehen*. D. h. sie haben ihre Macht immer nur demokratisch, zeitlich und inhaltlich beschränkt, delegiert und mandatiert bekommen. Ihre Macht ist demokratisch gebunden und mit spezifischen Verantwortlichkeiten verknüpft. Die Hauptmacht bleibt (oder sollte bleiben) in Händen des souveränen Volks.

Wieder anders ist es aber im Falle einer demokratisch nicht legitimierten, rein plutokratischen Über-Macht und Über-Mächtigung. Hier fehlt die demokratische Legitimation. Hier versucht ein einzelner Oligarch soviel Macht als möglich dem Volk zu entwenden und auf seinem Konto zu horten. Und hier besteht ein andauerndes Missverhältnis zwischen Macht und Verantwortung. Die Über-Mächtigen können beinahe tun und lassen, was sie wollen und tragen dabei (in Relation) nur wenig Verantwortung. Und selbst aus dieser wenigen Verantwortung können sie sich im Ernstfall – wenn sie also ausnahmesweise einmal zur Verantwortung gezogen werden sollten – mit ihrem Zuviel an Geld geschickt davonstehlen, freikaufen, mit juristischen Tricks freiboxen. Macht muss also – soll sie nicht pervertieren – demokratisch legitim und rückgebunden sein. Und das Maß an realer Macht, das Mächtige demokratisch-legitim in Händen halten, muss dem Maß an realer Verantwortung – an persönlich zu Verantwortendem – entsprechen. – Zurück zu Gates und seinen Geschäftsmethoden.

Ein Beispiel: Landeshauptstadt München gegen Microsoft

Die Stadt München hat ab 2003 versucht, sich von Microsoft unabhängig zu machen, Lizenzkosten einzusparen und ihre Rechner mit linux-basierter freier

[6] Jonas, H.: Das Prinzip Verantwortung, Frankfurt a. M. 1984, S. 184f.

Software (OpenOffice / LibreOffice) auszustatten. Das ganze Projekt hieß LiMux, ein Wortspiel aus Linux und „Mux“ für München. Ein sehr hoffnungsvolles Projekt. Die Frage war: Gelingt es auf Stadtebene, sich von einem übermächtigen US-Giganten unabhängig zu machen? LiMux funktionierte recht gut – auch dank der eigenen IT-Abteilung. Zwar gab es die einen oder anderen Kompatibilitätsprobleme. Aber damit ließ sich durchaus leben.[7] Laut Stadt wurden Millionen eingespart, die Fehlerquote ging zurück. Doch 2017 wurde im Stadtrat entschieden, bis 2020 wieder zu Microsoft zurückzukehren.[8] Damit wurde die Stadt ‚rückfällig' und zählt nun wieder zum Kreis der abhängigen Microsoft-Abonnenten. Kritik kam von vielen Seiten. Z. B. auch von Christine Prayon bei der Dieter-Hildebrandt-Preisverleihung. Doch diese Kritik fand in den Leitmedien kein großes Echo.[9]

Mir sind die tatsächlichen Hintergründe dieser ‚Rückfälligkeit' und Rückkehr zu Microsoft nicht bekannt. Die diesbezüglichen Entscheidungen und Motive des Stadtrats bleiben diffus und widersprüchlich. Manches wurde inzwischen auch wieder revidiert. Aber eines weiß ich sehr genau: In einem europäischen Software-Markt, der nur von einigen wenigen us-amerikanischen Konzernen kontrolliert wird – und in diesem Fall von Microsoft dominiert – wurden in jahrzehntelanger Arbeit von diesen Quasi-Monopolisten die Marktbedingungen so arrangiert, dass sich freie Konkurrenzsysteme nur schwer halten können.[10] Auch sind die lobbyistischen und quasi-lobbyistischen Möglichkeiten von Microsoft unvergleichlich groß. Manche vermuten, die ‚Rückfälligkeit' könnte mit dem Microsoft-Umzug nach München-Schwabing Ende 2013 zu tun haben.[11] Wie auch immer. Eines steht fest: selbst eine finanzstarke Stadt wie München kommt, obwohl sie es versucht hat, offensichtlich nicht von Microsoft los. Doch all das hat mit freiem Wettbewerb nichts zu tun. Und erst recht nichts mit einer demokratisch gerahmten sozialen Marktwirtschaft. Hier sind globale Abhängigkeits- und Ausbeutungsverhältnisse systemimmanent vorprogrammiert. Weil eben einige wenige Über-Mächtige zu viel Macht haben. Die nationalstaatlichen und europäischen Kartellbehörden sind zu schwach, um hier effektiv gegensteuern und demokratisch gerahmte Marktstandards garantieren zu können. Die Prozessliste gegen Microsoft ist lang. Wieviele Millionen auch jedes Jahr gezahlt werden

---

[7] Die oppositionelle CSU versuchte die Probleme natürlich aufzublasen – und fand dafür auch Presse.

[8] Vgl. Wikipedia-Artikel „LiMux“: https://de.m.wikipedia.org/wiki/LiMux – Abgerufen am 15.1.22.

[9] https://medienblog.hypotheses.org/5735 – Abgerufen am 15.1.22.

[10] Vgl. Dobusch, L.: Windows versus Linux: Markt – Organisation – Pfad, Wiesbaden 2008.

[11] https://www.manager-magazin.de/unternehmen/artikel/microsoft-verlagert-deutschland-zentrale-nach-muenchen-a-995814.html – Abgerufen am 15.1.22.

müssen: Microsoft verteidigt sich juristisch, zahlt, wenn es nicht anders geht, kommt aber immer davon.[12]

Diese Abhängigkeit ist sowohl auf realer wie auch auf symbolischer Ebene unfassbar. Auf realer, weil eine Stadt wie München ihren *gesamten* Datenverkehr vermittels eines us-amerikanischen Konzerns abwickelt und ihn damit – zumindest potenziell – in die Hand eines Global Players gibt, von dem spätestens seit Edward Snowdens Enthüllungen bekannt sein sollte, dass er und Seinesgleichen – zumindest potenziell – mit US-Geheimbehörden kollaborieren, welche ihrerseits alles Andere als deutsche oder europäische Interessen verfolgen.[13] Darauf, dass deutsche Behörden ihre Daten auf us-amerikanischen Clouds – z. B. die Bundespolizei die Aufzeichnungen ihrer Bodycams auf Amazon Web Services – speichern, sei nur im Vorbeigehen verwiesen.[14] Auf symbolischer Ebene ist diese Abhängigkeit unfassbar, weil sie zeigt, dass wir einen us-amerikanischen Über-Mächtigen und Über-Mächtiger bedenkenlos (Teil-)Zugang zum Herzstück städtischer und staatlicher Informationen geben. Wir vertrauen also – zumindest potenziell – einer global agierenden Geschäftshyäne und ihrem algorithmisch perfektionierten Marktüberwachungs- und Profitmaximierungssystem sensibelste Daten an. Wir vertrauen damit einem, dem mensch unter keinen Umständen vertrauen sollte. Auf dieser Ebene zu vertrauen ist, schlicht gesagt, dumm und fahrlässig zugleich. Solch ein städtisches und staatliches Verhalten ist weder demokratisch legitimiert noch überhaupt demokratisch legitimierbar. Wir *sehen* all dies nur nicht. Wir sind auf diesem Auge blind, weil wir meinen, Microsoft *sei normal.* Weil eben so viele Menschen Microsoft auf ihrem Rechner haben. Weil das eben so *ist.* Doch genau das ist ein weiterer Trick der über-mächtigen Global Player. Sie versuchen still und heimlich, die für sie und ihre Profitmaximierung günstigsten Standards zu setzen und zur ‚Normalität' werden zu lassen. Das ist klug und gerissen. Denn über das ‚Normale' denkt keine/r mehr groß nach. Mensch nimmt es einfach für *gegeben.*

---

[12] Vgl. Wikipedia-Artikel „Microsoft" in: https://de.wikipedia.org/wiki/Microsoft#Kritik – Abgerufen am 15.1.22.

[13] Hätte vor Snowden jemand gesagt, dass der us-amerikanische Geheimdienst auch Angela Merkels Handy überwacht, hätten Viele ihn für einen ‚Verschwörungstheoretiker' gehalten.

[14] Wie die Süddeutsche Zeitung (zahnloser Tiger wie so oft) am 6.5.2019 kommentiert: „Doch Alternativen gibt es bislang kaum, auch die Bundescloud müsste für Bundepolizei-Daten erst weiterentwickelt werden". In https://www.sueddeutsche.de/digital/amazon-cloud-aws-bundespolizei-bundescloud-datenschutz-usa-1.4429775 – Abgerufen am 15.1.22. Was soll das für ein Argument sein? Deutschland, eines der reichsten Länder der Welt kann sich keine eigene Cloud leisten? Und dann schreibt die SZ: „Der Datenschutzbeauftragte des Bundes sowie Politiker von FDP und Grünen befürchten, dass die Daten dort nicht ausreichend geschützt sind". Was heißt „befürchten"? Was heißt „nicht ausreichend geschützt"? Wir *wissen* seit Edward Snowden, dass sie dort nicht nur nicht geschützt sind, sondern im US-Interesse bei Bedarf jederzeit missbraucht werden.

Und in dieser undemokratisch-monopolistisch konstruierten ‚Normal-Sphäre' können die Über-Mächtigen noch viel besser und unbeachteter ihre perfiden Machtspiele spielen.

Wie sich noch mehrfach zeigen wird, hat Bill Gates auch als ‚philanthropischer' Impfstratege auf geniale und zugleich skrupellose Weise Gebrauch von solchen demokratisch nicht legitimier- oder steuerbaren ‚Geschäfts-Tricks' gemacht. Besonders bezeichnend ist hierbei die Strategie der „disruptiven Innovation". Skrupellos ist diese disruptive Strategie spätestens dann, wenn sie nicht nur, wie ursprünglich gedacht, rein betriebswirtschaftlich dazu verwendet wird, andere Wirtschafts- und Konzernkonkurrenten zu schwächen und auszuschalten. Sondern wenn sie – wie im Fall der Gates-Stiftung – gezielt dazu verwendet wird, im globalen Maßstab die demokratischen Schutzregeln und die am Gemeinwohl orientierten nationalen Gesundheitsbehörden zu schwächen und zu unterwandern. Um genau dadurch ethisch höchst fragwürdige und demokratisch nicht legitimierte neue Standards zu setzen – und Milliardengeschäfte mit der Gesundheit der Menschen zu machen. Ich werde diese disruptive Strategie später genauer untersuchen. Und werde im zweiten Hauptteil minutiös zeigen, wie Gates, seine Netzwerke und Geschäftspartner die Weltgesundheitsorganisation WHO disruptiv-strategisch unterwandert haben. Und nun von dort her ihre Finger nach ganz neuen und noch nie dagewesenen Machtbereichen und Zielen ausstrecken.

Macht korrumpiert. Totale Macht korrumpiert total

Nur wenige können mit viel Macht *gut* umgehen, mit zuviel Macht niemand. Denn Macht korrumpiert. Und totale Macht korrumpiert total. Das zeigt die Geschichte. Verabsolutierte Macht untergräbt menschliche Werte, instrumentalisiert sie und zersetzt sie über kurz oder lang. Denn Macht ist in sich hohl, tot, wertlos.

Das ist alles nichts Neues. Es wird schon lange gesehen und wurde schon oft beschrieben. Nur ein beliebiges Zitat. Aus dem Jahr 1913. Es findet sich in Ludwig Klages' Öko-Manifest „Mensch und Erde": „Macht allein ist blind gegen alle Werte, blind gegen Wahrheit und Recht und, wo sie diese noch zulassen muß, ganz gewiß blind gegen Schönheit und Leben." Der Macht-Mensch sei „stolz" auf „bloße Erfolge", „Machtzuwachse […], die er gedankenlos mit Wertzuwachsen verwechselt, und wir müssen bezweifeln, ob er ein Glück zu würdigen fähig sei und nicht vielmehr nur die leere Befriedigung kenne, die das Bewußtsein der Herrschaft gibt."[15]

---

[15] Klages, L.: Mensch und Erde, Berlin 2013, S. 6. (Ersterschienen 1913).

Verabsolutierte Macht will v. A. eines: noch mehr Macht, Machtvermehrung. Sie generiert, wenn ich das richtig sehe, ihr Scheinleben und ihren Scheinwert aus dieser Machtvermehrung, sprich: aus der In-Dienst-Nahme und Aussaugung des und der noch nicht Übermächtigten. Anders formuliert: Der einzige scheinbare Wert, den verabsolutierte Macht akzeptiert, ist der, *noch mehr Macht* zu erlangen. Macht läuft also ab einem gewissen Grad komplett leer und hohl. Sie dreht durch. Dann bedeutet Macht nur noch *Machtvermehrung*, Machtvermehrung um ihrer selbst willen. Macht, die sich *nicht* mehr vermehrt, die nur noch damit beschäftigt ist, sich zu erhalten, ist aus der Sicht der verabsolutierten Macht nur noch halbe Macht, absteigende, absackende Macht. Völlig unattraktiv. Einem echter „Willen-zur-Macht"-Menschen genügt das nicht. Er will *mehr* Macht, *mehr* Macht über Andere, *mehr* Macht über Dinge und Institutionen. Er will Machtvermehrung als Selbstzweck und um jeden Preis. Auch das zeigt die Geschichte.

Verabsolutierte Macht ist in sich hohl, läuft leer. Sie ist bodenlos. Die mit ihr verbundenen Hauptemotionen sind es ebenso. Ich denke an niedere Emotionen wie: Größenwahn, narzisstisch-genießerische Selbstbespiegelung, Machtausübungs- und Ausbeutungslust, krankhaft gesteigerter Ehrgeiz, Lustgewinn durch Raffgier und Zerstörung der Konkurrenz, Genießen der Bewunderung und des Neides Anderer, u. Ä. Ich bin nicht der Meinung, dass alle Über-Mächtigen von diesen Emotionen getrieben wären. Doch sie lauern im Kontext von Über-Macht und dem absolut gesetzten Willen zur Macht im Hintergrund. Stets. Und deshalb sind die Über-Mächtigen auch nicht frei davon.

Nun ist, wie ein Kenner wie David Rothkopf eindrücklich vor Augen führt, die „Super-Klasse"[16] eine Klasse *für sich*. Sie lebt, abgeschottet vom Rest, in ihrer eigenen Welt. D. h. konkret: nur ganz Wenige, die nicht selbst dazugehören, haben einen Einblick in ihre Seelengründe und -abgründe. Und die, die dazugehören, haben auch nur beschränkt Einblick. Weil sich eben im Umkreis dieser „Super-Klasse" v. A. Erfolgsmenschen tummeln. Und Erfolgsmenschen, sind in der Regel solche, die ihren Erfolg zur Schau tragen. D. h. sie tragen eine Erfolgsmaske und leben einer Erfolgsideologie. Weil sie (bewusst oder unbewusst) wissen, dass Derjenige, der Erfolg haben und halten will, auch erfolgreich aussehen und denken muss. Und dazu gehört neben einem verbalen und medialen Erfolgsauftreten auch die gediegene Erfolgsdistanz, der coole Erfolgsaufzug inklusive chicer Klamotte, Traumvilla und Megayacht, manchmal das Erfolgslächeln, manchmal eine leichte Erfolgsblasiertheit, manchmal ein

[16] Rothkopf, D.: Die Super-Klasse – Die Welt der internationalen Machtelite, München 2008.

legeres (vermeintliches) Über-dem-Erfolg-Stehen. *Immer aber die souveräne Erfolgsmaske*. Und hinter diese Erfolgsmaske zu blicken ist schwer.

Worauf der Soziologe Hans Jürgen Krysmanski hinwies: wer könnte und wollte schon eine kritische Soziologie der Herrschenden schreiben?[17] Das hängt nicht nur damit zusammen, dass es nur Wenige (die Karriere machen wollen) wagen, sich wirklich mit den Über-Mächtigen anzulegen. Es hängt v. A. damit zusammen, dass sich die Superreichen weder öffentlich noch privat in die Karten schauen lassen: „Vereint [...] sind sie durch das gemeinsame Bedürfnis, ihre zentrale und weitgehend abgedunkelte Stellung in praktisch allen Gesellschaften, also quasi in planetarischer Stellung, zu verteidigen."[18] In diesem Sinne kann Krysmanski metaphorisch sagen: „die Reichen sind – fast wie *Aliens* – seit Jahrtausenden unter uns."[19] Weniger metaphorisch ausgedrückt: „Es geht um die Dialektik der absoluten Privatheit des Superreichtums und der aus dieser dunklen Zone heraus möglichen unkontrollierbaren Ausübung von Macht."[20] Damit trifft Krysmanski den Nagel auf den Kopf. Und insofern das so ist, möchte ich noch einen Schritt weiter gehen. Ich behaupte: Das Gesicht der Über-Macht trägt nicht nur die Erfolgsmaske, es trägt viele Masken. Immer sind es strategische Willens-zur-Macht-Masken. Was für den verabsolutierten Willen zur Macht gilt, dass er in sich hohl ist und leerläuft, gilt auch für seine Masken. Diese Masken sind ebenso hohl und leer: sie haben letztlich kein werthaftes authentisches Dahinter. Anders ausgedrückt: Wir können Macht-Masken abnehmen soviel wir wollen, es erscheint dahinter kein ehrliches unverstelltes Gesicht. Und deshalb lässt sich auch sagen: Das Gesicht der Über-Macht trägt nicht nur viele Masken. Es *ist* Maske. – Was Nietzsche in einem Nachlass-Notat von der „Persönlichkeit" sagte, gilt in erster Linie von der Persönlichkeit des Über-Mächtigen: „daß ich die ‚Persönlichkeit' {und ihre angebliche Einheit} leugne und in jedem [… das] Zeug […] zu […] verschiedenen […] ‚Personen' / ‚Personae' {und Masken finde}".[21] Im Klartext: Hinter jeder Macht-Maske eine weitere Maske.

Über-Macht, Geld- und Erfolgssucht, Korruption

Sehr große Macht – ich nannte sie Über-Macht – ist eine Sucht, der nur wenige widerstehen können. Macht ist die Sucht, der Suchtstoff Geld. Ich könnte es auch

[17] Krysmanski, H. J.: a. a. O., S. 12.
[18] Krysmanski, H. J.: a. a. O., S. 46.
[19] Krysmanski, H. J.: a. a. O., S. 18.
[20] Krysmanski, H. J.: a. a. O., S. 34.
[21] Nietzsche, F.: Nachgelassene Fragmente 1884-1885, in: Kritische Studienausgabe, Bd. 11, hg. v. G. Colli u. M. Montinari, München 1988, S. 558.

so ausdrücken: Geld ist die Machtdroge par excellence. Die wohl geilste Droge, denn mensch kann mit ihr alle anderen Drogen und Dinge kaufen; und auch (fast) alle Menschen. Aber auch die geilste Droge ist und bleibt eben: Droge. Und Drogen machen auf Dauer tröge, dekadent, krank. Außer mensch erhöht die Dosis. Dann kann mensch die negativen Effekte mit neuem abgesaugten Scheinleben kompensieren und hinausschieben. Das ist die Dynamik der verabsolutierten, d. h. nicht mehr menschlich und demokratisch rückgebundenen Macht.

Charles Wright Mills (1916-1962), bedeutender US-Soziologe und Begründer der Machtstruktur-Forschung, kommt in seinem Hauptwerk „The Power Elite" (1956) nach jahrelangen empirischen Untersuchungen und soziologischen Analysen zu einem klaren Urteil: „Angesichts der Abwertung anderer Wertbegriffe stellt der [US-]Amerikaner nicht die Frage: ‚Gibt es etwas in der Welt, was Geld, auch wenn man es mit Verstand ausgibt, nicht kaufen kann?', sondern er fragt: ‚Wie viel von dem, was Geld nicht kaufen kann, ist wirklich begehrter und von höherem Wert als die käuflichen Dinge?' Geld ist das einzig unzweideutige Kriterium des Erfolgs, und Erfolg in diesem Sine ist noch immer *der* [us-]amerikanische Wertbegriff. Wo immer die Maßstäbe des Geldes vorherrschen, wird der Reiche, wie er auch zu seinem Geld gekommen sein mag, am Ende ein angesehener Mann sein. Eine Million, so heißt es, kann eine Vielzahl von Sünden vergessen machen. Nicht nur das Verlangen der Menschen richtet sich auf Geldgewinn, alle ihre Wertmaßstäbe sind davon abhängig. In einer Gesellschaft, wo der Großverdiener keinen ernst zu nehmenden Rivalen im allgemeinen Ansehen hat, erhält das Wort ‚praktisch' automatisch die Bedeutung von ‚nützlich zur persönlichen Bereicherung', und das Wort ‚gesunder Menschenverstand' bezeichnet den Instinkt, der einen Menschen in die Lage versetzt, wirtschaftlich voranzukommen. Hinter dem Geld her sein ist das alles beherrschende Ideal, im Vergleich dazu hat der Einfluss aller anderen Wertmaßstäbe an Bedeutung verloren. Daher geschieht es so leicht, dass die Menschen, wenn sie irgendwo Geld verdienen oder wertbeständigen Besitz erwerben können, mit äußerster Rücksichtslosigkeit vorgehen. Die in [US-]Amerika herrschende Korruption ist zum großen Teil – wenn auch nicht allein – einfach auf das alte Streben nach immer größerem Reichtum zurückzuführen."[22]

Die Zeit ist seit Mills nicht stehen geblieben. Doch am Grundprinzip des totalen Machtwillens hat sich nichts geändert. Es wird nur inzwischen in einem kaum vorstellbaren globalen Ausmaß angewandt. Mit die Erdkugel überspannenden neuen Netzwerken und Kommunikationsstrukturen der Macht. Auch wurde die globale Machtszene unvergleichlich dynamischer. Nicht nur, was ihre

[22] Mills, C. W.: Die Machtelite, Frankfurt a. M. 2019, S. 465f.

Kommunikation und ihre Strategien, sondern auch, was ihre Teilnehmer betrifft. Neue Technologien haben neue Global Player nach oben gespült. David Rothkopf hat in seinem Buch „Die Super-Klasse. Die Welt der internationalen Machtelite" auf diese Neuerungen hingewiesen: „Unter den Einflussreichen ist ein folgenreicher Umbruch im Gange. Nationale Eliten, wie die US-‚Machtelite' von C. Wright Mills, hat es immer gegeben. Auch Verbindungen zwischen den Eliten verschiedener Länder sind nichts Neues; allerdings waren das in der Vergangenheit typische ‚Auslandskontakte' – Verbindungen zwischen weit entfernten Machtzentren, diskrete Bündnisse zwischen Souveränen. Seit einigen Jahrzehnten jedoch bildet sich eine neue Gruppe heraus, während gleichzeitig die Wirtschaft an Grenzen nicht mehr Halt macht, immer mehr Weltkonzerne entstehen und die Welt zunehmens ‚flacher' wird." „Die Entstehung einer neuen, globalen Machtelite konnte Mills vor 50 Jahren nicht vorhersehen."[23] Was Rothkopf, der selbst als Berater für die Über-Mächtigen arbeitet, nicht ganz so deutlich sagt, ist: dass mit diesen globalen Macht-Vernetzungen neue und ungeheuerliche Möglichkeiten entstanden sind. Möglichkeiten eines globalen antidemokratischen und gemeinwohlgefährdenden Pokers von Wenigen zum Zweck eines explosionsartigen Anstiegs ihres Reichtums. Noch nie waren seit Beginn des 19. Jahrhunderts diese Über-Mächtigen global so mächtig.

Es geht auch anders: indigene Schenk-Ökonomie und Give-Away-Prinzip

Ich gebe hier zum Vergleich und zur Horizonterweiterung ein Gegenbild aus der Ethnologie. Es ist ebenso idealtypisch skizziert. Bei vielen indigenen Kulturen (sogenannten ‚Naturvölkern') gelten diejenige, die persönliches Eigentum und Macht mehren und horten als krank. Ihre Mitmenschen beneiden sie nicht. Sie bemitleiden sie. Sie stoßen sie aber nicht aus, sondern helfen ihnen, wieder gesund zu werden. Sie reden und diskutieren mit ihnen. Teils tage- und nächtelang (Prinzip „Palaver"[24]). Es geht dabei nicht um Über-Redung, sondern um einen Konsens der Herzen. Oft wird dann ein großes Schenkfest – eine give-away-ceremony – veranstaltet (Prinzip „Potlatch"[25]). Dann schenken die kranken Horter

[23] Rothkopf, D.: a. a. O., S. 36 u. 38.

[24] Wikipedia-Artikel „Palaver (custom)": "In Africa, the *palaver* is a custom of meeting, and of creating or maintaining social links. It is an egalitarian institution in which all or part of a village community participates. This custom also makes it possible to settle a dispute without violence. In many cases, a village has a traditional house or other place dedicated to the palaver ('palaver hut', 'palaver tree', etc.)." in: https://en.wikipedia.org/wiki/Palaver_custom – Abgerufen am 29.12.21

[25] Wikipedia-Artikel „Potlatch", in: https://de.wikipedia.org/wiki/Potlatch – Abgerufen am 29.12.21.

alles weg, bis sie die Ärmsten von Allen sind. Aber damit auch die Angesehensten, Gefeiertsten und Befreitesten. Die Horter fühlen: Welch großen Ballast bin ich los geworden, welch Stein viel mir vom Herzen. Ich habe alles verschenkt, jetzt bin ich reich. Sie haben also, so könnte mensch mit Erich Fromm sagen, den Schritt vom „Haben" zum „Sein" vollzogen.[26] Und sie wissen: Ich bin wieder eine/r, der dazugehört, ein Freund, eine Freundin, ein Bruder, eine Schwester. Ich bin glücklich. Keiner kann mir etwas nehmen. Mir fehlt es an nichts. Denn, wenn ich was brauche, frage ich die Anderen. Sie schenken es mir gern. So in etwa wird bei den ‚Naturvölkern' die Krankheit der Gier geheilt, so wird die Krankheit des Neides und Ressentiments verhindert, so auch Ausbeutung und Entmächtigung. Die gemeinsame Landbasis bleibt Gemeinschaftsbesitz und ernährt alle – auch die dort lebenden wilden Tiere. Die heutige Diskussion um ein staatlich garantiertes „Grundeinkommen" ist in solchen Kulturen nicht nötig, weil sie von Haus aus eine gemeinschaftliche Grundsicherung haben.

Normalerweise kommt es aber gar nicht zum Hortungs- und Krankheitsfall. Weil das Schenken und Teilen in diesen Kulturen normal, genauer: weil es rituell verankert ist. Besonders berühmt ist die Potlatch-Zeremonie der Indianer der nordwestlichen Pazifikküste. „Die bei einem Potlatch gereichten Geschenke konnten einen für die Verhältnisse des Gebers und dessen gesellschaftliches Umfeld enormen Wert erreichen. Es kam vor, dass die Erben eines ranghohen Verstorbenen ihr gesamtes ererbtes Wirtschaftsvermögen im Rahmen eines derartigen Festes hingaben, um ihrem Vorfahren ausreichend zu huldigen, in den Genuss seines Wohlwollens zu gelangen und in der spirituellen wie rituellen Wertschätzung ihrer Zeitgenossen einen ihrer Abstammung entsprechenden Rang einnehmen zu können. Für das soziale Gleichgewicht der indianischen Gesellschaft hatte dies zur Folge, dass es nur selten zu einer dauerhaften Häufung von Reichtümern in den Händen einzelner Personen oder Familienzweige kommen konnte." Von 1884 bis in die 1950er Jahre war der Potlatch verboten. „In Kanada wurde der Potlatch im Jahr 1884 durch eine Änderung des *Indian Act* verboten, wenig später auch in den USA. Das Verbot wurde vor allem auf Drängen von Missionaren und Regierungsmitarbeitern erlassen, die Potlatches als verschwenderisch, unproduktiv und als Gegensatz zu zivilisierten Werten ansahen."[27] – Lassen wir uns dieses Detail auf der Zunge zergehen. Missionare und ‚demokratische' Funktionäre verbieten das Schenkfest. Wieso? Ist es gefährlich? Wollen sie die Eingeborenen davor schützen, sich zu ruinieren? Nein. Das kann's nicht sein. Denn einerseits gilt in einem Potlatch-System, was bei fast allen Indigenen gilt: „What you give into the circle, comes back from the circle",

[26] Fromm, E.: To Have or to Be? New York 1976.

[27] Wikipedia-Artikel „Potlatch", in: https://de.wikipedia.org/wiki/Potlatch – Abgerufen am 29.12.21.

so formulierte es der Crow-Indianer Dan Old Elk mir gegenüber in den 1990er Jahren einmal. D. h. in einer kreislaufartigen Schenk-Ökonomie gibt es keine Ruinierten. Und andererseits haben die ‚Bleichgesichter' selbst nichts unversucht gelassen, ihrerseits die Eingebornen zu ruinieren, ihnen ihre kulturellen und wirtschaftlichen Lebensgrundlagen zu entziehen, ihnen ihr Land zu nehmen. Und hier kündigt sich der tiefere Grund an. Erst wenn die Ökonomie des Schenkens zerstört ist, sind die Indigenen vom kapitalistischen System abhängig. Dann kann mensch sie auch ‚zivilisieren', d. h. zu autoritätshörigen Kirchgänger/inne/n, zu politischen Untertanen und zu wirtschaftlich Auszubeutenden (Arbeitnehmer/inne/n und Konsument/inn/en) machen.

Die Indianer/innen wissen schon lange, wie der Kapitalismus tickt. Das ist für Menschen, die nicht betriebsblind bzw. betriebsgeblendet sind, auch gar nicht so schwer zu verstehen. So bemerkt John Fire Lame Deer (1903-1976) sehr treffend: „Wir Sioux haben für den weißen Mann einen eigenen Namen. Wir nennen ihn *wasicun*: der-das-Fett-nimmt, der Rahmabschöpfer [...], denn ihr habt den Rahm dieses Landes abgeschöpft. Aber es scheint euch nicht bekommen zu sein. Im Moment schaut eure Rasse nicht gerade gesund aus – Übergewicht, wohin man sieht, ungesunde Gesichter. Die weißen Amerikaner werden wie Mastgänse gezüchtet – zu Verbrauchern, Konsumenten, nicht zu menschlichen Wesen. Wenn sie mit dem Konsumieren und Kaufen aufhören, hat die Froschhautwelt [Froschhaut ist die Lakota-Metapher für die grünen Dollarscheine] keinen Nutzen mehr für sie. Sie sind bereits selbst zu Fröschen geworden. Irgendein Kind, das gerne Tiere quält, hat ihnen eine Zigarre in den Mund gesteckt, und jetzt müssen sie ziehen und ziehen, bis sie platzen. Das Rahmabschöpfen ist eine üble Sache auch für den, der abschöpft. Es ist besonders schlecht für Indianer, die gezwungen werden, in dieser Froschhautwelt zu leben, die sie nicht erschaffen haben und in der sie auch keinen Sinn sehen."[28]

Bei den Lakota, zu denen Lame Deer gehört, ist das Schenkfest – die *give-away-ceremony* – kulturell fest verankert, bis heute. Ich habe das selbst miterlebt, als ich 1999 den Lakota-Schamanen Elmer Norbert Running (1921-2009) in der Santee-Sioux-Reservation in Nebraska besuchte und beim großen Sonnentanz-Ritus mithalf. Den Abschluss des Sonnentanzes bildet eine großes Schenkfest. Die Sonnentänzer/innen verschenken dabei viel. Manchmal auch Autos. Die Schenk-Ökonomie – obwohl us-kapitalistisch umstellt und bedroht – ist in solchen Momenten bei den Lakotas bis heute intakt. Und mit ihr auch ein anderes Verständnis von Besitz und Eigentum. Um ein Beispiel zu geben. Zur Sonnentanz-Zeit wurde Elmer eine Motorsäge aus seinem Schuppen geklaut. Er

[28] Lame Deer, J. F.: Tahca Ushte – Medizinmann der Sioux, München 1979, S. 51.

hatte nicht das Geld, sich eine neue zu kaufen. Sein Kommentar: „Derjenige, der die Motorsäge genommen hat, hat sie wohl nötiger gehabt als ich."

In den 1970er Jahren sagte Lame Deer, dass die Anthropologen den Lakotas, was die *give-away-ceremony* betrifft, immer noch – völlig ethnozentrisch befangen – ins Gewissen redeten. „Sie wollen uns sagen, daß arme Leute es sich nicht leisten können, freigebig zu sein. Aber wir halten fest an *otuhan*, unserem Verschenkfest, denn es hift uns, Indianer zu bleiben. Alle großen Ereignisse in unserem Leben – Geburt und Tod, Freude und Trauer – können Anlaß für ein Give-away sein. Wir halten nichts vom plötzlichen Reichtum einer Familie durch Erbschaft. Es ist besser, die Besitztümer eines toten Menschen werden hergegeben. Auf diese Weise wird er, oder sie, den anderen immer im Gedächtnis sein. Wenn ein Mann seine Frau verliert, kommen seine Freunde und helfen ihm weinen. Er weint vier Tage, aber keinen Tag länger, denn das Leben muß weitergehen, und wenn er zuviel weint, geben ihm die Geister noch einen Extragrund zum Weinen. Es ist noch nicht lange her, da sah ich eine alte Frau, die sich aus Trauer um ihren toten Enkel auf die alte Weise das Haar kurz geschnitten hatte. Nach vier Tagen räumten sie und ihr Mann das ganze Haus leer. Sie gaben das große Klavier her, den Fernseher, sogar ihr Bett. Sie saßen auf dem nackten Boden und riefen den Leuten zu, die ihnen die Ehre erwiesen: ‚Sag, Bruder, Schwester, brauchst du irgend etwas? Wenn du es brauchen kannst, nimm es.' Als der Tag zu Ende ging, waren nur mehr die weißen Wände übrig. Freunde gaben ihnen ein neues Bett."[29]

Die entfesselte kapitalistische Machtlogik ist dieser zyklischen Schenk-Ökonomie diametral entgegengesetzt. Und die feudalistische war es auch. Beide brechen den Kreis der Gemeinschaft auf, spalten die Gesellschaft in Reiche und Arme, in Geizige und Neidische, in Über-Mächtige und Entmächtigte, in Besitzende und Besitzlose, in Übersättigte und Verhungernde. Weshalb sie auch keine nachhaltig befreiende Wirkung entfalten können. Sie machen zwar die Mächtigsten und ihre Höflinge zumindest äußerlich frei, aber innerlich krank. Alle Anderen, also die Entmächtigten und Ausgebeuteten, werden dabei ihrer angestammten Freiheiten beraubt und von den Mächtigsten in Dienst genommen. Manchmal auch regelrecht versklavt.

Echte, möglichst direkte Demokratie als Alternative

Nun sind wir heutigen Menschen des hochtechnisierten Westens keine ‚Naturvölker' mehr. Und nur für Einzelne und kleine Gruppen ist der Weg zu

[29] Lame Deer, J. F.: Tahca Ushte, a. a. O., S. 55f.

einem quasi indigenen Natur-Dasein möglich. Zumindest solange es noch Nischen gibt. Auch sehe ich nicht, wie wir den Kapitalismus so schnell hinter uns lassen könnten. Der große Gegenentwurf – der Sowjet-Kommunismus – ist Geschichte. Der chinesische Staatskommunismus kann für den Westen keine echte Alternative sein. Und der kubanische Kommunismus nur eine kleine.

Andererseits haben wir schon längst eine andere und für uns Heutige realistischere Alternative: Eine echte, d. h. möglichst direkte Demokratie mit einer echten sozialen, d. h. demokratisch aufs Gemeinwohl verpflichteten Marktwirtschaft. Wie solch eine Demokratie aussehen könnte, zeigt z. B. Christian Felber in Büchern wie „50 Vorschläge für eine gerechtere Welt – Gegen Konzernmacht und Kapitalismus“ (Wien 2006) und „Die Gemeinwohl-Ökonomie“ (München 2018). Doch diese echte Demokratie existiert noch nicht. Es gab zwar bisher immer wieder Ansätze dazu. Hoffnungsvolle Anfänge. Ansätze und Anfänge, die – kaum blühten sie auf – schon wieder beschnitten und abgeschnitten wurden. Und zwar durch Diejenigen, die von der Schwächung der Demokratien und der Ausbeutung des Gemeinwohls profitieren. Gleichwohl gibt es genügend unverzagte echte Demokrat/inn/en und vorbildliche Bürgerinitiativen wie „Attac“ und „Mehr Demokratie“, die dagegen halten.

Apropos „Attac“: Das Finanzamt hat im Jahr 2014 diesem Verein in Deutschland die Gemeinnützigkeit aberkannt. „Attac“ ging und geht dagegen in Berufung. Momentan läuft die Verfassungsbeschwerde vor dem Bundesverfassungsgericht.[30] Während also über staatliche Institutionen versucht wird, echt-demokratischen Bürgerinitiaten wie „Attac“ oder „Campact“[31] die Gemeinnützigkeit abzuerkennen, genießen philanthro-kapitalistische Stiftungen von Global Playern wie etwa die neoliberal-aggressiv agierende „Bertelsmann-Stiftung“ (ich komme weiter unten noch auf sie zu sprechen) weiterhin ihre angebliche „Gemeinnützigkeit“.[32] That's the way it is ...

Meines Erachtens wäre einer der wichtigsten nächsten Schritte der, in allen noch halbwegs funktionierenden Demokratien die umfassende Möglichkeit von Volksentscheiden einzuführen. Die Grünen haben in Deutschland am 22.11.2020 diesen Punkt aus ihrem Parteiprogramm gestrichen. Sie setzen sich jetzt nur noch für unverbindliche „Bürgerräte“ ein. „Wir sind bestürzt, dass die Grünen der Bevölkerung ab heute keine verbindlichen Mitbestimmungsrechte auf Bundesebene mehr zutrauen. Damit wird eine Arroganz sichtbar, die allein auf die

---

30 https://www.zivilgesellschaft-ist-gemeinnuetzig.de/attac/ – Abgerufen am 14.1.22.

31 https://www.campact.de/presse/mitteilung/20191021-pm-campact-verliert-gemeinnuetzigkeit/ – Abgerufen am 14.1.22.

32 https://www.nachdenkseiten.de/?p=6589 – Abgerufen am 14.1.22.

Macht setzt", so Ralf-Uwe Beck und Claudine Nierth, Bundesvorstandssprecher von „Mehr Demokratie e. V."[33]

Damit wurden die Grünen nun endgültig zu einer echten Machtpartei. Und inzwischen sind sie – zusammen mit SPD und FDP – tatsächlich an der Macht. Die offiziösen Leitmedien nennen solche Machtparteien „Volksparteien". Andere Parteien, die (tatsächlich oder nur zum Schein) auf größere Volksnähe setzen, werden als „populistisch" abgewertet. Ich sehe das ein wenig differenzierter. Für mich stehen nicht nur die als „populistisch" diskreditierten Parteien unter Verdacht; dem Verdacht, letztlich gar nicht für's Volk, sondern für rechtslastige, tendenziell faschistoide Eliten Politik zu machen. Nein, auch Diejenigen, die Andere als „Populisten" zu diskreditieren versuchen, stehen unter Verdacht; nämlich dem Verdacht, die von den Über-Mächtigen installierten ‚Filter' zwischen Volks- und Regierungsebene im eigenen Interesse oder aus reiner Vorurteils-Dummheit aufrecht erhalten zu wollen. (Ich komme auf diese ‚Filter' weiter unten zu sprechen.) Diejenigen, die der Meinung sind, dass eine zu große Volksnähe tendenziell „Populismus" sei, wollen das Volk offensichtlich bevormunden. Echte Demokratie sieht anders aus. In ihr wird das Volk nicht bevormundet und manipuliert, sondern es darf in Fragen, die *wesentlich sind* und alle betreffen, selbst entscheiden.

Der Prüfstein einer jeden echte Demokratie ist, ob es Volksentscheide gibt oder nicht. Für mich kann eine Partei, die Volksentscheide ablehnt, keine Volkspartei sein. Eine demokratisch gewählte Regierung, die Volksentscheide nicht zulässt, bevormundet und/oder hintergeht ihre Wähler/innen. Sie hat damit ihre demokratische Legitimation verloren. Volksentscheide sind so wichtig, wie eine umfassende Gewaltenteilung im Staat. Nur wo große Machtanhäufungen und Machtprivilegien verhindert werden, kann echte Demokratie blühen. Auch das zeigt die Geschichte. In diesem Sinne wird es höchste Zeit, dass wir demokratische Instrumente entwickeln, die das andauernde und maßlose, demokratisch nicht legitimierte, sprich: antidemokratische Einflussnehmen und Manipulieren der Über-Mächtigen verunmöglichen.[34] Machen wir uns klar: machtstrategische Lobbyarbeit, große Spenden von Über-Mächtigen und Ähnliches sind undemokratisch, weil damit am Volk vorbei Politik manipuliert wird – und zwar massiv. Wir sollten so etwas juristisch dem Wahlbetrug gleichsetzen. Und sollten im gleichen Zuge Medienkonzerne in Händen übermächtiger Meinungsmacher und Volksmanipulierer vermittels einer neu ausgerichteten Kartellbehörde gezielt und demokratisch-vernunftbasiert

---

[33] https://www.mehr-demokratie.de/presse/einzelansicht-pms/gruener-parteitag-streicht-direkte-demokratie-aus-programm/ – Abgerufen am 14.1.22.

[34] Dieses Thema werde ich im dritten Abschnitt ausführlicher behandeln.

zerschlagen. Eine Demokratie, die nicht wehrhaft ist – und das heißt nicht nur in Bezug auf Rechts- oder Linksextreme,[35] sondern *vor allem auch* in Bezug auf Über-Mächtige – ist von Unterhöhlung und Untergang bedroht. Außer es gelänge auf anderem Wege, den unglaublichen antidemokratischen Einfluss der Über-Mächtigen zu depotenzieren. Was ich aber nicht glaube.

Der Soziologe Hans Jürgen Krysmanski bringt es auf den Punkt: „Demokratie ist käuflich geworden. In den USA schicken Cliquen von Superreichen vierzigtausend Lobbyisten nach Washington und in die Think Tanks, während ‚das Volk' es gerade mal auf sechshundert Abgeordnete bringt. Von der Wahlkampffinanzierung ganz zu schweigen. Staatliche Regulierungsbehörden dämmern dahin. Gewaltenteilung wird durch Korruption zur Farce. Privateigentum dieser Größenordnung kann durch keine Rechts- oder Völkerrechtsordnung mehr eingebunden werden. Bei allen konstruktiven Möglichkeiten, die es birgt, wirkt diese Form privatisierter gesellschaftlicher Macht letztendlich destruktiv."[36]

Profiteure der Corona-Krise: US-Oligarchen und Ihresgleichen

Werfen wir einen Blick auf die 10 reichsten US-Amerikaner. Es waren im Jahr 2021: 1. Jeff Bezos (201 Mrd US$ – Amazon), 2. Elon Musk (190,5 Mrd US$ – tlw. PayPal, Tesla, SpaceX). 3. Mark Zuckerberg (134,5 Mrd US$ – Meta Platforms, d. h. Facebook, Instagram, WhatsApp etc.). 4. Bill Gates (134 Mrd US$ – Ex-Microsoft und Gates-Stiftung), 5. Larry Page (123 Mrd US$ – Google), 6. Sergey Brin (118,5 Mrd US$ – Google), 7. Larry Ellison (117,3 Mrd US$ – Oracle Corporation), 8. Warren Buffet (102 Mrd US$ – Berkshire Hathaway), 9. Steve Ballmer (96,5 Mrd US$ – Microsoft), 10. Michael Bloomberg (70 Mrd US$ – Bloomberg L.P.).

In dieser Liga können nur noch drei andere Menschen mitspielen: Bernard Arnault aus Frankreich (150 Mrd US$ – Luxusartikel-Verbund LVMH, z. B. Louis Vutton, Moët Hennesy, Dior, etc.), Amancio Ortega aus Spanien (77 Mrd US$ – weltgrößtes Textilunternehmen Inditex) und Françoise Bettencourt-Meyers aus Frankreich (73,6 Mrd US$ – L'Oréal).

---

[35] Damit kein Missverständnis entsteht: Ich setze hier Rechtextremismus und Linksextremismus nicht auf die gleiche Stufe. Linksextremismus ist – historisch nachweisbar – (fast) immer die *wesentlich* kleinere Gefahr.

[36] Krysmanski, H. J.: 0,1 %. Das Imperium der Milliardäre, Frankfurt a. M. 2015, S. 8f.

Diese Superreichen sind, erstens (außer Bettencourt-Meyers) nur Männer, zweitens (außer Arnault, Ortega und Bettencourt-Meyers) US-Bürger, drittens übermächtige CEOs,[37] Konzernbesitzer, Anteilsseigner. Mehr oder weniger alle dieser Oligarchen sind globale Super-Geschäftsmänner. Als solche wissen sie Krisen im plutokratischen Sinne gut zu nutzen: Kriege, Finanzkrisen – auch Pandemien.

Die Corona-Krise hat sich extrem positiv auf ihren Vermögens- und Machtzuwachs ausgewirkt. So schon im Jahr 2020: „Elon Musk, Bill Gates oder Jeff Bezos: Die Milliardäre in den USA haben ihr Vermögen laut einer Studie seit Beginn der Corona-Pandemie um mehr als eine Billion Dollar (knapp 827 Milliarden Euro) gesteigert. Während das Gesamtvermögen der US-Milliardäre am 18. März [2020] noch bei rund 2,95 Billionen Dollar gelegen habe, sei es bis Montag dieser Woche [= 7.12.2020] auf mehr als vier Billionen Dollar gewachsen, heißt es in einer am Mittwoch veröffentlichten Studie der Denkfabrik Institute for Policy Studies (IPS) und der Organisation Americans for Tax Fairness (ATF)“[38]

So auch im Jahr 2021. Elon Musks Vermögen geht durch die Decke und beträgt nun, Anfang 2022, mehr als 300 Mrd US$. Bezos konnte sein Vermögen von 2020 auf 2021 von 113 auf 201 Mrd US$ hochfahren. Zuckerberg legte von 54,7 auf 134,5 Mrd US$ zu und Gates von 98 auf 134 Mrd US$.[39]

Die Einzigen, die diesen Über-Mächtigen das Wasser reichen können, sind die wenigen anderen Superreichen, die ähnlich viel Macht haben. Sie sind auch die Einzigen, die sich auf Augenhöhe befinden. Die Über-Mächtigen haben ihre eigene Über-Infrastruktur. Sie treffen sich z. B. im „World Economic Forum“ (von Klaus Schwab gegründet), bei der „Trilateralen Kommission“ (u. a. von David Rockefeller gegründet), bei den „Bilderberg-Konferenzen“, bei der „Münchner Sicherheitskonferenz“ (bei der es v. A. um militärische Interessen geht) oder auch – zum dekadenten Chill-Out und entspannten Net-Working – im kalifornischen „Bohemian Grove“.[40] Aus Imagegründen und strategischen Gründen legen sich die Superreichen normalerweise *nicht direkt* mit mächtigen demokratischen Staaten an. Wichtig ist ihnen, dass sich die öffentliche Meinung nicht gegen sie wendet. Doch das wird so schnell nicht passieren, weil die

---

[37] CEO: Chief Executive Officer, zu deutsch etwa: Geschäftsführer, Generaldirektor, Vorstandsvorsitzender, Manager.

[38] https://www.spiegel.de/wirtschaft/vermoegen-der-us-milliardaere-waechst-um-eine-billion-a-5922757e-92b0-423b-b230-51ee4d309b3d – Abgerufen am 9.1.22.

[39] Es wäre eine eigene Untersuchung wert: aber ich habe schwer den Verdacht, dass die Vermögenssteigerung dieser Superreichen mit den Staatsverschuldungen indirekt korreliert.

[40] Vgl. Rothkopf, D.: a. a. O., S. 418-450.

Mächtigsten meist auch die mächtigsten Propagandamittel auf ihrer Seite wissen: ein Großteil der Medien ist in ihrer Hand und/oder gut mit ihnen vernetzt. Und wo dies nicht direkt der Fall ist, tun's PR-Agenturen und ununterbrochene PR-Kampagnen auch. Damit nicht genug: „Milliardäre bestimmen – mittels eines Geflechts von Stiftungen und Organisationen und durch die Informationsindustrie – das Bildungswesen ganzer Länder; ihnen gehören Privatuniversitäten, große Teile des Gesundheitswesens, die wichtigsten Zeitungs-, Fernseh- und Filmkonzerne. Sie verfügen über Privatarmeen. Wissenschaftliche Berater, Kunst- und Kulturstrategen, Politiker werden ohne große Umstände ‚eingekauft'."[41]

Skrupellose Philanthropen: das Ludlow-Massaker

Etwa seit dem ersten Weltkrieg benutzen die Über-Mächtigen alle möglichen PR-Tricks, um ihre Skrupellosigkeit zu verschleiern und ihr Image aufzubessern. Das war zuvor nicht so. Da hielten sich die Reichen keine PR-Dienstleister, glaubten nicht an deren Effektivität. Wendepunkt und Präzendenzfall stellt das Ludlow-Massaker mitsamt seine Folgen dar. Das Massaker von Ludlow, Colorado, fand am 20. April 1914 statt. Jahrelang ausgebeutete und deshalb streikende Arbeiter samt Frauen und Kindern wurden bedroht und schikaniert, einige von ihnen auch ermordet. Hauptverantwortlicher: John D. Rockefeller.

Doch zunächst zur Vorgeschichte: „Ludlow liegt [...] am Ausgang von zwei Tälern, in denen mehrere bedeutende Kohle-Bergwerke lagen. Sie gehörten der Rockefeller-Familie [genauer: John D. Rockefeller ...]. Für die Bergwerke arbeiteten nahezu ausschließlich frisch in die Vereinigten Staaten gekommene Immigranten. Die Arbeits- und Lebensbedingungen der Bergarbeiter waren unzumutbar. Die Arbeiter wurden nur nach der geförderten Kohle bezahlt, nicht nach Stunden, so dass alle vorbereitenden und sichernden Arbeiten nicht bezahlt wurden. Die Waagen, auf denen die Förderleistung gemessen wurde, waren häufig manipuliert. Die Arbeit in den Tagebauen war wegen des Klimas in den Bergen nur saisonal möglich, so dass kaum ein Arbeiter auf über 200 Arbeitstage kam. Aufgrund des Besitzes an allem Grund und Boden um das Bergwerk mussten die Arbeiter in Werkswohnungen leben, die Miete wurde direkt vom Lohn abgezogen. Als Lohn wurden teilweise so genannte scrips ausgegeben, Privatwährungen des Bergwerksunternehmens, mit denen die Arbeiter nur in den Läden des Unternehmens zu Preisen des Unternehmens einkaufen konnten. Diese Praxis war illegal [...]. Auch Arbeitsvorschriften und die grundlegenden Normen des Arbeitsrechts wurden nicht eingehalten. Die Unfallrate lag beim Doppelten des

[41] Krysmanski, H. J.: a. a. O., S. 18.

nationalen Durchschnitts. […] Seit einer Streikwelle 1903, in deren Verlauf die vorher beschäftigten Iren und Waliser entlassen und durch Streikbrecher ersetzt worden waren, arbeiteten im Süden Colorados vorwiegend Immigranten aus Süd- und Südost-Europa, insbesondere Italiener und Griechen, sowie Mexikaner und Afroamerikaner."[42]

Die Zustände blieben weiterhin unhaltbar. Im September 1913 organisierte die Gewerkschaft „United Mine Workers of America" einen Streik in den Kohlenstädten Colorados. „Streikende Arbeiter wurden aus den Werkssiedlungen ausgewiesen und zogen in Zeltstädte, die an den Talausgängen angelegt wurden. Die Lage sollte verhindern, dass Streikbrecher in die Bergwerke gebracht werden konnten. Die Ludlow Tent Colony am Güterbahnhof von Ludlow war die größte dieser Zeltstädte mit im Laufe der Zeit schwankender Bevölkerung. Der Höchststand wird auf 1300 Bewohner geschätzt, davon 500 Arbeiter, 300-400 Frauen und der Rest Kinder. Die Bergwerksunternehmen holten Streikbrecher und ein auf das Brechen von Bergarbeiter-Streiks spezialisiertes privates Sicherheitsunternehmen aus West Virginia und griffen zu Einschüchterungsversuchen. Sie ließen die Zeltstädte nachts mit Suchscheinwerfern anstrahlen und fuhren mit einem improvisierten Panzerwagen an den Zelten vorbei und beschossen sie aus einem Maschinengewehr. […] Als sich die Streikenden bewaffneten, rief Gouverneur Elias M. Ammons die Nationalgarde ein. […] Der Kommandeur der Nationalgarde war bereits 1904 an der Niederschlagung eines Streiks beteiligt gewesen und berief zunehmend Mitarbeiter des Bergwerk-Sicherheitsdienstes zur Garde ein. Er ließ Streikende in Rindergatter einsperren […] und kommandierte den Einsatz der Kavallerie gegen eine Demonstration von Frauen und Kindern der unrechtmäßig Inhaftierten. Es kam zu sporadischen Morden an Streikenden. Anfang April 1914 drohte wegen der hohen Kosten für die jetzt seit sechs Monaten einberufene Miliz der Staatsbankrott Colorados, weshalb alle Einheiten bis auf zwei Kompanien entlassen wurden. Der Konflikt musste schnell beendet werden, um Kosten zu vermeiden. Am 20. April war das Orthodoxe Osterfest der griechischen Streikenden. Am Vormittag begann aus ungeklärten Ursachen ein Feuergefecht zwischen der Nationalgarde und den Streikenden. Als ein Zug in den Bahnhof einfuhr und so kurzzeitig zwischen der Zeltstadt und den Soldaten stand, konnten fast alle Bewohner der Zelte fliehen. Die Nationalgarde steckte anschließend die Zelte in Brand und begann, das Lager zu plündern. Dabei starben zwei Frauen und elf Kinder, die sich in einer Grube unter dem Boden eines der Zelte versteckt hatten. Ein weiterer Junge wurde gezielt erschossen. Drei Anführer der Streikenden, die sich zu Verhandlungen mit Offizieren der Garde im Bahnhof

[42] Wikipedia-Artikel „Ludlow-Massaker", in: https://de.wikipedia.org/wiki/Ludlow-Massaker – Abgerufen am 9.1.22.

getroffen hatten, wurden nach Beginn des Gefechtes ermordet. Insgesamt kamen an diesem Tag 25 Menschen ums Leben, darunter drei Nationalgardisten und ein völlig Unbeteiligter. [...] Aufgrund der Nachrichten vom Massaker in Ludlow eskalierten die Konflikte in den anderen Zeltstädten für zehn Tage zum offenen Aufstand. Die Streikenden griffen Bergwerke an, brannten sie nieder, nahmen leitende Angestellte als Geiseln und erschossen Angehörige des Sicherheitsdienstes der Unternehmen. Teile der zu Hilfe gerufenen Nationalgarde sympathisierten mit den Arbeitern, meuterten und weigerten sich, gegen die Streikenden vorzugehen. Die Gewalt endete erst, als Gouverneur Ammons auf Drängen von Demonstranten die Bundesregierung um Unterstützung durch die als neutral angesehene Armee bat. 1600 Soldaten trafen am 1. Mai ein und entwaffneten alle Zivilisten inklusive Hilfspolizisten und beschlagnahmten sämtliche Bestände von Waffenhändlern. Außerdem verhinderten sie den Einsatz von Streikbrechern aus anderen Bundesstaaten. Die Streiks gingen friedlich noch bis Dezember 1914 weiter und endeten in einer weitgehenden Niederlage der Gewerkschaft. Während der Dauer der Streiks wurden 66 Menschen getötet."[43]

„Die Ereignisse lenkten die Aufmerksamkeit der Medien an der Ostküste auf die Zustände in den Bergwerksstädten. Insbesondere John D. Rockefeller, Jr. wurde von den Zeitungen für die Ausbeutung der Arbeiter verantwortlich gemacht. Er engagierte daraufhin den PR-Fachmann Ivy Lee und investierte große Summen, um sein Image zu verbessern. Dies gilt als Geburtsstunde der Corporate Public Relations. In der Folge brachte er große Teile des Familienvermögens in die schon 1913 gegründete Rockefeller-Stiftung ein und stellte es damit für wohltätige Zwecke zur Verfügung."[44]

Wer nun meint, John D. Rockefeller wäre vom Saulus zum Paulus bekehrt worden, irrt. Den Anstrich des „Philanthropen" wollte er sich schon 1913 – mit der Gründung der „Rockefeller Foundation (und ihrem Stiftungszweck, das „Wohl der Menschheit auf der ganzen Welt" zu fördern) – geben. D. h.: für das Ludlow-Massaker hauptverantwortlich war einer, der sich kurz zuvor als ‚Philanthrop' ausgegeben bzw. eine ‚philanthropische Stiftung' gegründet hatte. Womit Rockefeller nicht gerechnet hatte, war Folgendes: dass ihm 1914 von einer gut organisierten Gewerk- und Arbeiterschaft das Heft zumindest teilweise aus der Hand gerissen wurde. Die ungenierte Ausbeutung und Unterdrückung seiner Arbeiter gelang nun nicht mehr so ‚elegant' wie noch 10 Jahre zuvor. Sie kam mit den Protesten und den Versuchen ihrer brutalen Niederschlagung mehr und mehr ans Licht. So erlitt sein scheinheiliges ‚Philanthropen-Image' einen gravierenden

[43] Wikipedia-Artikel „Ludlow-Massaker", in: https://de.wikipedia.org/wiki/Ludlow-Massaker – Abgerufen am 9.1.22.

[44] Wikipedia-Artikel „Ludlow-Massaker", in: https://de.wikipedia.org/wiki/Ludlow-Massaker – Abgerufen am 9.1.22.

Schaden. Denn ausnahmsweise nahm eine größere Öffentlichkeit an den Ludlow-Vorfällen Anteil. Und ausnahmsweise wendeten sich die größeren Zeitungen – und mit ihnen die ‚öffentliche Meinung' – gegen ihn. Deshalb musste er gewaltig nachbessern und mit der ersten massiven philanthro-kapitalistischen PR-Kampagne gegensteuern. Dabei half ihm – macht- und erfolgsversessen wie Rockefeller selbst – der u. a. dadurch berühmt gewordene Ivy Lee (1877-1934). Lee gilt neben Edward Bernays (1891-1995) als einer der Begründer der modernen Public Relations (PR). Bernays bevorzugte damals freilich einen klareren und ehrlicheren Titel für sein Geschäft: „Propaganda", so der Titel seines berühmten Standardwerkes.[45]

Rockefellers PR-Kampagne war erfolgreich. „War er 1914 einer der meistgehassten Menschen im Land, galt er um 1920 als der größte Philanthrop."[46] Mit der Betonung auf „galt". Er „galt" als „Philanthrop", war es aber deshalb noch lange nicht. Seine Macht- und Ausbeutungsstrategie wurde zwar ein wenig an die modernen Zeiten angepasst, aber nicht prinzipiell geändert. Philanthropie als Maske der Macht. Sowohl was seine Geschäfte als auch was seine Stiftung betraf, blieb Rockefeller ein typischer skrupelloser Über-Mächtiger. Das zeigt etwa ein späterer Skandal. Doch von diesem Skandal der 1940er Jahre – für den sich die Rockefeller-Foundation aber erst 2019 vor Gericht verantworten musste – werde ich weiter unten berichten.

Wie gesagt: Der Fall Ludlow ist ein Präzendenzfall, ein *paradigmatischer* Fall. Er zeigt: die Über-Mächtigen sind nicht nur zu reich und zu mächtig, sie sind meist auch skrupellos und gerissen. Sie sind wie Wölfe im Schafspelz. Und wahre Meister darin, sich in Schafspelze zu hüllen. Gerade weil sie über unbeschränkte Geldmittel verfügen, können sie unbeschränkt viele Leute für sich – in diesem Fall: auch für ihr Image – arbeiten lassen. Und das machen sie bis heute. Mit Erfolg. Ihr macht-besessenes Gesicht konnten und können sie bis heute gut hinter ihrer Philanthropie-Maske verstecken. So heißt es etwa heute im Wikipedia-Artikel zu John D. Rockefeller Sr.: „Zusammen mit Andrew Carnegie gilt Rockefeller als einer der größten amerikanischen Philanthropen."[47] (Zum ‚Philanthropen' Carnegie komme ich später noch.) Und über John D. Rockefeller Jr. weiß Wikipedia zu berichten: „Am meisten ist er für seine wohltätigen Werke bekannt".[48] How come?

---

[45] Bernays, E.: Progaganda, New York 1928, (dt. Freiburg i. Br. 2007).

[46] Wikipedia-Artikel „Ludlow-Massaker", in: https://de.wikipedia.org/wiki/Ludlow-Massaker – Abgerufen am 9.1.22.

[47] Wikipedia-Artikel „John D. Rockefeller", https://de.wikipedia.org/wiki/John_D._Rockefeller – Abgerufen am 9.1.22.

[48] Wikipedia-Artikel „John D. Rockefeller", https://de.wikipedia.org/wiki/John_D._Rockefeller,_Jr. – Abgerufen am 9.1.22.

Doch obwohl diese selbst ernannten ‚Philanthropen' über unbeschränkte Geldmittel verfügen, zahlen sie nicht gern Steuern. Sie lassen sich nicht gern von Anderen reinreden. Schon gar nicht in Geldangelegenheit. Und schon gar nicht von am Gemeinwohl orientierten Staaten. Als echte Machtmenschen versuchen sie natürlich auch und vor allem auf diesem Gebiet mehr Macht zu erlangen. Sie nutzen dazu legale, halblegale und auch illegale Steuerhinterziehungs-Tricks. Auch hierfür stehen ihnen die weltbesten Berater/innen und Anwält/inne/n zur Seite.

Um ein Beispiel zu nennen: Ein ganz hervorragender legaler Schachzug[49] von Google (USA), Apple (USA), Facebook (USA), Amazon (USA) besteht darin, ihre europäischen Konzernzentralen in EU-Länder zu legen, die wenig Steuern erheben, z. B. Irland oder Luxemburg. Das den anderen EU-Staaten dadurch entzogene Geld wird dann in Offshore-Steuer-Paradiesen geparkt. „Laut EU-Finanzministern entgehen Europa durch solche Praktiken Schätzungen zufolge pro Jahr 50 bis 70 Milliarden Euro Steuereinnahmen." (Stand 2017 – die Schätzung ist zurückhaltend).[50] Es ist für Global Player sehr lukrativ und nicht das geringste Problem, Staaten gegeneinander auszuspielen. Auch in Sachen Besteuerung. Und das heißt dann im Klartext: Diejenigen, die den allergrößten Reibach machen, zahlen proportional am allerwenigsten Steuern. Wie rechtfertigt sich das? Gar nicht. Es ist aber so. Wieso ist es so? Weil die Über-Mächtigen fast alles machen können. Ich wiederhole mich, wenn ich sage: Sie haben einfach zuviel Macht. Und sie missbrauchen diese Macht andauernd; gegen das Gemeinwohl und für die eigene Macht- und Geldvermehrung.

Ein ebenfalls recht genialer legaler Schachzug sind die Gründungen von milliardenschweren, sogenannten ‚gemeinnützigen' Stiftungen. Wir sind ja soeben einer davon, der „Rockefeller Foundation", begegnet. Solche Gründungen haben einen zigfachen Vorteil: 1. Die Superreichen ‚schenken' einen Großteils ihres Vermögens ihrer eigenen Stiftung. Das Geld bleibt damit in ihrer Einflusssphäre. 2. Die Stiftungs-Gründung bringt große steuerliche Vergünstigungen mit sich. Im doppelten Sinne: erstens für das eigene Kapital, zweitens für alle anderen Reichen,

---

[49] Insofern dieser Schachzug legal ist, muss mensch sich natürlich fragen, wieso er das überhaupt sein kann. Die naheliegendste Antwort wäre: weil die Steuergesetze eben für die Reichen geschrieben sind – und manchmal auch von den Reichen selbst geschrieben sind.

[50] In: https://www.welt.de/wirtschaft/article169441495/Warum-die-EU-Amazon-Co-nicht-zu-fassen-bekommt.html – Abgerufen am 9.1.22.

die diesen ‚befreundeten' Stiftungen – also den strategischen Partnern – gern Geld spenden und durch die beim Finanzamt eingereichten Spendenquittungen selbst wieder Steuererleichterung erhalten. „Durch den gemeinnützigen Zweck erhalten Stiftungen weitgehende Steuerbefreiungen, die es erlauben, Privatvermögen durch eine Überführung in die Stiftung vor dem Fiskus zu schützen. Die Gates Foundation z. B. ist eine 501(c)(3) Organisation und ist daher von der Einkommensteuer freigestellt."[51] 3. Ein nicht unbedeutender Teil dieser Gelder (unzählige Milliarden!) fehlen dem Staat, er kann dadurch vielen Aufgaben – v. A. auch sozialen – nicht so gut nachkommen und wird in eine Schuldenspirale getrieben (an der die großen Banken verdienen). 4. Auch das hat einen doppelten Vorteil für die Über-Mächtigen. Einerseits ist die Schwächung, finanzielle Abhängigmachung und Ausbeutung der Staaten ein Teil ihrer langfristigen disruptiven Strategie (so können sie die finanziell klammen Staaten, Länder, Gemeinden eher dazu bringen, noch mehr sogenannte ‚Public-Private-Partnerships' einzugehen; was extremst lukrativ ist, denn die meisten ‚Partnerships' laufen auf Folgendes hinaus: Unkosten und Risiken vertraglich soweit als möglich auf den Staat abwälzen, Gewinne soweit als möglich selbst einfahren). 5. Der zweite Vorteil: sie können sich jetzt selbst als Menschenfreunde (Philanthropen) inszenieren. Sie können einen Teil des Geldes, das sie dem Staat vorenthalten haben, jetzt selbst großzügigst spenden – und zwar ganz wie *sie* es wollen. Und das tun sie auch. Sie investieren dieses Geld öffentlichkeitswirksam in ihr ‚philanthropisches' Image. Sie versuchen – und hier beginnt es zynisch zu werden – den Anschein zu erwecken, sie seien nicht nur die reichsten, sondern auch die wohltätigsten Menschen dieser Erde. 6. Da aber ein Großteil dieser Spenden von den Reichsten strategisch und zweckgebunden vergeben wird, haben sie insgeheim ein weiteres Lenkungs- und Manipulationsinstrument in der Hand. Und zwar ein nicht zu unterschätzendes, ja, wie sich im Fall der Gates-Stiftung zeigen wird, ein gewaltiges.

Diese antidemokratische und gemeinwohlfeindliche Steuervermeidungstaktik der Superreichen wird leider nur zu selten öffentlich kritisiert. Es braucht machtkritische Versiertheit und Mut dazu. Und v. A. eine gewisse Unabhängigkeit von Institutionen und Medien, die ihrerseits von den Über-Mächtigen abhängig sind. Wie z. B. der Großteil der renommierten Presse, die – weil sie auf das Anzeigengeschäft angewiesen ist – damit auch direkt und indirekt von den Über-Mächtigen abhängt. Ein Problem, das schon so alt wie die moderne Presse ist. Man vergleiche hierzu das Buch von 1911 über die „Die Generalanzeiger-Presse als Herd der Korruption" von Walter Hammer (1888-1966).

---

[51] https://reitschuster.de/post/500-000-dollar-spende-der-gates-foundation-an-das-rki-im-november/ – Abgerufen am 14.1.22.

Rutger Bregman hat diese innere und äußere Unabhängigkeit und den nötigen Mut.[52] Inmitten all der Über-Mächtigen, beim „Jahrestreffen des Weltwirtschaftsforums in Davos sorgte er im Januar 2019 für Aufsehen, als er eine ‚gerechte Besteuerung für Reiche' und ein Ende der Steuervermeidung forderte. Ein Videoausschnitt seiner Rede erreichte in kurzer Zeit 8 Millionen Aufrufe. Darin beklagt er, dass so getan werde, als wäre Philanthropie ein geeigneter Ersatz für einen durch faire Besteuerung finanzierten Wohlfahrtsstaat."[53] Interessant ist in diesem Zusammenhang auch die Wendung „sorgte er […] für Aufsehen". Ist es so aufsehenerregend, wenn einer sagt, was fast jedem/jeder klar ist? Was auf der Hand liegt? Nicht unbedingt. Was hier scheinbar Aufsehen erregte, ist, dass ein demokratisch gesinnter und tatsächlich menschenliebender Mensch so etwas der pseudo-philanthropischen Machtelite öffentlich ins Gesicht sagt. Dass er ihnen – mit schnellem und geschicktem Griff – öffentlich die Maske vom Gesicht zieht. Das passiert zu selten. Und: es wird von den Über-Mächtigen nicht gern gesehen und auch nicht verziehen. Wie sagte Machiavelli? „Wer glaubt, daß große Herren […] alte Kränkungen vergessen, täuscht sich."[54]

Nietzsches „Übermenschen" und ihre Philosophie des Machtwillens

Wie ersichtlich sind die Über-Mächtigen ausgezeichnete Machtstrategen. Machtstrategen sind sie nicht nur in ökonomischer, politischer und propagandistischer Hinsicht, sondern auch in philosophischer. Sie bedienen sich einer ganz eigenen machtstrategischen Philosophie. Um mit dem späten und bereits an Größenwahn leidenden Friedrich Nietzsche (1844-1900) zu reden, handelt es sich dabei um eine Philosophie des „Willens zur Macht". Diese Philosophie kennt viele Varianten. Doch hat sie immer *ein Ziel*: Es geht darum, die Mehrheit hinters Licht zu führen, zu übervorteilen, *für sich* arbeiten zu lassen, auszubeuten, zu entmächtigen. Mit dem Endziel: noch mehr Macht für die Über-Mächtigen.

Die Über-Mächtigen sehen sich – bewusst oder unbewusst, offiziell oder insgeheim – gern als Elite-Menschen, oder, wieder in Anlehnung an den späten Nietzsche, als „Übermenschen". Zumindest handeln und leben sie so. Und dies

[52] Vgl. seine Bücher „Utopien für Realisten: Die Zeit ist reif für die 15-Stunden-Woche, offene Grenzen und das bedingungslose Grundeinkommen" und „Im Grunde gut: Eine neue Geschichte der Menschheit." (Reinbek 2017 u. 2020).

[53] Wikipedia-Artikel „Rutger Bregman", in: https://de.wikipedia.org/wiki/Rutger_Bregman – Abgerufen am 29.12.21.

[54] Machiavelli, N.: Der Fürst (Il Principe), Stuttgart 1978, S. 33.

mit einem gewissen Recht, mit einer gewissen Zwangsläufigkeit: stehen sie doch finanziell, infrastrukturell, hierarchisch (und durch ihre Stiftungen sogar ‚philanthropisch') weit *über* den allermeisten Menschen. Unerreichbar weit. Und verfügen – qua ererbter und/oder angeeigneter Über-Macht – damit in einem erheblichen Maß *über* die Lebensumstände der Menschen, und damit auch *über* deren Leben. (Und, wie wir im Fall Gates und seiner Impfpolitik noch sehen werden, auch über deren Gesundheit.)

Nietzsche entwarf v. A. in seinem Nachlass, der unter den drei Titeln „Willen zur Macht", „Umwertung aller Werte" und „Unschuld des Werdens" bekannt wurde, das Konzept des „Übermenschen". Dieser Übermensch „braucht die *Gegnerschaft* der Menge, der ‚Nivellierten', das Distanzgefühl im Vergleich zu ihnen; er steht auf ihnen, er lebt von ihnen. Diese höhere Form des *Aristokratismus* ist die der Zukunft. – Moralisch geredet, stellt jene Gesamtmaschinerie, die Solidarität aller Räder, ein Maximum in der *Ausbeutung des Menschen* dar: aber sie setzt solche voraus, derentwegen diese Ausbeutung *Sinn* hat. [...] Ihr Selbstherrlichen! Jene alle, deren Wesen die Zugehörigkeit ist, jene Ungezählten, Unzähligen arbeiten nur für euch, wie es auch dem Oberflächlichen anders scheine möge! Jene Fürsten, Kaufleute, Beamten, Ackerbauern, Soldaten, die sich vielleicht über euch hinausglauben, – sie alle sind *Sklaven* und arbeiten mit einer ewigen Notwendigkeit nicht für sich selber: niemals gab es Sklaven ohne Herren – und ihr werdet immer diese Herren sein, für die da gearbeitet wird: ein späteres Jahrhundert wird das Auge für dieses Schauspiel haben! Laßt jenen doch ihre Ansichten und Einbildungen [...]. Aber haltet immer fest, daß diese ungeheure Bemühung, dieser Schweiß, Staub und Arbeitslärm der Zivilisation für die da ist, die dies alles zu benutzen wissen, ohne mitzuarbeiten: daß es *Überschüssige* geben muß, welche mit der allgemeinen Überarbeit erhalten werden, und daß die Überschüssigen der Sinn und die Apologie des ganzen Treibens sind! [...] Was für Staats- und Gesellschaftsformen sich auch ergeben mögen, *alle werden ewig nur Formen der Sklaverei* sein, – und unter allen Formen werdet ihr die Herrschenden sein".[55]

[55] Das Vermächtnis Friedrich Nietzsches. Versuch einer neuen Auslegung allen Geschehens und einer Umwertung aller Werte. Aus dem Nachlaß und nach den Intentionen Nietzsche hg. v. F. Würzbach, Graz 1943, S. 648f. Ich zitiere bewusst aus der Nietzsche-Nachlass-Edition des Gründers der ersten Nietzsche-Gesellschaft und späteren Nazi-Funktionärs Friedrich Würzbach (1886-1961; vgl. https://en.wikipedia.org/wiki/Friedrich_Würzbach – Abgerufen am 29.12.21). Weil ich damit auch andeuten will, dass – was allein die „Willens-zur-Macht-Philosophie" betrifft – sich alle Über-Mächtigen, egal ob Nazis oder nicht, hübsch einig sind. Die französische Ausgabe dieses Buches wurde in Frankreich berühmt und wird dort bis heute zitiert. 1969 gab es eine Neuauflage im „Deutschen Taschenbuch Verlag".

Die neuen „Herren der Erde“ sollen sich nach Nietzsche geschickt der demokratischen „Heerdenthiere“ bedienen. Denn: „wäre es für die demokratische Bewegung nicht selber erst eine Art Ziel, Erlösung und Rechtfertigung, wenn Jemand käme, der sich ihrer *bediente* – dadurch dass endlich sich zu ihrer neuen und sublimen Ausgestaltung der Sklaverei (– das muss die europäische Demokratie am Ende sein) jene höhere Art herrschaftlicher und cäsarischer Geister hinzufände, welche sich auf sie stellte, sich an ihr hielte, sich durch sie emporhübe?“[56]

„Glück ist *nicht* das Ziel: sondern Machtgefühl“. „*Erobern* – ist die natürliche Konsequenz einer *überschüssigen* Macht: es ist dasselbe wie das *Schaffen* und *Zeugen*, also das *Einverleiben seines eignen Bildes* in fremden Stoff. Deshalb muß der höhere Mensch *schaffen*, das heißt sein *Höhersein* anderen aufdrücken ...“[57]

Nietzsche spricht sich hier sehr direkt und drastisch aus. Die Meisten schrecken vor solch einer kompromisslosen Über-Menschen-Philosophie innerlich – menschlich – zurück. Ich auch. Und doch ist es wichtig und erhellend, sich diese Philosophie in ihrer provokanten Radikalität vor Augen zu führen. Denn sie ist und bleibt meines Erachtens *die* unterschwellige Philosophie aller Über-Mächtigen. Das, was sich die meisten von ihnen, wenn sie sich unter sich wähnen, zuraunen. Und wenngleich auch nicht alle Über-Mächtigen diese Philosophie *weltanschaulich teilen* mögen (zumindest nicht offiziell): die meisten *handeln* danach. Anders formuliert: ihr Handeln gibt Nietzsche Recht. Und auch Folgendes hat Nietzsche klar gesehen: Die Regeln, die für normale Menschen gelten, gelten für Über-Menschen nicht. Die Über-Mächtigen sind auch in dieser Hinsicht Über-Menschen, d. h. sie stehen meist *über* den demokratischen Regeln und Gesetzen, *über* den menschlichen Normen. Der Zivilisations- und Machtkritiker Derrick Jensen zog hierzu 2013 anschauliche Vergleiche:

„Werden CEOs von der Rechtsprechung für ihre destruktiven, oftmals mörderischen Taten zur Rechenschaft gezogen? Hier sind ein paar Knobelaufgaben, die nicht besonders lustig sind. Frage: Was bekommt einer, der es mit Drogen, mit einer heftigen Gefühlswallung und einer Schusswaffe zu tun

---

[56] Nietzsche, F.: Gesammelte Werke, hg. v. R. u. M. Oehler u. F. Würzbach, Bd. 19: Der Wille zur Macht. Versuch einer Umwerthung aller Werthe. Drittes und viertes Buch. Hg. u. mit einem Nachbericht versehen von F. Würzbach, München 1926, S. 313.

[57] Nietzsche, F.: Schwert des Geistes. Worte für den deutschen Kämpfer und Soldaten, ausgewählt u. hg. v. J. Schondorff, Stuttgart 1941, S. 192. Die Zitate stammen aus der vom versiertesten Nazi-Philosophen Alfred Baeumler herausgegebene Nachlass-Edition „Die Unschuld des Werdens“. Wiederum zitiere ich bewusst aus einer Nazi-Kompilation. Wie gesagt: weil ich damit andeuten will, dass – was allein die „Willens-zur-Macht-Philosophie“ betrifft – sich alle Über-Mächtigen, egal ob Nazis oder nicht, hübsch einig sind.

hat? Antwort: Wegen Mordes zwei Mal lebenslänglich, Entlassung nicht vor 2026. Frage: Was bekommt einer, der es mit zwei Nationalstaaten, einem Konzern, vierzig Tonnen Gift und letztendlich achttausend toten Menschen zu tun hat? Antwort: Pension mit vollen Bezügen und Zusatzleistungen. Genau das erhielt Warren Anderson, Manager der ‚Union Carbide', die den Massenmord in Bhopal verursachte. Man kann das auch noch auf andere Weise ausdrücken: Wie nennen Sie jemand, der vorhat, die U-Bahn von Tokyo mit Gift zu verseuchen? Sie nennen ihn einen Terroristen und stecken ihn für immer ins Gefängnis. Und wie nennen Sie jemand, der vorhat, das Grundwasser der Vereinigten Staaten von Amerika mit Gift zu verseuchen? Sie nennen ihn Dick Cheney [von 2001 bis 2009 unter George W. Bush Vizepräsident der USA, von 1989 bis 1993 unter George Bush Verteidigungsminister]. Oder Öl- und Gasmann oder Fracker. Haben es die Reichen mit der gleichen Rechtsprechung zu tun wie Sie und ich? Hat das Leben auf Erden in einem Gerichtshof die gleichen Rechte wie ein Unternehmen? Wir alle wissen die Antwort auf solche Fragen."[58]

Werfen wir hier einen kurzen Seitenblick auf Dick Cheneys berufliche und politische Karriere. Sie ist typisch für einen skrupellosen Machtstrategen und Über-Menschen, der elegant und machtsteigernd zwischen den drei großen Machtblöcken Wirtschaft-Politik-Militär hin- und herwechselt. „1995 wurde Cheney Aufsichtsratsvorsitzender und CEO von Halliburton, deren Kerngeschäft die Energieversorgung und -förderung bzw. der Handel mit Erdöl ist. Zusammen mit Donald Rumsfeld begründete er 1997 die konservative Denkfabrik Project for the New American Century. In den 5 Jahren seiner Tätigkeit für Halliburton stieg der Auftragswert von Projekten für die Regierung von 1,2 Milliarden auf 2,3 Milliarden US-Dollar. In diese Zeit fällt der Balkan-Krieg mit umfangreichen Regierungsaufträgen für Halliburton/KBR, sowie lukrativen Aufträgen im Zusammenhang mit dem ‚Oil-for-Food'-Programm für Irak. Nachdem Cheney als Vizepräsidentschaftskandidat aufgestellt worden war, trat er am 25. Juli 2000 als

[58] Jensen, D.: Introduction, in: Earth at Risk – Building a Resistance Movement to Save the Planet, hg. v. D. Jensen u. L. Keith, Crescent City 2013, S. 1-9, hier S. 3f. Im Original: "Do judicial systems hold CEOs accountable for their destructive, often murderous acts? Here are a couple of riddles that aren't very funny. Question: What do you get when you cross a long drug habit, a quick temper, and a gun? Answer: Two life terms for murder, earliest release date 2026. Question: What do you get when you cross two nation states, a large corporation, forty tons of poison, and at least eight thousand dead human beings? Answer: Retirement with full pay and benefits. That's what happened to Warren Anderson, CEO of Union Carbide, which caused the mass murder at Bhopal. Here's another way to say this: What do you call someone who conspires to put poison in the subways of Tokyo? You call him a terrorist and you put him to prison for life. What do you call someone who conspires to put poison in the groundwater of the United States? You call him Dick Cheney. Or oil and gas man, or fracker. Do the rich face the same judicial system as you or I? Does life on earth have as much standing in a court as does a corporation? We all know the answers to those questions."

CEO von Halliburton zurück, verkaufte einen großen Teil seiner Anteile und legte den Rest in einem Treuhandfonds an. Noch im Juli 2004 erhielt er aber Abfindungszahlungen von Halliburton. Da Halliburton für den Wiederaufbau im Irak hoch dotierte Aufträge der US-Regierung bekam, sehen Kritiker hier einen Interessenkonflikt. Da der Konzern unter Führung Cheneys Geschäfte mit Diktaturen wie dem Irak, Afghanistan und Myanmar gemacht hatte, kam Cheney dafür in die Kritik. Im Dezember 2010 teilte die Korruptionsbehörde Nigerias mit, gegen Dick Cheney wegen Korruption Anklage zu erheben. Die Vorwürfe beträfen Schmiergeldzahlungen im Zusammenhang mit dem Bau einer Flüssiggasanlage durch den US-Energiekonzern Halliburton im Süden Nigerias. Insgesamt sollen zwischen 1995 und 2005 Schmiergelder von 182 Millionen Dollar geflossen sein.“[59]

Elitäre Über-Menschen: gestörte Narzissten und Machtkranke?

Über-Menschen sind de facto Besser-Gestellte, die sich ganz oft über den Rest der Welt erhaben dünken. Sie agieren dann als exkludierende Elite-Egoisten und/oder auch doppelmoralische Ego-Propheten. Ich möchte nicht behaupten, dass diese Über-Menschen in allem dem psychiatrischen Krankheitsbild der „narzisstischen Persönlichkeitsstörung“ entsprechen. Aber in Vielem gibt es tatsächlich verblüffende Übereinstimmungen. Um die wichtigsten herauszugreifen: „Im aktuellen Klassifikationssystem der ‚[US-]American Psychiatric Association’ (DSM-5) ist die Störung unter der Kennziffer 301.81 gelistet. Demnach handelt es sich bei der narzisstischen Persönlichkeitsstörung um ein tiefgreifendes Muster von Großartigkeit (in Fantasie oder Verhalten), dem Bedürfnis nach Bewunderung und Mangel an Einfühlungsvermögen. Der Beginn liegt im frühen Erwachsenenalter und die Störung zeigt sich in verschiedenen Situationen. Mindestens fünf der folgenden Kriterien müssen erfüllt sein: 1. Hat ein grandioses Gefühl der eigenen Wichtigkeit […] 2. Ist stark eingenommen von Fantasien grenzenlosen Erfolgs, Macht, Glanz […]. 3. Glaubt von sich, ‚besonders’ und einzigartig zu sein und nur von anderen besonderen oder angesehenen Personen (oder Institutionen) verstanden zu werden oder nur mit diesen verkehren zu können. 4. Verlangt nach übermäßiger Bewunderung. 5. Legt ein Anspruchsdenken an den Tag (d. h. übertriebene Erwartungen an eine besonders bevorzugte Behandlung oder automatisches Eingehen auf die eigenen Erwartungen). 6. Ist in zwischenmenschlichen Beziehungen ausbeuterisch (d. h. zieht Nutzen aus anderen, um die eigenen Ziele zu erreichen). 7. Zeigt einen

[59] Wikipedia-Artikel „Dick Cheney”, in: https://de.wikipedia.org/wiki/Dick_Cheney – Abgerufen am 29.12.21.

Mangel an Empathie: Ist nicht willens, die Gefühle und Bedürfnisse anderer zu erkennen oder sich mit ihnen zu identifizieren. 8. Ist häufig neidisch auf andere oder glaubt, andere seien neidisch auf ihn/sie. 9. Zeigt arrogante, überhebliche Verhaltensweisen oder Haltungen."[60]

In der Tat liegen die narzisstisch-gestörte Persönlichkeit und der Über-Mensch charakterologisch nicht weit auseinander. Und dies verwundert nicht. Denn in einem superkapitalistischen Bewerbungs- und Wettbewerbssystem – in dem es immer auch um Sich-gut-Verkaufen, um Blenden, Taktieren und Ausnutzen geht – haben Narzissten ganz offensichtlich Vorteile. Zumindest dann, wenn es ihnen gelingt, die karrierefördernden narzisstischen Seiten (eigene Grandiosität; Blendertum; emotionsloses Kalkül; Fähigkeit, die Gefühle und Erwartungen Anderer strategisch steuern zu können; ausbeuterisches Geschick; etc.) voll auszuspielen und zugleich die karriereschädlichen narzisstischen Seiten ihrer Persönlichkeit (Größenwahn, abstoßende Arroganz, Skrupellosigkeit, maschinenartige Gefühlskälte, sadistische Ausbeutungslust, Neid und Gier, etc.) zu verbergen. Der Psychoanalytiker und Ethnologe Michael Maccoby sieht das in seinem bekannt gewordenen Aufsatz „Narcissistic Leaders: the Incredible Pros, the Inevitable Cons" ähnlich. Er spricht von einer regelrechten Renaissance narzisstischer Führungspersönlichkeiten wie Bill Gates, Andy Grove, Jeff Bezos oder Jack Welch von General Electric oder Larry Ellison von Oracle.[61] Und da stellt sich dann – sicher nicht nur für David Rothkopf, den Autor des Buches „Die Super-Klasse – Die Welt der internationalen Machtelite" – die Frage: „Sind das wirklich die Menschen, denen wir die Führung der Weltgemeinschaft in die Hände legen wollen? Sie mögen zwar in vielen Dingen die Besten und Gescheitesten sein, aber sie sind zugleich diejenigen, die ihre eigenen Interessen am unerbittlichsten durchsetzen und die sich am meisten für den Erhalt des Status quo einsetzen, der sie an die Macht gebracht hat. Narzissten mögen ja gute Vorstandsvorsitzenden abgeben – aber schlechte Zuhörer, die sich nicht gut in andere hineinversetzen können, sind nicht gerade die Menschen, denen man anvertrauen möchte, die Zukunft eines Systems zu verwalten und zu gestalten, in dem sich ein Gleichgewicht, wenn überhaupt, nur im freien Spiel der Kräfte einstellen kann. Zumal angesichts weltweiter Probleme wie der Erderwärmung

---

[60] Wikipedia-Artikel „Narzisstischen Persönlichkeitsstörung" in: https://de.wikipedia.org/wiki/Narzisstische_Persönlichkeitsstörung – Abgerufen am 29.12.21

[61] Maccoby, M.: Narcissistic Leaders: the Incredible Pros, the Inevitable Cons, in: Harvard Business Review 78, 1/2000, S. 68-77. Vgl. hierzu auch das Urteil des US-Richters Thomas Penfield Jackson über Bill Gates: „Ich denke er hat eine Napoleonische Auffassung von sich selbst und seiner Firma, eine Arroganz, die von Macht und ungetrübtem Erfolg kommt, der nicht von harten Erfahrungen und Rückschlägen versäuert ist." Zit. in: https://www.derstandard.at/consent/tcf/story/439756/bill-gates-ist-wie-napoleon – Abgerufen am 23.1.22.

und der Ausbreitung von Massenvernichtungswaffen das Überleben der Menschheit – oder größerer Teile davon – auf dem Spiel steht."[62]

Es war Alfred Adler (1870-1937), der immer wieder auf die verhängnisvolle sozialpsychologische Schlüsselrolle des Willens zur Macht hingewiesen hat. Für Adler ist ein entfesselter Wille zur Macht nichts angeborenes (wie Nietzsche meinte), sondern eine in der Kindheit erworbene und aus Minderwertigkeitsgefühlen hervorgehende krankhafte Überkompensation. Diese Krankheit werde befördert und befeuert durch die in unserer Zivilisation beinahe allgegenwärtige „Atmosphäre" des „Machtkitzels": „Die moderne Seelenkunde hat uns aber gezeigt, dass die Züge von Herrschsucht, Ehrgeiz und Machtbestreben über den anderen samt ihrer Fülle von hässlichen Begleiterscheinungen nicht angeboren und unabänderlich sind. Sie werden vielmehr dem Kinde frühzeitig eingeimpft, das Kind empfängt sie willenlos aus einer Atmosphäre, die vom Machtkitzel getränkt ist. [...] Eins kann uns retten: das Misstrauen gegen jede Vormacht. Unsere Stärke liegt in der Überzeugung, in der organisierenden Kraft, in der Weltanschauung, nicht in der Gewalt der Waffen und nicht in Ausnahmegesetzen."[63] „Wir brauchen die bewusste Vorbereitung und Förderung eines gewaltigen Gemeinschaftsgefühles und den völligen Abbruch der Gier und Macht beim einzelnen und bei den Völkern. Was allen fehlt und wonach wir unausgesetzt ringen, sind neue Methoden zur Hebung des Gemeinsinns."[64] „Das Ergebnis individual- und massenpsychologischer Forschung lautet demnach: das Streben nach persönlicher Macht ist ein verhängnisvolles Blendwerk und vergiftet das Zusammenleben der Menschen. Wer die menschliche Gemeinschaft will, muss dem Streben nach Gewalt über andere entsagen."[65]

Jack London leuchtet in machtelitäre Abgründe

Ich mag Über-Menschen nicht besonders. Nicht nur, weil sie meist narzisstisch gestört sind und weil mit Narzissten eben kein faires und schönes Miteinander möglich ist, kein Leben-und-Leben-Lassen. Aus vielen anderen Gründen auch. Ich bin gern *unter Menschen*, unter ‚normalen' d. h. nicht-elitären Menschen, die emotional erreichbar sind und denen ich vertrauen kann. In diesem Sinne bin ich

[62] Rothkopf, D.: Die Super-Klasse – Die Welt der internationalen Machtelite, München 2008, S. 462f.

[63] Adler, A.: Psychologie der Macht, in: Gewalt und Gewaltlosigkeit. Handbuch des aktiven Pazifismus. Im Auftrage der Internationale der Kriegsdienstverweigerer hg. v. F. Kobler, Zürich u. Leipzig 1928, S. 41-46, hier: 44. Den Text werde ich wieder abdrucken in: Jahrbuch für Lebensphilosophie, 11/2023-2025.

[64] Adler, A.: Psychologie der Macht, a. a. O., S. 45.

[65] Adler, A.: Psychologie der Macht, a. a. O., S. 42f.

ein ‚Unter-Mensch', weil ich eben gern *unter Menschen* bin – und nicht *über* ihnen. Ich könnte auch sagen: ich bin gern unter Mitmenschen. Auch Über-Menschen wären für mich prinzipiell Mitmenschen, wenn sie nur *mit* den Anderen leben würden bzw. wollten. Aber das wollen sie nicht. Sie wollen unter Ihresgleichen bleiben, in ihren narzisstischen Elite-Ghettos. Sie sondern sich ab. Sie grenzen sich ab – und Andere aus. Das gehört nun mal zu ihrem Elite-Ethos.

Wie Charles Wright Mills 1956 feststellte, habe sich die USA durch „permanente Kriegswirtschaft und private Konzernwirtschaft"[66] im 20. Jahrhundert zu einer Supermacht entwickelt. Diese Supermacht werde beherrscht von einer Machtelite, die sich aus superreichen Konzernbossen und Managern, hohen Militärs und führenden Politikern zusammensetze. Diese Machtelite hätte unvorstellbare Machtmittel in der Hand, mit denen sie etwa „riesige Städte über Nacht vom Erdboden verschwinden lassen"[67] könnten. Wie es die Herausgeber von Mills Buch „Die Machtelite" zusammenfassen: „Die Machtelite sei zwar keineswegs homogen und allmächtig, aber doch ähnlicher, geeinter, mächtiger und organisierter als es gemeinhin von den Liberalen unterstellt werde. Ihre Mitglieder verfolgen nicht immer, aber doch häufig einheitliche Interessen, sind auf vielfache Weise über ihre Herkunft, ihre Bildungslaufbahn (elitäre Privatschulen und universitäre Clubs), über ihre Berufswelt, private Netzwerke, ja ihre ganze Lebenswelt eng miteinander verbunden. Sie haben ein ausgeprägtes Klassenbewusstsein, werden sich psychologisch immer ähnlicher und nehmen bei ihren Entscheidungen Rücksicht aufeinander. Sie finden sich in sozialen Positionen wieder, die mit Macht, Reichtum und Ansehen verbunden sind."[68]

Über-Menschen haben eine eigene Über-Infrastruktur. Sie sind für normale Menschen weder persönlich, noch auch sozial oder emotional erreichbar. Zumindest nicht auf Augenhöhe. Sie sind menschlich und demokratisch kaum belangbar. Auch bin ich der Meinung, dass Menschlichkeit, Ehrlichkeit und Unverstelltheit mehr unter nicht-elitären Menschen als unter Über-Menschen zuhause sind. Ich habe deshalb auch nichts dagegen, wenn mich Über-Menschen einen ‚Unter-Mensch' nennen. Das ehrt mich. Wohl aber habe ich etwas dagegen, wenn Über-Menschen meinen, sie könnten Andere ausbeuten, sie könnten mir und Meinesgleichen Freiheiten und Menschenrechte nehmen.

Jack London (1876-1916) hat das übrigens ähnlich gesehen. Und deshalb hat er sich auch – trotz einem zeitweiligen Liebäugeln mit dem nietzscheschen Übermenschen-Konzept – immer wieder zu einem basisdemokratischen

[66] Mills, C. W.: Die Machtelite, Frankfurt a. M. 2019, S. 373.
[67] Mills, C. W.: Die Machtelite, Frankfurt a. M. 2019, S. 74.
[68] Wendt, B., Walter, M. u. Klöckner, M. B.: Einführung. Ein Klassiker – C. Wright Mills und die *Machtelite*, in: Mills, C. W.: Die Machtelite, Frankfurt a. M. 2019, S. 7-43 hier: 32.

Sozialismus und zu den ,Unter-Menschen' (die im „Kellergeschoß" der Gesellschaft wohnen) bekannt. Und gerade er wusste, wovon er sprach. Er kam aus den untersten Schichten. Hatte aber, auf der Höhe seines schriftstellerischen Erfolgs, Zugang zu den Über-Mächtigen und ihren Elite-Ghettos. Bei all dem hat London sich nie korrumpieren lassen. Und so konnte er auch unumwunden aussprechen, was er dort, bei den Über-Mächtigen, ihren Frauen und ihren Höflingen, erlebte:

„Die Gesellschaft öffnete mir ihre Tore. Ich durfte geradeswegs ins Empfangszimmer gehen, ich setzte mich zu Tische mit den Herren der Gesellschaft und speiste mit deren Frauen und Töchtern. Aber rasch verflog eine Illusion nach der anderen. Die Frauen waren wohl schön gekleidet, aber zu meinem Erstaunen machte ich die Entdeckung, daß sie doch aus demselben Lehm geformt waren wie alle übrigen Frauen, die ich im Kellergeschoß kennengelernt hatte. [...]

Wohl plapperten diese elegant gekleideten schönen Frauen von ihren niedlichen kleinen Idealen und von ihren kleinen moralischen Anwandlungen, aber durch all ihr Plappern hindurch kam immer der Grundzug ihres Lebens hindurch, ihr Materialismus. Und sie waren so merkwürdig sentimental egoistisch. Sie halfen bei allen möglichen niedlichen kleinen Wohltätigkeitsveranstaltungen mit und waren stolz, wenn sie davon erzählten, während all das Essen, das sie sich und ihren Gästen vorsetzten und all die schönen Kleider, die sie trugen, bezahlt waren von Geschäftsgewinnen, so daß das Blut von Kinderarbeit daran klebte, von übermäßiger Arbeit, selbst von Prostitution. Wenn ich solche Tatsachen berührte, und in meiner Unschuld erwartete, daß sie [...] sofort das blutbefleckte Seidenkleid und die Juwelen ablegen würden, so wurden sie aufgeregt und böse, und ich bekam ihre Predigten zu hören über Mangel an Sparsamkeit, über Trunksucht, über angeborene Verderbtheit, die all das Elend im Kellergeschoß der Gesellschaft verursacht hätten. Und wenn ich dazu bemerkte, daß ich nicht recht einzusehen vermöchte, wie Mangel an Sparsamkeit, wie Unmäßigkeit und Verderbtheit ein halbverhungertes Kind von sechs Jahren zwingen könnten, jede Nacht zwölf Stunden in einer Baumwollspinnerei zu arbeiten, dann griffen sie [...] mein Privatleben an, nannten mich einen Agitator, als wenn damit die Sache bewiesen wäre.

Nicht besser fuhr ich mit den Herren der Gesellschaft. Ich hatte nach ihren reinen, edlen, lebendigen Idealen erwartet, reine, edle und lebendige Menschen zu finden. Ich kam mit Männern zusammen, die an hervorragenden Stellen standen, mit Predigern, Politikern, Geschäftsleuten, Professoren und Zeitungsherausgebern. Ich aß mit ihnen, trank Wein mit ihnen, fuhr aus mit ihnen und studierte sie. Ich fand manche reine und edle Gesinnung, aber das waren seltene Ausnahmen, ich glaube, ich konnte sie an den Fingern abzählen. Aber sie waren wie wohlkonservierte Mumien, sie waren nicht lebendig. [In dieser Hinsicht möchte ich besonders die Professoren erwähnen, die ich traf, jene Männer, die gemäß dem dekadenten Universitätsideal „des leidenschaftslosen Strebens leidenschaftsloser Intelligenz“ leben.]

Ich fand Männer darunter, die in ihren Gesprächen gegen den Krieg den Namen des Friedensfürsten anriefen, und die bewaffneten Polizisten Gewehre in die Hand gaben, mit denen sie die streikenden Arbeiter ihrer Fabrik niederschießen sollten. Ich fand Männer, die entrüstet waren über die Brutalität der Boxkämpfe, und die zu gleicher Zeit beteiligt waren an Lebensmittelfälschungen, durch die jedes Jahr mehr Kinder getötet werden, als die blutbefleckte Hand des Herodes hat umbringen lassen.

Ich sprach in Hotels, Klubs, in der Eisenbahn und auf Dampfern mit Industriehäuptern und war erstaunt, wie wenig sie im Reiche des Geistes [... herum]gekommen waren, und wie ihre Moralbegriffe aufhören, wenn das Geschäft anfängt. [Auf der anderen Seite, was das Geschäftliche betraf, war ihr Intellekt übermäßig entwickelt.]

Ich traf einen aristokratisch aussehenden Herrn mit feinen Zügen, er nannte sich Direktor, war aber nur ein Strohmann, ein Werkzeug eines Trustes, der Frauen und Waisen beraubte. Einen Herrn traf ich, der schöne Bilder sammelte und ein besonderer Literaturfreund war und Erpressergelder bezahlte an politische Parteigrößen mit Hängekinnen und Augenwülsten. Ich traf einen Zeitungsherausgeber, der Inserate von Schwindelmedikamenten aufnahm, und der nicht wagte, in seinen Zeitungen die Wahrheit über diese Medizinen zu drucken, aus Furcht, er könnte das Inserat verlieren, und als ich ihm sagte, daß seine wirtschaftlichen Anschauungen veraltet wären [...], da nannte er mich einen verruchten Demagogen.

Ich traf einen Senator, der nur das Werkzeug und der Sklave einer mächtigen und ungebildeten Parteigröße war, [ebenso der Gouverneur und sein höchster Richter. ... Ich traf einen Mann, der besonnen und aufrichtig von der Schönheit des Idealismus und der Gutheit Gottes sprach und dabei soeben seine Geschäftspartner betrogen hatte. Ich traf] ein großes Kirchenlicht, der für ausländische Missionen hohe Beiträge zahlte, aber seine Ladenmädchen um einen Hungerlohn zehn Stunden am Tage arbeiten ließ und sie dadurch der Prostitution gerade in die Arme trieb. Ein anderer, der Universitäten mit neuen Lehrstühlen ausstattete, leistete vor Gericht einen Meineid wegen ein paar Dollar. Ein Eisenbahnkönig brach sein Wort und wurde ein Lügner, indem er einem von zwei rivalisierenden Industriehäuptern, die sich auf Tod und Leben bekämpften, geheime Vergünstigungen gewährte.

Es war überall dasselbe, überall Verbrechen und Betrug, Betrug und Verbrechen. Und daneben stand die große hoffnungslose Menge, die nur reinlich war und sonst nichts Großzügiges und Lebendiges hatte, die zwar vorsätzlich kein

Unrecht tat, aber durch ihre Teilnahmslosigkeit und ihre Unwissenheit sündigte, indem sie zu der landläufigen Unmoralität schwieg und davon Nutzen zog. [Wäre sie edel und lebendig gewesen, diese Menge, dann wäre sie nicht so ignorant gewesen und hätte den aus Betrug und Verbrechen stammenden Nutzen abgelehnt.]

Ich wollte nicht länger mehr in den guten Räumen der Gesellschaft leben, es langweilte mich, es machte mich krank. Ich dachte an meine [... intellektuellen und idealistischen] Freunde, an meine abgesetzten Prediger, entlassenen Professoren, an die reinlichdenkenden klassenbewußten Arbeiter. Ich dachte an den Sonnenschein, das Leuchten der Sterne, wo das Leben ein einziges wildes schönes Wunder ist, ein geistiges Paradies, ein selbstloses Erlebnis und eine ethische Romanze. Und ich sah vor mir beständig glühend und lodernd den heiligen Gral.

So kam ich zurück zu den Arbeitern, unter denen ich geboren war und zu denen ich gehörte. Ich wollte nicht höher klettern. Das mächtige Gebäude der Gesellschaft über meinem Kopfe hatte keine Reize mehr für mich. Nur die Grundmauern dieses Gebäudes haben noch Interesse für mich."[69]

Nicht nur zu Zeiten Jack Londons, auch heute und immer reagieren die Über-Mächtigen und ihre Höflinge empört und aggressiv, wenn ihnen jemand die Maske zieht. So geschehen im Februar 2019, als Rutger Bregman in einem Interview dem Fox-Moderator Tucker Carlson vorwarf, „das Thema Steuerflucht zu verschweigen" und darauf hinwies, „dass Carlson ein Millionär sei, der von Milliardären wie Rupert Murdoch[70] und den Koch-Brüdern[71] bezahlt würde. Carlson wurde daraufhin gegenüber Bregman verbal ausfällig, das entsprechende Segment wurde nicht von Fox ausgestrahlt."[72]

---

[69] London, J.: Ein Dichter der Arbeiterklasse, hg. v. F. Jung, übers. v. J. Grabisch, Wien 1924, S. 33-36. Deutsche Übersetzung von mir (R. J. Kozljanič) ergänzt; und zwar auf der Basis des englischer Originaltextes „What Life Means to Me" zuerst erschienen in: Ders.: Revolution and Other Essays, New York 1910.

[70] Der Medienmogul Rupert Murdoch ist einer der reichsten Männer, einer der größten Medienmanipulatoren. Seine Zeitschriften und Sender (u. a. auch Fox) verwenden immer wieder kriminellen Methoden wie Abhören und Erpressen – um damit massiv in Politik und Öffentlichkeit einzugreifen. Die Erfahrung zeigt, dass nur Diejenigen Premierminister und Präsidenten werden, die Murdoch medial-manipulativ pusht und die im Gegenzug dem Murdoch-Imperium gegenüber ‚sehr freundliche' Politik zu machen versprechen. So etwa im Fall Tony Blair und Donald Trump, um nur zwei Beispiele zu geben. Vgl. hierzu die hervorragende und frappierende dreiteilige arte-Doku „Aufstieg der Murdoch-Dynastie". Ursprünglich eine BBC-Produktion.

[71] Inhaber von Koch Industries, der größten, nicht börsennotierten Unternehmensgruppe in den USA. Die Koch Industries machen Geld mit Erdöl, Erdgas, Chemie, Energie, Asphalt, Kunstdünger, Nahrungsmittel und Kunststoffen. Die Koch-Brüder fördern und betreiben rechtspopulistische Politik.

Apropos Fox & Co: Bis vor vor einiger Zeit war die Presselandschaft noch ein einigermaßen durchwachsenes Gelände, wo sich neben elitären und elitehörigen auch freie und echt-demokratische Jourmalist/innen halten und entfalten konnten. Eine Errungenschaft der Revolution der 68er- und Hippie-Generation. Doch das beginnt sich zu ändern. Wie so oft geht der Trend von den USA aus. Durch spezielle Geld- und Machtfilter bedingt, über den Nachwuchs aus elitärer Netzwerken (v. A. Eliteuniversitäten und Think Tanks) gespeist, wird in den USA die Presselandschaft mehr und mehr machtkonform. Die Machteliten haben den freien Journalismus damit von innen her ausgehöhlt und ihre ‚eigenen' Leute und Netzwerke dort installiert. Batya Ungar-Sargon zeigt das in ihrem Buch „How Woke Media Is Undermining Democracy" minutiös auf.[73] Auch der Professor für Kommunikationswissenschaft Michael Meyen wies in einer lesenswerten Rezension „Journalismus für Eliten" darauf hin. All das hat Konsequenzen: „Heutige Medien schreiben gezielt an den Interessen ‚kleiner Leute' vorbei, um potente Anzeigenkunden zu locken."[74]

Als ob all das noch nicht reichen würde, spendete die Gates-Stiftung weltweit mehr als 250 Millionen US-Dollar im journalistischen Bereich (Stand August 2020). Unter den bekannteren Empfängern BBC, NBC, Al Jazeera, The Guardian, Financial Times, Le Monde, etc.[75]

„Strukturelle Immoralität" der Über-Mächtigen und ihr Macht-Poker

Nur selten wird auf die moralische Korrumpiertheit, die „strukturelle Immoralität" der Machteliten hingewiesen. Jack London hat das getan. Der Soziologe C. Wright Mills auch. „Aus dieser Sicht ist das Hauptproblem zum Beispiel der

[72] Wikipedia-Artikel „Rutger Bregman", in: https://de.wikipedia.org/wiki/Rutger_Bregman – Abgerufen am 29.12.21.

[73] Ungar-Sargon, B.: How Woke Media Is Undermining Democracy, New York 2021.

[74] Meyen, M.: Journalismus für Eliten, in: https://www.rubikon.news/artikel/journalismus-fur-eliten – Abgerufen am 25.1.22. Vgl. hierzu auch sein lesenswertes „Die Propaganda-Matrix – Der Kampf für freie Medien entscheidet über unsere Zukunft" (München 2021). – Die Machtelite und ihre Höflinge versuchen inzwischen verstärkt, den ‚Störenfried' Meyer aus seiner Professorenposition zu drängen und aus dem Verkehr zu ziehen. Mit hanebüchenen und perfiden Argumenten und Strategien. Vgl. z. B. Schreyer, P.: Ein Professor soll weg (10.2.22), in: https://multipolar-magazin.de/artikel/ein-professor-soll-weg – Abgerufen am 11.2.22.

[75] Vgl. Schwab, T.: Journalism's Gates Keepers (21.8.2020), in: https://www.cjr.org/criticism/gates-foundation-journalism-funding.php – Abgerufen am 11.2.22.

Wahlfinanzierung für ehrgeizige junge Politiker nicht das ihres persönlichen moralischen Versagens. Vielmehr muss man sich fragen, ob ein junger Mann, der in der [us-]amerikanischen Politik Karriere macht, heute jemals weit kommen kann, ohne ein stumpfes Gewissen zu haben oder zu bekommen. Viele Probleme sogenannter ‚Wirtschaftsverbrechen', gelockerter öffentlicher Moral, hochbezahlten Lasters und schwindender persönlicher Integrität sind durch Probleme bedingt, die man als strukturelle Immoralität bezeichnen muss. Es geht dabei nicht nur um schlechtveranlagte Charaktere, die in einer bösen Umwelt zu Fall gekommen sind. Das ist eine Erkenntnis, die vielen zu dämmern beginnt. Wenn Nachrichten über die höhere Unmoral an die Öffentlichkeit dringen, sagen sie: ‚Da ist wieder einer erwischt worden.' Damit meinen sie doch, dass der aufgedeckte Fall nicht Einzelereignis ist, dass die beteiligten Personen nicht Sonderfälle sind, sondern dass es sich um Symptome eines weitverbreiteten Übels handelt."[76] „Eine Gesellschaft, von der man annimmt, dass in den gehobenen Kreisen und auf der mittleren Ebene ein ganzes Netz verschiedener Querverbindungen zum Zwecke des Betrugs am Staate besteht, bringt keine gewissenhaften Menschen hervor. In einer Gesellschaft, deren Mitglieder nur auf den eigenen Vorteil bedacht sind, können keine Menschen mit Verantwortungsgefühl heranwachsen. Eine Gesellschaft, welche die Bedeutung des Wortes ‚Erfolg' einengt, indem sie Erfolg mit Reichtum gleichsetzt und ein Versagen im Kampf um diesen Erfolg als Hauptsünde brandmarkt, also Geld zum absoluten Wertbegriff erhebt, bringt den rücksichtslosen Manager und das dunkle Geschäft hervor. Gesegnet sind die Zyniker, nur sie haben das Zeug zum Erfolg."[77]

Neben Narzissmus und einer gewissen Immoralität, sprich: Skrupellosigkeit, sowie einer guten Portion Zynismus, sind auch Risikobereitschaft und Adrenalinsucht wichtige charakterologische Eigenschaften der Über-Mächtigen. David Rothkopf, der mit vielen Facetten machtelitären Denkens und Handelns von innen her gut vertraut ist, hat auch diesen Punkt nicht unerwähnt gelassen: „Ein weiteres psychologisches Phänomen im Zusammenhang mit der Super-Klasse sind die Verzerrungen, die die Macht mit sich bringt. Adam Galinsky von der Northwestern University hat eine Reihe von Untersuchungen auf diesem Gebiet durchgeführt, die beweisen, dass Menschen mit großer Macht ‚risikobereiter' agieren. […] Eine Psychiaterin, mit der ich mich unterhalten habe, wies auf eine weitere psychologische Deformation der Super-Erfolgreichen hin: Sie würden richtiggehend süchtig nach den Endorphinen, die ihre Gehirne als Ergebnis ihrer Positionen mit hoher Belastung und reicher Belohnung ausschütteten. Ein Land zu regieren, eine Firma zu leiten, die Armee oder eine Kirche anzuführen, das sei

---

[76] Mills, C. W.: Die Machtelite, a. a. O., S. 462f.
[77] Mills, C. W.: Die Machtelite, a. a. O., S. 467f.

eine Art Extremsport, und wenn man jeden Tag riskante Situationen meistern müsse, dann produziere man täglich Endorphine – und werde von ihnen abhängig."[78]

An diesem Zitat sind zwei Sachverhalte besonders klar zu sehen: Erstens, die spezifische Mischung aus Stress, Risikobereitschaft, Erfolgs- und Endorphinsucht, die viele der Superreichen Poker-Naturen kennzeichnet; und damit auch, dass und inwiefern sie *Poker-Naturen* sind, Machtspiel-Süchtige – eben Global Player. Und zweitens, dass viele, die in dieser Poker-Liga mitspielen, insgeheim versuchen, sich doch noch irgendwie ‚moralisch' zu rechtfertigen. Denn was Rothkopf und die ihm bekannte Psychiaterin hier unter der Hand machen, ist, dass sie ein altes Unternehmer- und Managermärchen bedienen. Dieses Rechtfertigungs-Märchen lautet: „Nur wer viel Verantwortung tragen und viel Stress aushalten kann, nur wer viel risikiert und investiert, viel arbeitet und leistet, verdient auch so viel Geld, Erfolg und Ansehen." Dieses Märchen trifft zwar immer wieder einmal zu – und ist dann kein Märchen mehr, kann dann (aber auch nur dann) Realität sein. Oder soll ich besser sagen: Es ‚könnte' dann Realität sein? Weil es erst in einer Gesellschaft mit tatsächlicher Chancengleichheit ganz aufhören würde, ein Märchen zu sein. Doch wann bzw. auf wen könnte es dann zutreffen? Es könnte zutreffen auf mittelständische Unternehmer/innen (welche aber durch die Über-Mächtigen mehr und mehr verdrängt und ersetzt werden). Zutreffen könnte es ferner auf junge aufsteigende Nachwuchs-Manager/innen und ähnliche Jung-Karrierist/inn/en in der Wirtschaft; und auch auf Menschen, die in der Politik Karriere machen, in der Kirche oder beim Militär. Aber *nie* trifft es auf die *Superreichen* zu. – Doch das wird von Rothkopf an dieser Stelle verschwiegen.

Dafür hat Krysmanski darauf hingewiesen: „Die Reichen mögen zwar über sehr viel (und oft schnell erworbenes) Geld verfügen. Sie leben aber immer noch in der Gefahr, alles oder einen großen Teil ihres Vermögens plötzlich wieder zu verlieren. [...] Die Superreichen dagegen [..] können absolut ruhig schlafen. Ihre Vermögen sind so riesig, auch so gut versteckt, dass dieser Planet schon zerplatzen müsste, damit auch sie nur noch im Hemd dastünden."[79] Sie sind einfach „zu reich, als dass sie durch irgendeine Krise ernsthaft gefährdet würden oder gar abstürzten [...] In harten Zahlen liegt die Grenze zwischen reich und superreich bei rund 500 Millionen Dollar frei verfügbaren Vermögen (also abzüglich der selbstgenutzten Immobilien, der zum Lebenstil gehörenden langlebigen Güter wie Autos, Yachten und so weiter). Das bedeutet, dass [...] weltweit rund 10.000 bis 20.000 Superreiche leben mit einem Vermögen von jeweils über 500 Millionen Dollar. Unter ihnen sind – Schätzungen gehen weit

[78] Rothkopf, D.: a. a. O., S. 461.
[79] Krysmanski, H. J.: a. a. O., S. 12.

auseinander – rund 3000 Milliardäre. Wohlgemerkt: weltweit und unter Einbeziehung der dunklen Ecken".[80]

Diese Superreichen und Über-Mächtigen sind moralisch nicht zu belangen, sie sind aber auch finanziell nicht zu belangen. Wenn sie pokern, ist ihr *eigenes* Risiko minimal. Ihren eigenen Superreichtum riskieren sie nicht. Und doch riskieren sie viel, mehr als je zuvor riskiert wurde: Sie riskieren das Gemeinwohl und die Wohlfahrt *aller anderen* Menschen und Lebewesen auf diesem Planeten. Doch für all das, was sie im wahrsten Sinne des Wortes auf's Spiel setzen, tragen sie kaum Verantwortung. Aus Sicht eines *echten* Pokerspielers sind sie Falschspieler, globale Falschspieler. Sie spielen mit unfairen Regeln, mit gefälschten Karten. Sie lassen ihr Geld und Andere für sich arbeiten. Ohne allzu großes Risiko, ohne große Verantwortung. D. h. ihre eigene ‚Arbeitsleistung' besteht v. A. im Geldausgeben, Geldanlegen, im Geld-für-sich-Arbeiten-Lassen. Ist das eine harte Leistung: sein Geld und Andere für sich arbeiten zu lassen? Steht ihre Arbeitsleistung in Korrelation zu ihrem ‚Verdienst'? Haben sie den Superreichtum ‚moralisch' verdient? Sich ehrlich erarbeitet? Gar erleistet?

Das Mephisto-Prinzip in unserer Wirtschaft

Für diese Über-Mächtigen und Über-Mächtiger gilt, was Derrick Jensen als „Prämisse" so formuliert hat: „Nicht das Wohlergehen der Gemeinschaft, nicht moralische Grundsätze, nicht Ethik, nicht Gerechtigkeit, nicht das Leben selbst sind in dieser [Macht-]Kultur Motor sozialer Entscheidungen, sondern wirtschaftliche Erwägungen. Modifikation der Prämisse […]: Soziale Entscheidungen werden überwiegend (und oft ausschließlich) danach getroffen, ob diese Entscheidungen den monetären Reichtum der Entscheider und ihrer Herren vermehren. Zweite Modifikation der Prämisse […]: Soziale Entscheidungen werden überwiegend (und oft ausschließlich) danach getroffen, ob diese Entscheidungen die Macht der Entscheider und ihrer Herren vermehren. Dritte Modifikation der Prämisse […]: Soziale Entscheidungen basieren überwiegend (und oft ausschließlich) auf dem fast völlig unhinterfragten Glauben, die Entscheider und ihrer Herren hätte das Recht, ihre Macht und/oder ihren finanziellen Reichtum auf Kosten derer zu vermehren, die unter ihnen stehen. Vierte Modifikation der Prämisse […]: Dringt man bis ins Herz der Sache vor – wenn es da überhaupt noch ein Herz gibt –, dann stellt man fest, dass soziale

[80] Krysmanski, H. J.: a. a. O., S. 45.

Entscheidungen im Wesentlichen danach getroffen werden, wie gut sie sich eignen, die freie Natur zu beherrschen oder zu zerstören."[81]

Das legt noch einmal von einer etwas anderen Perspektive her nahe, dass die wirtschaftlichen Erwägungen der Über-Mächtigen und ihrer Höflinge rein machtwillentlichen Imperativen folgen. Es sind auch diese machtwillentlichen Imperative, die das „Mephisto-Prinzip" unserer Wirtschaft unterbauen. Denn alle sieben mephistophelischen Axiome, auf denen laut dem Wirtschaftsprofessor Christian Kreiß unsere Wirtschaft basiert, streben auf einen Flucht- und Zentralpunkt zu: Es ist der absolut gesetzte Wille zur Macht. Diese Axiome sind laut Kreiß: „1. Unersättlichkeit" ist normal und förderlich. „2. Zinseszins ist gut, richtig und wichtig". „3. Eigentum in beliebiger Höhe ist gut, richtig und wichtig". „4. Unternehmen sollen ihre Gewinne maximieren". „5. Konsumenten maximieren rational ihren Eigennutzen". „6. Konkurrenz und Wettbewerb sind gut". „7. Die unsichtbare Hand des Marktes überführt das eigennützige Verhalten der Marktteilnehmer in das Wohl der Allgemeinheit".[82]

Willen-zur-Macht-Philosophie: Nietzsche, Machiavelli, Greene & Co

Zugegeben: die Willens-zur-Macht-Philosophie von Bezos, Musk, Zuckerberg, Gates, Page, Brin, Ellison, Buffet, Bloomberg & Co ist – rein philosophisch gesehen – plumper als die Willens-zur-Macht-Philosophie Nietzsches. Das sollte zu Friedrich Nietzsches Ehre gesagt werden. Die Philosophie der Über-Mächtigen ist näher an Niccolò Machiavellis (Florenz, 1469-1527) politischer Philosophie. Diese ist ja bekanntlich eine Handreichung für Führer und Über-Mächtige gewesen. Und sie kam bei Denselben immer gut an. Denn Machiavellis Philosophie ist pragmatischer, sie zielt auf Machtgewinn, Machterhalt und Machterweiterung. Wobei der Zweck alle Mittel heiligt: „Jeder sieht ein, wie lobenswert es für einen Herrscher ist, wenn er sein Wort hält und ehrlich, ohne Verschlagenheit seinen Weg geht. Trotzdem sagt uns die Erfahrung unserer Tage, daß gerade jene Herrscher Bedeutendes geleistet haben, die nur wenig von der Treue gehalten und es verstanden haben, mit Verschlagenheit die Köpfe der Menschen zu verdrehen; und schließlich haben sie über die die Oberhand gewonnen, die ihr Verhalten auf Ehrlichkeit gegründet haben."[83]

---

[81] Jensen, D.: Endgame, München u. Zürich 2008, S. 11.
[82] Kreiß, C.: Das Mephisto-Prinzip in unserer Wirtschaft, Hamburg 2019, S. 14.
[83] Machiavelli, N.: Der Fürst (Il Principe), Stuttgart 1978, S. 71.

Es ist auch kein Zufall, dass diese Philosophie formuliert wurde, als in der Renaissance manche Bürgerfamilien sehr reich und mächtig wurden. Die meisten dieser Geschlechter sind es auch heute noch. „Zwei Ökonomen der italienischen Notenbank haben kürzlich die Liste der Steuerzahler der Stadt Florenz aus dem Jahr 2011 mit der aus dem Jahr 1427 verglichen. Das erstaunliche Ergebnis war: Die reichsten und einflussreichsten Familien der Stadt waren immer noch die gleichen wie vor fast 600 Jahren. Die gleichen Studien gibt es auch in Großbritannien. Auch für Deutschland lassen sich solche Kontinuitäten mindestens bis ins 19. Jahrhundert zurückverfolgen.“[84] Was noch einmal von einer anderen Seite her zeigt, wie geschickt die Reichen in puncto Machterhalt und Machtsteigerung sind. Und dass ihre Machtstrategie bis heute in jedem politischen System gut funktionierte (worauf ja auch schon Nietzsche oben hinwies). Vom Florenz Machiavellis bis ins Florenz unsere Tage.

Doch lassen wir Machiavelli und Nietzsche beiseite. Auch auf diesem Gebiet – vor allem auf diesem! – haben die US-Amerikaner ihren europäischen Vorvätern schon längst den Rang abgelaufen. Die heutige ‚Bibel‘ des Willens zur Macht stammt von Robert Greene und trägt den Titel „The 48 Laws of Power“. Im Vorwort heißt es, ganz im Sinne der Über-Mächtigen: „Niemand will Macht abgeben, alle wollen mehr. In der heutigen Welt ist es jedoch gefährlich, als zu machthungrig zu erscheinen, zu unverhohlen seine Machtspielchen zu treiben. Fairneß und Anstand werden von uns erwartet, also müssen wir subtil vorgehen – schicklich, aber schlau, demokratisch, aber diabolisch.“[85] Ich werde bald im Einzelnen zeigen, dass und wie die Global Player und ihre großen ‚philanthropischen‘ Stiftungen dieses Vorgehen wählen. Wobei ich statt ‚diabolisch‘ lieber ‚gerissen‘ oder ‚skrupellos‘ schreiben würde. Lassen wir doch den Teufel und ähnliche religiöse und verschwörungs-esoterische Metaphern aus dem Spiel. Die Welt der Über-Mächtigen ist keine Welt der Teufel. Sie ist nicht mehr aber auch nicht weniger als eine Welt des kapitalistisch entfesselten Willens zur Macht. Eine Welt der Wirtschaft und des über-mächtigen Kapitals. Esoterische oder andere Überbau-Argumentation greifen hier nicht an die Wurzel. Karl Marx hat das als Erster gesehen und gesagt: Das Entscheidende sei hier, die wirtschaftlichen Macht- und Ausbeutungsverhältnisse zu sehen und zu analysieren. Nur von dort her lasse sich dieses System der Macht aufdröseln – und bis in den Überbau hinein nachverfolgen. (So treffend diese marxsche Einsicht

[84] Wagenknecht, S.: Erbschaftssteuerreform ist eine Kapitulation vor der Macht steinreicher Erben, in: dies.: Couragiert gegen den Strom. Über Goethe, die Macht und die Zukunft. Nachgefragt und aufgezeichnet von Florian Rötzer, Frankfurt a. M. 2017, S. 215-222, hier: 215f. Zu Florian Rötzer vgl. auch seinen Beitrag „Neustart der Aufklärung?“ und sein Interview im Jahrbuch für Lebensphilosophie, 6/2012-2013 (Dramatisch-freiheitliches Philosophieren), S. 53-57 u. 177-194.

[85] Greene, R.: Power. Die 48 Gesetze der Macht, München 2001, S. 17.

und Analyse war, so inadäquat waren m. E. seine dialektischen Zukunftsprognosen und seine parteikommunistischen Empfehlungen. Generell läuft m. E. ein jeder philosophische Ansatz in dem Moment hohl, wo er versucht, ein absolut wasserdichtes scholastisches System zu sein – was vielleicht nicht Anderes ist als ein entfesselter Machtwille auf rein geistiger Ebene. Aber das wäre ein anderes Thema.)

Wille-zur-Macht und Megamaschine (Mumford, Scheidler)

Machiavelli, Nietzsche, Greene: Sie sollten uns nicht darüber hinwegtäuschen, dass diese Willen-zur-Macht-Philosophie letztlich so alt ist wie die machtstrategisch organisierte und militärisch gestützte ‚Eliten-Zivilisation' selbst. Diese Art der gewaltbasierten und machtzentrierten ‚Zivilisation' nennen Lewis Mumford[86] und Fabian Scheidler[87] „Megamaschine". Damit meinen sie einen von Über-Mächtigen für ihre Macht-Zwecke installierten staatlichen oder parastaatlichen technokratischen Macht-Organisations-Komplex. Die Geschichte dieser Megamaschine beginnt bei den gottgleichen Alleinherrschern Mesopotamiens und Ägyptens im 3. Jahrtausend v. Chr. „Mit dem Königtum wurde die Macht als Abstraktion, die Macht als Selbstzweck zum Hauptmerkmal der ‚Zivilisation', im Gegensatz zu allen frühen Normen und Formen der Kultur. Zivilisation, noch immer häufig als Wort verwendet, das Lob und Bewunderung ausdrücken soll im Vergleich zu dem, was gewöhnlich als Wildheit und Barbarei bezeichnet wird, gilt allgemein als Synonym für Gesetz, Ordnung, Gerechtigkeit, Bildung, Höflichkeit und Vernunft; und in unserer Zeit impliziert es wachsende Bemühungen, Kunst und Wissenschaft zu fördern und die Lage der Menschen zu verbessern, durch ständigen Fortschritt in der Technik wie auch in den Regierungsmethoden. All diese Ausdrücke der Bewunderung und des Lobes, die im achtzehnten Jahrhundert selbstverständlich und gerechtfertigt erschienen, außer

---

[86] Mumford, L.: Mythos der Maschine. Kultur, Technik und Macht, Frankfurt a. M. 1977. Unter dem Titel „The Myth of the Machine" 1967-1970 ersterschienen. Band 1: „Technics and Human Development", Band 2: „The Pentagon of Power". Ich danke Dr. Karl-Heinz Nusser, durch dessen Seminar zur Technikphilosophie ich mit Mumford (aber auch Jacques Ellul) bekannt wurde. Dr. Nusser war seinerzeit Privatdozent. Es ist m. E. kein Zufall, dass ein im Uni-System eher randständiger Privatdozent – und eben kein Ordinarius – echt machtkritische Lektüre einbringt. Denn die Professoren sind meist zu angepasst.

[87] Scheidler, F.: Das Ende der Megamaschine. Geschichte einer scheiternden Zivilisation, Wien 2015. – Ich danke an dieser Stelle Frau Dr. Carola Meier-Seethaler – jener großen alten Dame der Geisteswissenschaften und der Kulturpsychologie – ganz herzlich. Sie hat mir bei unserem Münchner Treffen in der Seidl-Villa in Schwabing im Sommer 2017 – neben vielen anderen wertvollen Hinweisen und Denkanregungen – auch den Hinweis auf dieses wichtige Buch von Fabian Scheidler gegeben.

einem vereinzelten Dissidenten wie Rousseau, haben heute einen ironischen Klang bekommen; bestenfalls entsprechen sie einer Hoffnung und einem Traum, die erst erfüllt werden müssen. Hier und von nun an verwende ich den Ausdruck ‚Zivilisation' in Anführungszeichen in einem viel engeren Sinn: um jene Institutionen zu kennzeichnen, die sich erstmals unter dem Königtum herausgebildet haben. Ihre Hauptzüge, in wechselndem Maß in der ganzen Geschichte vorhanden, sind die Zentralisierung der politischen Macht, die Klassentrennung, die lebenslange Arbeitsteilung, die Mechanisierung der Produktion, die Vergrößerung der militärischen Macht, die wirtschaftliche Ausbeutung der Schwachen und die allgemeine Einführung der Sklaverei und der Zwangsarbeit für produktive und militärische Zwecke"[88]

Die Geschichte der Megamaschine ist eine patriarchalische Geschichte.[89] Sie beginnt immer dort, wo bis dahin frei lebende und sich selbst bestimmende Menschengruppen durch zentralisierte Männergewalt und militärische Intervention ihrer Freiheit beraubt wurden. Militärische oder paramilitärische Gewalt ist dabei unabdingbar: Weil eben Menschen zu jeder Zeit und an jedem Ort *nie* freiwillig ihre Eigenmächtigkeit, ihre Selbstbestimmung, ihr Land aufgeben. Kein Mensch tut so etwas von sich aus. Es sei denn, er wird mit militärischer Über-Macht – durch Körperverletzung, Mord und Totschlag – dazu gezwungen. Auch das zeigt die Geschichte. Und diese Geschichte – es ist meist die Geschichte der Sieger, wie sie uns schon in der Schule beigebracht wurde – ist so alt wie die macht- und kriegspolitische Zivilisationsgeschichte der Megamaschine.

Die Geschichte der Megmaschine zieht sich in großen Auf-und-Ab-Bewegungen durch Antike und Mittelalter, nimmt in Renaissance und Neuzeit mächtig Fahrt auf, um in der Moderne mit den beiden Weltkriegen und der „totalen Mobilmachung" (Ernst Jünger) radikal aufzugipfeln. Seit dem zweiten Weltkrieg sind v. A. die Vereinigten Staaten von Amerika dabei, in einem nie dagewesenen Ausmaß eine neue, eine *totale* Megamaschine zu konstruieren. Mensch muss kein ‚Anti-US-Amerikanist' sein, um das zu sehen.[90] Es reicht, sich die bestehenden Machtverhältnisse anzuschauen. Und zu sehen, dass die meisten der globalen Machtstränge von den USA ausgehen und/oder dort zusammenlaufen.

[88] Mumford, L.: Mythos der Maschine, a. a. O., S. 217f.

[89] Zur ganz andersartigen, friedfertigeren und egalitäreren matrizentrischen Vor- und Frühgeschichte vgl. Meier-Seethaler, C.: Ursprünge und Befreiungen. Eine dissidente Kulturtheorie, Stuttgart 2011 (Erstausgabe Zürich 1988), S. 41-260.

[90] Ich bin auch keiner. Ich schätze die ‚normalen' US-Amerikaner/innen. Auch bin ich ein Fan us-amerikanischer Befreiungsliteratur und Zivilisationskritik. Um ein paar Namen zu nennen: Henry David Thoreau, Herman Melville, Walt Whitman, Lewis Mumford, Allen Ginsberg, Gary Snyder, Derrick Jensen, Charles Eisenstein, David Abram, …

Wirtschaftliche Stränge, digitale, politische, militärische, bildungselitäre und ideologische. Freilich scheint die neue und totale Megamaschine heute mehr und mehr an ökologische Grenzen zu stoßen, weshalb Fabian Scheidler von einer „scheiternden Zivilisation“ und dem „Ende der Megamaschine“ spricht.[91] Aber noch ist sie nicht am Ende. Totgesagte leben länger. Es könnte daher sein, dass sich der Spruch Walter Benjamins (1892-1940) noch ein Zeit lang bewahrheitet: „Daß es ‚so weiter' geht, ist die Katastrophe.“[92]

Der Untergang der Erde am Geist der Machteliten

Von der ‚Zivilisation' der Megamaschine gilt, was Derrich Jensen sagte: Sie „beruht auf einer klar definierten und weithin akzeptierten, häufig jedoch nicht zum Ausdruck gebrachten Hierarchie. Die in dieser Hierarchie von oben nach unten ausgeübte Gewalt bleibt fast immer unsichtbar und also unbemerkt. [...] Das Eigentum derjenigen, die in der Hierarchie oben stehen, ist wertvoller als das Leben derer, die unter ihnen stehen. Es wird gebilligt, dass die Herrschenden ihr Privateigentum vermehren – im Klartext: Geld machen –, indem sie das Leben der Beherrschten ruinieren oder sie sogar töten. Das nennt man *Produktion.* Wenn aber die Beherrschten dem Eigentum der Herrschenden Schaden zufügen, dann dürfen die Herrschenden die Beherrschten töten oder ihnen auf andere Weise das Leben ruinieren. Das nennt man dann *Gerechtigkeit.*“[93]

Heutzutage, im Zeitalter der Global Player und des „World Economic Forum“, scheint die Megamaschine – jener thanatophile technokratische Macht-Organisations-Komplex – einem neuen und totalen Höhepunkt zuzusteuern. „Wir sind augenblicklich Zeugen, wie ein ganzer Planet, der vier Milliarden Jahre für seine Entwicklung brauchte, in einer globalen Wirtschaftsmaschinerie verheizt wird, die Unmengen von Gütern und zugleich Unmengen von Müll produziert, irrsinnigen Reichtum und massenhaftes Elend, permanente Überarbeitung und sinnlosen Leerlauf. Ein Außerirdischer, der uns besuchen würde, könnte dieses System nur für verrückt halten. Und doch entbehrt es nicht einer gewissen Rationalität. Der harte Kern dieser Rationalität besteht in der unendlichen Vermehrung von Zahlenkolonnen auf den Konten eine relativ überschaubaren Zahl von Menschen. Diese Zahlenkolonnen länger zu machen, scheint letztlich das

---

[91] Scheidler, F.: Das Ende der Megamaschine, a. a. O.

[92] Benjamin, B.: Charles Baudelaire. Ein Lyriker im Zeitalter des Hochkapitalismus, in: ders.: Gesammelte Schriften Bd. 1, hg v. R. Tiedemann u. H. Schweppenhäuser, Frankfurt a. M. 1991, S. 683.

[93] Jensen, D.: Endgame, München u. Zürich 2008, S. 7f.

einzige verbliebene Ziel der globalen Megamaschine zu sein. Die Erde wird für eine endlos wachsende Zahl von Nullen verbrannt."[94]

Die Erde und ihre Lebensgemeinschaft wird also, so Scheidler, von einer „überschaubaren Zahl von Menschen“ aus Macht- und Geldgier „verheizt“. Ich habe unter Verweis auf den für mich wichtigen Lebensphilosophen Theodor Lessing (1872-1833) hier vom „Untergang der Erde am Geist der Machteliten“ und der „verfluchten Kultur der Maschine“ gesprochen.[95] Theodor Lessing, ein verwegener Machtkritiker – auch ein kompromissloser Kritiker des Nationalsozialismus – wurde 1933 im Marienbader Exil von Nazi-Schergen ermordet. Er schrieb u. A. „Europa und Asien – Untergang der Erde am Geist“ (1914) und „Die verfluchte Kultur“ (1921). Lessing prangerte darin die technologische Zivilisation des Westens mitsamt ihren skrupellosen Machteliten an, alles und jeden ihrem Ausbeutungskalkül, ihrer Geldgier und Herrschsucht zu unterwerfen und so die Erde und ihre Lebewesen in den Ruin zu treiben; und dies gleichsam systematisch mit mörderischer Folgerichtigkeit und einer Rationalität des Wahnsinns. Ich habe Lessings Gedanken unter der Überschrift „100 Jahre radikale Zivilisationskritik und solidarische Lebensdemokratie“ aufgegriffen; habe den Bogen von Theodor Lessing und Ludwig Klages bis zu dem derzeit couragiertesten Zivilisationskritiker und Naturschützer Derrick Jensen (geb. 1960) gespannt. Jensen hat in Büchern wie „A Language Older than Words“ (2000), „Endgame“ (Bd. 1: The Problem of Civilization; Bd. 2: Resistance; 2006) und „Earth at Risk – Building a Resistance Movement to Save the Planet“ (2013) die Kritik auf eine neue Stufe gehoben. Ich versuchte dann, von dieser Stufe aus zu zeigen, wie mensch mit Liebe und Zorn, beherzt und vernünftig, das Wahnsystem der Ausbeutungszivilisation unterlaufen und eine wahrhaft solidarische Lebensdemokratie fördern kann: politisch, psychologisch, lebenskünstlerisch. Doch das ist jetzt nicht mein Thema. Ich möchte auf eine andere Art von Zivilisation hinweisen. Es ist, mit Mumford gesagt, die Zivilisation, die nicht in Anführungszeichen steht.

Eine andere Zivilisationsgeschichte: demokratisch-dramatisch-freiheitlich

Ich bin nämlich der Meinung, dass es noch eine andere Zivilisationsgeschichte gibt. Eine freiheitliche, lebensliebende (biophile) und menschenliebende

[94] Scheidler, F.: Das Ende der Megamaschine, a. a. O., S. 9.

[95] Siehe: Theodor Lessing: Untergang der Erde am Geist der Machteliten. Die verfluchte Kultur der Maschine. / Robert Josef Kozljanič: 100 Jahre radikale Zivilisationskritik und solidarische Lebensdemokratie, München 2014.

(sozialhumanistische), eine menschenrechts-achtende und demokratische Tradition. Es ist dies eine rousseauistische Tradition. Für sie gilt: „Der Mensch wird frei geboren, aber überall liegt er in Ketten. Manch einer glaubt, Herr über die anderen zu sein, und ist doch ein größerer Sklave als sie.“ „Auf seine Freiheit verzichten heißt, auf sein Menschtum, auf die Menschenrechte, sogar auf seine Pflichten verzichten. Wo man auf alles verzichtet hat, ist keine Entscheidung mehr möglich. Ein solcher Verzicht ist mit der menschlichen Natur unvereinbar. Es hieße, seinen Taten jeden sittlichen Wert nehmen, nimmt man seinem Willen jede Freiheit.“[96] „Der erste, als er ein Terrain eingezäunt hatte und auf den Gedanken kam zu sagen *Dies gehört mir* und Menschen fand, die simpel genug waren es zu glauben, war der tatsächliche Begründer der Bürgergesellschaft. Welche Verbrechen, Kriege, Ermordungen, welches Elend, welche Not, welche Schrecken hätte jemand dem Menschengeschlecht erspart, der, die Pfähle herausreißend oder den Graben zuschüttend, seinesgleichen zugerufen hätte: ‚Hört nicht auf diese Betrüger. Ihr seid verloren, wenn Ihr vergesst, dass die Früchte alle gehören und die Erde niemandem!’“[97]

Die Geschichte dieser Tradition ist engstens verbunden mit der Geschichte der Demokratie. In dieser Geschichte sind die entscheidendsten Momente die, in denen nicht-elitäre Menschen demokratisch aktiv wurden, gegen die Machteliten rebellierten, und das Heft (meist leider nur für kurze Zeit) ein wenig in die Hand bekamen. Sei es in Bauern- oder Arbeiteraufständen und großen Streikwellen, sei es in einflussreichen Revolutionen (z. B. in der us-amerikanischen, der französischen und der russischen Revolution), oder in kleineren oder kürzere Revolutionen und Umstürzen (z. B. im spanischer Räteanarchismus, in der deutsche Räterepublik, im Prager Frühling und dem arabischen Frühling); sei es in anderen Umwälzungen (68er-Generation, Studenten- und Hippiebewegung, Occupy- und Fridays-for-Future-Bewegung) oder auch in den sogenannten sanften Revolutionen (z. B. der ostdeutschen nach der Wende oder der ukrainischen orangen Revolution).

Die echte freiheitlich-demokratische Geschichte entspricht nur zum kleinen Teil der offiziösen republikanischen Demokratiegeschichte, wie sie uns im Schulunterricht vermittelt wurde. Denn dieser offiziösen Demokratiegeschichte haften mindestens sechs gravierende Mängel an. Erstens wurde sie meist von autoritätsgläubigen Menschen – in der Regel staatsbediensteten ‚Oberlehrern’ (Professoren) und Höflingen der Macht – verfasst. Zweitens bleibt meist

---

[96] Rousseau, J.-J.: Vom Gesellschaftsvertrag oder Prinzipien des Staatsrechtes, in: Rousseau-Brevier, hg. v. K. Herb u. B. H. F. Taureck, München 2012, S. 93-114, hier 93 u. 97.

[97] Rousseau, J.-J.: Diskurs über die Ungleichheit, in: Rousseau-Brevier, a. a. O., S. 59-74, hier 66.

unverstanden, dass es sich dabei nicht um eine linear-diskursive, sondern um eine dramatisch-freiheitliche Geschichte handelt.[98] Drittens greift mensch zeitlich meist zu kurz und denkt in Jahren und Jahrzehnten, wo es sich um viel längere Ver- und Entwicklungsperioden handelt. Viertens greift mensch auch lebensgemeinschaftsmäßig zu kurz und meint, Demokratie sei nur eine Angelegenheit erwachsener Menschen im jeweiligen Staatsverbund und nicht auch eine Angelegenheit aller lebenden Wesen; echte Demokratie meint also nicht nur *res publica*, sondern eben auch *res vitae*, sprich: Lebensdemokratie.[99] Fünftens wird Demokratiegeschichte fast nie machtkritisch von unten her aufgerollt und geschrieben. Und genau deshalb bleiben dann, sechstens, all die durch die Über-Mächtigen machtstrategisch zwischen Volk und Regierung geschobenen Filter unthematisiert und unsichtbar.

Denn auch in demokratischen Umbruchzeiten sind sie da: die Über-Mächtigen. So, wie sie bisher immer da gewesen sind, diese „Aliens" (Krysmanski) mit ihrem Zuviel an Geld und Macht. Und selbst wenn sie sich selbst und ihr Geld während einer Revolution mal für kurz oder lang ins Ausland absetzen müssen: Sie behalten doch meist ihre Macht. Und weil sie die Macht behalten, können sie auch und gerade während und nach demokratischen Umwälzungen in ihrem machtstrategischen und ausbeuterischen Sinn weiter agieren, agitieren und manipulieren. Und das tun sie auch.[100] Und spätestens dann, wenn nach der

---

[98] Zum Konzept des dramatisch-freiheitlichen Handelns vgl.: Jahrbuch für Lebensphilosophie, 6/2012-2013 (Dramatisch-freiheitliches Philosophieren).

[99] Vgl. hierzu den Abschnitt „XIII. Lebensdemokratische Lustkultur statt Ausbeuterzivilisation" in: Kozljanič, R. J.: 100 Jahre radikale Zivilisationskritik und solidarische Lebensdemokratie, in: Lessing, T. u. Kozljanič, R. J.: Untergang der Erde am Geist der Machteliten. Die verfluchte Kultur der Maschine. 100 Jahre radikale Zivilisationskritik und solidarische Lebensdemokratie, München 2014, S. 61-130, hier: 103-111.

[100] Nur die Sowjetunion bildet hier teilweise eine Ausnahme, die aber sehr differenziert zu betrachten wäre. In Russland, so Scheidler, schuf der erste Welkrieg „durch die extreme Notlage der Bevölkerung und die Schwächung des Zarenregimes, ein historisches Fenster für die Revolution: zunächst für den Sturz des Zaren und dann für die Übernahme der Macht durch die Bolschewiki in der Oktoberrevolution 1917. Für Konservative und Liberale wurde ein Albtraum Wirklichkeit, denn den Besitzenden drohte nun Enteignung. Dagegen hofften Bauern, Arbeiter und linke Intellektuelle, dass so etwas wie eine echte Demokratie entstehen würde. Tatsächlich hatte Lenin der russischen Bevölkerung versprochen, dass die Macht nach der Revolution den basisdemokratischen Arbeiter- und Soldatenräten zukommen solle, die sich bereits nach der Februarrevolution überall im Land gebildet hatten. Doch sobald Lenins Kaderpartei die Macht übernommen hatte, drängte sie die Räte Schritt für Schritt zurück, bis der Traum von Selbstorganisation und Selbstverwaltung ausgeträumt war. […] Es wäre allerdings ein Irrtum, darin einen geplanten Betrug zu sehen. In dem vierjährigen Bürgerkrieg, der nach der Revolution ausbrach, und angesichts der fortgesetzten militärischen Interventionen ausländischer Mächte waren straff geführte, zentral organisierte Strukturen die einzige Möglichkeit, die

Umwälzung-von-Unten die Demokratie wieder parlamentarisch geregelt und von etablierten Parteipolitikern ‚ordentlich' (d. h. meist von oben) regiert wird, lobbyieren und intrigieren die Mächtigen wie zuvor. Mit alten und neuen Netzwerken versuchen sie, ihre undemokratischen Machtspiele weiter zu spielen, Lobbyarbeit zu betreiben, Politiker zu korrumpieren, Medien zu manipulieren, den Leuten Sand in die Augen zu streuen und die Demokratie zu schwächen und zu untergraben. Neuen und ungeahnten Profits willen. „Aus diesem Grund", so Fabian Scheidler, „muss die Geschichte der modernen Demokratien auch als eine Geschichte der Einschränkung der Demokratie geschrieben werden. Jede erkämpfte Freiheit wurde durch eine Reihe von Gegenmaßnahmen beantwortet, die darauf abzielten, auf anderer Ebene diese Freiheiten zu untergraben."[101] Auch hierbei gehen die Machteliten strategisch und gerissen vor. Von zentraler Bedeutung sind die Macht-Filter. Ich komme in den nächsten Abschnitten ausführlicher darauf zu sprechen.

Hier aber halte ich fest: Was echte Demokratie ist und sein kann, lernen wir kaum aus der frisierten Geschichte der parlamentarisch etablierten (und machtelitär untergrabenen) Partei-Demokratien. Wir lernen es, erstens, aus der Geschichte der demokratischen Revolutionen und Umwälzungen selbst und, zweitens, aus den Beobachtungen aller basis-solidarischen Initiativen, aller selbstorganisierten, humanitären und sozialhumanistischen Initiativen. Mit Beidem betreten wir den Boden einer (bisher kaum geschriebenen und beachteten) dramatisch-freiheitliche Geschichte von unten. Diesbezüglich sind die beiden klassischen Werke von Pjotr Kropotkin (1842-1921), „Die Französische Revolution" und „Gegenseitige Hilfe im Tier- und Menschenreich" (beide vom anarcho-sozialistischen Lebensphilosophen Gustav Landauer ins Deutsche übersetzt) wahre Blicköffner. In diese Reihe stellt sich neuerdings auch Rutger Bregmans „Im Grunde gut: Eine neue Geschichte der Menschheit".[102] Diese Bücher führen mit vielen, gut dokumentierten historischen Beispielen vor Augen, dass der nicht-elitäre und nicht-macht-korrumpierte Mensch „im Grunde gut" und solidarisch ist. Oder, wie es Kropotkin mehr als hundert Jahre vor Bregman ausdrückte: „Das ist der entscheidende Punkt der menschlichen Psychologie. Wenn die Menschen nicht auf

revolutionäre Regierung aufrechtzuerhalten. Die Logik des Kriegs schwächte die Kräfte, die für Selbstorganisation eintraten, und stärkte autoritäre Strukturen. Auch wenn Lenins Ziele durchaus andere waren, so hatte sein Demokratieverständnis doch gewisse Parallelen zu den Ansichten der Gründerväter der USA und des Mainstreams der westlichen ‚Liberalen'. Er hielt die breite Bevölkerung, die er die ‚Massen' nannte, für unfähig, rationale Entscheidungen zu treffen; sie müsste daher von einer geschulten Elite geführt werden (eine Theorie, für die er unter anderem von Rosa Luxemburg scharf kritisiert wurde)." Scheidler, F.: Das Ende der Megamaschine, a. a. O., S. 163.

[101] Scheidler, F.: Das Ende der Megamaschine, a. a. O., S. 154.

[102] Bregman, R.: Im Grunde gut: Eine neue Geschichte der Menschheit. Reinbek bei Hamburg 2020.

dem Schlachtfeld zum Rasen gebracht werden, ‚können sie es nicht aushalten', Hilferufe zu hören, ohne Hilfe zu leisten. [...] Die Sophismen des Hirns können der Hilfsbereitschaft zwischen den Menschen keinen Widerstand entgegensetzen, weil dieses Gefühl während vieler tausend Jahre menschlichen Gesellschaftslebens und Hunderttausenden von Jahren des vormenschlichen Gesellschaftslebens großgezogen worden ist.“[103]

Der innerlich nicht korrumpierte Mensch neigt zu Basissolidarität und Basisdemokratie. Im Kleinen wie im Großen, in Alltag und Revolution – auch in Krieg und Krise.[104] Doch erst in den großen Umwälzungen und langfristigen Entwicklungen, in Bezug auf umgreifendere Dynamiken, Sprünge, Rückfälle und Fortschritte zeigt sich das Werden einer dramatisch-freiheitlichen und echt-demokratischen Zivilisationsgeschichte: „Wenn wir den langsamen Fortschritt einer Entwickelungsperiode mit einer Linie auf dem Papier bezeichnen, so sehen wir, wie diese Linie allmählich und langsam in die Höhe geht. Aber dann kommt eine Revolution, und die Kurve schnellt plötzlich in die Höhe. Sie steigt in England bis zur puritanischen Republik Cromwells, in Frankreich bis zur sansculottischen Republik von 1793. Aber der Fortschritt kann sich auf dieser Höhe nicht halten; die Kräfte, die ihm feindlich sind, verbünden sich, um ihn zu stürzen, und die Republik muß, nachdem sie sich zu dieser Höhe erhoben hat, wieder weichen; die Kurve sinkt. Es kommt die Reaktion. In der Politik zum wenigsten fällt die Kurve des Fortschritts sehr tief. Aber allmählich hebt sie sich wieder, und wenn der Friede wiederhergestellt ist – 1815 in Frankreich, 1688 in England –, sind die beiden Länder schon auf einem viel höheren Niveau als vor der Revolution. Die Evolution beginnt wieder; unsere Linie fängt wieder an, langsam zu steigen; aber dieses Steigen geht auf einem höheren Niveau vor sich als vor dem Sturm; fast immer ist ihr Steigen ein schnelleres. Das ist das Gesetz des menschlichen Fortschritts, auch des Fortschritts jedes Individuums.“[105]

Diese dramatisch-freiheitliche Geschichte der Demokratien zeigt ebenfalls: Nicht nur die macht-getriebenen Eliten wissen und wussten Krisen für sich zu nutzen. Auch die natur-, menschen- und freiheitsliebenden Leute wissen und wussten es. Die ganze Geschichte der Demokratie und der Menschenrechte scheint darauf hinzudeuten. Wie ließe sich sonst erklären, dass sich demokratische Ideen und Menschenrechte über die Jahrhunderte hinweg durchgesetzt haben und zu einem

[103] Kropotkin, P.: Gegenseitige Hilfe in der Tier- und Menschenwelt, übers. u. hg. v. G. Landauer. Leipzig 1908, S. 253.
[104] Vgl. hierzu auch die Abschnitte „Was immer geht: Barfußwählen – Abstimmen mit den Füßen“ und „Barfußdenken und Barfußhandeln: Die Lehren von New Orleans“ im dritten Teil meiner Untersuchung.
[105] Kropotkin, P.: Die Französische Revolution, 1789-1793, übers. u. hg. v. G. Landauer, Leipzig 1909, S. 527.

Erfolgsmodell wurden? Einem stets bedrohten Erfolgsmodell, das immer wieder von Misserfolgen eingeholt wurde und wird. Misserfolgen, die meist dadurch verursacht werden, dass die Über-Mächtigen jeden echten demokratischen Fortschritt – also damit jeden Schritt, in dem sich das Volk Teile seiner ihm entrissenen Freiheit wieder zurückholt, sich ein Mehr an Souveränität zurückerobert – für sich zu vereinnahmen und zu verbiegen versuchen. Wie auch immer: über die Jahrhunderte gesehen, ist und bleibt die dramatisch-freiheitliche Demokratiegeschichte ein Erfolgsmodell. Wie ließe sich sonst erklären, dass sich freiheitliche und rousseauistische Ideen zur Zeit der französischen Revolution überhaupt durchgesetzt haben? Und zwar gegen eine absolute feudale Über-Macht, die damals Europa und die halbe Welt in ihren Fängen hatte und ausquetschte.

Macht-Filter und gelenkte Demokratie

Ich spreche von Macht-Filtern und übernehme dabei den Begriff „Filter" von Fabian Scheidler. Scheidler meint „Filter", die von den Mächtigen in ‚demokratischen' Systemen konstruiert und zwischen Volk und Regierung geschoben würden. Zweck dieser Filter sei, die Vielen politisch und diskursiv so weit auszugrenzen und zu entmächtigen, dass die Wenigen ihre Machtspiele möglichst ungestört durch das ‚Fußvolk' (doch stets auf seinem Rücken) spielen könnten. Diese Macht-Filter sind *cum grano salis* in der gesamten ‚Zivilisations'-Geschichte zu beobachten. Besonders wichtig seien sie aber laut Scheidler in ‚demokratischen' Systemen, weil die Über-Mächtigen in ihnen eben nicht autokratisch oder diktatorisch „durchregieren" (Zitat Angela Merkel) könnten. Eine derart gefilterte Demokratie sei dann eine von den Machteliten in ihrem Interesse „gelenkte Demokratie", keine echte Demokratie.

Als Filter nennt Scheidler: „Filter der Repräsentation", „Filter des Geldes", „Filter der Schulden", „Filter der ‚öffentlichen Meinung'". Immer dann, wenn eine demokratisch-revolutionäre Umwälzung stattfand – und das bedeutet auch, dass manche der alten Macht-Filter von unten her ausgehebelt wurden – werden geschickt neue Filter installiert.

Die Installation der „Filter der Repräsentation" und des „Geldes" zeige sich beeindruckend bei den Gründervätern der USA: „James Madison, der ‚Vater der amerikanischen Verfassung' und vierte Präsident der USA, unterschied sehr deutlich zwischen *democracy* – in der er eine Brutstätte von Instabilität und Aufständen sah – und *republic*. Die Republik biete, so Madison im Jahr 1787, ‚die Kur' gegen die Übel der Demokratie. ‚Die zwei großen Unterschiede zwischen

Demokratie und Republik sind: erstens, dass in der Republik die Regierung an eine kleine Anzahl von Bürgern delegiert wird, die vom Rest gewählt werden; zweitens, dass die Republik auf eine größere Anzahl von Bürgern und ein größeres Territorium ausgedehnt werden kann. Die Wirkung der ersten Differenz besteht darin, die öffentliche Meinung zu verfeinern und zu erweitern, indem sie durch das Medium eines ausgewählten Gremiums von Bürgern kanalisiert wird, deren Weisheit am besten die wahren Interessen ihres Landes erkennen kann.' Was Madison in elegante Worte kleidete, sprach John Jay, der erste Oberste Bundesrichter, sehr direkt aus: ‚Die Leute, die das Land besitzen, sollen es auch regieren.'[106] Madison gehörte, ebenso wie Thomas Jefferson und George Washington, zu den reichsten Bürgern der USA. Alle drei waren Großgrundbesitzer und Sklavenhalter (wobei Washington seine Sklaven später in die Freiheit entließ). Madisons Vermögen entsprach, auf heutige Kaufkraft umgerechnet, etwas 100 Millionen US-Dollar, das von Jefferson – dem ‚Vater der Unabhängigkeitserklärung' – 250 Millionen, und George Washington, der erste US-Präsident, verfügte sogar über umgerechnet 500 Millionen Dollar. Es ist sicher nicht überraschend, dass diese Männer ein politisches System schufen, das Entscheidungen auf einen möglichst kleinen Kreis von Leuten beschränkte, die ‚nicht in übertriebener Weise an die Wähler gebunden sind', wie Madison es formulierte. Diese Wähler waren selbst schon eine kleine, ausgewählte Gruppe. Frauen hatten kein Wahlrecht, ebensowenig Schwarze und amerikanische Ureinwohner (Native Americans); weiße Männer konnten nur wählen, wenn sie über ein Mindestvermögen verfügten. Nur etwa fünfzehn bis zwanzig Prozent der Erwachsenen hatten nach der Verfassung damit überhaut ein Stimmrecht, aber auch sie waren aus Sicht der Gründerväter noch eine potenzielle Gefahr für die Systemstabilität und mussten deshalb zusätzlich durch den Filter der Repräsentation von politischen Entscheidungen ferngehalten werden. Der Filter der Repräsentation entkoppelte den politischen Entscheidungsvorgang von der Willensbildung der Menschen. [...] Auf diese Weise wurde eine Schutzmauer zwischen den Raum der Entscheider und den Raum der ‚Öffentlichkeit' gezogen. Diese Schutzmauer war, wie Madison richtig erkannte, umso höher, je größer der Staat war. Denn mit zunehmender Größe des Territoriums nahm auch die Entfernung der Repräsentanten von ihren Wählern zu. Aus diesem Grund setzten sich die Gründerväter so massiv dafür ein, aus dem bisherigen Staatenbund einen großen Bundesstaat zu machen, mit einer mächtigen zentralen Regierung und einer starken Bundesarmee, die im Zweifelsfall einschreiten konnte, wenn es den Repräsentanten nicht hinreichend gelungen war, die ‚öffentliche Meinung zu verfeinern'."[107]

---

[106] Er meinte natürlich nicht die indigenen Ureinwohner, sondern die weißen Großgrundbesitzer, die ‚ihr' Land zuvor (vermittels militärischer Gewalt) den Indigenen gestohlen hatten.

[107] Scheidler, F.: Das Ende der Megamaschine, a. a. O., S. 154f.

Damit waren, so Scheidler, zwei mächtige Filter installiert: der „Filter der Repräsentation“ und der des „Geldes“. Ich würde sogar – mit Scheidler und über Scheidler hinaus – von der Installation zweier weiterer Macht-Filter sprechen: dem ‚Filter der militärischen Intervention’ und dem ‚Filter der Staats- bzw. Lenkungszentralengröße’. Denn mit der Gründung des us-amerikanischen Staatenbundes und seines stehenden Heeres wurden seither immer wieder – wenn die anderen Filter nicht ausreichten – ‚rebellische’ Menschen, die der Machtelite und ihrem Machthunger im Wege standen, gemaßregelt, entwaffnet, weggesperrt oder niedergeschossen: etwa Indigene und organisierte Arbeiter/innen – Anarchist/inn/en sowieso. Hierbei stellte sich der ‚Filter der Staatsgröße’ als sehr vorteilhaft für die Machtelite heraus.

Wie die Über-Mächtigen den Faschisten zur Macht verhalfen

Interessant sind in diesem Zusammenhang auch Scheidlers Ausführungen zur Entstehung und Niederschlagung der deutschen Räterepublik. Diese Ausführungen zeigen, dass selbst dann, wenn alle anderen Filter versagen, vermittels des ‚Filters der militärischen Intervention’ das Ruder von den Über-Mächtigen und ihren Handlangern noch einmal herumgerissen werden kann. Egal mit welchen Mitteln und Konsequenzen. „Die Geburt des Faschismus war eine Antwort auf die massiven antisystemischen Bewegungen, die besonders in Deutschland und Italien am Ende des Ersten Weltkrieges entstanden […]. In Deutschland begann es damit, dass sich Marinesoldaten in Kiel, ausgezehrt und desillusioniert von einem vierjährigen Vernichtungskrieg, im Oktober 1918 weigerten, noch einmal in eine sinnlose Schlacht auszuziehen. Die Kriegsverweigerer gründeten Räte, und von Kiel aus verbreitete sich die Revolution innerhalb von fünf Tagen über das Land, von Hamburg bis München, von Breslau bis Köln – und das ohne zentrale Organisation. Betriebe und ganze Stadtverwaltungen wurden von Räten übernommen. Einfachen Arbeitern und Soldaten gelang es, in kürzester Zeit eine wirkungsvolle Selbstorganisation aufzubauen. Das paralysierte Kaiserreich musste hilflos zusehen, weil sich beim besten Willen keine Soldaten mehr auftreiben ließen, die bereit waren, auf ihre Kameraden zu schießen. Diese Revolution war nicht, wie die russische Oktoberrevolution, von einer bolschewistischen Elite angeführt, sondern von einer überwiegend sozialdemokratisch geprägten Arbeiterschaft. Sie strebte keine ‚Diktatur des Proletariats’ an, sondern die Abschaffung von Militarismus und privatem Kapital durch die Selbstverwaltung von Arbeitern. Die Aufständischen glaubten, dass die Führer der sozialdemokratischen Partei ihre Ziele im Prinzip teilten und konnten sich daher unmöglich vorstellen, was einige Monate nach

Beginn der Revolution geschah: Dass Friedrich Ebert, der erste sozialdemokratische Reichspräsident, protofaschistische Freikorps einsetzte, um die sozialdemokratischen Revolutionäre zusammenschießen zu lassen. Da die Mehrheit der Soldaten, die ihm Krieg gedient hatten, auch noch Anfang 1919 nicht bereit waren, auf ihre Landsleute zu schießen, konnte Ebert nur auf rechtsradikale Kräfte zurückgreifen, die sein Wehrminister Gustav Noske (ebenfalls SPD) in großer Eile zusammentrommelte. Im Januar 1919 marschierten die Freikorps in Berlin ein, im März drangen sie in die dortigen Arbeiterviertel vor, im April vernichteten sie in München die dort ausgerufene Räterepublik. Tausende von Menschen wurden erschossen, die meisten unbewaffnet, unzählige gefoltert. Viele der Freikorps-Soldaten trugen bereits das Hakenkreuz am Arm: Die Keimzelle der faschistischen Bewegung war geschaffen."[108] Verantwortliche Handlanger waren die SPD-Politiker Ebert und Noske. Hinter ihnen standen die Über-Mächtigen.

Die faschistisch-gewaltsame Niederschlagung echt-demokratischer Arbeiterbewegungen und Räterepubliken fand z. B. auch in Italien und Spanien statt. „In den meisten Ländern wurde der Faschismus massiv von Industriellen, Bankiers und Großgrundbesitzern unterstützt. In Deutschland schlug sich Schritt für Schritt fast die ganze Großindustrie und Hochfinanz auf die Seite der Nazis. Dabei war der Nationalsozialismus bei weitem nicht für alle von ihnen die Wunschlösung. Zwar verabscheuten die ökonomischen Eliten in Deutschland zu großen Teilen die parlamentarische Demokratie; doch der radikale Antisemitismus und die teilweise antikapitalistische Rhetorik der NSDAP schreckten viele zunächst ab. In seiner Rede vor dem Düsseldorfer Industrie-Club am 26. Januar 1932 [...] versuchte Hitler jedoch, diese Bedenken zu zerstreuen und versprach, dass das Privateigentum von einer Regierung unter seiner Führung nicht angetastet würde. Im November desselben Jahres verfassten etwa zwanzig Industrielle einen Brief an Reichspräsident Hindenburg, in dem sie die Ernennung Hitlers zum Reichkanzler forderten. Am 20. Februar 1932 baten Hitler und Göring in einem Geheimtreffen mit führenden Wirtschaftsvertretern erfolgreich um Unterstützung für den bevorstehenden Wahlkampf, der aufgrund dieser Hilfe zum letzten für die nächsten 15 Jahre werden sollte. AEG, Telefunken, Thyssen, Krupp, RWE, Daimler-Benz, Porsche, BMW, AFA (heute Varta), Siemens, Borsig, Osram, Dr. Oetker, Wintershall, Unilever, Bertelsmann, Allianz, Merck, die IG Farben (Agfa, BASF, Bayer und Hoechst), Flick (Mitteldeutsche Stahlwerke) und leitende Bankiers der Commerzbank, der Dresdner Bank und der Deutschen Bank unterstützten die Nazis auf unterschiedliche Weise und profitierten davon in doppelter Hinsicht: Zum einen erstickte der SS-Staat Gewerkschaften und linke Bewegungen so effektiv wie keine parlamentarische Regierung es gekonnt hätte;

[108] Scheidler, F.: Das Ende der Megamaschine, a. a. O., S. 168f.

zum anderen verschaffte er den Unternehmen später durch Zuteilung von Millionen von Zwangsarbeitern extrem billige und rechtelose Arbeitskräfte. Auch bedeutende Teile des ausländischen Kapitals unterstützten die Nazis finanziell, darunter der größte britische Rüstungskonzern Vickers, Henry Deterding (Generaldirektor von Royal Dutch Shell) und der Verband der französischen Schwerindustrie. Louis Renault galt als Bewunderer von Hitler und traf ihn zwischen 1935 und 1939 mehrfach. Henry Ford, der mit seinen antisemitischen Schriften die Nazis inspiriert hatte und 1938 die höchste deutsche Reichsauszeichnung mit persönlichen Glückwünschen Hitlers entgegennahm, belieferte nicht nur Franco, sondern auch die Wehrmacht, und zwar bis weit in die 1940er-Jahre. Trotz dieser massiven Unterstützung durch ökonomische Eliten wäre es jedoch irreführend, den Faschismus einfach als ein Komplott von oben zu betrachten. Denn anders als herkömmliche Militärdiktaturen war der Faschismus eine *Bewegung*. Er mobilisierte eine Gesellschaft von Traumatisierten, Frustrierten und Verstörten und lenkte ihren Hass auf das System in Bahnen, die genau dieses System letztlich retten sollten.“[109]

USA: Weltmeister des ‚Filters der militärischen Intervention'

Die USA sind schon lange Meister in der Nutzung des ‚Filters der militärischen Intervention'. Berühmt wurde die Rede des Generalmajors Smedley D. Butler. Er war, so Rothkopf, „der schärfste Kritiker des [us-]amerikanischen Militärs“ und erhielt „zweimal die höchste militärische Auszeichnung in [US-]Amerika [...], die Medal of Honor.“[110] Hier ein Auszug aus seiner Rede: „War is just a racket. A racket is best described, I believe, as something that is not what it seems to the majority of people. Only a small inside group knows what it is about. It is conducted for the benefit of the very few at the expense of the masses. I believe in adequate defense at the coastline and nothing else. If a nation comes over here to fight, then we'll fight. The trouble with America is that when the dollar only earns 6 percent over here, then it gets restless and goes overseas to get 100 percent. Then the flag follows the dollar and the soldiers follow the flag. I wouldn't go to war again as I have done to protect some lousy investment of the bankers. There are only two things we should fight for. One is the defense of our homes and the other is the Bill of Rights. War for any other reason is simply a racket. There isn't a trick in the racketeering bag that the military gang is blind to. It has its ‘finger men' to point out enemies, its ‘muscle men' to destroy enemies, its ‘brain men' to plan war preparations, and a ‘Big Boss' Super-Nationalistic-Capitalism. It may

[109] Scheidler, F.: Das Ende der Megamaschine, a. a. O., S. 171f.
[110] Rothkopf, D.: Die Super-Klasse, a. a. O., S. 245.

seem odd for me, a military man to adopt such a comparison. Truthfulness compels me to. I spent thirty-three years and four months in active military service as a member of this country's most agile military force, the Marine Corps. I served in all commissioned ranks from Second Lieutenant to Major-General. And during that period, I spent most of my time being a high class muscle- man for Big Business, for Wall Street and for the Bankers. In short, I was a racketeer, a gangster for capitalism. I suspected I was just part of a racket at the time. Now I am sure of it. Like all the members of the military profession, I never had a thought of my own until I left the service. My mental faculties remained in suspended animation while I obeyed the orders of higher-ups. This is typical with everyone in the military service. I helped make Mexico, especially Tampico, safe for American oil interests in 1914. I helped make Haiti and Cuba a decent place for the National City Bank boys to collect revenues in. I helped in the raping of half a dozen Central American republics for the benefits of Wall Street. The record of racketeering is long. I helped purify Nicaragua for the international banking house of Brown Brothers in 1909-1912 (where have I heard that name before?). I brought light to the Dominican Republic for American sugar interests in 1916. In China I helped to see to it that Standard Oil went its way unmolested. During those years, I had, as the boys in the back room would say, a swell racket. Looking back on it, I feel that I could have given Al Capone a few hints. The best he could do was to operate his racket in three districts. I operated on three continents."[111]

Besser kann mensch das militärisch-politische US-System nicht auf den Punkt bringen. Generalmajor Butler bleibt die Ehre. Die Ehre, dass er zumindest im Alter geschafft hat, was Andere nie schaffen. Klar und unkorrumpiert zu sehen, was machtpolitisch Sache ist. Nicht mehr als Funktionsträger seinen vermeintlichen Mann zu stehen, sondern als selbst-denkender und selbst-fühlender Mensch solidarisch für eine menschlichere Welt zu kämpfen.

Haben sich die Dinge seit Butler verändert? Ja. Einerseits, was das militärisch-politische US-System betrifft, zum Schlechten. Andererseits, was das öffentliche Bewusstsein und die Machtkritik betrifft, (hoffentlich) zum Guten. Von Beidem gibt Noam Chomsky in seinen politischen Büchern Zeugnis. Etwa in „Weil wir es so sagen. Texte gegen die amerikanische Weltherrschaft im 21. Jahrhundert" (Wien 2015) und „Rebellion oder Untergang! Ein Aufruf zu globalem Ungehorsam zur Rettung unserer Zivilisation" (Frankfurt a. M. 2021). Als *der* große Chronist us-amerikanischer Kriege und militärischer Geheimoperationen kann heute Daniele Ganser gelten. Ich verweise auf seine eindrückliches Buch „Imperium USA. Die skrupellose Weltmacht." (Zürich 2020). Ganser gibt dort

[111] Zit. in: https://man.fas.org/smedley.htm – Abgerufen am 19.1.22.

zentrale und zig-fach abgesicherte Argumente für seine Thesen „Die USA sind eine Oligarchie“ und „Die USA sind die größte Gefahr für den Weltfrieden.“

Macht-Filter heute: Public-Relations, Propaganda, UNO

All diese Macht-Filter funktionieren bis heute. Freilich hat sich viel geändert. Etwa beim Stimmrecht. Es wurde auf immer mehr Menschen ausgedehnt. Selbstredend immer nur dann, wenn die Machteliten, aufgrund zu großen Drucks von unten, nicht mehr anders konnten. „Dass in Europa in mehr als 150 Jahren währenden Kämpfen schließlich gewisse demokratische Rechte durchgesetzt werden konnten, darunter ein allgemeines und freies Wahlrecht, war der bemerkenswerten Ausdauer und Organisationsfähigkeit von Arbeiter-, Frauen- und Bürgerrechtsbewegungen zu verdanken. Diesen Bewegungen und nicht einer vermeintlich demokratisierenden Kraft der Marktwirtschaft verdanken wir das Minimalgerüst von Rechten, das heute staatlicher Willkür Grenzen setzt und uns gewisse Freiräume verschafft.“[112]

Alle neuen und von unten erkämpften Demokratisierungschübe gingen mit neuen Filtern einher, die garantieren sollten, dass es nicht zu echten Demokratien kam. Ein besonders wichtiger Filter, der in etwa zur Zeit des ersten Weltkriegs seinen Siegeszug antrat, war der „Filter der ‚öffentlichen Meinung'“ – also die geschickte Manipulation der öffentlichen Meinung durch Propaganda bzw. Public-Relations-Arbeit. Ich habe oben bereits auf das Ludlow-Massaker und seine Rolle bei der Etablierung neuer PR-Filter, neuer „Filter der ‚öffentlichen Meinung'“ durch die Über-Mächtigen hingewiesen. Auch Fabian Scheidler tut das.[113]

Das PR-Standardwerk hierzu heißt „Propaganda“ und stammt von Edward Bernays.[114] Es ist, so der Sozialwissenschaftler Klaus Kocks, „das derzeit modernste und wichtigste Werk der PR, obgleich es aus dem Jahr 1928 datiert. Man muss dieses Buch zur obligatorischen Lektüre aller modernen PR-Manager erklären, obwohl es auch in der Handbibliothek des Joseph Goebbels stand. [...] Denn Bernays preist die Möglichkeiten, die Öffentlichkeit ohne deren Wissen vorsätzlich zu manipulieren. Er ist voll des Lobes für ein verborgenes Regime der PR als eigentliches, unsichtbares Regierungsinstrument. Im Auftrag seiner diversen Arbeitgeber will er den Konsumenten lenken, zu suchterzeugenden Drogen und gesundheitsschädlichem Essen oder auch zum Gegenteil. Er hinterfragt nicht. Sein Bekenntnis gilt ohne jede Einschränkung dem

[112] Scheidler, F.: Das Ende der Megamaschine, a. a. O., S. 161.
[113] Scheidler, F.: Das Ende der Megamaschine, a. a. O., S. 161.
[114] Bernays, E.: Propaganda, New York 1928, (dt. Freiburg i. Br. 2007).

Strippenziehen für eine Elite, deren Zielen die öffentliche Meinung legitimerweise angepasst werden darf und soll. Dabei dekliniert er Methodenvielfalt. Er erfindet die hochmoderne PR-Technik der Empfehlung durch befreundete Dritte (‚Third Party Advocacy') sowie die Konstruktion von Berichterstattungsanlässen, sogenanntes Event-PR, als Methode eines *engineering of consent* zugunsten eines unglückseligen Politikers oder eines mittelmäßigen Autos, für Eier mit Speck zum Frühstück oder den Buchhandel."[115]

Nicht nur der Propaganda-Filter ist heutzutage sehr wichtig, auch der ‚Filter der Staats- bzw. Lenkungszentralengröße' ist es. Je umfassender die Lenkungszentrale, die die Über-Mächtigen für ihre Zwecke benutzen können, umso größer ihr Einfluss. Das ist der Grund, weshalb alle Arten von offiziellen und pseudo-offiziellen ‚Welt'-Organisationen für die Machteliten so attrakativ sind. Nach dem Motto: Je größer die Organisation, die ich unter meinen Einfluss bringen kann, umso weitreichender mein Einfluss und umso weniger muss ich mich mit dem ‚Fußvolk' abgeben. Der Vorteil für die Über-Mächtigen hierbei ist der, dass sie in einem für ihre Eigeninteressen günstigeren Raum agieren können, der der direkten demokratischen Legitimation und Kontrolle entzogen ist. Es geht dabei um Organisationen wie das „World Economic Forum' und andere private ‚welt'-ökonomische Veranstaltungen (Bilderberg, Trilaterale Kommission, etc.). Vor Allem aber geht es dabei um *die* ‚Welt'-Organisation: um die UNO mitsamt ihren Haupt- und Nebenorganen sowie auch den UN-Sonderorganisationen (Weltbank, IMF: Internationaler Währungs Fond, WHO, UNESCO, …) und den sogenannten „verwandten Organisationen" (WTO, IAEA, …). „Die UNO ist eine internationale Regierungsorganisation und teilt daher auch die demokratischen Schwächen dieser Organisationsform. Als Zusammenschluss von Staaten, die jeweils durch ihre Regierungen vertreten werden, ist die UNO nur indirekt demokratisch legitimiert. Eine Volksabstimmung zum UNO-Beitritt gab es in der Regel keine, eine Ausnahme bildet hier die Schweiz. Auch die Mitglieder der Organe der UNO werden von den Regierungen der jeweiligen Staaten bestellt. So können zwar die Delegierten aus den demokratischen Staaten als mittelbar vom Volk gewählt angesehen werden, die Vertreter der diktatorischen und autoritären Staaten in der UNO sind jedoch genauso wenig demokratisch legitimiert wie die Regierungen dieser Staaten. Aus diesem Grund ist es nicht korrekt, die UN-Generalversammlung als Parlament zu bezeichnen, da sie weder demokratisch gewählt wird, noch tatsächlich bindende, wenn auch weitreichende Entscheidungen treffen kann. Vielmehr ist sie ein Verhandlungsforum für Diplomaten aus aller Welt sowie richtungsweisend bei der Aushandlung

[115] Kocks, K.: Vorwort, zu: Bernays, E.: Progaganda, Die Kunst der Public Relations, Freiburg i. Br. 2007, S. 11-15, hier: 11f. Zum Thema „engineering of consent" vgl v. A. den Klassiker von Noam Chomsky und Edward S. Herman "Manufacturing Consent: The Political Economy of the Mass Media" (New York 1988).

internationaler Verträge und der Thematisierung von weltpolitischem Geschehen. Da an der Generalversammlung nur Vertreter der jeweiligen Regierungen teilnehmen, werden die Auffassungen der Oppositionsparteien im UN-System gegenwärtig nicht berücksichtigt. Jedoch machen sich Organisationen, wie das Komitee für eine demokratische UNO, das Europäische Parlament oder das Pan-Afrikanische Parlament, seit langem stark für eine Parlamentarische Versammlung bei den Vereinten Nationen, die aus demokratisch gewählten Mitgliedern bestehen soll. Eine vergleichbare, bereits bestehende Institution – jedoch ohne jegliche politische Kompetenzen – ist die Interparlamentarische Union. Ebenfalls kritisiert wird die Stimmverteilung in den Organen der UNO, insbesondere in der UN-Generalversammlung und im UN-Sicherheitsrat.“[116]

Nicht nur die UNO, auch die EU eignet sich wegen ihrer Größe und demokratisch ‚halbseidenen' Struktur hervorragend als Macht-Filter. Was Krysmanski – dem mensch sicherlich keine ‚rechtspopulistischen' EU-Ressentiments unterstellen kann – sagt, entspricht leider der Realität: „Die Europäische Union war […] von Anfang an ein ökonomisches Projekt. Natürlich machte man sich bei ihrer Gründung allgemeine politische Stimmungen zunutze. Natürlich wollten die Menschen ungehindert und bequem nach Italien, Spanien, Griechenland reisen. Oder möglichst problemlos bei nördlichen oder westlichen Nachbarn auf Jobsuche gehen. Oder die ungeheure kulturelle Vielfalt Europas genießen. Und das alles – nach diesen schrecklichen Kriegen – in Frieden. Aber so wie die Technokraten und Bürokraten in Brüssel aufgestellt wurden, so wie die Heere von Lobbyisten es sich dort gemütlich gemacht haben, so wie das Europäische Parlament mit ein paar Machthäppchen abgespeist worden ist, war von vornherein klar, dass Euro-Zone und Europäische Gemeinschaft den ganz großen, längst global vernetzten ökonomischen Interessenten dienen sollten. Und so werden diese großen Vermögen samt deren Mehrern, Beschützern, Rechtfertigern und Minnesängen unter allen möglichen Zukunftsbedingungen – auch bei einem Zerfall der Euro-Zone – ihre Schäfchen ins Trockene bringen.“[117]

Schatten-Weltmacht Google

Wer erinnert sich noch? Als er oder sie Ende der 1990-er Jahre das erste Mal Google benutzte? Es ist noch nicht so lange her und ist doch schon so lange her. Und es war so praktisch. Verblüffend praktisch. Und wurde immer praktischer. Dann kam Google Maps. Auch extrem praktisch. Und plötzlich konnten wir unser

---

[116] Wikipedia-Artikel „Vereinte Nationen“, in: https://de.wikipedia.org/wiki/Vereinte_Nationen – Abgerufen am 14.1.22.

[117] Krysmanski, H. J.: a. a. O., S. 80f.

Stadtviertel und unser Wohnhaus mit Google aus der Satellitenperspektive anschauen. Toll. Nicht nur Geheimdienste, sondern auch wir hatten Zugriff auf Satellitenbilder, wenngleich es auch ein wenig veraltete Bilder waren mit schlechter Auflösung. Dann fuhren die Autos mit ihren Google-Kameras durch unsere Straßen und filmten alles: Google Streetview. Wer nicht vorher widersprach, dessen Haus wurde einfach abgefilmt und ins Netz gestellt. Bedenklich. Zusammen mit großen Staatsbibliotheken (z. B. Oxford und München) scannte Google *alle* Bücher ein,[118] deren Urheberrechte schon verfallen waren: Google Books. Unfassbar. Dann kam Youtube und wurde beinahe über Nacht zur größten Konkurrenz des Fernsehens. Erst ohne Werbung, dann – als die ‚User' angefixt waren – mit mehr und mehr. Die millionenfachen Urheberrechtsverletzungen störten kaum jemanden. Google war schon längst über-mächtig, fand viele Lücken und nur Wenige beanstandeten oder klagten. Langsam aber sicher wurde Google auch auf dem Gebiet der Werbung ein Gigant: Google Ads. Dann ereignete sich mit den Smartphones und dem Google-Android-System inklusive Google Play ein weiterer Durchbruch in Richtung ‚totale Digitalisierung'. Im Vergleich dazu war die „Totale Mobilmachung" (Ernst Jünger) des 1. und 2. Weltkriegs Kindergarten.

Der Kampf um die Kunden und die Kundendaten war schon längst entbrannt. Die Datenschutzbeauftragten stießen hin und wieder Warnrufe aus – konnten aber schon längst nichts Entscheidendes mehr bewirken. Die EU-Wettbewerbsbehörde verhängte seit 2010 wegen diverser Vergehen Strafen in Milliardenhöhe. Wenn ich das richtig sehe, hat aber Google mit seinem Heer an Anwälten durch Widerspruchsverfahren die Sache bis heute hinausgezögert.[119] Google – und all die anderen US-Internet-Giganten (Microsoft, Apple, Amazon, Facebook, …) – trackten, legten Kundenprofile an, überwachten uns (im eigenen Interesse und im US-Geheiminteresse). Seit Kurzem dürfen wir die Dienste nicht einfach nur nutzen, sondern wir müssen auch zustimmen, dass und in welchem Umfang wir überwacht werden. Also auch hier: erst Zuckerbrot, dann Peitsche. Erst tolle neue Möglichkeiten, dann Daumenschraube. Auf den meisten Homepages tauchen jetzt merkwürdige Zustimmen-Felder auf. Sehr viele Websites benutzen Google Analytics. Weil es eben so praktisch ist. Und wenn mensch sich durch diesen Zustimmungsdschungel durchklickt, taucht manchmal etwas auf wie: *„Hinweis zur Datenübermittlung in die USA:* Indem Sie die jeweiligen Zwecke und Anbieter akzeptieren, willigen Sie zugleich gem. Art. 49 Abs. 1 S. 1 lit. a)

[118] Natürlich scannte nicht Google, sondern eigens angeheuerte, schlecht bezahlte und akkordarbeitende Hilfsarbeiter in irgendwelchen Kellerräumen. Ein früherer Arbeitskollege von mir – ein besonders verlässlicher und verantwortungsvoller –war einer von ihnen. Er hielt nicht lange durch und kündigte.

[119] Wikipedia-Artikel „Kritik an der Google LLC", in: https://de.wikipedia.org/wiki/Kritik_an_der_Google_LLC – Abgerufen am 19.1.22.

DSGVO ein, dass Ihre Daten möglicherweise in den USA verarbeitet werden. Die USA werden vom Europäischen Gerichtshof als ein Land mit einem nach EU-Standards unzureichendem Datenschutzniveau eingeschätzt. Es besteht insbesondere das Risiko, dass Ihre Daten durch US-Behörden, zu Kontroll- und zu Überwachungszwecken, möglicherweise auch ohne Rechtsbehelfsmöglichkeiten, verarbeitet werden können.“ Klick.

Und fast alle – Mitmenschen, Politiker/innen, Verbände, Bundes- und EU-Behörden – haben einfach mitgemacht und zugeschaut, wie einige wenige US-Giganten den Markt unter sich aufteilten und dabei auch mit abgefilmten, gescannten, reproduzierten, bereitgestellten Gemeingut, Urhebergut und persönlichen Daten unendlich viel Geld und Macht akkumulierten. Und andauernd ihre monopolartige Stellung missbrauchten, Datenschutzstandards unterliefen, verletzten, ignorierten. Und neue Filter installieren.

And here we are: In einer von wenigen US-Internetkonzernen algorithmisch gefilterten und kontrollierten schönen neuen Welt. Diese über-mächtigen Konzerne werden „Big Tech“ oder auch „Big Five“ genannt und GAFAM abgekürzt: Google, Amazon, Facebook, Apple, Microsoft.

Wenn wir etwas suchen, werden uns algorithmisch auf uns oder unser gesuchtes Thema zugeschnittene Vorschläge gemacht. Unsere Suche wird also stets suggestiv und manipulativ algorithmisch begleitet. Unsere Suchergebnisse sind bereits gefiltert, selektiert. Wer meint, dies geschehe nur oder in erster Linie in unserem eigenen Interesse, hat die Logik dieser Über-Macht-Konzerne nicht verstanden.

Heute ist der 16.1.22. Ich öffne „www.google.com“ in meinem Browser und gebe das Suchwort „pfizer“ ein. Die ersten fünf Vorschläge von Google lauten: pfizer, pfizer biontech, pfizer impfstoff, pfizer corona medikament, pfizer aktienkurs. Ich mache das Gleiche bei „www.bing.com“ (= Microsoft). Die ersten fünf Vorschläge lauten: pfizer aktie, pfizer, pfizer aktienkurs, pfizer aktienkurs heute, pfizer biontech. Nun gebe ich den Suchbegriff „pfizer“ in die russische Suchmaschine „www.yandex.com“ (abgesehen von der chinesischen Suchmaschine Baidu, eine weitere große Nicht-US-Suchmaschine). Die ersten fünf Vorschläge lauten: pfizer, pfizer vaccine deaths, pfizer vaccine, pfizer whistleblower, pfizer logo. Zufall? Sicher nicht. Denn hinter den jeweiligen Vorschlägen lugen ganz offensichtlich die jeweiligen nationalen, vor allem aber die jeweiligen machtökonomischen Interessen der Seitenbetreiber hervor.

Doch die Kritik an Google betrifft längst nicht nur die Manipulation der Suchergebnisse. Eine schöne Zusammenfassung gibt der Wikipedia-Artikel „Kritik an der Google LLC“. Die Liste der Verfehlungen ist lang und umfasst Themen wie Steuerflucht, umfassendes Sammeln von Benutzerdaten, massives Verletzen von Datenschutz und Urheberrechten, Unterstützung von Anti-Klima-Wandel-Theorien, illegale Geheimabkommen (z. B. mit Adobe, Apple und Intel), Zusammenarbeit mit US-Geheimdiensten, Mitarbeit in US-Militätprojekten (z. B. Drohnentechnologie), Mitwirkung in kriegerischen Auseinandersetzungen, Diskriminierung von Mitarbeiter/inne/n, gewerkschaftsfeindliches Vorgehen, Unterdrückung von Forschungsergebnissen, aggressiver Lobbyismus sprich: legale Korruption („In Europa liegt Google 2020 bezüglich Ausgaben für Lobbying von 5,75 Millionen Euro an der Spitze der Tech-Unternehmen“). „Medienforscher sehen insgesamt die Meinungsmacht von Google mittlerweile als problematisch an. Googles Expansionsstrategie ähnelt der von Microsoft, nur agiert Google viel schneller. [...] Google hatte zuletzt einen Marktanteil von über 90 % bei Suchmaschinenanfragen in Deutschland. Aufgrund der monopolgleichen Stellung im Suchmaschinenmarkt in vielen Ländern – darunter auch Deutschland – wird nicht selten bemängelt, dass Google die ‚Spielregeln’ selbst festlegen könne.“[120]

Kampf um Kundendaten, Internetkontrolle, totale Überwachung

Ich sprach soeben von einer „schönen neuen Welt“, die durch einige wenige US-Internetkonzerne algorithmisch gefiltert und kontrolliert werde. Die Spitze des Internet-Eisberges bilden „GAFAM“, also Google, Amazon, Facebook, Apple, Microsoft, aber auch andere ‚Anbieter’ und Datensammler wären zu nennen. Große US-Firmen und Internet Player wie Disney, Netflix, Verizon Communications, Zoom Video Communications, Nvidia, Yahoo, etc p.p.

Immer mehr und mehr Websites tracken uns, sammeln unsere Daten, legen persönlichen Profile an und bauen diese aus. Viele dieser Websites nutzen Hintergrunddienste, die in Händen der großen US-Firmen liegen. Aber es sind natürlich nicht nur die US-Giganten, die uns tracken und Profile anlegen. Alle großen Firmen tun das. Schon allein aus Angst, abgehängt zu werden, aus dem Geschäft gedrängt zu werden. Oder finanzielle Einbußen zu riskieren – anstatt den Profit für sich und die Rendite für die Aktionäre weiter in die Höhe zu treiben. Was für Websites gilt, gilt auch für Mobilfunkanbieter. Vodafone, ein britisches

[120] Wikipedia-Artikel „Kritik an der Google LLC”, in: https://de.wikipedia.org/wiki/Kritik_an_der_Google_LLC – Abgerufen am 19.1.22.

Unternehmen mit 600 Millionen Kund/inn/en, verfügt über alle Bewegungsdaten, Anrufe, Seitenzugriffe, Kontakte derselben.[121]

Es ist unfassbar, wie weit es gekommen ist. ‚Big Brother' zeichnet nicht „nur sämtliche Nutzer-, Bank-, Gesundheits-, Suchfunktions-, Browse-und-Klick- sowie-Bewegungssdaten jedes Google- oder Android-Verwenders [auf], man liest auch schon alle Tastatureingaben mit, selbst wenn die gar nicht versendet werden." Amazon „hört weltweit mittels Alexa jedermann zu und zeichnet jedes Gespräch als Dauerverhör zur Auswertung auf". „Gesundheitsdaten von Blutdruck bis Herzstolpern" werden „mittels Smartphone" oder „Fitnessarmband" erhoben und gespeichert.[122]

Wie wir seit und durch Edward Snowden wissen, haben die us-amerikanischen Internet-Giganten kein Problem, umfassend mit US-Geheimdiensten zu kooperieren. Diese Zusammenarbeit zwischen US-Konzern-Oligarchen und dem militärisch-politischen US-System hat Geschichte. So wurden die Informationstechnologie und das Internet, bevor sie 1995 privatisiert wurden, im militärischen US-System entwickelt. „Die IT-Revolution erhielt einen große Auftrieb, als die Sowjetunion 1957 die Welt mit dem Start des ersten von Menschenhand geschaffenen Weltraumsatelliten Sputnik überraschte. Die USA reagierten innerhalb eines Monats mit der Gründung der Advanced Research Projects Agency (ARPA), die später den Zusatz ‚Defense' erhielt. Die DARPA wurde zum Zentrum der IT-Revolution in den USA und setzte Erfindungen wie den integrierten Schaltkreis und später den Mikroprozessor ein. Innerhalb von drei Jahren nach dem Sputnik wurde am MIT bereits ein Prototyp des Internets für Zwecke der Luftverteidigung entwickelt, und 1969 war die erste Computerverbindung zwischen zwei kalifornischen Universitäten in Betrieb. [...] In den 1990er Jahren, als der Kapitalismus nach dem Zusammenbruch des Ostblocks keine politische Lenkung mehr duldete, gingen die Errungenschaften der IT-Revolution in private Hände über. 1995 übergab die National Science Foundation das NSFNET, das Rumpfinternet, an eine Gruppe privater Anbieter. Ein Jahr zuvor hatte die Digital Library Initiative (ein Programm der National Science Foundation, der NASA und der DARPA) die erste Suchmaschine entwickelt. Dasselbe Programm bezahlte die Stanford-Doktoranden Sergey Brin und Larry Page für die Entwicklung einer automatischen Suchmaschine [...] Nachdem Brin und Page ihr privates Unternehmen Google 2004 an die Technologiebörse Nasdaq gebracht hatten und Milliardäre geworden waren, brachen die Verbindungen zum nationalen Sicherheitsstaat nicht ab. Über Google

[121] Böttcher, S.: Wer, wenn nicht Bill? Wer, wenn nicht wir? Anleitung für unser Endspiel um die Zukunft, München 2021, S. 166.
[122] Böttcher, S.: a. a. O., S. 53f.

Mail werden Metadaten gesammelt, um ein vollständiges Profil des Nutzers zu erhalten; Google hat zudem einen eigenen Direktor, der in ständigem Kontakt mit dem Nationalen Sicherheitsrat in Washington und den Geheimdiensten steht. Dass diese Daten zu kommerziellen Zwecken gesammelt werden, ist nur die halbe Wahrheit."[123]

Spätestens seit 9/11, also seit den Terroranschlägen vom 11. September 2001, wird möglichst Alles und Jede/r überwacht. Unter dem scheindemokratischen Vorwand, Terrorismus zu bekämpfen und Sicherheit zu gewährleisten. Der Scheinvorwand wurde inzwischen schon längst ausgedehnt. Überwacht wird auch ohne Terrorismusverdacht. Ein beliebiger Mord ohne jeglichen Terrorismusverdacht genügt – und schon läuft die Überwachungsmaschine an, auch in Deutschland.[124] Gravierender noch zur Corona-Krise. Da genügt ein vager harmloser Verdacht, etwa dass jemand zur „Querdenker-Szene" gehört oder an einer „Querdenker-Demo" teilgenommen hat. Oder dass ein Arzt nicht spurt und nicht, wie von ihm gefordert, schlecht erprobte und neuartige Gen-Impfstoffe verimpft. Überwacht wird inzwischen Alles, was eine potenzielle Gefahr für die

[123] Van der Pijl, K.: Die belagerte Welt. Corona: Die Mobilisierung der Angst – und wie wir uns daraus befreien können, Ratzert 2021, S. 80-82.

[124] Wie ich das selbst erleben durfte, als ich von der Polizei unter Mord-Verdacht gestellt wurde, nur weil ich als einer von zig-tausenden anderen Menschen innerhalb einer Stunden nach einem Mord über den gleichen Funkmasten telefoniert hatte wie der Mörder. Es ging damals um den sog. Patentamt-Mörder, der in München, in der Nähe des Patentamtes, einen Radfahrer ermordet hatte; der Fall ging durch die Presse. Der betreffende Funkmasten stand in der Peripherie meiner damaligen Wohnung. Logischerweise benutzte ich diesen Masten immer, wenn ich von daheim aus mit dem Handy telefonierte. Ein Kripo-Beamter rief mich (wie auch die zig-tausend anderen Telefonierer) an, bat mich, im Kripo-Gebäude einen DNA-Test machen zu lassen. Ich sagte, dieses Vorgehen sei m. E. rechtsstaatlich nicht zulässig und ich sähe nicht ein, wieso ich meine Unschuld unter Beweis stellen sollte, solange in unserem Land das juristische Unschulds-Vermutungs-Prinzip gelte. Auch glaube ich nicht, so erklärte ich weiter, dass die Polizei befugt sei, neuartige Anti-Terrorismus-Überwachungsgesetze in diesem nicht-terroristischen Fall überhaupt anzuwenden. Am nächsten Tag rief dann eine Polizistin an. Sie formulierte das gleiche Anliegen, nur noch etwas freundlicher und einfühlsamer. Und sagte dann, sie „würde mich gern von der Liste streichen". Ich dachte, ich höre nicht recht. Von der Liste streichen? Ich stehe also auf einer Liste der Verdächtigen? Das löste gemischte Gefühle aus: Angst und persönliche Betroffenheit, aber auch Empörung. Empörung darüber, dass diese Polizisten ganz offenbar in einem rechtsfreien Raum operieren konnten. Dass sie unbescholtene Bürger/innen einfach unter Generalverdacht stellen können. Dass sie ihnen subtil mit Listen drohen können, von denen sie nur gestrichen werden würden, wenn sie einen DNA-Test abgäben. Die Empörung bekam schließlich die Oberhand. Ich dachte: „Ich lasse mich doch nicht einschüchtern. Dieses Spiel spiele ich nicht mit." Daraufhin antwortete ich der Polizistin: „Wissen Sie was? Ich verlange von Ihnen, dass sie mich dezidiert *nicht* von der Liste streichen. *Ich will auf ihrer Liste bleiben.*" Einige Tage später sprachen zwei Polizisten vor meiner Wohnung in der gleichen Angelegenheit nochmals vor. Ich beharrte auf meinem Standpunkt. Und dabei blieb's.

herrschende Machteliten darstellen könnte. Und im Zweifelsfall heißt es: Zugriff, Durchsuchung von Arztpraxen.

Es wird nicht nur überwacht, es wird auch zensiert. Z. B. dahingehend, dass Youtube alle Videos und ganze Kanäle löscht. „Die deutschen Kanäle von z. B. KenFM (500.000 Abonnenten), Rubikon, Nuoviso und Oval Media (Corona-Untersuchungsausschuss) wurden im Lauf des Jahres von Youtube gelöscht, nach vorheriger Ankündigung von CEO Susan Wojcicki [Ex-Schwägerin von Google-Chef Sergey Brin], man werde alles löschen, was den Empfehlungen der WHO widerspreche“.[125] Oder dass Facebook Nicht-Konformes löscht und/oder auch bei gediegen-kritischen Beiträgen den Warnhinweis „Dieser Beitrag enthält Fehlinformationen“ vorschaltet – wenn diese Beiträge nicht dem offiziellen Einheitsnarrativ entsprechen. „Die Internetgiganten Facebook, Twitter und Google arbeiten zusammen, um die Mauer des Schweigens aufrechtzuerhalten, wie Mark Zuckerberg in einer Sitzung des Rechtsausschusses des US-Senats bestätigte.“[126]

Bezeichnend ist dieser Fall: „Das ACURA Rheumazentrum Baden-Baden gehört zur Acura-Kliniken GmbH und ist ein Akutkrankenhaus für Innere Medizin/Rheumatologie im Verband rheumatologischer Akutkliniken (VRA). Die Klinik mit 155 Betten und 250 Mitarbeiter, ist akademisches Lehrkrankenhaus und seit 2004 Kooperationsklinik des Universitätsklinikums Heidelberg. Nachdem Facebook bei der Zensur auch gegenüber einer solchen Klinik nicht haltmacht, legte die Klinikleitung sogar noch einmal deutlich nach: ‚Unser aktueller heutiger sachlicher Beitrag zum Thema Corona mit mehreren tausend Zugriffen wurde heute von der Facebook-Zensur gesperrt. Wir werden dagegen klagen. Die Meinungs- und Wissenschaftsfreiheit in diesem Lande wird massiv durch eine US-amerikanische Gesellschaft – Facebook – eingeschränkt. Wir verweisen inhaltlich auf folgenden Beitrag – ebenfalls auf unserer Facebook Seite: ‚Essener Chefvirologe Dittmer: Keine vierte Welle – Omikron wie eine Grippe’‘“[127]

Zurück zur Überwachungs-Thematik. Überwacht wird in allen Staaten. Die USA waren hier wie so oft nur Vorreiter. Die anderen haben schon längst nachgezogen. Auch hierzu ein Beispiel: die israelische Firma „NSO Group“ mit ihrem Spionage-Software „Pegasus“. Diese Software kann Smartphones ausspionieren, unbemerkt auf sämtliche Daten zugreifen und sie über das Internet versenden. Journalisten, Menschenrechtler, Anwälte und Politiker wurden mit Hilfe von Pegasus ausgespäht. Pegasus wurde im August 2016 durch die Sicherheitsfirma „Lookout“ und durch „Citizen Lab“ (Universität Toronto) enttarnt und der Welt

---

[125] Böttcher, S.: a. a. O., S. 161.

[126] Van der Pijl, K.: Die belagerte Welt, a. a. O., S. 257.

[127] https://www.achgut.com/artikel/bericht_zur_corona_lage_vom_28.1.2022_viele_kalte_fuesse – Abgerufen am 5.2.22.

bekannt gemacht. Bis dahin wussten nur die Überwacher davon. Das Programm wird v. A. an Staaten verkauft. Auch Deutschland zeigt sich sehr aufgeschlossen in dieser Hinsicht.

„Nach Recherchen von *Süddeutsche Zeitung*, *NDR*, *WDR* und *Die Zeit* kaufte das Bundeskriminalamt (BKA) 2020 schließlich eine Variante der Pegasus-Spionagesoftware. Am Dienstag, den 7. September 2021 wurde der Innenausschuss des Deutschen Bundestages darüber unterrichtet. Das BKA bestätigte dem Innenausschuss des Bundestags lediglich, dass die Software schon im Einsatz ist. Konstantin von Notz, stellvertretender Grünen-Fraktionsvorsitzender, nannte Pegasus einen ‚Albtraum für den Rechtsstaat', die FDP forderte die ‚Überwachung durch Staatstrojaner' zu stoppen. Anfang Oktober 2021 wurde schließlich öffentlich, dass auch der deutsche Auslandsgeheimdienst Bundesnachrichtendienst (BND), in einem als ‚geheim' eingestuften Vorgang, eine angepasste Version der umstrittenen Software kaufte. Wie genau Pegasus überarbeitet wurde, war bis Oktober 2021 unklar. Dabei hat die Bundesregierung dem Parlamentarischen Kontrollgremium verschwiegen, dass auch der BND die Software längst einsetzt. [...] BND und BKA beteuerten, sie könnten ausschließen, dass Israel Einblick in die Überwachungsoperationen nehmen kann, aber nach Aussagen von ehemaligen NSO-Mitarbeitern fließen die erbeuteten Daten hingegen auch über Server von NSO."[128]

Hätte jemand 2012, also ein Jahr vor Snowdens Aufdeckungen, ernsthaft den Verdacht geäußert, das Handy von Fr. Dr. Merkel würde von us-amerikanischen und britischen Geheimdiensten abgehört werden, wäre er als „Verschwörungstheoretiker" ab- und weggestempelt worden. Doch genau das kam ab 2013 dank Snowden ans Licht. Us-amerikanische und britische Geheimdienste hörten Handys von Politikerinnen befreundeter Staaten ab. Sie überwachten – und überwachen – eben Alles und Jeden. Auch Computer und Handys von dir und mir. Wie sagt Snowden? „We have put the entire world under surveillance. We have literally more than one million people on a watch list now (and that's just one watch list)."[129] "By watching everyone, we don't understand anything. That's the ultimate problem. I was in the NSA [National Security Agency, der größte US-Auslandsgeheimdienst] on the day the Boston marathon bombings happened. I was sitting in the cafeteria, talking to one of my colleagues. We saw it breaking on the news, and I turned to him and I said: 'I'm willing to bet we knew who these people were'. Later on, it turned out that we had specific warnings about these peolple. [...] We collect billions and billions of transactions about who grandma is

[128] Wikipedia-Artikel „Pegasus (Spyware)", in: https://de.wikipedia.org/wiki/Pegasus_(Spyware) – Abgerufen am 18.2.22.

[129] A Conversation with Edward Snowden, in: Supernerds. Conversations with Heroes, hg. v. A. Richter, Berlin 2015, S. 122-132, hier: 125.

calling on her cell phone and what text messages highschoolers are sending each other, that the few threatening factors are lost in the noise."[130]

Auch das wissen wir seit Snowden: Es geht gar nicht in erster oder zweiter Linie um Terrorismusbekämpfung oder Sicherheit. Es geht um Macht und Überwachung. Auf die Nachfrage der Interviewpartnerin Angela Richter – "So the system is not working in the way it was designed to" – antwortet Snowden: "Exactly. The US White House appointed two different investigative panels with full access to classified information to review the programs. And they said: 'Not only are they unnecessary, but they have never been shown to work at all'. They have never stopped a single imminent terrorist attack in the United States. Politicians sell these programs to us as being necessary to save lives. But these programs are not helpful for terrorism, we know that. They are helpful for intelligence gathering on a general basis, if they want to know what the funding relationships between banks or companies are. They are amazing for spying on Merkel, and Dilma Rousseff, and oil companies. And UNICEF! The UN Children's Fund. They spy on the Children's Fund … So these programs don't provide safety, they provide power. I know where you are at every time. I know where you go. I know where you're traveling. I know who you're sleeping with. – I know that because I sat behind the desk. I read through these records. That was my job."[131]

Auf die Zwischenbemerkung von Angela Richter – die meisten Menschen meinten, die Überwachung sei nicht so schlimm, weil sie sich ja nicht gegen ‚normale' Leute richte bzw. diese nichts zu befürchten hätten – entgegnet Snowden: „they're right, that this information is not being used against them right now. Otherwise they would know it. They'd be in prison or on trial. But the reality is that these records are being collected, regardless of whether or not they're being used. But you have to think about what you've allowed to happen. What you've done is you've given up your ability to self-direct and self-determine what your future is, because when you allow someone more powerful than you total visibility of your action, you allow them to decide what they're going to do for you. They can thwart you, they can preempt you, they can contest you. If I want to accuse you of a crime you didn't commit, do you think you could win the case against me? When the government has this superiority of information, that creates a pretty substantial imbalance which could easily be abused."[132]

Die totale Informations-Übermacht, die die Regierungen über ihre Bürger/innen inzwischen haben, *kann* nicht nur ausgenutzt werden, sie *wird* es auch. Wie

[130] A Conversation with Edward Snowden, a. a. O., S. 126.
[131] A Conversation with Edward Snowden, a. a. O., S. 126f.
[132] A Conversation with Edward Snowden, a. a. O., S. 127.

Bernard E. Harcourt in seinem Buch „Gegenrevolution – Der Kampf der Regierungen gegen die eigenen Bürger“[133] aufgezeigt hat, scheint die US-Regierung seit 9/11 ganz bewusst mit der Methode der prophylaktischen Aufstandsbekämpfung zu operieren. Die Datenkontrolle fungierte hierbei, so Hartcourt, als zentralen Kriegsschauplatz und die Daten als entscheidende Ressource. Es gehe um eine geheime Methode des Herrschens im Inneren. Ohne Ablaufdatum. Die Methode funktioniere so: 1. Die totale Informations-Überwachung der Bevölkerung. 2. Aufspüren aktiver und potenziell revolutionärer bzw. elite-gefährdender Minderheiten im Inneren. 3. Ins-visier-nehmen, diskreditieren und kaltstellen dieser Gruppen. 4. Gewinnen, beschwichtigen, ruhigstellen (und innerlich korrumpieren) der Herzen und Köpfe der Bevölkerungsmehrheit. Ziel: Die Bürger/innen sollten „normale, konsumierende“ Bürger bleiben, etwas schärfer formuliert: Stimm-, Melk- und Konsumvieh.

Obwohl ich den neuen und (zumindest auf den ersten Blick) *egalitären* Meinungs- und Veröffentlichungsfreiheiten von Youtube und Facebook (und anderen Internet-Anbietern) immer skeptisch gegenüberstand, waren es doch neue Freiheiten, die auch echt-demokratischen Prozessen zugute kamen und kommen. Freiheiten und Möglichkeiten, die gegenüber der Macht der großen Medien-Häuser und Medien-Konzerne doch ein kleines und wichtiges Gegengewicht und Korrektiv darstellen. Doch auch diese neuen Freiheiten werden im Zuge der Corona-Epidemie mehr und mehr eingeschränkt. Und lassen uns auch von dieser Seite her die Macht des neuen Filters, des Internet-Filters, spüren. Es wäre ja auch entgegen aller bisherigen Machtlogik gewesen, wenn die über-mächtigen US-Internet-Konzerne an echter Demokratie interessiert gewesen wären.

So zeigt sich auch hier, was sich im Verlauf meiner Untersuchung schon oft zeigte: Die Über-Mächtigen schlafen nie. Sie haben das Internet inzwischen zu einem gut funktionierenden neuen Macht-Filter ausgebaut. So dass die vielen neuen Freiheiten, die das Internet zunächst ermöglichte wieder gut unter Kontrolle sind. Doch auch die Gegenseite schläft nicht. Das dramatisch-freiheitliche Ringen um mehr Demokratie hat eine neue Stufe erreicht. „Die Verhinderer von Revolutionen haben historisch enorm dazugelernt, ihr Arsenal reicht heute von brutaler Waffengewalt, rücksichtlosen Überwachungstechniken bis zu höchst subtilen ‚weichen' Formen der Machtausübung und Beeinflussungskunst. ‚Revolutionäre' hinken da aus vielerlei Gründen weit hinterher, nicht zuletzt, was theoretische Durchdringung dieser Zusammenhänge betrifft. Aber sie beginnen

[133] Harcourt, B. E.: Gegenrevolution – Der Kampf der Regierungen gegen die eigenen Bürger, Frankfurt a. M. 2019.

aufzuholen. Da spielt selbstverständlich auch das Internet eine Rolle.“[134] Davon zeugt wie kein Anderer:

Julian Assange und die WikiLeaks-Revolution

Julian Assange (geb. 1971), der Gründer der Enthüllungsplattform WikiLeaks, ist weltberühmt. Er hat mehr als 20 internationale Auszeichnungen erhalten, etwa 2009 den „Amnesty International Media Award“, 2014 den „Helden der Informationsfreiheit“-Preis von „Reporter ohne Grenzen“, 2020 dann den „Stuttgarter Friedenpreis“. Assange ist inzwischen kurz davor, in die USA ausgeliefert zu werden, um dort für den Rest seines Lebens wegen ‚Spionage’ inhaftiert zu werden: weil er als investigativer Journalist tätig war und menschen- und völkerrechtswidrige Praktiken der US-Regierung offenlegte.

Mit WikiLeaks gelang es Assange und seinem Team, geheimgehaltene Dokumente in einem bis dahin nicht gekannten Umfang zugespielt zu bekommen und allgemein verfügbar zu machen. Und zwar aufgrund eines von ihm entwickelten sicheren Einreichungsverfahrens (anonyme „Dropboxen“ wie sie inzwischen viele große Zeitungshäuser nutzen) so, dass Diejenigen, die Informationen weitergaben (also die „Whistleblower“), nicht ermittelt und verfolgt werden konnten. Also den wichtigen Schutz absoluter Anonymität genossen. Es ging ihm dabei v. A. um solche Dokumente, die zeigten, dass und wie Superreiche, Politiker/innen, Staatsfunktionär/inn/e/n und Geheimbehörden demokratisch illegitime und/oder handfest illegale Machenschaften betrieben. So konnten z. B. 2008 Dokumente der schweizerischen „Julius Baer Bank & Trust Company“ geleakt werden; Dokumente, die illegale Steuerhinterziehungs-Praktiken von Reichen und Superreichen offenlegten. „2009 publizierte WikiLeaks ein internes Dokument der Kaupthing-Bank, den Minton-Report über toxische Abfälle in der Elfenbeinküste, einen Entwurf des geheimen Abkommens zwischen der Europäischen Union und den USA zur Auswertung und Weitergabe europäischer Bankdaten an die USA, Nachrichten von Funkmeldeempfängern (Pagern) am Tag der Terroranschläge am 11. September 2001, E-Mails von Wissenschaftlern der Climatic Research Unit der University of East Anglia, Auszüge aus den geheimen Toll-Collect-Verträgen und einen Feldjäger-Report zu einer umstrittenen Bombardierung zweier Tanklaster in Afghanistan. 2010 veröffentlichte WikiLeaks ein Dokument über mögliche PR-Strategien der US-amerikanischen Geheimdienste in Deutschland und Frankreich und Planungsdokumente zur Loveparade 2010. Ebenfalls in diesem Jahr wurde eine

[134] Krysmanski, H. J.: a. a. O., S. 81.

neue Linie in der Veröffentlichungspraxis eingeschlagen. So wurde mit dem Video zu den Luftangriffen in Bagdad vom 12. Juli 2007 erstmals Material veröffentlicht, das mit Sicht auf den Endkonsumenten journalistisch aufbereitet war und mit *Collateral Murder* einen griffigen Titel erhielt. Außerdem wurde mit der Publikation des *Afghan War Diarys* und der *Iraq War Logs* intensiv mit verschiedenen Medienunternehmen zusammengearbeitet. Beide Publikationen waren jeweils die größte Veröffentlichung von Dokumenten des Militärs der USA." Damit enthüllte Assange mit seinem WikiLeaks-Team laut Nils Melzer (UN-Sonderberichterstatter über Folter) unter Anderem „mutmaßliche Kriegsverbrechen und Korruption".[135]

Was Assange und seinem WikiLeaks-Team gelang, war nichts Geringeres als eine investigativ-journalistische und demokratisch-enthüllende Informations-Revolution. Diese Revolution ereignete sich ohne Revolutionskriege, ohne Militär, ohne über-mächtige Geldmittel und ohne Lobbyarbeit. Sie bestand v. A. darin, mit aufklärerischen Mittel den Über-Mächtigen dieser Erde die Maske zu ziehen. Zu zeigen, was im geheimsten Bereich von ‚vorbildlichen' Demokratien an Undemokratischem und Menschenverachtendem vor sich ging; die Verstrickungen, Intrigen und Zynismen der Macht offenzulegen; die geheimen Intentionen, die strukturelle Gewalt und Brutalität dieser Systeme vor Augen zu führen: einfach dadurch, dass Insidern die Möglichkeit geboten wurde, Dokumente aus dem geheim gehaltenen innersten Bereichen der Macht und des Machtmissbrauchs zu leaken.

WikiLeaks wurde quasi über Nacht das einflussreichste Macht-Korrektiv. Ein aus echt-demokratischer Sicht dringend benötigtes Macht-Korrektiv. Nun konnten die Über-Mächtigen nicht mehr in Ruhe schlafen, denn keiner konnte sich mehr sicher sein, ob seine dunklen Geschäfte und Intrigen nicht demnächst aufgedeckt werden würden. Und alle bisherigen Macht-Filter konnten nichts dagegen tun. Durch WikiLeaks war eine „fünfte Gewalt"[136] geschaffen. Was die Über-Mächtigen seit den ersten demokratischen Revolutionen zu verhindern suchten: dass es zu einer echten Demokratie kommen kann, dass echte Macht-Teilung und Macht-Kontrolle möglich werden: nun war es greifbar nahe. Und es war klar, dass die Über-Mächtigen hierbei nicht einfach nur zuschauen würden, sondern Assange und WikiLeaks ‚unschädlich' machen würden. Das war allerdings nicht so leicht. Denn der Schein des Demokratischen musste ja zumindest oberflächlich gewahrt werden ...

---

[135] Wikipedia-Artikel „Julian Assange", in: https://de.wikipedia.org/wiki/Julian_Assange – Abgerufen am 19.1.22.

[136] So auch der deutsche Untertitel des US-Films von Bill Condon „Inside Wikileaks. Die fünfte Gewalt".

Ob Julian Assange schon immer den Titel eines investigativen Journalisten beanspruchen konnte, kann bezweifelt werden. In jungen Jahren war er ein passionierter Hacker und Programmierer.[137] Doch spätestens mit der Enthüllungsplattform WikiLeaks wurde er zum Investigativ-Journalisten. So sehe ich das. Es gibt freilich Menschen, die das anders sehen. Die möchte ich fragen: Wie wollen Sie die 2010, gemeinsam mit dem Spiegel, dem Guardian, der New York Times, Le Monde und dem „Bureau of Investigative Journalism" gemeinsam veröffentlichten afghanischen und irakischen ‚Kriegstagebücher' beurteilen? Wollen sie allen Ernstes behaupten, dass hierbei nur die großen Zeitungshäuser investigativ-journalistisch agierten – Assange und WikiLeaks aber nicht?

Wie auch immer: Vor allem wegen dieser investigativen Veröffentlichungen versuchen die USA Julian Assange mit legalen und illegalen Tricks seit 2010 vor ein US-Gericht zu zerren, wegzusperren, unschädlich zu machen.[138] 2012 wurden Emails des privaten US-Sicherheitsdienstes „Stratfor" geleakt. Emails aus dem Jahr 2010.[139] Darin rät die im Dienst der US-Regierung agierende dubiose Firma – die nicht unzutreffend als Schatten-CIA bezeichnet wird[140] – „Assange die nächsten 25 Jahre mit allen möglichen Strafverfahren zu überziehen."[141] Was offensichtlich von den USA sofort umgesetzt wurde. Bezeichnend ist eine Schmutzkampagne gegen Assange, bei der ihm von einem schwedischen Gericht in zwei Fällen Vergewaltigung vorgeworfen wurde. Zu einer echten Anhörung kam es nie. 2019 wurde das Verfahren eingestellt. Wie sich später herausstellte, sprachen die beiden betroffenen Frauen nie von Vergewaltigung. Ein hierbei zentrales Verhörprotokoll der schwedischen Polizei wurde nachweislich ‚auffrisiert' bzw. im Nachinein nach Anweisung von oben umgeschrieben. Hinter dieser Schmutzkampagne stand ganz offensichtlich die USA (unter Mitarbeit von Schweden und dem UK). Die Kampagne erreichte ihr Ziel: Assanges Ruf ist bis heute beschädigt.

[137] Vgl. hierzu: Dreyfus, S. u. Assange, J.: Underground. Die Geschichte der frühen Hacker-Elite. Tatsachenroman. Berlin 2011.
[138] Wikipedia-Artikel „Julian Assange", in: https://de.wikipedia.org/wiki/Julian_Assange – Abgerufen am 19.1.22.
[139] https://wikileaks.org/gifiles/docs/10/1056763_re-discussion-assange-arrested-.html – Abgerufen am 19.1.22.
[140] Wikipedia-Artikel „Stratfor", in: https://de.wikipedia.org/wiki/Stratfor – Abgerufen am 19.1.22. – Zu Stratfor vgl. auch: A Modern Day Bastille Day! An Interview with Jeremy Hammond, in: Supernerds. Conversations with Heroes, hg. v. A. Richter, Berlin 2015, S. 71-78, hier: 74.
[141] Melzer, N.: „Vor unseren Augen kreiert sich ein mörderisches System". Ein Interview von Daniel Ryser, in: Republik vom 31.1.2020, https://www.republik.ch/2020/01/31/nils-melzer-spricht-ueber-wikileaks-gruender-julian-assange – Abgerufen am 19.1.22.

Die Hauptanklage, die die USA gegen Assange erhebt, geht auf Spionage. „Ihm drohen bis zu 175 Jahre Isolationshaft – schlimmstenfalls sogar die Todesstrafe."[142] So er denn von England an die USA ausgeliefert wird. Die Luft wird eng für Assange. Ein Londoner Gericht sollte 2020 über das Auslieferungsgesuch der USA zu entscheiden. Am 23.2.2020 sagte der renommierte SZ-Journalist Heribert Prantl im Deutschlandfunk, das „Verfahren gegen Wikileaks-Gründer Julian Assange sei ein groß angelegter Versuch der USA, ein abschreckendes Beispiel zu statuieren […] Nun gehe es darum, einen verdienten Aufklärer zu rehabilitieren – und für die Zukunft der Pressefreiheit einzutreten." Prantl äußerte Zweifel, ob die Objektivität und Neutralität des Londoner Gerichts gegeben sei: „Der politische Druck ist in diesem Fall so ungeheuer groß, dass ich nur hoffen kann, dass der Rechtsstaat das bringt, was wir von ihm erwarten".[143]

Die Verhandlung wurde dann verschoben und zog sich in die Länge. „Im Dezember 2020 äußerte die deutsche Menschenrechtskommissarin Bärbel Kofler (Beauftragte der Bundesregierung für Menschenrechtspolitik und Humanitäre Hilfe) Besorgnis über das Auslieferungsverfahren und drängte das Vereinigte Königreich dazu, bei der Entscheidung über eine Auslieferung Assanges physische und psychische Gesundheit zu berücksichtigen. Am 4. Januar 2021 entschied ein Londoner Gericht, dass Assange wegen der zu erwartenden Haftbedingungen und bestehender Suizidgefahr nicht an die USA ausgeliefert werde, allerdings legten die USA Berufung ein."[144] „In einem Interview im Juni 2021 erklärte Sigurður Ingi Þórðarson, ein ehemaliger Zuträger des FBI und ein wichtiger Zeuge gegen Assange in dem Verfahren in den USA, in wichtigen Punkten, auf die sich die Anklage gegen Assange stützt, gelogen und einen Meineid geleistet zu haben, um Immunität zu erhalten."[145] „Am 10. Dezember 2021 wurde das Auslieferungsverbot von einem Berufungsgericht in London aufgehoben. Der Richter Timothy Holroyde begründete den Entscheid damit, dass die Vereinigten Staaten ausreichende Zusicherungen bezüglich den allfälligen Haftbedingungen machten."[146] Nils Muižnieks, der Europadirektor von Amnesty

---

142 Heribert Prantl im Gespräch mit Manfred Götzke, in: Deutschlandfunk vom 23.2.20, https://www.deutschlandfunk.de/heribert-prantl-zu-julian-assange-es-gilt-fuer-jemanden-100.html – Abgerufen am 19.1.22.

143 Heribert Prantl im Gespräch mit Manfred Götzke, a. a. O.

144 Wikipedia-Artikel „Julian Assange", in: https://de.wikipedia.org/wiki/Julian_Assange – Abgerufen am 19.1.22.

145 Wikipedia-Artikel „Julian Assange", in: https://de.wikipedia.org/wiki/Julian_Assange – Abgerufen am 19.1.22.

146 Wikipedia-Artikel „Julian Assange", in: https://de.wikipedia.org/wiki/Julian_Assange – Abgerufen am 19.1.22.

International, nannte die Entscheidung eine „Travestie von Justiz". Die Zusicherungen der USA seien das Papier nicht wert, auf dem sie stünden.[147]

Assange und das „mörderische System" der USA

Ich nannten weiter oben die Vorgänge um das Ludlow-Massaker einen Präzendenzfall – ein paradigmatisches Beispiel, an dem sowohl die menschenverachtende Perfidie selbsternannter superreicher ‚Philanthropen' als auch die Geburtsstunde der PR-Propaganda im Dienst der Über-Mächtigen studiert werden könne; und damit die machtvolle Installation des „Filters der ‚öffentlichen' Meinung."

Der Fall Assange nun ist ein ähnlich paradigmatischer Fall, auch er ein Präzendenzfall. Was kann an diesem Fall studiert werden? Erstens, die brutale Über-Macht und die menschenverachtende Perfidie des militärisch-politischen US-Systems. Zweitens, das verzweifelte basisdemokratische Ringen um Meinungs- und Pressefreiheit im Internet. Und drittens, der Versuch der Über-Mächtigen, das Internet zu einem neuen und möglichst wasserdichten Macht-Filter umzubauen.

Um die Dimension, um die es dabei geht, wirklich verstehen zu können, ist es nötig, ein bisschen weiter auszuholen. Ich werde mich dazu auf ein Interview mit dem Schweizer Rechtsprofessor und UN-Sonderberichterstatter Nils Melzer berufen. Dieses Interview lässt an Deutlichkeit nichts zu wünschen übrig. Es trägt den Titel „Vor unseren Augen kreiert sich ein mörderisches System".[148] Veröffentlicht am 31.1.2020 in der schweizer Internet-Zeitschrift „Republik" („Das digitale Magazin für Politik, Wirtschaft, Gesellschaft und Kultur. Finanziert von seinen Leserinnen"):

Melzer berichtet darin, wie er sich – z. B. vor dem Auswärtigen Amt in Berlin – rechtfertigen musste: Ob denn Assange überhaupt ein Folteropfer sei? Ob sein UN-Mandat das abdecke? Melzer erwiderte: „Der Fall berührt mein Mandat in dreifacher Hinsicht. Erstens: Der Mann hat Beweise für systematische Folter

---

[147] https://www.amnesty.org/en/latest/news/2021/12/us-uk-travesty-of-justice-as-extradition-appeal-fails-to-recognise-that-it-would-be-unsafe-for-julian-assange-to-be-sent-to-the-us/ – Abgerufen am 19.1.22.

[148] Melzer, N.: „Vor unseren Augen kreiert sich ein mörderisches System". Ein Interview von Daniel Ryser, in: Republik vom 31.1.2020, https://www.republik.ch/2020/01/31/nils-melzer-spricht-ueber-wikileaks-gruender-julian-assange – Abgerufen am 19.1.22. Ausführlicher: Melzer, N. u. Kobold, O.: Der Fall Julian Assange. Geschichte einer Verfolgung, München 2021.

veröffentlicht. Statt der Folterer wird nun aber er verfolgt. Zweitens wird er selber so misshandelt, dass er heute selbst Symptome von psychologischer Folter aufzeigt. Und drittens soll er ausgeliefert werden an einen Staat, der Menschen wie ihn unter Haftbedingungen hält, die von Amnesty International als Folter bezeichnet werden. Zusammengefasst: Julian Assange hat Folter aufgedeckt, er wurde selber gefoltert und könnte in den USA zu Tode gefoltert werden. Und so etwas soll nicht in meinen Zuständigkeitsbereich fallen? Zudem ist der Fall von emblematischer Bedeutung, er ist für jeden Bürger in einem demokratischen Staat von Bedeutung."

Sehr aufschlussreich ist die Antwort, die Melzer auf die Frage gibt, warum er sich denn nicht schon früher mit Assange beschäftigt hätte. „Stellen Sie sich einen dunklen Raum vor. Plötzlich richtet einer das Licht auf den Elefanten im Raum, auf Kriegsverbrecher, auf Korruption. Assange ist der Mann mit dem Scheinwerfer. Die Regierungen sind einen Moment lang schockiert. Dann drehen sie mit den Vergewaltigungsvorwürfen den Lichtkegel um. Ein Klassiker in der Manipulation der öffentlichen Meinung. Der Elefant steht wieder im Dunkeln, hinter dem Spotlight. Stattdessen steht jetzt Assange im Fokus, und wir sprechen darüber, ob er in der Botschaft Rollbrett fährt, ob er seine Katze richtig füttert. Wir wissen plötzlich alle, dass er ein Vergewaltiger ist, ein Hacker, Spion und Narzisst. Und die von ihm enthüllten Missstände und Kriegsverbrechen verblassen im Dunkeln. So ist es auch mir ergangen. Trotz meiner Berufserfahrung, die mich zur Vorsicht mahnen sollte."

Hochaufschlussreich ist diese Aussage in zweifacher Hinsicht: Erstens, weil sie zeigt, dass und wie von den Über-Mächtigen und ihren PR-Handlangern geschickt und perfide der öffentliche Wahrnehmungfokus (ab)gelenkt und die öffentliche Meinung wahrheitsverschleiernd manipuliert wird; und zwar, da es hier um die Verschleierung von Straftaten geht, kriminell manipuliert wird. Zweitens, weil sie zeigt, dass kaum einer gegen diesen Macht-Filter der Manipulation öffentlicher Meinung gefeit ist; wenn sogar ein kritischer und hochkompenter Mensch wie Melzer sich zunächst blenden lässt. Wie gut und leicht lassen sich dann unkritischere Menschen wie du und ich erst blenden und meinungsmäßig lenken? Diese Einsicht finde ich besonders besorgniserregend. Sie gibt dem marxschen Spruch, dass „die Gedanken der herrschenden Klasse [...] die herrschenden Gedanken" sind, Recht. Das heißt: „die Klasse, welche die herrschende materielle Macht der Gesellschaft ist, ist zugleich ihre herrschende geistige Macht. Die Klasse, die die Mittel zur materiellen Produktion zu ihrer Verfügung hat, disponiert damit zugleich über die Mittel zur geistigen Produktion, so dass ihr damit zugleich im Durchschnitt die Gedanken derer, denen die Mittel zur geistigen Produktion abgehen, unterworfen sind.“[149]

„Wir müssen aufhören zu glauben, dass es hier wirklich darum gegangen ist, eine Untersuchung wegen Sexualdelikten zu führen. Was Wikileaks getan hat, bedroht die politischen Eliten in den USA, England, Frankreich und Russland gleichermassen. Wikileaks veröffentlicht geheime staatliche Informationen – sie sind ‚Anti-Geheimhaltung'. Und das wird in einer Welt, in der auch in sogenannt reifen Demokratien die Geheimhaltung überhandgenommen hat, als fundamentale Bedrohung wahrgenommen. Assange hat deutlich gemacht, dass es den Staaten heute nicht mehr um legitime Vertraulichkeit geht, sondern um die Unterdrückung wichtiger Informationen zu Korruption und Verbrechen.“

„Nehmen wir den emblematischen Wikileaks-Fall aus den Leaks von Chelsea Manning: Das sogenannte ‚Collateral Murder'-Video. (Am 5. April 2010 veröffentlicht Wikileaks ein als geheim eingestuftes Video des US-Militärs, das zeigt, wie US-Soldaten in Bagdad mehrere Menschen ermorden, darunter zwei Mitarbeiter der Nachrichtenagentur Reuters; Anmerkung der Redaktion.) Als langjähriger IKRK-Rechtsberater und Delegierter in Kriegsgebieten kann ich Ihnen sagen: Es handelt sich dabei zweifellos um ein Kriegsverbrechen. Eine Helikoptercrew mäht Menschen nieder. Es mag sogar sein, dass einer oder zwei von diesen Leuten eine Waffe dabeihatten. Aber es wird ganz gezielt auf Verletzte geschossen. Das ist ein Kriegsverbrechen. ‚He is wounded', hört man einen Amerikaner sagen. ‚I'm firing' Und dann wird gelacht. Dann kommt ein Minibus angefahren, der die Verwundeten retten will. Der Fahrer hat zwei Kinder mit dabei. Man hört die Soldaten sagen: Selber schuld, wenn er Kinder auf das Schlachtfeld bringt. Und dann wird gefeuert. Der Vater und die Verwundeten sind sofort tot, die Kinder überleben schwer verletzt. Durch die Publikation werden wir direkte Zeugen eines kriminellen, gewissenlosen Massakers.“

Auf die Frage des Interviewpartners – „Was sollte denn ein Rechtsstaat in einem solchen Fall machen?“ – antwortet Melzer: „Ein Rechtsstaat würde möglicherweise gegen Chelsea Manning ermitteln wegen Amtsgeheimnisverletzung, weil sie das Video an Assange weitergegeben hat. Er würde aber sicher nicht Assange verfolgen, denn dieser hat das Video im öffentlichen Interesse publiziert, im Sinne des klassischen investigativen Journalismus. Was ein Rechtsstaat aber vor allem tun würde, ist, dass er die Kriegsverbrecher verfolgt und bestraft. Diese Soldaten gehören hinter Gitter. Es wurde aber gegen keinen einzigen von ihnen ein Strafverfahren durchgeführt. Stattdessen sitzt der Mann, der die Öffentlichkeit informiert hat, in London in

[149] Marx, K.: Deutsche Ideologie (1845), in: Marx Engels Werke Bd. 3, Berlin 1962, S. 46.

Auslieferungshaft und könnte in den USA dafür 175 Jahre ins Gefängnis kommen. Das ist ein Strafmass, das vollkommen absurd ist. Als Vergleich: Die Hauptkriegsverbrecher im Jugoslawien-Tribunal haben Strafen von 45 Jahren bekommen. 175 Jahre Gefängnis unter Haftbedingungen, die vom Uno-Sonderberichterstatter und von Amnesty International als unmenschlich eingestuft werden. Das wirklich Erschreckende an diesem Fall ist der rechtsfreie Raum, der sich entwickelt hat: Mächtige können straflos über Leichen gehen, und aus Journalismus wird Spionage. Es wird ein Verbrechen, die Wahrheit zu sagen."[150]

Macht-Filter Leitmedien – Macht-Filter ‚Faktenchecker'

Nils Melzers Interview wurde am 31.1.2020 publiziert. Am 20.2.2020 wurde in der „Neuen Züricher Zeitung" (NZZ) ein Artikel der deutsche Rechtsprofessorin Tatjana Hörnle veröffentlicht.[151] Der Artikel ist eine Replik auf Melzers Interview. Er trägt den Titel: „Julian Assange ist ein wenig glaubwürdiges Opfer einer grossen Verschwörung." Inhaltsangabe: „Die schweren Anschuldigungen gegen die Ermittlungsbehörden im Falle von Julian Assange halten einer kritischen Überprüfung nicht stand. Insbesondere die Vorwürfe des Uno-Sonderberichterstatters Nils Melzer sind fragwürdig."[152]

Der gesamte Artikel hat nur ein Ziel: die Argumente Melzers wo irgend möglich zu schwächen und zu widerlegen – und Melzers Worten dadurch die Glaubwürdigkeit zu entziehen. Dabei lenkt Hörnle geschickt von den Hauptthemen ab und führt die Aufmerksamkeit der Leser/innen auf Nebenschauplätze. Auf diesen Nebenschauplätzen ist ihre Argumentation teils stichhaltig, teils aber auch durch geschickte Verdrehungen irreführend. Das Entscheidende ist: Auf die harten Fakten und geleakten Dokumente, die Melzer bringt – und die entweder in den Interviewtext direkt eingebettet oder über Links sofort abrufbar sind – geht sie nicht ein. So verschweigt sie etwa, dass die Polizei unter Einflussnahme der schwedische Staatsanwältin den ganzen Fall entgegen der Zeuginnenaussagen zur Vergewaltigung umdeklarierten. Sie geht nicht darauf ein, dass die Beraterfirma „Stratfor" der US-Regierung kurz zuvor vorgeschlagen hat,

[150] Melzer, N.: „Vor unseren Augen kreiert sich ein mörderisches System". Ein Interview von Daniel Ryser, in: Republik vom 31.1.2020, https://www.republik.ch/2020/01/31/nils-melzer-spricht-ueber-wikileaks-gruender-julian-assange – Abgerufen am 19.1.22.

[151] Hörnle ist seit 2017 Mitglied der Leopoldina und seit 2019 Direktorin am Max-Plank-Institut zur Erforschung von Kriminalität, Sicherheit und Recht.

[152] Hörnle, T.: Julian Assange ist ein wenig glaubwürdiges Opfer einer grossen Verschwörung, in: NZZ vom 20.2.2020, https://www.nzz.ch/international/julian-assange-ist-ein-wenig-glaubwuerdiges-opfer-einer-grossen-verschwoerung-ld.1541522 – Abgerufen am 22.1.22.

„Assange die nächsten 25 Jahre mit allen möglichen Strafverfahren zu überziehen." Oder darauf, dass die leitende schwedische Staatsanwältin, als sie das Verfahren einstellen wollte, umgehend eine Email von der englischen Strafverfolgungsbehörde CPS bekam. Mit den Worten: *„Don't you dare get cold feet!!"*[153]

Stattdessen stellt sie Melzer abschließend als einen Verschwörungstheoretiker hin – und wundert sich öffentlich, dass ihm die Leitmedien überhaupt Glauben schenken: „Für die gravierenden Vorwürfe Melzers reicht die Beweisführung nicht aus. Trotzdem finden seine Thesen grosse Resonanz. Beunruhigend ist, dass seriöse Medien und prominente Personen des öffentlichen Lebens ohne weiteres bereit sind, der Erzählung einer grossen Verschwörung Glauben zu schenken, jedenfalls dann, wenn sie mit dem Prestige einer Position bei den Vereinten Nationen vorgetragen wird."[154]

Mich beunruhigt hier etwas ganz Anderes: nämlich die geschickte und (bewusst oder unbewusst) perfide Art und Weise, in der Hörnle Melzers Argumente zu diskreditieren und seinen Ruf zu schädigen sucht. Vor allem aber, wie sie damit vom eigentlichen Thema und Skandal ablenkt: Dass einer wie Assange, der investigativ-journalistisch US-Verbrechen aufdeckt, nun von den USA als Verbrecher verfolgt wird; während (wie etwa im Fall des ‚Collateral Murder'-Videos) die verantwortlichen US-Behörden und ihre Kriegsverbrecher-Soldaten straffrei ausgehen. Ich möchte hier nochmals einen der seriösesten und renommiertesten Journalisten Deutschlands, Heribert Prantl, zitieren. Er sagte drei Tage nach der Veröffentlichung von Hörnle im Deutschlandfunk, das „Verfahren gegen Wikileaks-Gründer Julian Assange sei ein groß angelegter Versuch der USA, ein abschreckendes Beispiel zu statuieren [...] Nun gehe es darum, einen verdienten Aufklärer zu rehabilitieren – und für die Zukunft der Pressefreiheit einzutreten."[155] Ist Prantl auch ein Verschwörungstheoretiker? Eher unwahrscheinlich. Er ist ein politisch versierter erfahrener Journalist, der genau weiß, wie Machtpolitik funktioniert. Er sieht die Zusammenhänge sehr realistisch.

---

[153] Melzer, N.: „Vor unseren Augen kreiert sich ein mörderisches System". Ein Interview von Daniel Ryser, in: Republik vom 31.1.2020, https://www.republik.ch/2020/01/31/nils-melzer-spricht-ueber-wikileaks-gruender-julian-assange – Abgerufen am 19.1.22.

[154] Hörnle, T.: Julian Assange ist ein wenig glaubwürdiges Opfer einer grossen Verschwörung, in: NZZ vom 20.2.2020, https://www.nzz.ch/international/julian-assange-ist-ein-wenig-glaubwuerdiges-opfer-einer-grossen-verschwoerung-ld.1541522 – Abgerufen am 22.1.22.

[155] Heribert Prantl im Gespräch mit Manfred Götzke, in: Deutschlandfunk vom 23.2.20, https://www.deutschlandfunk.de/heribert-prantl-zu-julian-assange-es-gilt-fuer-jemanden-100.html – Abgerufen am 19.1.22.

Wie aber Hörnle? Ist sie wirklich so dumm-naiv zu meinen, die USA hätten im Fall Assange nicht die Finger im Spiel? Sie als Strafrechtsprofessorin und damals 56-jährige erfahrene Frau von Welt? Das ist unwahrscheinlich. Was mögen dann ihre Motive sein? Ich sehe nur drei Möglichkeiten. Wobei ich der ersten Möglichkeit die größte, der letzten die geringste Wahrscheinlichkeit einräume. Entweder sie schrieb diesen diffamierenden Artikel, erstens, aus machtelitären oder macht-rechtfertigenden Motiven bewusst verschleiernd und von den eigentlichen Themen ablenkend. Wer weiß? Vielleicht sogar, um von den Über-Mächtigen ‚Vergünstigungen' zu erhalten? (= Propaganda-Strategie). Oder sie ist ein so extrem autoritätsgläubiger Mensch, dass sie – wider die Faktenlage und nach dem Motto „Was nicht sein kann, darf nicht sein" – diesen Artikel schreiben *musste*, um ihr eigenes hierarchisches Weltbild zu retten (= Ethik des „autoritären Charakters" nach Adorno und Fromm). Oder, drittens, sie schrieb den Artikel rein ressentiment-motiviert, weil sie Menschen wie Julian Assange insgeheim hasst und zugleich irgendwie beneidet; und nicht die innere Größe hat, herausragende Menschen wie Assange, auch wenn sie anders als Anderen sind, auch wenn sie als Person ethisch durchaus ambivalent zu beurteilen sind, einfach stehen zu lassen, ihre Leistung anzuerkennen (= Ressentiment-Moral).

Was Hörnles Replik auf Melzer in jedem Fall sehr gut vor Augen führt, ist, wie effektiv die Lenkung der öffentlichen Meinung durch die Leitmedien geschieht. Die Leitmedien als Macht-Filter einer offiziösen Meinungsbildung. Wer zuvor Hörnles Artikel liest – ohne ihn *selbst* mit dem Interview Melzers gegenzuchecken – wird geneigt sein, ihr Glauben zu schenken. Immerhin ist sie eine *renommierte* Professorin und *Rechtsexpertin* mit einer *renommierten* staatlichen Institution im Rücken (der Max-Plank-Gesellschaft). Immerhin publiziert sie – im Gegensatz zu Melzer – in einer *sehr renommierten* Zeitung. Bei all dem tritt sie als vermeintlich gediegene ‚Faktencheckerin' auf. Sie benutzt dabei all diese Renommee-Suggestionen, die mediale Machtposition und die damit einhergehende Definitionsmacht, um zu überzeugen. Ihre Argumente mögen schwach sein, ihre Diskussion nur auf Nebenschauplätzen stattfinden. Doch all das wird suggestiv und atmosphärisch durch ihre mediale Machtposition überlagert und verdeckt – und von den Leser/innen nicht mehr wahrgenommen. Indem sie Melzer am Schluss sogar noch in den Kontext von Verschwörungstheoretiker/innen einrückt, spielt sie ihren letzten rhetorisch-suggestiven Trumpf aus: den Gegner in ein für ihn und seine Sache nachteiliges Framing zu setzen. Solch ein Framing belastet und ‚verstänkert' den Gegner und seine Argumente nachhaltig. Wer will schon mit einem verspulten ‚Verschwörungstheoretiker' zu tun haben? Das Framing ist gesetzt und funktioniert. Daran konnte die später veröffentlichte Erwiderung

Melzers in der NZZ nicht viel ändern. Melzer wird es in Zukunft noch schwerer haben, eine große Veröffentlichungsplattform zu finden.[156]

Melzer und Hörnle publizierten Anfang 2020. Zu einer Zeit als es gerade noch keine gravierenden Corona-Maßnahmen und noch keine mediale Corona-Dauer-Kampagne gab. Umso interessanter zu sehen, dass und wie Hörnle sich schon all der rhetorischen PR-Tricks bedient, die dann so wichtig werden sollten, um nur noch *ein einziges Narrativ* als ‚öffentliche' Meinung gelten zu lassen. Diese Tricks sind: Einseitiges Argumentieren aus der politischen und/oder leitmedialen Machtposition heraus; überdominantes Gebrauchen (und Missbrauchen) der institutionellen Suggestions- und Definitionsmacht; Sich-Berufen auf echtes und vermeintliches Faktenchecken, um nicht-konforme Meinungen zu diskreditieren; negatives Framing mit Totschlag-Etiketten wie „Verschwörungstheoretiker/in", „Corona-Leugner/in", „Querdenker/in".

Denn auch das – und das vor allem – zeigt die Kontroverse um Assange und WikiLeaks: hinter der medialen Hochglanz-Oberfläche ist schon längst der Kampf um die Internet-Hoheit entbrannt. Die freiesten und klügsten Köpfe versuchen die (Noch-)Freiheiten und die (Noch-)Freiräume des Internet zu nutzen, um in dem jahrhundertealten Kampf um mehr Demokratie wieder einen Schritt voranzukommen. Doch die Superreichen und Über-Mächtigen halten wie üblich dagegen. Sie versuchen mit ihren über-mächtigen Mitteln genau das zu verhindern, indem sie einen neuen Macht-Filter zwischen Volk und Führern einziehen. Den Macht-Filter des von oben gelenkten Internets. Wo die Lenkung allein nicht reicht, wird zensiert. Auch das konnten all jene, die nicht wegschauen wollten, in Zeiten der Corona-Epidemie deutlich sehen. Doch damit bin ich schon fast beim zweiten Teil meiner Untersuchung. Um diesem zweiten Teil den Boden zu bereiten, schrieb ich den ersten Teil. Ich erinnere hier nochmals an die oben erörterte Machtstrategie der Disruption, fasse zusammen und führe fort.

---

[156] Schon ein halbes Jahr zuvor schrieb Melzer den Artikel „Demasking the Torture of Julian Assange". Anlässlich des „Internationalen Tages zur Unterstützung von Folteropfern" am 26.6.2019. Er bot diesen Beitrag The Guardian, The Times, der Financial Times, der New York Times, der Washington Post, dem Sydney Morning Herald, dem Australian, der Canberra Times, dem Telegraph, der Thomson Reuters Foundation und Newsweek zur Veröffentlichung an. Ohne Erfolg. Zum Glück gibt es – unabhängig von öffentlich-rechtlichen Sendern und großen Medienhäusern – inzwischen genügend frei-journalistische Internet-Zeitschriften und gediegene Publikationsmöglichkeiten. Und so konnte der Aufsatz unter Medium.Com (https://medium.com/@njmelzer/demasking-the-torture-of-julian-assange-b252ffdcb768) und auf der verdienstvollen kritischen Website „NachDenkSeiten" (https://www.nachdenkseiten.de/?p=53173) veröffentlicht werden.

Wie gesagt: Die Über-Mächtigen tragen viele Masken. Der Wille zur Macht kennt viele Formen. Die Strategie der Macht ebenso. Im Moment dominiert die Strategie der „disruptiven Innovation". Ich habe oben ja schon darauf hingewiesen. Die Strategie der disruptiven Innovation wurde zunächst im betriebswirtschaftlichen Kontext entwickelt und angewandt. Disruptive Innovationen „sind Innovationen, die die Erfolgsserie einer bereits bestehenden Technologie, eines bestehenden Produkts oder einer bestehenden Dienstleistung ersetzen oder diese vollständig vom Markt verdrängen und die Investitionen der bisher beherrschenden Marktteilnehmer obsolet machen."[157] Das englische Wort „disruptive" bedeutet: störend, spaltend, zerstörend, auflösend. Eine „disruptive Innovation" ist also eine Innovation, die stört, spaltet, zerstört, auflöst. Was spaltet oder zerstört sie? Ein etabliertes und erprobtes Produkt oder eine bewährte Technologie oder Dienstleistung. Wieso spaltet oder zerstört sie diese? Zunächst: um etwas Neues, evtl. ‚Besseres' auf den Markt zu bringen. Vor allem aber: um Konkurrenten zu verdrängen oder auszuschalten und daraus mehrfachen Profit zu ziehen. Das Vorgehen ist nicht so schwer zu verstehen: Die eigene machtstrategisch entwickelte Innovation drängt sich in den Markt. Sie spaltet und zerstört bestehende Zusammenhänge. Wo Spalten und nachfolgendes Ausbeuten das Bessere ist, wird gespalten und ausgebeutet. Wo Zerstören besser ist, wird zerstört. Immer aber wird das Konkurrenzsystem in Stücke geschlagen. Aus manchen Stücken wird Nutzen gezogen, andere sind dem Untergang geweiht. Letztlich wird damit ein neuer Markt geöffnet oder zumindest ein Markt neu definiert, mit neuen Spielregeln versehen. Mit der Eröffnung dieses Marktes hat der disruptive Innovator einen gewaltigen Vorteil in der Hand, den des ersten Schachzuges. Mehr noch: Er ist jetzt Markteröffner, Markterneuerer, d. h. er definiert jetzt die neuen Regeln. Dies natürlich so, dass ihm die Vorrang- oder Monopolstellung gesichert bleibt. Er dringt wie ein Virus in einen bestehenden Organismus. Er spaltet und zerstückt. Er steckt an und zerstört. Er installiert dort seine neue Struktur, seine Vermarktungstrategie, seine Produkte.

Das Hauptproblem liegt bei dieser disruptiven Strategie aber nicht im rein betriebswirtschaftlichen Sektor. Da könnte mensch sagen: sollen die Wirtschaftsbosse sich doch gegenseitig mit disruptiven Innovationen bekämpfen und ausschalten. Wen kümmert's? Leider ist es nicht so einfach. Denn einerseits führt die disruptive Strategie zu immer größeren Machtkonzentrationen, welche, durch globale Vormachtstellungen und Monopolstrukturen jeden freien

[157] Wikipedia-Art. „Disruptive Technologie", in: https://de.wikipedia.org/wiki/Disruptive_Technologie – Abgerufen am 8.12.21.

Wettbewerb verzerren oder zerstören. Zum Anderen führt das oft zu erpresserischen Verhältnissen. Nach dem Motto: ‚Lieber Staat, wenn du mir nicht optimale ‚Standortfaktoren' bietest (Steuererleichterungen, Billiglöhne, geringe Umwelt- und Sozialauflagen, perfekte und billige Infrastruktur, etc.), dann gehe ich mit meinem Geschäft in ein anderes Land. Und führt damit zu enormen ‚Kollateralschäden' (Sinkende oder stagnierende Löhne, sinkende Arbeits- und Sozialstandards, Deregulierung und Entdemokratisierung von Lebensverhätnissen, etc.).

Am gravierendsten und alarmierendsten aber ist, dass die Global Player schon längst dazu übergegangen sind, ihre disruptiven Strategien gegen demokratische Staaten anzuwenden. Sie verwenden Disruption längst nicht mehr als eine rein betriebswirtschaftliche Strategie, sondern als Strategie der globalen Machtaneignung und totalen Kontrolle.

Hierbei gilt, ganz im Sinne Robert Greenes: der Disrupteur sollte nicht „zu unverhohlen seine Machtspielchen […] treiben". Er sollte nicht „als zu machthungrig" „erscheinen", sollte stets den Anschein des Anständigen, Fairen, Schicklichen und Demokratischen wahren.[158] Davon abgesehen ist aber jedes Mittel Recht.

Genau betrachtet ist auch die Strategie der Disruption nicht ganz so neu wie es scheinen möchte. Sie trug nur früher ein anderes Label: „schöpferische Zerstörung" oder auch „kreative Zerstörung". „Die *Schöpferische Zerstörung* (auch *kreative Zerstörung*, engl. *creative destruction*) ist ein Begriff aus der Makroökonomie, dessen Kernaussage lautet: Jede ökonomische Entwicklung (im Sinne von nicht bloß quantitativer Entwicklung) baut auf dem Prozess der schöpferischen bzw. kreativen Zerstörung auf. Durch eine Neukombination von Produktionsfaktoren, die sich erfolgreich durchsetzt, werden alte Strukturen verdrängt und schließlich zerstört. Die Zerstörung ist also notwendig – und nicht etwa ein Systemfehler –, damit Neuordnung stattfinden kann. […] Sinngemäß taucht der Begriff schon im *Kommunistischen Manifest* (1848) und in *Das Kapital* von Karl Marx auf. Bezeichnet wird damit, dass eine neue ökonomische Ordnung eine alte verdrängt, so wie der Kapitalismus sich gegenüber der feudalistischen Produktionsweise durchgesetzt hat."[159]

Rein philosophisch wurde die „schöpferische Zerstörung" von Nietzsche erstmals durchdekliniert: *„wer ein Schöpfer sein will […] muss ein Vernichter erst sein und*

---

[158] Greene, R.: Power. Die 48 Gesetze der Macht, München 2001, S. 17.

[159] Wikipedia-Artikel „Schöpferische Zerstörung" in: https://de.wikipedia.org/wiki/Schöpferische_Zerstörung – Abgerufen am 25.1.22.

Werthe zerbrechen. [...] Ich bin bei weitem der furchtbarste Mensch, den es je gegeben hat [...]. Ich kenne die Lust am *Vernichten* in einem Grade, die meiner *Kraft* zum Vernichten gemäss ist".[160] Diese philosophische Dimension ist bei Nietzsche nicht getrennt von der politischen: „es wird Kriege geben, wie es noch keine auf Erden gegeben hat. Erst von mir an giebt es auf Erden *grosse Politik.*"[161]

Hugo und Erik S. Reinert haben in ihrer lesenswerten Untersuchung „Creative Destruction in Economics: Nietzsche, Sombart, Schumpeter" im Abschnitt "Nietzsche and Creative Destruction" die fünf wichtigsten Ideen herausgearbeitet: 1. "Creation and Destruction", 2. "The Opposite of Creation and Destruction is Stagnation", 3. "The Will to Power", 4. "Life is that which Constantly Overcomes Itself", 5. "Warfare is a Form of Therapy."[162] Es würde zu weit führen, diese komplexen nietzscheschen Zusammenhänge hier näher zu analysieren. Auch müsste Nietzsches philosophisch sublimierter Sozialdarwinismus dabei einer scharfen Kritik unterzogen werden. Auf die Schnelle möchte ich immerhin die drei wichtigsten Punkte hervorheben. Erstens, Nietzsches Theorie der schöpferischen Zerstörung erhält ihre volle Rechtfertigung erst, wenn sie auf den Willen-zur-Macht der Über-Mächtigen und Superreichen bezogen wird – unabhängig davon hängt sie abstraktionistisch in der Luft. Zweitens: Wenn Nietzsche meint, die Natur und das Leben selbst mit dem Prinzip der „schöpferischen Zerstörung" erklären zu können, projiziert er menschlich-machtwillentliche Zusammenhänge in die vor- und außermenschlichen Lebenszusammenhänge. Diese Lebenszusammenhänge basieren, drittens, nicht auf dem Prinzip der „schöpferischen Zerstörung", sondern auf zwei ganz anderen Prinzipien: dem der „schöpferischen Evolution" (Henri Bergson)[163] und der „gegenseitige Hilfe" (Pjotr Kropotkin).[164] Der „Kampf ums Dasein" (Charles Darwin) gehört zwar mit in diese Zusammenhänge. Er verliert aber seine hobbessche Einseitigkeit und Voreingenommenheit erst, wenn er in die beiden anderen evolutionären Prinzipien eingebettet wird. Was mit Bergson und Kropotkin geschah.

---

[160] Nietzsche, F.: Ecce Homo, in: Kritische Studienausgabe, Bd. 6, hg. v. G. Colli u. M. Montinari, München 1988, S. 255-374, hier 366.

[161] Nietzsche, F.: Ecce Homo, a. a. O., S. 366.

[162] Reinert, H. u. Reinert, E. S.: Creative Destruction in Economics: Nietzsche, Sombart, Schumpeter, in: https://web.archive.org/web/20031006212002/http://www.othercanon.org/uploads/Nietzsche%20Creative%20Destruction%20in%20Economics%20f.doc – Abgerufen am 25.1.22.

[163] Bergson, H.: Schöpferische Entwicklung, Jena 1912 (EA 1907 unter dem Titel „L'évolution créatrice").

[164] Kropotkin, P.: Gegenseitige Hilfe in der Tier- und Menschenwelt, übers. u. hg. v. G. Landauer. Leipzig 1908.

Lassen wir also das Prinzip der „schöpferischen Zerstörung“ dort, wo es hingehört: beim Kapitalismus. In diesem Sinn verwendet es auch Joseph A. Schumpeter, der das Wort in seinem Buch „Kapitalismus, Sozialismus und Demokratie“ 1942 geprägt hat: „Dieser Prozess der ‚schöpferischen Zerstörung’ ist das für den Kapitalismus wesentliche Faktum. Darin besteht der Kapitalismus und darin muß auch jedes kapitalistische Gebilde leben.“[165] Diese Aussage bleibt einseitig, wenn nicht im gleichen Zuge betont wird, worin das „Schöpferische“ dieser (globalen) Zerstörung liegt: die Anzahl an Nullen auf den Konten weniger Superreicher zu vermehren. Und mag die Welt auch daran zugrunde gehen.

Wie US-Disrupteure versuchen, die Welt unter sich aufzuteilen

Vermittels der disruptiven Machtstrategie sind vor Allem us-amerikanische Multimillionäre und ihre Konzerne dabei, die Welt unter sich aufzuteilen und die Spielregeln zu ihren Gunsten zu ändern. Natürlich gibt es einen alten, aber längst nicht mehr so mächtigen Gegenspieler: Russland mit seinen Oligarchen. Und einen neuen, mächtig und mächtiger werdenden: China. Ob die EU mit ihren Oligarchen als Gegenspieler bezeichnet werden kann, wage ich zu bezweifeln. Was etwa das aktuelle Corona-Impfgeschäft betrifft, ist die EU wie so oft bestenfalls ein Mitspieler, aber doch kein Gegenspieler.

Unter’m Strich ist es jedenfalls so, dass die Welt digital und datenmäßig von Microsoft, Google & Co dominiert wird, die Social-Media von Facebook, Whatsapp & Co, der Gesundheitssektor von der Gates-Stiftung und den Pharma-Riesen, der Bildungssektor von den großen (meist us-amerikanischen) ‚Elite’-Unis und neoliberalen Stiftungen wie die „Open Society Foundations“ von George Soros aber auch die „Bertelsmann-Stiftung“. Und Elon Musk ist seit 2002 mit SpaceX dabei, den Himmel und die Raumfahrt zu erobern, um dort mit seinen Satelliten ein die Erde umspannendes Internet- und Überwachungssystem zu installieren. Zwar kam ihm Jeff Bezos mit der Gründung seines Raumfahrtunternehmens Blue Origin im Jahr 2000 zuvor, doch SpaceX scheint inzwischen an ihm vorbeigezogen zu sein.

Wie Microsoft und die Gates-Stiftung, ist auch Google dabei, vermittels disruptiver Strategien weitere Märkte zu generieren und zu dominieren. Z. B. den des sogenannten ‚autonomen Autofahrens’. Waymo heißt die hierfür installierte Tochtergesellschaft von Google. Seit 2015 heißt die Google-Dachgesellschaft

[165] Schumpeter, J. A.: Kapitalismus, Sozialismus und Demokratie, zit. im Wikipedia-Artikel „Schöpferische Zerstörung“: https://de.wikipedia.org/wiki/Schöpferische_ Zerstörung – Abgerufen am 25.1.22.

„Alphabet Inc.“. „Alphabet“ umfasste 2020 14 Tochtergesellschaften. Darunter neben Google und Waymo u. a.: Access & Energy (u. a. Glasfasernetzwerke), Calico (Bio- und Gentechnik), DeepMind (künstliche Intelligenz), CapitalG (Investition, neue Finanztechnologien), Verily Life Science (Biowissenschaften), Wing (Entwicklung und Betrieb von Lieferdrohnen). Am Engagement Googles lässt sich unschwer ablesen, welche Wirtschaftszweige und Zukunftstechnologie für die Über-Mächtigsten die interessantesten sind. Zum Ersten, die Kontrolle der Daten, Datenströme und Datennetzwerke. Zum Zweiten, die Kontrolle der Gentechnik, denn vermittels der Gentechnik lässt sich über Patentierungen der globale Lebensmittel-, Agrar- und Pharmasektor kontrollieren und abhängig machen. Zum Dritten, die Entwicklung und Kontrolle von global hochrelevanten Zukunftstechnologien wie selbststeuernde Autos und Drohnen und besonders auch künstliche Intelligenz. Und, last not least, die globale Kontrolle der Finanzen und Finanztechnologien.

Bill Gates – der genau weiß, um was es geht – versucht hier nun seinerseits mitzuhalten. Seine Stiftung ist z. B. auch auf dem Gebiet des „Agricultural Development“ tätig. „Als einer der größten Anteilseigner der Bayer-Tochter Monsanto versucht die Gates Foundation den Einsatz von genetisch modifiziertem – und damit patentiertem – Saatgut voranzutreiben. Daher spendete man im Dezember 2021 auch 40 Millionen Dollar an die ‚Alliance for a Green Revolution in Africa'.“[166] Deshalb ist für die Gates-Stiftung nicht nur die zentrale Machtstellung auf dem Impfsektor, sondern eben auch die Kontrolle der Gen- und Agrartechnologie von enormer Wichtigkeit. V. A. die Patente auf Leben sind heiß umkämpft, denn damit lassen sich Lebewesen und ‚Lebenselemente' zum Eigentum der Über-Mächtigen machen. Somit können auch auf dieser Ebene global Zwangsabonnenten rekrutiert werden: Bauern und Bäuerinnen abonnieren Saatgut, ‚Nutztiere' und Pestizide, Bürgerinnen und Bürger abonnieren Gen-Impfungen, Ärzte und Ärztinnen abonnieren Gen-Therapien und andere medizinische Gen-Produkte etc.

Ebenso umkämpft ist der Trinkwassermarkt und die globalen Wasserressourcen. Hier ist der weltgrößte Nahrungsmittelkonzern Nestlé (Schweiz) der Marktführer und Hauptausbeuter, gefolgt vom Danone (Frankreich) und dem weltgrößten Getränkeunternehmen Coca-Cola (USA). Nestlé hat weltweit Wasserrechte erworben, vor allem in den am wenigsten entwickelten und armen Ländern. Schon länger kaufen Firmen wie Nestlé und Coca-Cola Gebiete auf (z. B. in Brasilien), die reich an Quellen sind. Auch sie arbeiten – wie die großen Gen-Allianzen – still und heimlich an der Abgrabung und Ausbeutung von Lebensquellen und des

[166] https://reitschuster.de/post/500-000-dollar-spende-der-gates-foundation-an-das-rki-im-november/ – Abgerufen am 14.1.22.

Gemeinwohls. Die Fäden laufen im „World Economic Forum“ und bei der „Weltbank“ zusammen. Hier die „Global Water Initiative“,[167] dort die „2030 Water Resources Group“.[168] Mitglieder der „2030 Water Resources Group“ sind neben der Weltbank und dem WEF, ein paar Banken und Staaten, und dann natürlich Nestlé, Coca Cola, Unilever, Pepsico, und die weltgrößte Brauereigruppe Anheuser-Busch InBev (AB InBev – Belgien).[169] „Die neoliberalen Wasserhändler wollen die Regierungen aus der Kontrolle über die Wassernutzung verdrängen, sie bestenfalls zum 50/50-Sozius in den sogenannten ‚Öffentlich-privaten Partnerschaften’ machen. Sie sollen unter der Anleitung der Weltbank die Wassermärkte ‚regulieren’, während die Konzerne mit Zugangslizenzen ihre Geschäfte machen.“[170]

Elon Musk ist u. A. durch Paypal reich geworden. Er ist sicherlich einer der kreativsten Köpfe unter den Superreichen. 2002 begründete er das Unternehmen SpaceX, 2004 die Elektroauto-Marke Tesla, 2006 SolarCity, das Solarstromanlagen konzipiert, vertreibt, installiert, finanziert, betreibt. 2015 initiierte er das Projekt OpenAI (Open Artificial Intelligence), das sich als ‚gemeinnützige’ Gesellschaft, die Erforschung künstlicher Intelligenz zum Ziel gesetzt hat.[171] Im Juli 2016 gründete Musk das Unternehmen Neuralink. Ziel von Neuralink ist die Entwicklung eines Gerätes zur Kommunikation zwischen dem menschlichen Gehirn und Computern, ein sogenanntes Brain-Computer-Interface (BCI). 2018 wurde bekannt, dass Elon Musk ein Medienunternehmen namens „Thud“ gegründet hat. Es soll im Bereich „Comedy“ tätig werden.

Inzwischen ist Musk der reichste Mensch der Erde. Er verwendet, wie Paul Schreyer erwähnt, „einen Großteil seines Vermögens für Raumfahrtpläne, insbesondere die Herstellung von Raketen, mit denen Lasten ins Weltall befördert werden können. […] Im Mai 2019 hatte er […] damit begonnen, Satelliten in die Erdumlaufbahn zu schießen, um mit seiner Firma SpaceX eine globale Breitband-Internetversorgung anbieten zu können. Laut eigener Aussage sollten die Satelliten überall auf der Welt ‚den voraussichtlich wachsenden Bedarf der Nutzer decken’. Es ging um einen Milliardenmarkt. Google hatte sich bereits in der Frühphase der Pläne mit einem großen Investment einen Anteil an SpaceX gesichert. Musk plante, insgesamt 40.000 (!) Satelliten die Erde umkreisen zu

[167] Vgl. https://www3.weforum.org/docs/Environment_Team/00042829_Water_initiative.pdf – Abgerufen am 14.2.22.

[168] Vgl. https://www.2030wrg.org/ – Abgerufen am 14.2.22.

[169] Vgl. https://www.2030wrg.org/about-us/partners/ – Abgerufen am 14.2.22.

[170] Füllgraf, F.: Landlose erstürmen Nestlé – Die Tagung des World Water Councils und der Kampf gegen Privatisierung des Wassers in Südamerika (30.3.18), in: https://www.nachdenkseiten.de/?p=43245 – Abgerufen am 14.2.22.

[171] 2019 hat er sich aus diesem Projekt aber zurückgezogen.

lassen. Im Frühjahr 2020 waren 400 davon bereits im All. […] Als ich davon las, mischte sich Erstaunen mit Ärger: Was maßte sich dieser Mensch an, den ewig stillen Sternenhimmel mit moderner Hightech vollzustopfen, die sich zudem in absehbarer Zeit in nutzlosen Elektroschrott verwandeln würde? […] Doch Musk, eng verbunden mit der US-Regierung, in deren Auftrag er auch geheime Spionagesatelliten ins All befördert, hielt offenbar nichts auf. Die Weltkugel selbst wurde zu seiner Spielmasse, umsponnen von einem Netz aus Zehntausenden fliegenden Apparaten. Die Pläne wirken maßlos und beunruhigend. Ihre Umsetzung aber vollzog sich vollkommen ruhig und weitgehend widerstandslos. Am Ende, so viel stand fest, würde der Himmel nie wieder derselbe sein."[172] Und Musk wäre der größte und global agierende Internet-Breitband-Versorger. Evtl. mächtiger noch als Google – die aber auch im Boot sitzen – denn sie wollen durch diese disruptive Innovation nicht abgehängt werden. Sie wissen, was auf dem Spiel steht.

Wer meint, so eine globale Vormachtstellung fliege einem durch Glück und Fleiß allein zu, ist auf dem Holzweg. Auf der Ebene der globalen Vormachtstellungen tobt hinter den Kulissen ein gnadenloser Kampf, wirtschaftlich, politisch, nicht zuletzt militärisch. Gegen die Vormachtstellung der US-Konzerne hat die US-Regierung nicht viel einzuwenden. Ja, sie kooperiert offiziell (aber auch geheimdienstlich) mit diesen Konzernen, unterstützt sie – da sie ja selbst direkt und indirekt davon profitiert bzw. dadurch die eigene geopolitische Vormachtstellung sichert und ausbaut. Also eine klassische Win-Win-Situation. Und so ist der us-amerikanische Einfluss – wirtschaftlich wie geostrategisch, digital wie weltmachtpolitisch – inzwischen unglaublich groß und ungeheuerlich.

[172] Schreyer, P.: Chronik einer angekündigten Krise, a. a. O., S. 10f.

GIB GATES KEINE CHANCE

II. Disruption der Weltgesundheit: Die Gates-Stiftung und ihr Impfgeschäft

Die Gates-Stiftung und andere ‚philanthropische' Stiftungen

„Die Stiftung des ehemaligen Microsoft-Chefs Bill Gates, die ‚Bill and Melinda Gates Foundation' (BMGF), wird kontrolliert von ihren drei Treuhändern: Bill und Melinda Gates sowie dem Hedgefonds-Manager Warren Buffett. Die Stiftung verfügt über ein Vermögen von gut 50 Milliarden Dollar – etwa die Hälfte davon stammt von Buffett – und finanziert eine Vielzahl von wohltätigen Projekten. Die BMGF ist nach den USA der größte Spender der Weltgesundheitsorganisation WHO und zahlte ihr im Jahre 2018 über 200 Millionen Dollar – insgesamt mehr als Deutschland, Frankreich und Schweden im gleichen Zeitraum zusammen. Dies ist nicht der einzige Weg, auf dem die WHO durch Gates finanziert wird. Die Impfallianz GAVI, früher unter dem Namen ‚Global Alliance for Vaccines and Immunisation' (Globale Allianz für Impfstoffe und Immunisierung) bekannt, stellte der WHO 2018 weitere 150 Millionen US-Dollar zur Verfügung. Einer der Hauptgeldgeber bei GAVI ist wiederum die BMGF, im Jahre 2016 beispielsweise mit 1,5 Milliarden Dollar.[1] Man kann also davon sprechen, dass die BMGF und damit das Ehepaar Gates und Warren Buffett über direkte und indirekte Wege die Haupteinnahmequelle der WHO sind, was Fragen zu deren Unabhängigkeit von diesen Finanzquellen aufwirft. Die BMGF finanzierte darüber hinaus die Gründung der ‚Koalition für Innovationen in der Epidemievorbeugung' (CEPI), die sich mit der Erforschung und Entwicklung von Impfstoffen beschäftigt, im Jahre 2017 mit gut 100 Millionen Dollar. Darüber hinaus unterstützt die Stiftung regelmäßig mit Millionenbeträgen Nichtregierungsorganisationen wie PATH, die sich mit der Entwicklung von Impftechnologien befassen. Auch die größten globalen Pharmakonzerne stehen auf der Empfängerliste der BMGF, so beispielsweise Pfizer, Novartis, GlaxoSmithKline und Sanofi Aventis. Die umfassende Einflussnahme der BMGF im Impfbereich ist offensichtlich."[2]

---

[1] GAVI, so Paul Schreyer, sei eine von der Gates-Stiftung lancierte „,Partnerschaft' aus Pharmakonzernen, Regierungen, der Weltbank und der WHO, mit dem Ziel, allen Menschen Zugang zu Impfungen zu verschaffen." Schreyer, P.: Chronik einer angekündigten Krise. Wie ein Virus die Welt verändern konnte, Frankfurt a. M. 2020, S. 110f.

[2] Wagner, E.: Der Impfaktivismus der Gates-Stiftung, in: https://multipolar-magazin.de/artikel/der-impfaktivismus-der-gates-stiftung – Abgerufen

Nun wird die Gates-Stiftung (und andere Multi-Milliardärs-Stiftungen) dafür kritisiert, dass ihre philanthropischen Motive und Aktionen schon öfter unheilvollen Einfluss auf Gemeinwohl und Gesundheit vieler Menschen hatten.[3] Manche Kritiker/innen gehen dabei davon aus, dass es die Multi-Milliardäre und ihre Stiftungen im Prinzip gut meinten und dass die negativen Folgen auf Fehleinschätzungen, nicht-intendierten Nebeneffekten und komplexen Wechselwirkungen beruhten. Diese Ansicht ist, wie sich ja auch schon im ersten Teil dieser Untersuchung zeigte, etwas blauäugig. Machen wir uns klar: diese Stiftungen sind in den Händen von aggressiven superkapitalistischen Global Playern, denen in erster Linie an Machterhalt und Machterweiterung gelegen ist; wobei, wie immer, wenn der Wille zur Macht dominiert, der Zweck die Mittel heiligt, alle Mittel. Solange nur der *Schein* der Anständigkeit und Demokratie einigermaßen gewahrt bleibt. Solange nur die Maske der Philanthropie halbwegs glaubhaft getragen werden kann.

Ich werfe an dieser Stelle nochmals einen Blick auf die „Rockefeller Foundation“. Sie wurde wie erwähnt 1913 von John D. Rockefeller (Senior und Junior) und Anderen gegründet. Vater und Sohn Rockefeller gerierten sich stets als Philanthropen, der Stiftungszweck lautete: das „Wohl der Menschheit auf der ganzen Welt“ zu fördern. Hinter dieser vorgeschürzten Philanthropie-Maske ging es um ganz etwas Anderes: Machtpolitik, Geldzuwachs, Ausbeutung und Bevölkerungskontrolle. Nur ein kleines Beispiel aus der Geschichte der Rockefeller-Stiftung. „Im Januar 2019 entschied ein US-Richter, dass sich die Stiftung neben dem Pharmakonzern Bristol-Myers Squibb und der Johns Hopkins University für Versuche vor Gericht verantworten wird müssen, bei denen ab den 1940er Jahren nicht informierte Menschen in Guatemala mit Syphilis oder anderen Geschlechtskrankheiten infiziert worden waren, um die Wirksamkeit von Penicillin zu testen.“[4] Das klingt nicht nach echter Menschenliebe.

Es mag an dieser Stelle angebracht sein, kurz ein Wort zur Johns Hopkins Universität (JHU) zu sagen. Sie wurde mit Geldern des us-amerikanischen Multimillionärs und ‚Philanthropen' Johns Hopkins (1795-1873) ins Leben gerufen. Mit seinem Nachlass von 7 Millionen US-Dollar wurden 1899 das nach ihm benannte Johns Hopkins Hospital und vier Jahre später die Johns Hopkins University gegründet. Sie spielt heute eine Schlüsselrolle im globalen ‚Public-Private-Corona-Management', etwa mit ihrer Corona-Statistik, dem COVID-19-

am 8.12.21.

[3] Vgl. etwa: McGoey, L.: No Such Thing as a Free Gift: The Gates Foundation and the Price of Philanthropy, London 2015; oder: Aschoff, N.: The New Prophets of Capital, London 2016.

[4] https://de.wikipedia.org/wiki/Rockefeller-Stiftung – Abgerufen am 8.12.21.

Dashboard. Diese Universität ist eine Privatuniversität. Selbstredend muss sie sich an die gesetzlichen Rahmenbedingungen halten. Aber abgesehen davon untersteht sie keiner *direkten* staatlichen und/oder demokratischen Kontrolle. Diese private Universität ist auch heute noch eine elitäre ‚Kaderschmiede', hier laufen so einige Machtstränge zusammen. Eine klare Zusammenfassung gibt Werner Rügemer. Er schreibt, dass die JHU „direkte Beziehungen zum Militär und zur US-Außenpolitik [unterhalte]. Sie beherbergt z. B. die Paul H. Nitze School of Advanced International Studies (SAIS). Die ist benannt nach dem Investmentbanker Nitze, der in den 1950er Jahren Marine- und stellvertretender Verteidigungsminister der USA war und als ‚Falke' dann mit Ronald Reagan für die Stationierung der Mittelstreckenraketen in Westeuropa eintrat. Eine JHU-Absolventin ist Madeleine Albright, Ex-US-Außenministerin. [...] Die JHU ist ein Tummelplatz für US-freundliche Multimilliardäre. [...] Diese private, unternehmens-, militär- und regierungsnahe Universität handelt im ‚nationalen Interesse' der USA. Dieses ergibt sich aus dem Verbund mit Regierungs-Institutionen, Konzernen, Banken, reichen StifterInnen, anderen Elite-Universitäten, Militärs und dem State Departement".[5]

Weder die Stiftungen aus dem Hopkins-Nachlass noch auch die Rockefeller-Stiftung waren übrigens die ersten ‚philanthropischen' US-Stiftungen. Der erste Superreiche, der sich der Philanthropie-Maske bediente, war Andrew Carnegie (1835-1919). Um 1900 – nach dem Verkauf seines Imperiums – schuf er einige Stiftungen. Den „Carnegie Hero Trust Funds." Die „Stiftung für internationalen Frieden."[6] Er gründete weltweit 2.800 Bibliotheken. Und steht damit am Beginn der Entwicklung eines einflussreichen Konzernstiftungswesens. Doch an seinen Stiftungsgeldern klebt das Blut und der Schweiß Ausgebeuteter.

Durch Matthew Josephson wurde der Begriff „Räuberbarone" populär. In seinem Buch „The Robber Barons: The Great American Capitalists, 1861-1901" (New York 1934) taucht auch Carnegie auf. Und zwar nicht als Philanthrop, sondern als „robber baron". Peter Krass zeichnet in seiner „Carnegie"-Biographie (Hoboken 2002) ebenfalls ein eher dunkles Bild: In Carnegies schöner reicher Welt hätte es keine Sklaverei, keine Aufstände ausgebeuteter Arbeiter/innen, keine Ausmerzung und Umsiedlung von Ureinwohner/innen gegeben. Er wäre zu einem der reichesten US-Amerikaner geworden, während in seinen Stahlwerken ausgebeuteten Arbeiter zu Hungerlöhnen geschuften hätten. Als Herrscher über seine eigenen Fabriken in Pittsburgh hätte Carnegie die Arbeiter zu sieben Tagen

[5] Rügemer, W.: „Die USA haben das sicherste Gesundheitssystem der Welt" – Die Johns Hopkins University und das globale Pandemien-Management (1.4.2020), in: https://www.nachdenkseiten.de/?p=59825 – Abgerufen am 8.12.21.

[6] Wikipedia-Artikel "Andrew Carnegie", in: https://de.wikipedia.org/wiki/Andrew_Carnegie – Abgerufen am 23.2.22.

Arbeit die Woche gezwungen, ihnen dabei keinen Urlaubstag außer Weihnachten und dem 4. Juli gewährt. Ein Fünftel von Carnegies Arbeitern sei bei Unfällen umgekommen. Nicht einmal für seine Verwandten hätte er Empathie gezeigt.[7]

Geschichte gemacht hat der Streik von Homestead. Direkt verwickelt war sein Hauptgeschäftspartner Henry Clay Frick (1849-1919). Doch Carnegie war der zweite Hauptverantwortliche. „1882 verringerte Frick die Löhne einseitig um mehr als 20 % und weigerte sich, mit den Vertretern der Gewerkschaft (Amalgamated Iron and Steel Workers Union) zu verhandeln. Damit löste er einen der größten Streiks der amerikanischen Geschichte aus: den Streik von Homestead. Carnegie hatte Frick ‚Carte blanche' gegeben (‚sie werden schon klein beigeben') und war zu seinem jährlichen Urlaub nach Schottland abgereist. Mit dieser Rückendeckung versuchte nun Frick, den ‚Herr-im-Haus'-Standpunkt der Unternehmerseite brutal durchzusetzen. Frick heuerte, um den Streik in seinem Stahlwerk zu brechen, nicht nur Streikbrecher an, sondern zu deren Schutz auch bewaffnete Hundertschaften der Pinkerton-Agentur. Im Laufe der Auseinandersetzungen zwischen Streikenden und Streikbrechern wurden innerhalb eines Tages zehn Menschen getötet und sechzig verwundet, bevor der Gouverneur von Pennsylvania das Kriegsrecht verhängte."[8]

Doch zurück ins Hier und Jetzt. Erwähnen möchte ich zumindest kurz eine weitere Stiftung bzw. eine ganze Stiftungsvereinigung, die „Open Society Foundations" des Hedgefonds-Managers George Soros (geb. 1930). Der ungarnstämmige US-Amerikaner George Soros gehört ebenfalls zu den Kreisen der Superreichen und Über-Mächtigen. Seine Stiftungsvereinigung ist nach der Gates-Stiftung die zweitreichste. Sie finanziert und infiltriert mächtige Think-Tanks,[9] aber auch Nicht-Regierungs-Organisationen (englisch: NGOs), arbeitet u. A. im Bildungssektor, beeinflusst und manipuliert nationale Universitäts- und Bildungspolitik im großen, globalen Stil. Soros finanziert auch linke NGOs, fördert liberal-demokratische Politik.

Um einige Beispiel anzuführen: „Soros engagierte sich für die Demokratisierungsprozesse in Osteuropa, die 1989/90 zum Zusammenbruch des Ostblocks führten. Seit 1979 unterstützte er osteuropäische Dissidenten mit drei Millionen US-Dollar pro Jahr, darunter die Solidarność in Polen, die Charta 77 in der Tschechoslowakei und Andrei Dmitrijewitsch Sacharow in der Sowjetunion. 1988 gründete er mit Oppositionellen in Polen die Stephan-Báthory-Stiftung,

---

[7] Krass, P.: Carnegie, Hoboken 2002, S. 47.

[8] Wikipedia-Artikel „Henry Clay Frick", in: https://de.wikipedia.org/wiki/Henry_Clay_Frick – Abgerufen am 23.1.21.

[9] Vgl. Krysmanski, H. J.: 0,1 %. Das Imperium der Milliardäre, Frankfurt a. M. 2015, S. 226f, vgl. auch: 222f.

später ähnliche Stiftungen in fast allen Staaten Osteuropas. Sie sollen die liberale Demokratie und den Aufbau der Zivilgesellschaft fördern. Von 1991 bis 1993 spendete Soros rund eine Milliarde US-Dollar zur Unterstützung russischer Akademiker. 1991 gründete er die Central European University (CEU) in Budapest mit und unterstützt sie finanziell mit der 1993 gegründeten Soros-Stiftung. 1995 unterstützte er tschetschenische Oppositionelle in Russland. In den 1990er Jahren unterstützte er auch den Sender B92 und Oppositionsgruppen in Serbien. Laut Neil Clark (2003) destabilisierte er die Bundesrepublik Jugoslawien auch für eigene Geschäftsinteressen.[10] Vor der Orangen Revolution 2004 in der Ukraine unterstützte Soros westliche NGOs mit einer Million US-Dollar."[11]

Auf den ersten Blick scheint Soros einer der wenigen Philanthro-Kapitalisten zu sein, bei denen sich tatsächlich auch (in nennenwertem Umfang) altruistische Motive vermuten lassen. Ich befürchte aber, dass diese Einschätzung einem zweiten Blick nicht ganz standhalten wird. Denn seine Stiftungs-Politik steuert auf lange Sicht immer einem Ziel entgegen: Den US-Disrupteuren durch (neo)liberale ‚Demokratisierung' und Deregulierung (z. B. osteuropäischer Staaten), neue Länder und Märkte zu öffnen – und all diejenigen Kräfte und Mächte, die dem entgegenstehen, zu schwächen. Die Einflusssphäre der USA und ihrer führenden Konzerne nimmt damit weiter zu, die globalen westlichen Machteliten profitieren. All das passt gut ins Konzept der US-Machtpolitik.

Der Soziologe Nicolas Guilhot kritisiert in diesem Sinne, dass die Soros-Stiftungen vorwiegend dazu dienten, die existierende neoliberale wirtschaftliche Ordnung zu stärken. Er sieht in den Soros-Stiftungen eine Fortführung der Geschichte philanthro-kapitalistischer Stiftungen wie etwa der „Ford Foundation" und der „Rockefeller Foundation". Guilhot zufolge hat die durch solche Stiftungen ausgeübte (auch hochschulische) Kontrolle über die Sozialwissenschaften diese entpolitisiert.[12]

Mit einem ähnlich positiv konnotierten Etikett wie die „Open Society Foundations" ist auch die Stiftung des Facebook-Mitgründers und Milliardärs Dustin Moskovitz und seiner Frau Cari Tuna versehen. Sie heißt „Open Philanthropy Foundation". Ich werde weiter unten auf sie zu sprechen kommen.

---

[10] Clark, N.: NS Profile – George Soros, in: New Statesman (2003), in: https://web.archive.org/web/20070930184543/http://www.newstatesman.com/200306020019 – Abgerufen am 9.12.21.

[11] Wikipedia-Artikel „George Soros", in: https://de.wikipedia.org/wiki/George_Soros – Abgerufen am 9.12.21.

[12] Guilhot, N.: *Reforming the World: George Soros, Global Capitalism and the Philanthropic Management of the Social Sciences.* In: *Critical Sociology* 33/2007, in: https://journals.sagepub.com/doi/10.1163/156916307X188988 – Abgerufen am 9.12.21.

Sie war, wie die Gates- und Rockefeller-Stiftung auch, an den Vorbereitungen zur Corona-Epidemie beteiligt.

Ebenfalls beteiligt war eine britische Stiftung namens „Wellcome Trust“. Sie ist eine ‚gemeinnützige’ Treuhand-Gesellschaft mit Sitz in London. Der Trust wurde 1936 gegründet, um das Erbe des „Burroughs Wellcome & Company“-Mitbegründers Henry Wellcome zu verwalten. Offizielles Ziel: die „Forschung zu fördern, um die Gesundheit von Mensch und Tier zu verbessern“. Der „Wellcome Trust“ ist, nach der Gates-Stiftung, die weltweit zweitreichste Stiftung, die gentechnische und pharmazeutische Forschung fördert und lenkt. Sie hatte 2018 ein Vermögen von 26 Milliarden Euro. Zu den geförderten Projekten gehören u. A. die Sequenzierung des menschlichen Genoms durch das „Sanger-Institut“ der Universität Cambridge, die Entwicklung des Antimalaria-Wirkstoffes „Artemisinin“ oder die Gründung der „UK-Biobank“.[13] Diese Stiftung ging aus der Pharmaindustrie hervor und ist bis heute engstens mit ihr verwoben. Die „Burroughs Wellcome & Company“ wurde 1880 von den beiden us-amerikanischen Pharmazeuten Henry Wellcome und Silas Burroughs gegründet, fusionierte Mitte der 1990er Jahre mit Glaxo und ging schließlich in GlaxoSmithKline auf.

Seit 2013 ist Jeremy Farrar Direktor des „Wellcome Trust“. Farrar forschte auf dem Gebiet der Medizin, speziell der Infektionskrankheiten. Er ist ein genialer Netzwerker der Macht. Weltweit bestens vernetzt mit den höchsten US-Gesundheitsbehörden, der WHO und Big Pharma.[14] Wie ich weiter unten zeigen werde, ist er mitbeteiligt an dem riesigen Covid-Vertuschungs-Skandal um Anthony Fauci, dem US-Chef-Immunologen des „National Institute of Allergy and Infectious Diseases“. Farrar ist seit 2013 Mitglied der „Global Alliance for Genomics and Health“ und seit 2017 Mitgründer und Vorstandsmitglied der „Coalition for Epidemic Preparedness Innovations“ (CEPI).[15] Seit 2017 ist Farrar (u. A. zusammen mit Christopher Elias von der Gates-Stiftung und dem deutschen Chef-Pandemiologen Christian Drosten) Mitglieder eines Gremiums, „das die Bundesregierung in Fragen ‚internationaler Gesundheitspolitik’ berät“.[16] Seit November 2020 ist er (zusammen mit Lothar Wieler, RKI) im Vorstand der

[13] Wikipedia-Artikel „Wellcome Trust“, in: https://de.wikipedia.org/wiki/Wellcome_Trust – Abgerufen am 11.3.22.

[14] Vgl hierzu die hervorragende Untersuchung von Tim Schwab „Covid-19, trust, and Wellcome: how charity’s pharma investments overlap with its research efforts“ im „British Medical Journal“ vom 3.3.2021, in: https://www.bmj.com/content/372/bmj.n556 – Abgerufen am 11.3.22.

[15] Wikipedia-Artikel „Jeremy Farrar“, in: https://en.wikipedia.org/wiki/Jeremy_Farrar – Abgerufen am 11.3.22.

[16] Schreyer, P.: Wie der Lockdown nach Deutschland kam (15.7.21), in: https://multipolar-magazin.de/artikel/wie-der-lockdown-nach-deutschland-kam – Abgerufen am 3.2.22.

„Global Leaders Group on Antimicrobial Resistance“: das ist eine Kooperation der „Food and Agriculture Organization of the United Nations”, der „World Organisation for Animal Health“, der WHO und dem „United Nations Environment Programme”.[17]

Was bei vielen dieser ‚philanthropischen' Stiftungen ins Auge sticht, ist, dass ihre superreichen Gründer sie ins Leben riefen, als ihr Ruf dabei war, ruiniert zu werden. So auch Bill Gates: „It's easy to forget that Bill Gates wasn't always so publicly revered. During the heyday of the PC revolution, he was the ruthless nerd-turned-tycoon who brutally and profanely berated underlings and allegedly tried to slash Microsoft cofounder Paul Allen's equity in the company while he was undergoing cancer treatment in the early 1980s. (Gates has said his recollection of events differed from Allen's.) Windows software, his flagship creation, was a buggy mess that frustrated millions of consumers, and Steve Jobs groused that Gates and his team showed 'no shame' and 'no taste' in ripping off Apple's products. Even the judge who oversaw Microsoft's crippling turn-of-the-century monopoly trial said Gates had 'a Napoleonic concept of himself and his company, an arrogance that derives from power and unalloyed success.' By the 2000s, though, the world's richest man seemed to have realized he had to change this Redmond-robber-baron narrative – and that his wealth could help. He stepped down as Microsoft's CEO and shifted his attention to what would become the Bill and Melinda Gates Foundation”.[18]

Alle diese Geschichten und Details sollten aufhören lassen. Sie zeigen, dass die über-mächtigen Gründer millionen- und milliardenschwerer Stiftungen keine wirklichen Menschenfreunde sind. Sie sind meist das, was sie sonst auch waren: gerissene Super-Geschäftsmänner. Diese Details zeigen, dass wir diesen Macht-Menschen nie ganz über den Weg trauen sollten. In vielen Fällen ist ihr Philanthropentum nur eine Maske, eine PR-Kampagne, ein Steuer- und Geschäfts-Trick, ein Ablenkungsmanöver. In vielen Fällen hängen sich diese Über-Mächtigen *erst dann* ein Philanthropie-Mäntelchen um, wenn ihre weiße Weste Flecken bekommen hat. Nie können wir uns ganz sicher sein, was wirklich hinter der Philanthropie-Maske steckt. „Es wäre aber“ so Paul Schreyer, „zu einfach, pauschal zu schlussfolgern, dass private Stiftungen ‚böse Ziele' verfolgen, bewusst Schaden anrichten oder Teil einer Verschwörung sind. Als Teil einer Struktur, die auf Konkurrenz und Bereicherung gründet und in der Macht sich immer weiter konzentriert, neigen sie allerdings dazu, ihre eigene Prägung, ihr

[17] Vgl. https://en.wikipedia.org/wiki/Global_Leaders_Group_on_Antimicrobial_Resistance – Abgerufen am 28.2.22.

[18] Carr, A.: Bill Gates's carefully curated dad-geek image unravels in two weeks, in: BNN Bloomberg (21.5.2021), https://www.bnnbloomberg.ca/bill-gates-s-carefully-curated-dad-geek-image-unravels-in-two-weeks-1.1606784 – Abgerufen am 23.2.22.

eigenes fehlerhaftes ‚Betriebssystem' immer wieder neu zu reproduzieren. Was fehlt, ist der Korrekturmechanismus über eine demokratische Öffentlichkeit. Stiftungen können tun und lassen, was ihren Besitzern gefällt, wirken dabei aber intensiv auf Politik und Gesellschaft ein."[19]

Jacob Levich: Die Gates-Stiftung und ihre disruptive Strategie

Doch schauen wir uns die aufschlussreichste und mächtigste Stiftung, die von Bill Gates (geb. 1955) und seiner Ex-Frau, etwas näher an. Es gibt hierzu eine hervorragende Studie. Sie stammt von Jacob Levich und trägt den Titel „Disrupting Global Health. The Gates Foundation and the Vaccine Business".[20] Levich kommt in dieser, im renommierten Routledge-Verlag publizierten Studie – noch *vor* der Corona-Krise – zu folgender Einschätzung:

„It is more realistic to assume that Bill Gates and his ilk are highly sophisticated capitalists who know what they want and how best to get it. While critics are correct in pointing out that BMGF has failed to deliver the public health miracles it promises, this line of argument may be missing the point. BMGF is only secondarily concerned, if at all, with saving lives; primarily, it is devoted to expanding worldwide markets and facilitating commerce on behalf of Western capitalism. The Foundation's embrace of the practices and organisational norms of corporate capitalism is neither accidental nor misguided, but is central to a deliberate strategy for bringing 'disruptive innovation' to the public health field.

The concept of disruptive innovation entered management theory in the late 1990s at a time when global capital, liberated by the fall of the Soviet Union, had set about tearing down old monopolies in order to make room for new ones (Lepore, 2014).[21] The term is flattering to entrepreneurs, because it connotes bold, original thinking, but in reality it describes a process as old as capitalism itself: the more or less ruthless restructuring of existing systems and norms to create space for even more profitable replacements.

---

[19] Schreyer, P.: Chronik einer angekündigten Krise, a. a. O., S. 54.

[20] Levich, J.: Disrupting Global Health. The Gates Foundation and the Vaccine Business, in: Routledge Handbook on the Politics of Global Health, hg. v. R. Parker u. J. García, London u. New York 2018, S. 207-218. Der Aufsatz von Levich kann als PDF abgerufen werden unter: https://www.routledgehandbooks.com/doi/10.4324/9781315297255-20#ref-912 – Es gibt auch eine deutsche Übersetzung, nachzulesen unter: https://blog.bastian-barucker.de/disruption-der-weltgesundheit-die-gates-stiftung-und-das-geschaeft-mit-impfstoffen/ – Abgerufen am 8.12.21.

[21] Vgl. Lepore, J.: The Disruption Machine, in: https://www.newyorker.com/magazine/2014/06/23/the-disruption-machine – Abgerufen am 8.12.21.

Originally associated with high-tech startups, the concept soon became central to business ideology and is now applied to neoliberal 'reforms' in every sector: workforce reductions made possible by automation and digital outsourcing, union-busting measures aimed at the privatisation of public schools, the substitution of private health insurance markets for health care entitlements, etc. Newly minted philanthrocapitalists were naturally inclined to impose familiar business practices on their charitable endeavours; hence, 'disruption' has become a watchword and a guiding principle throughout the field of philanthropy. For Bill Gates, who became the world's richest human being through notoriously anti-competitive business practices (Gavil and First, 2014),[22] the public health field offered a global laboratory for further experimentation with disruptive strategies.

[...] BMGF's style of disruption is nowhere more evident than in the area of vaccines, Bill Gates's particular focus and historically the central business of his foundation. When Seth Berkeley, CEO of the Gates-controlled vaccine consortium GAVI, advised a conference of pharmaceutical entrepreneurs that 'GAVI is a disruptive instrument', he was not merely mouthing a management shibboleth. He was describing, in a rare moment of frankness, the true business of the Gates Foundation. Today, traditional systems of vaccine procurement and distribution are rapidly giving way to vast public-private supply chains, steered and substantially funded by the Gates Foundation in collaboration with the pharmaceutical industry (Gates, 2013).[23]"[24]

Wie disruptiv-ausgeklügelt das von Gates geschaffene Stiftungs- und Allianz-System ist, zeigt sich z. B. am „Advance Market Commitment". „In 2009 GAVI pioneered the use of a new type of development financing, the Advance Market Commitment (AMC), as a means of subsidising the sale of Pfizer's new pneumococcal vaccine, Prevnar, to low-income countries (GAVI Alliance, 2009).[25] Through GAVI, BMGF and five wealthy countries – Italy, the United Kingdom, Canada, Norway, and Russia – offered a contract guaranteeing a viable market for the drug, committing to buy new vaccines at a negotiated high price purporting to cover development costs. The pilot country was ravaged Rwanda, which was converted overnight into a market for 1.6 million doses of the patented vaccine (Sheikh and Ngoboka, 2009). As a condition of the deal, Rwanda agreed to add Prevnar to its routine national immunisation programme, though it was unclear

[22] Gavil, A. u. First, H.: The Microsoft Antitrust Cases: Competition Policy for the 21st Century, Cambridge 2014.

[23] Gates, B.: "Innovation, Disruption, and Progress: What Do Vaccines, Software, and Shipping Containers Have in Common?" in: https://www.gatesnotes.com/Books/The-Box – Abgerufen am 8.12.21.

[24] Levich, J.: Disrupting Global Health, a. a. O., S. 207f.

[25] GAVI partners fulfill promise to fight pneumococcal disease. Advance Market Commitment could save 7 million infants by 2030, in: https://www.gavi.org/news/media-room/gavi-partners-fulfill-promise-fight-pneumococcal-disease – Abgerufen am 23.1.22.

how the country might hope to finance its commitment to future purchases once GAVI subsidies lapsed. Soon thereafter, Benin, Central African Republic, and Cameroon were also enlisted, expanding the market by further millions. AMC financing proved so lucrative that by 2012 Prevnar had become the world's leading vaccine product, with projected 2018 sales of US$6.7 billion (EvaluatePharma, 2012).[26] GAVI, meanwhile, had demonstrated 'proof of concept' of an elaborate neoliberal scheme that transferred public funds to private coffers."[27]

Auf PATH[28] (= Program for Appropriate Technology in Health) und die millionenschwere Unterstützung durch die BMGF wurde oben kurz hingewiesen. Christopher Elias, jetzt in wichtiger Position bei der Gates-Stiftung (wir werden noch von ihm hören), war vor 2011 Präsident und CEO bei PATH. Ich möchte hier nur *ein* Beispiel von vielen bringen, das zeigt, wie sich die Arbeit von PATH konkret auswirkt. Ein Beispiel aus Indien. „In 2010 seven adolescent tribal girls in Gujarat and Andhra Pradesh died after receiving injections of HPV (Human Papilloma Virus) vaccines as part of a large-scale 'demonstrational study' funded by the Gates Foundation and administered by PATH (Srinivasan, 2010a).[29] The vaccines, developed by GSK [GlaxoSmithKline] and Merck, were given to approximately 23,000 girls between 10 and 14 years of age, ostensibly to guard against cervical cancers they might develop in old age.

Extrapolating from trial data, Indian physicians later estimated that at least 1,200 girls experienced severe side effects or developed auto-immune disorders as a result of the injections (Mehta, et al., 2013).[30] No follow-up examinations or medical care were offered to the victims. Further investigations revealed pervasive violations of ethical norms: vulnerable village girls were virtually press-ganged into the trials, their parents bullied into signing consent forms they could not read by PATH representatives who made false claims about the safety and efficacy of the drugs. In many cases signatures were simply forged (Dhar, 2013).[31]

[26] EvaluatePharma: World preview 2018: embracing the patent cliff, zum Download unter: https://info.evaluatepharma.com/wp2018_lp_lp.html

[27] Levich, J.: Disrupting Global Health, a. a. O., S. 212.

[28] PATH wird als NGO bezeichnet. Fakt ist, dass es sich dabei um „an international, nonprofit global health organization based in Seattle, with 1,600 employees in more than 70 countries" handelt. Gewinn 2020: mehr als 303 Millionen Dollar. Vgl. den engl. Wikipedia-Artikel „PATH (global health organization)", in: https://en.wikipedia. org/wiki/PATH_%28global_health_organization%29#Controversies – Abgerufen am 8.12.21.

[29] Srinivasan, S.: A Vaccine for Every Ailment, in: http://infochangeindia.org/public-health/healthcare-markets-and-you/a-vaccine-for-every-ailment.html – Diese Website konnte ich, R. J. K., am 8.12.21 nicht abrufen.

[30] Mehta, K. , Bhanot, N. u. Rao, V. R.: Supreme Court Pulls up Government of India over Licensing and Trials with "Cervical Cancer" Vaccines, in: https://www.countercurrents.org/mehta070113.htm – Abgerufen am 8.12.21.

[31] Dhar, A.: It's a PATH of violations, all the way to vaccine trials: House panel, in: https://www.thehindu.com/news/national/its-a-path-of-violations-all-the-way-to-vaccine-trials-

An Indian Parliamentary Committee found that PATH had 'violated all laws and regulations laid down for clinical trials by the government' in a 'clear-cut violation of human rights and a case of child abuse' (Parliament of India, 2013).[32] In the months following release of the committee report, no action was taken: the government declined to act on its recommendations; a lawsuit on behalf of the victims remained 'stuck in limbo' before the Indian Supreme Court (Mittal, 2016).[33] PATH, evidently unperturbed, steamed forward with trials of a new flavour of HPV vaccine, Merck's Gardasil 9, with typical consequences including reports of coercion, lack of informed consent, and paralysing injuries (Chamberlain, 2015).[34] Meanwhile, India's state and local health ministries experienced increasing pressure from the highest levels of the global public health apparatus to embrace HPV vaccines (Narayanan, 2018).[35]

PATH-endorsed vaccine development resembles a juggernaut that rolls irresistibly forward despite hazardous clinical trials, unsatisfactory results, or resistance from the people. According to public health journalist Sandhya Srinivasan, 'PATH's research agenda is to look for ways to introduce the vaccine into the national immunisation programme. The question is not 'whether' but 'when' and 'how'' (Srinivasan, 2011).[36]"[37]

BMGF und der „Bill & Melinda Gates Foundation Trust"

Es geht längst nicht nur um direkte oder indirekt Einflussnahme, um Machtausweitung und Machtvermehrung. Es geht – wen wundert's? – auch um's Geld. Um sehr viel Geld. Um um immer noch mehr Geld. Denn von den meisten Impfkampagnen profitiert die BMGF finanziell. Indirekt und direkt. Ein Großteil des Stiftungs-Kapitals wird sehr gewinnträchtig angelegt. Dafür zuständig ist die

house-panel/article5083151.ece – Abgerufen am 8.12.21.

[32] Parliament of India: 72nd report on alleged irregularities in the conduct of studies using Human Papilloma Virus (HPV) vaccine by PATH in India, sec. II.

[33] Mittal, P.: Legal Updates: Supreme Court to Continue Hearing Tax Entry Case, in: https://www.livemint.com/Politics/yX18YC3JwYnCeS3Sl54FBK/Legal-updates-Supreme-Court-to-continue-hearing-entry-tax-c.html – Abgerufen am 8.12.21.

[34] Chamberlain, G.: Judges demand answers after children die in controversial cancer vaccine trial in India, in: https://www.dailymail.co.uk/news/article-2908963/Judges-demand-answers-children-die-controversial-cancer-vaccine-trial-India.html – Abgerufen am 8.12.21.

[35] Narayanan, N.: Efficacy, safety, cost: India's decade-old debate on the cervical cancer vaccine erupts again, in: – Diese Website konnte ich, R. J. K., am 8.12.21 nicht abrufen.

[36] Srinivasan, S.: HPV vaccine trial and sleeping watchdogs, in: https://www.issuesinmedicalethics.org/articles/hpv-vaccine-trials-and-sleeping-watchdogs/?galley=html – Abgerufen am 8.12.21.

[37] Levich, J.: Disrupting Global Health, a. a. O., S. 214.

Vermögensverwaltung, der „Bill & Melinda Gates Foundation Trust“. Dieser Trust ist ein Großanleger, er spekuliert u. a. mit Aktien von Pharma- und Energiekonzernen, aber auch mit Aktien von Nahrungsmittel- und Alkoholkonzernen. Das Geldvermögen der Stiftung stieg laut Forbes von März 2016 bis Oktober 2019 um 31 Milliarden US-Dollar. Das ist ein monatlichen Zuwachs von 721 Millionen US-Dollar.

Die ‚Ethik' dieser Geldanlage folgt machtstrategischen Imperativen. Auch hier gilt: Der Macht- und Marktzweck heiligt die Mittel. „Laut einer Datenanalyse der britischen Zeitung *Guardian* hat der Trust im Steuerjahr 2013 allein 1,4 Milliarden Dollar in Firmen investiert, die Öl, Gas oder Kohle fördern. Einige davon sind für große Umweltkatastrophen verantwortlich. So steht auf der Anlageliste die britische BP, die für die Ölpest im Golf von Mexiko vor fünf Jahren verantwortlich ist. Bei der Explosion der Deepwater-Horizon-Plattform starben elf Menschen, mehrere Monate strömte Öl unkontrolliert ins Meer. Auch der US-Konzern Exxon, der 1989 mit dem Tankerunglück der Exxon-Valdez in Alaska für Schlagzeilen sorgte, steht auf der Liste ebenso wie die britisch-holländische Firma Shell, die an der seit Jahrzehnten anhaltenden Verschmutzung der Küstenregion von Nigeria beteiligt ist. Kräftig investiert haben die Vermögensverwalter der Gates-Stiftung auch in mächtige Rohstoffkonzerne wie Anglo American, BHP Billiton, Vale, Rio Tinto oder Glencore Xstrata, die nicht nur wegen Umweltvergehen, sondern auch Menschenrechtsverletzungen immer wieder im Fokus stehen.“[38]

Erst als der „Guardian“ und die „Süddeutsche Zeitung“ darauf hingewiesen haben, dass die Stiftung in umweltschädliche Technologien und menschenrechtsverletzende Konzerne investiere und fragten, wie sich das mit dem angeblich menschen- und umweltftreundlichen Zielen der Stiftung vereinbaren lasse – erst dann wurde von der Gates-Stiftung gegengesteuert. Aber auch nur diesbezüglich. Ansonsten lief das lukrative Geschäftsmodell weiter. Der Arzt Bernd Hontschik hat in seinem taz-Kommentar noch vor Corona darauf hingewiesen: „Die Gates-Stiftung hält Aktien von Nahrungsmittel-, Alkohol- und Pharmakonzernen. Je höher deren Gewinne sind, desto mehr Geld hat die Stiftung. Die WHO müsste, entsprechend ihrem Auftrag, gegen das aggressive Marketing der Hersteller von Junkfood voller Zucker, Fett und Salz vorgehen. Sie würde damit aber an dem Ast sägen, auf dem sie sitzt. Nahrungsmittelkonzerne sorgen dafür, dass sich Übergewicht, Gefäßkrankheiten und Diabetes auf der ganzen Welt immer mehr ausbreiten, um anschließend mit der Pharmaindustrie die ‚Lösungen' dafür

---

[38] Schmutzige Deals mit dem Geld von Bill Gates, in: SZ vom 20.3.2015, https://www.sueddeutsche.de/wirtschaft/gates-stiftung-schmutzige-deals-mit-dem-geld-von-bill-gates-1.2402681 – Abgerufen am 23.1.22.

gewinnbringend zu verkaufen. Die Eroberung der WHO durch Konzerne und Stiftungen ermöglicht auf diese Weise doppelten Profit, einmal bei der Verursachung von Krankheiten und dann an deren Behandlung."[39]

Soweit der Stand der Dinge bis April 2020. Im Mai 2020 wurde laut EU-Bericht über 5 Milliarden Euro an (wie es im Bericht heißt) „globale Gesundheitsorganisationen" überwiesen.[40] Im Einzelnen:

1. „Rund 1,1 Mrd. EUR über die ‚Coalition for Epidemic Preparedness Innovation' (Koalition für Innovationen zur Vorsorge gegen Epidemien, CEPI) für die Entwicklung und den Einsatz von Impfstoffen."
2. „Rund 488 Mio. EUR über GAVI, die Allianz für Impfstoffe. Dieser Betrag umfasst nicht die allgemeinen Ankündigungen, die auf dem globalen Impfgipfel am 4. Juni erfolgen werden."
3. „Fast 257 Mio. EUR über ‚COVID-19-Therapeutics-Accelerator' – eine Initiative, mit der Entwicklung und Einsatz von Behandlungsmöglichkeiten verbessert werden sollen."
4. „Mehr als 60 Mio. EUR über die „Foundation for Innovative New Diagnostics" (Stiftung für innovative neue Diagnostika, FIND) für Entwicklung und Einsatz von Diagnostika."
5. „2,6 Mrd. EUR über die Weltgesundheitsorganisation (WHO) zur Stärkung der Gesundheitssysteme."
6. „15,7 Mio. EUR über den Globalen Fonds zur Bekämpfung von AIDS, Tuberkulose und Malaria."
7. „Mindestens 700 Mio. EUR für nationale COVID-19-Forschungsprojekte."[41]

Was das im Konkreten bedeutet – und inwiefern in diese Zahlungen fast immer die BMGF verwickelt ist bzw. von ihnen profitiert – hat Thomas Röper aufgeschlüsselt.

Zu Punkt 1 und 2: „CEPI und GAVI wurden bekanntlich von Bill Gates gegründet und er kontrolliert sie auch. Das bedeutet, dass Gates entscheidet, wofür CEPI und GAVI das Geld verwenden. Da Gates strategischer Investor bei BionTech und

---

[39] Hontschik, B.: Kommentar WHO und Pharmaindustrie: Spielplatz für Multimilliardäre, in: taz v. 16.2.2019, https://taz.de/Kommentar-WHO-und-Pharmaindustrie/!5570364/ – Abgerufen am 23.1.22. Vgl. hierzu auch den Beitrag „Die Pharma-Lobby kontrolliert die Weltgesundheits-Organisation" in: Deutsche Wirtschafts Nachrichten v. 18.4.2020, https://deutsche-wirtschafts-nachrichten.de/503554/Die-Pharma-Lobby-kontrolliert-die-Weltgesundheits-Organisation – Abgerufen am 23.1.22.

[40] https://ec.europa.eu/commission/presscorner/detail/de/qanda_20_958 – Abgerufen am 10.2.22.

[41] https://ec.europa.eu/commission/presscorner/detail/de/qanda_20_958 – Abgerufen am 10.2.22.

Pfizer ist, kann es nicht überraschen, dass CEPI und GAVI hauptsächlich auf die Impfstoffe von den beiden Firmen setzen."

Zu Punkt 3: Was der „COVID-19-Therapeutics-Accelerator" ist, wird von der WHO so beschrieben: „Launched at the end of April 2020, at an event co-hosted by the Director-General of the World Health Organization, the President of France, the President of the European Commission, and the Bill & Melinda Gates Foundation, the Access to COVID-19 Tools (ACT) Accelerator brings together governments, scientists, businesses, civil society, and philanthropists and global health organizations (the Bill & Melinda Gates Foundation, CEPI, FIND, Gavi, The Global Fund, Unitaid, Wellcome, the WHO, and the World Bank). Following the ACT-Accelerator launch, UNICEF and PAHO became delivery partners for COVAX, the vaccines pillar"[42] Röper erläutert: „Wer mein Buch ‚Inside Corona'[43] gelesen hat, der kennt all die genannten Stiftungen, die den ACT mitgegründet haben. CEPI und GAVI ‚gehören' Gates, außerdem ist Gates einer [der] wichtigsten Sponsoren des Global Fund und der WHO. Frankreich und die EU waren bei der Gründung des ACT Ende April 2020 mit im Boot, denn sie sollten die Steuergelder auftreiben, die an ACT überwiesen werden und damit ebenfalls unter die Kontrolle von Gates geraten sollten. Und schon zwei Wochen später fand die Geberkonferenz der EU statt und nur einen Monat später hat die EU bereits die Gelder verteilt."[44]

Zu Punkt 3, 4 und 5: „Die Stiftungen FIND und der Global Fund haben nur ‚Kleingeld' bekommen, zusammen etwa 76 Millionen. Aber Gates hat auch auf dem Geld die Hände drauf, denn er ist der größte Geldgeber dieser beiden Stiftungen und hat dort das Sagen. In ‚Inside Corona'[45] zeige ich auf, wie Gates andere Organisationen ‚gekapert' hat, indem er zu deren größtem Geldgeber wurde und so deren Kurs bestimmt. Gates ist dabei sehr geschickt vorgegangen, denn er hat sich auf die wichtigsten Organisationen, zum Beispiel die WHO, konzentriert. Aber auch der Global Fund, von dem kaum jemand in Deutschland gehört haben dürfte, ist ein international sehr mächtiger Player, der den Willen seiner Geldgeber – also in erster Linie von Gates – umsetzt. [...] Praktisch ist, dass Gates der Weltmeister ist, wenn es darum geht, sich bei den westlichen Staaten Geld zu holen. Die GAVI sammelt ihre Gelder in Fünfjahres-Budgets. Für 2016 bis 2020 betrug ihr Budget 8,8 Milliarden Dollar, Gates hat aber nur 1,5

[42] https://www.who.int/initiatives/act-accelerator/about – Abgerufen am 10.2.22.
[43] Röper, T.: Inside Corona, Die Pandemie, das Netzwerk, die Hintermänner, Gelnhausen 2021.
[44] Röper, T.: Wer bekommt eigentlich all die Milliarden, die die EU für den Kampf gegen Covid-19 ausgibt? In: https://www.anti-spiegel.ru/2022/wer-bekommt-eigentlich-all-die-milliarden-die-die-eu-fuer-den-kampf-gegen-covid-19-ausgibt/ – Abgerufen am 10.2.22.
[45] Vgl. Röper, T.: Inside Corona, a. a. O.

Milliarden beigesteuert, den Rest hat er sich von den Staaten des Westens überweisen lassen. Und mit diesem Steuergeld kauft er sich unter anderem den Einfluss bei der WHO."[46]

Röper fasst mit einem kleinen Investitions-Beispiel und einem weiteren Einblick in Gates' Beteiligung bei Biontech das philanthro-kapitalistische Vorgehen der BMGF zusammen. Und bringt damit auf den Punkt, dass und wie hier Philanthropie als Maske der Macht benutzt wird: „Wie groß und auch lukrativ der Einfluss von Gates auf die WHO für ihn ist, will ich an einem Beispiel zeigen. Im September 2020 ist die Bill and Melinda Gates Foundation (BMGF) als strategischer Investor in die Firma Abbott eingestiegen, die einen Covid-19-Schnelltest entwickelt hatte. Ebenfalls im September 2020 ist die BMGF strategischer Investor bei der Firma Biosensor geworden, die auch einen Covid-19-Schnelltest auf den Markt gebracht hatte. Und wie es der Zufall wollte, hat die WHO am 28. September 2020 ein Programm verkündet, das viel Geld bereitgestellt hat, um den ärmeren Ländern der Welt Covid-19-Schnelltests zur Verfügung zu stellen. Es gibt dutzende Hersteller solcher Schnelltests weltweit. Raten Sie mal, wer die Glücklichen waren, die sich über die Großbestellung der WHO freuen durften. Haben Sie es erraten? Die WHO schrieb: ‚Vereinbarungen zwischen der Bill & Melinda Gates Foundation und den Testherstellern Abbott und SD Biosensor machen innovative Tests zu einem Preis von maximal 5 US-Dollar für Länder mit niedrigem und mittlerem Einkommen verfügbar'[47] [...] Das Geld kam aus dem COVID-19 Tools (ACT) Accelerator, der von der EU mit den Geldern der Geberkonferenz vom Mai 2020 finanziert wurde. So schließt sich der Kreis: Gates gründet mit einigen anderen den ACT, der das Geld der EU bekommt und es dann über die WHO an Firmen überweist, an denen Bill Gates beteiligt ist."[48]

„Anfang September 2019 hat die Gates Foundation in BionTech investiert, ist also deren Aktionär geworden. Einen Monat später, Anfang Oktober 2019, ist BionTech in den USA an die Börse gegangen. Bill Gates hat ein gutes Händchen für Investments, denn der Aktienkurs von BionTech ist von 13 Dollar im Oktober 2019 auf in der Spitze fast 400 Dollar explodiert. Bill Gates hat aus den bis zu 100 Millionen Dollar, die er in BionTech investiert hat, zwischenzeitlich über 3 Milliarden, also 3.000 Millionen Dollar, gemacht. So funktioniert das mit den

[46] Röper, T.: Wer bekommt eigentlich all die Milliarden, die die EU für den Kampf gegen Covid-19 ausgibt? A. a. O.

[47] Übersetzung Röper. Englischer Originaltext unter: https://www.who.int/news/item/28-09-2020-global-partnership-to-make-available-120-million-affordable-quality-covid-19-rapid-tests-for-low--and-middle-income-countries – Abgerufen am 10.2.22.

[48] Röper, T.: Wer bekommt eigentlich all die Milliarden, die die EU für den Kampf gegen Covid-19 ausgibt? A. a. O.

‚Philanthropen', die angeblich ihr Geld verschenken, um die Welt zu retten: Sie verschenken ihr Geld nicht, sie investieren es in Firmen und nutzen ihren politischen Einfluss dann aus, um ein Vielfaches an Steuergeldern in ihre eigenen Taschen zu lenken. Was ich hier beschrieben habe, sind keine Einzelfälle, [...] so funktioniert das System. Und dabei werden die Philanthropen immer reicher und niemand bei den angeblich so kritischen ‚Qualitätsmedien' fragt, wie es sein kann, dass Milliardäre, die selbstlos ihr Geld verschenken, immer reicher werden. Ob das Schweigen der ‚Qualitätsmedien' daran liegen könnte, dass die ‚Qualitätsmedien' selbst Stiftungen gehören (Axel Springer Stiftung, Bertelsmann-Stiftung, etc..), also selbst von diesem Prinzip profitieren?"[49]

Gates, die „gekaufte" WHO und der biopolitische Komplex

Wie Jacob Levich zeigt, „kaufte" Bill Gates nach und nach die WHO. Im Abschnitt „Buying WHO" führt Levich aus: „BMGF was able effectively to seize control of the global health agenda: According to public health insiders, 'Gates' priorities have become the WHO's' (Huet, et al., 2017).[50]. Bill Gates was widely understood to have been the kingmaker in the 2017 choice of Tedros Adhanom Ghebreyesus to succeed Margaret Chan as director-general of WHO, where Gates is now treated 'like a head of state' (Huet, et al., 2017).[51] In the same year, despite a letter of protest signed by 30 health advocacy groups, BMGF secured appointment as a non-voting member of WHO's governing board, solemnising what had become a de facto partnership between a once-prestigious multilateral institution and one of the world's most powerful capitalists (Kadama, et al., 2017).[52]

The arrangement with WHO consolidated BMGF's disruptive project, securing the long-term global interests of Western capital. Longstanding structures of health care delivery had been deliberately dismantled, subordinating public health to the ruthless imperatives of profit-seeking. The Gates model seemed likely to spread, offering a template for Mark Zuckerberg, Jeff Bezos, and other billionaires embarking on large-scale and systematic interventions in various sectors of philanthropy."[53]

---

[49] Röper, T.: Wer bekommt eigentlich all die Milliarden, die die EU für den Kampf gegen Covid-19 ausgibt? A. a. O.

[50] Huet, N. u. Paun, C.: Meet the world's most powerful doctor: Bill Gates, in: https://www.politico.eu/article/bill-gates-who-most-powerful-doctor/ – Abgerufen am 8.12.21.

[51] Huet, N. u. Paun, C.: a. a. O.

[52] Kadama, P.Y. , et al: Open Letter to the Executive Board of the World Health Oranization, in: http://healthscienceandlaw.ca/wp-content/uploads/2017/01/Public-Interest-Position.WHO_.FENSAGates.Jan2017.pdf – Abgerufen am 8.12.21.

[53] Levich, J.: Disrupting Global Health, a. a. O., S. 215.

Über die WHO wird u. a. die internationale und nationale Impfpolitik gesteuert. Doch vergessen wir dabei nicht: Die WHO und ihre Agenda sind demokratisch nicht legitimiert. Über die WHO, ihre Funktionäre und Richtlinien wurde in keiner demokratischen Wahl je abgestimmt. Kein Volksentscheid kann hier eingreifen. Schlimmer noch: die WHO agiert u. A. auf der Basis von anti-demokratischen Geheimverträgen. Z. B. im Interesse der Atom-Lobby: „Es gibt einen Geheimvertrag zwischen der WHO und der Internationalen Atomenergie-Behörde IAEO aus dem Jahre 1959, der die WHO verpflichtet, nichts zu veröffentlichen und nichts zu propagieren ohne vorherige Genehmigung durch die IAEO. Warum hat die WHO weder in 33 Jahren seit der Katastrophe von Tschernobyl noch in 8 Jahren seit der Katastrophe von Fukushima die ‚Gesundheit aller Völker' zur Maxime ihres Handelns gemacht? Weil sie sich vertraglich zu Desinformation, Bagatellisierung und Abwiegelei verpflichtet hat! Selbst die Dokumente von zwei UN-Konferenzen zum Thema Tschernobyl, die 1995 in Genf und 2001 in Kiew stattfanden, werden von der WHO bis heute geheim gehalten. Denn laut IAEO sind durch die Folgen von Tschernobyl ‚weniger als 50 Tote' zu beklagen. Da ist ein weiterer Kommentar überflüssig."[54]

Und: die WHO ist – wie Levich am Beispiel der Gates-Stiftung zeigen konnte – gravierend beeinflusst und korrumpiert von einem der mächtigsten Milliardäre und Disrupteure: Bill Gates. Die WHO ist zudem – nicht nur über die Gates-Stiftung aber eben *auch* über sie – verfilzt mit den weltgrößten Pharma-Konzernen (Big Pharma), der Weltbank und dem World Economic Forum. „The Gates Foundation's ties with the pharmaceutical industry are intimate, complex, and longstanding. Soon after its founding, BMGF invested US$205 million in pharmaceutical companies, including Merck & Co., Pfizer Inc., Johnson & Johnson, and GlaxoSmithKline (Colorni, 2013).[55] The relationship has grown in subsequent years, creating a revolving door that now routinely shuttles executives between BMGF, Gates-controlled NGOs, and pharma's big five (Herper, 2011a).[56] The leadership team for BMGF's Global Health Division includes former executives of AstraZeneca, Baxter International Healthcare Corp., Eli-Lilly, Novartis, Parke-Davis, Pfizer, and Wyeth".[57]

---

[54] Hontschik, B.: Kommentar WHO und Pharmaindustrie: Spielplatz für Multimilliardäre, in: taz v. 16.2.2019, https://taz.de/Kommentar-WHO-und-Pharmaindustrie/!5570364/ – Abgerufen am 23.1.22.

[55] Colorni, R. R.: Bill Gates, Big Pharma, Bogus Philanthropy, in: http://newsjunkiepost.com/2013/06/07/bill-gates-big-pharma-bogus-philanthropy/ – Diese Website konnte ich, R. J. K., am 9.12.21 nicht abrufen.

[56] Herper, M.: What Bill Gates Says About Drug Companies, in: www.forbes.com/sites/matthewherper/2011/11/10/what-bill-gates-says-about-drug-companies-2/#10932e874412 – Abgerufen am 9.12.21.

[57] Levich, J.: Disrupting Global Health, a. a. O.

Mit in diesen biopolitischen Komplex gehören aber auch, so van der Pijl, starke Querverbindungen in Richtung Gentechnik und Agrarindustrie: „Aufgrund ihres Reichtums und gezielter Subventionen haben Gates und seine Stifutng einen beispiellosen Einfluss, den nur der zweitreichste Wellcome Trust annähernd erreicht. [...] Die Biotechnologie (Gentechnik) spielt dabei ein große Rolle, im Gesundheitswesen wie auch in der Landwirtschaft. In diesem Zusammenhang sind auch die Verbindungen zwischen der Gates-Stiftung und der Pharmaindustrie von Bedeutung. Die vielen Doppelbesetzungen und Subventions- und Investitionsmuster des biopolitischen Komplexes erinnern an den militärisch-industriellen Komplex. Die Direktoren der Gates-Stiftung kommen häufig von großen Arzneimittelherstellern wie Merck, GlaxoSmithKline, Novartis, Bayer Health Care Services und Sanofi Pasteur. Die Gates-Stiftung wiederum gewährt mehreren dieser Unternehmen Zuschüsse, ist aber auch beteiligt, so dass die Zuschüsse zum Teil Spenden an ihr eigenes Vermögen sind. Darüber hinaus gibt die Stiftung Geld an Interessengruppen wie Drug Information Association (die von der pharmazeutischen Industrie betrieben wird) und [...] Internationel Life Sciences Institute (das von den großen Agrarkonzernen finanziert wird). Im Jahr 2006 gründete Gates zusammen mit der Rockefeller Foundation eine Allianz für eine ‚grüne' (gentechnische) Revolution in Afrika, AGRA."[58]

Der biopolitische Filz ist auch in der EMA (= European Medicines Agency: Europäische Arzneimittel-Agentur) und der us-amerikanischen FDA (= Food and Drug Administration: US-Behörde für Lebens- und Arzneimittel) zu beobachten. Auch hier gibt es zahlreiche Drehtüren („revolving doors") zwischen Behörden und Big Pharma. So sagte z. B. Peter Gøtzsche, Professor für klinisches Forschungsdesign und Analyse an der Universität Kopenhagen, in einem Interview am 30.6.21: „Wir können unseren Arzneimittel-Agenturen aus vielen Gründen nicht trauen. Einer davon ist der Drehtüreffekt, bei dem Menschen aus der Industrie kommen, bei der EMA oder FDA arbeiten und dann wieder in die Industrie zurückkehren. Wenn sie während ihrer Arbeit bei der EMA sehr freundlich zur Pharma-Branche waren, sind ihre Chancen auf einen sehr gut bezahlten Job bei einem großen Pharmaunternehmen hinterher natürlich größer, als wenn sie kritisch waren. Und viele ehemalige Führungskräfte der FDA und EMA sowie anderer Arzneimittelbehörden haben den Abschied von ihrem öffentlichen Amt vorbereitet, indem sie zum Beispiel eine Beratungsfirma gründeten, die Unternehmen gute Ratschläge gibt, wie sie ihre Medikamente durchbringen können. Das ist illegal, solange sie noch im öffentlichen Amt sind."[59]

---

[58] Van der Pijl, K.: Die belagerte Welt. Corona: Die Mobilisierung der Angst – und wie wir uns daraus befreien können, Ratzert 2021, S. 218.

[59] Montag, K.: „Klinischen Studien der Pharmaindustrie kann man nie vertrauen". Karsten Montag im Interview mit Peter C. Gøtzsche, in:

Am Lebenslauf der aktuellen EMA-Vorsitzenden Emer Cooke zeigt sich dieser Drehtüreneffekt ganz aktuell. Cooke hat neben der EMA auch schon für die EU-Kommission, die WHO und Irlands Arzneimittelbehörde gearbeitet. Davor und dazwischen arbeitete sie für diverse Pharmafirmen und auch jahrelang in Brüssel als Lobbyistin für den „Verband der europäischen Pharmaunternehmen".[60]

Der Pharma-Politik-Filz in Deutschland: Spahn, Lauterbach & Co

Auch beim vormaligen Gesundheitsminister Jens Spahn – seit 2017 mit dem einflussreichen deutschen Medienfunktionär Daniel Funke verheiratet – ist eine Verfilzung gut zu beobachten: „Es geht um eine Beratungs- und Lobbyagentur namens *Politas*, an der Spahn zwischen April 2006 und Mai 2010 beteiligt war. Für die Klienten der Agentur, vornehmlich aus der Medizin- und Pharmabranche, war Spahns Doppeltätigkeit ein Glücksfall: Denn als Gesundheitspolitiker arbeitete Spahn an Gesetzen mit, von denen seine Kunden direkt betroffen gewesen sein dürften – einen direkteren Zugang zu politischen Entscheidungsträgern kann man kaum bekommen. ‚Dass Volksvertreter Spahn sein Mandat als Gesundheitspolitiker profitabel für Beratungshonorare aus der Gesundheitsindustrie einsetzte, war ihm offenkundig bewusst', schreibt der *Focus*, ‚denn er verschleierte seine Beteiligung an der Lobbyfirma. Eine GbR muss ihre Geschäfte und Gesellschafter nicht veröffentlichen.' Auf Spahns Bundestagsseite gibt es jedenfalls keinerlei Angaben, die auf seine Beteiligung an der Lobbyfirma hinweisen. Denn anzeigepflichtig sind Unternehmensbeteiligungen nur dann, wenn ein Volksvertreter ‚mehr als 25% der Stimmrechte zustehen' – Spahn hielt genau 25 Prozent der *Politas*-Anteile. Nur aus internen Unterlagen, die dem *Focus* vorliegen, werden die *Politas*-Teilhaber klar: ‚Treuhänder Jasper, Müller und eben auch Spahn.' Bei dem ‚Treuhänder Jasper' handelt es sich um den früheren Leiter von Spahns Bundestagsbüro, Markus Jasper."[61]

Auch beim jetzigen Gesundheitsminister Karl Lauterbach lässt sich eine gewisse Verfilzung nicht von der Hand weisen. Die Journalistin Veronika Hackenbroch schrieb am 28.3.2004 im „Spiegel": „Lauterbach gilt als Einflüsterer der

---

https://multipolar-magazin.de/artikel/studien-nie-vertrauen – Abgerufen am 9.12.21.

[60] Lebenslauf von Emer Cooke abrufbar unter: https://www.ema.europa.eu/en/about-us/who-we-are/executive-director. Vgl. hierzu: Hutter, R.: Der Streit um Ivermectin, in: https://multipolar-magazin.de/artikel/der-streit-um-ivermectin – Abgerufen am 9.12.21.

[61] https://www.abgeordnetenwatch.de/blog/lobbyismus/gesundheitspolitiker-spahn-an-lobbyfirma-beteiligt – Abgerufen am 21.12.21.

Gesundheitsministerin Ulla Schmidt, als jemand, der ganz nah dran ist an der Macht. Den Standesvertretern der Ärzteschaft ist er, der sich inzwischen als größter Kritiker des medizinisch-industriellen Komplexes gibt, wohl noch verhasster als die Gesundheitsministerin selbst. Dabei war er vor wenigen Jahren noch dafür bekannt, dass er im Auftrag der Pharmaindustrie Medikamentenstudien durchführte. Über 800.000 Euro an Drittmitteln heimste er dafür allein im Jahr 2000 ein. So war er auch an einer Studie über den Fettsenker Lipobay beteiligt – jenem Medikament, das die Herstellerfirma Bayer wegen tödlicher Zwischenfälle im Jahr 2001 vom Markt nahm. Die frühen Hinweise darauf, dass Lipobay möglicherweise gefährlich war, nahm Lauterbach damals ebenso wenig wahr, wie es seine Auftraggeber taten."[62]

Die Frage, ob Lauterbach sich tatsächlich vom ‚Saulus zum Paulus' wandelte oder ob er einfach nur einer von vielen Drehtür-Politikern ist, der durch geschickte Manöver seine Korrumpiertheit zu verschleiern sucht, kann an dieser Stelle offen bleiben. Nicht unerwähnt sollte aber Lauterbachs Engagement für Privatkliniken und seine Zusammenarbeit mit einer großen deutschen Global-Player-Stiftung bleiben. Es geht dabei um eine philanthro-kapitalistische Stiftung, die aggressiv und subtil die Disruption des deutschen (und internationalen) Gesundheits- und Bildungssystems vorantreibt: die Bertelsmann-Stiftung mit ihren Unterabteilungen, z. B. dem Centrum für Hochschulentwicklung (zynischerweise „CHE" abgekürzt).[63] So schreibt Gunter Frank:[64] „Nur vor einem warnt er nicht, dem unseligen Einfluss der Bertelsmann-Stiftung auf das deutsche Gesundheitssystem. Dort ruft man nämlich schon lange nach dem

[62] Hackenbroch, V.: Der Einflüsterer, in: Der Spiegel 14/2004 (https://www.spiegel.de/wissenschaft/der-einfluesterer-a-cac9b0b4-0002-0001-0000-000030346862 – Abgerufen am 21.12.21.)

[63] Das „Centrum für Hochschulentwicklung" spielt im Bildungs- und Hochschulsektor mit seinen tendenziösen Rankings, Berichten, Konferenzen und seiner Lobbyarbeit eine besonders unheilvolle Rolle. Das „Centrum" versucht den Eindruck einer staatlich bzw. unabhängigen Institution zu erwecken. Das Gegenteil ist der Fall; dahinter steht ein mächtiger Global Player (oder besser: Global Liar?): der Bertelsmann-Konzern mit seiner knallharten plutokratischen Politik. Das „Centrum" betreibt so – gut getarnt – seit zwei Jahrzehnten mit Nachdruck und bedenklichem Erfolg konzerngesteuerte neoliberale Bildungspolitik; vgl. hierzu z. B.: Wernicke, J. u. Bultmann, T. (Hg.): Netzwerk der Macht – Bertelsmann. Der medial-politische Komplex aus Gütersloh, Marburg ^{2}2010. Der Bertelsmann-Konzern ist damit einer der Hauptverantwortlichen der ausbeutungs-kapitalistischen Hochschulreform („Bologna-Prozess"); Zur Kapitalisierung der Hochschulen vgl.: Münch, R.: Akademischer Kapitalismus. Über die politische Ökonomie der Hochschulreform. Frankfurt a. M. 2011. Siehe auch das hervorragende Buch von: Kreiß, C.: Gekaufte Wissenschaft. Wie uns manipulierte Hochschulforschung schadet und was wir dagegen tun können, Hamburg 2020.

[64] Gunter Frank ist Arzt und Autor von medizin-kritischen Büchern wie „Schlechte Medizin" (München 2013) und „Gebrauchsanweisung für Ihren Arzt: Was Patienten wissen müssen" (München 2016).

Generalunternehmer Gesundheit[65] und versucht, das öffentliche Gesundheitssystem mit aller Macht in ein privates, kapitalgesteuertes umzuwandeln, ganz nach dem Vorbild USA. Dazu benötigt man Gesetzesänderungen, die vor allem unter der Gesundheitsministerien Ulla Schmidt vollzogen worden sind, als deren Chefberater Karl Lauterbach fungierte. Zusammen mit Frau Brigitte Mohn von der Bertelsmann Stiftung saß er lange Zeit, gut dotiert, im Aufsichtsrat der privaten Rhönkliniken. Die Folgen dieser Privatisierungen spüren wir heute deutlich. Überall da, wo sich mit den neuen Regeln viel Geld verdienen lässt, boomt die Medizin, vor allem in der Ausweitung oft unnötiger, teurer Spezialbehandlungen – und dort, wo die Pleiten drohen, wird abgebaut. Ganz besonders bei den kleinen Häusern der Grundversorgung. Eine Katastrophe gerade für die ländliche Versorgung."[66] Der Klinikabbau ging auch zu Corona-Zeiten weiter, flankiert und befeuert von der Bertelsmann-Stiftung.[67] 2020 wurden 20 Kliniken und 2021 neun Kliniken still gelegt. „Tatsächlich ist das Kliniksterben politisch gewollt. Seit 2016 wird die Erosion von Versorgungsstrukturen von Staats wegen und äußerst großzügig honoriert. Mit dem damals aufgelegten Krankenhausstrukturfonds (KHSF) hat der Bund jährlich 500 Millionen Euro bereitgestellt, um damit den ‚Abbau von Überkapazitäten, die Konzentration von stationären Versorgungsangeboten sowie die Umwandlung von Krankenhäusern in nicht akutstationäre lokale Versorgungseinrichtungen' zu fördern."[68]

Hierzu einige Zahlen: „Wurden im Sommer 2020 dem Intensivregister noch durchgängig im Schnitt rund 30.000 Betten gemeldet, sind es aktuell nur noch 22.230", so Jens Berger auf den NachDenkSeiten. „Mit großem Tamtam nahm sich die Politik der Sache an und spendierte den Krankenhäusern fast 700 Millionen Euro für 13.700 weitere Betten". Jedes neue Bett wurde mit 50.000 Euro bezuschusst. Insgesamt haben die Kliniken aber kein einziges Bett neu geschaffen. Ganz im Gegenteil. Eigentlich sollten „zu Beginn des Winters 41.700 Intensivbetten zur Verfügung stehen". Tatsächlich gibt es heute nur etwas mehr als die Hälfte. „So haben wir 13.700 ‚zusätzliche' Intensivbetten, für die der Steuerzahler stolze 686 Millionen Euro bezahlt hat, von denen laut Divi [= offizielle Intensivbetten-Statistik] 9.387 in den Kellern der Krankenhäuser lagern

65 Vgl. ‚Generalunternehmer Gesundheit' als Zukunftsmodell, in: https://idw-online.de/de/news166489 – Abgerufen am 21.12.21.

66 Frank, G.: Bericht zur Coronalage 16.6.2020: Der seltsame Professor, in: https://www.achgut.com/artikel/bericht_zur_coronalage_16.6.2020der_seltsame_professor – Abgerufen am 21.12.21.

67 https://www.bertelsmann-stiftung.de/de/themen/aktuelle-meldungen/2019/juli/eine-bessere-versorgung-ist-nur-mit-halb-so-vielen-kliniken-moeglich – Abgerufen am 23.12.21.

68 Wurzbacher, R.: Kaputtförderung: Im zweiten Pandemie-Jahr wurden wieder etliche Kliniken dicht gemacht (22.12.2021), in: https://www.nachdenkseiten.de/?p=79245 – Abgerufen am 23.12.21.

und die als ‚Notfallreserve' geführt werden. Nun vergeht ja kein Tag, an dem nicht irgendein Funktionär von überlaufenden Intensivstationen und einer angeblich drohenden Triage spricht. Ist das kein Notfall? Diese Frage ist unerheblich, da hier ein weiteres, viel größeres, Politikversagen zum Tragen kommt – man hat offenbar ganz ‚vergessen', dass Intensivbetten auch vom Personal betrieben werden müssen, und Personal fehlt im gesamten Krankenhausbetrieb bekanntlich an allen Ecken und Enden." Die Geldmittel für zusätzlich Intensivbetten wurden von Jens Spahn ohne Auflagen an die Krankenhäuser verteilt – als Geschenke sozusagen; *sie müssen gar nicht zum Einsatz kommen.*[69] P.S.: Der Bruder des neuen Bundeskanzlers, Jens Scholz, auch ein Leopoldina-Mitglied, „hat als Vorstandsvorsitzender des Universitätsklinikums Schleswig-Holstein (UKSH) die ‚meisten Zuschüsse mit 11,7 Millionen Euro' kassiert, um 234 neue Intensivbetten zu schaffen."[70]

An einem anderen früheren Gesundheitsminister – an Philipp Rösler – zeigt sich mit beeindruckender und zugleich erschreckender Deutlichkeit der Filz zwischen philanthro-kapitalistischen Disrupteuren, WEF, Politik und Medizin. Ich zitiere aus einer Pressemitteilung der Bertelsmann-Stiftung vom 21.12.2017: „Philipp Rösler, 44, ehemaliger Vizekanzler der Bundesrepublik Deutschland und neuer Vorsitzender der Hainan Cihang Charity Foundation, ist mit Wirkung zum 1. Januar 2018 in das Kuratorium der Bertelsmann Stiftung berufen worden. […] Der promovierte Arzt gehörte 2009 bis 2013 der Bundesregierung an, zunächst als Bundesminister für Gesundheit und seit 2011 als Bundesminister für Wirtschaft und Technologie. Zudem war er 2011 bis 2013 deutscher Vizekanzler sowie Bundesvorsitzender der FDP. Danach war er Mitglied des Vorstands und der Geschäftsführung der Stiftung World Economic Forum (WEF), Cologny / Schweiz. Im Dezember 2017 wurde Rösler zum ersten Vorstandsvorsitzenden der Hainan Cihang Charity Foundation, New York / USA, berufen."[71]

Auch bei der hochrangigen CDU-Politikerin und jetzigen EU-Kommissions-Präsidentin Ursula von der Leyen ist eine starke Verfilzung von Politik-, WEF- und Pharma-Interessen zu beobachten.[72] Sie pflegt ein gutes persönliches

[69] Berger, J.: Intensivstationen – schon wieder eine Katastrophe mit Ansage (19.11.2021), in: https://www.nachdenkseiten.de/?p=78143 – Abgerufen am 23.1.22.

[70] Osrainik, F.: Willkommen an der Front (18.1.2022), in: https://www.rubikon.news/artikel/willkommen-an-der-front – Abgerufen am 23.1.22.

[71] https://www.bertelsmann-stiftung.de/de/presse/pressemitteilungen/pressemitteilung/pid/philipp-roesler-neues-mitglied-des-kuratoriums-der-bertelsmann-stiftung/ – Abgerufen am 23.12.21. Hierzu Lauterbach 2019: „Jeder weiß, dass wir in Deutschland mindestens jede dritte, eigentlich jede zweite Klinik schließen sollten." Zit. in: Wurzbacher, R.: a. a. O.

[72] Nur kurz anmerken möche ich, dass ihre Dissertation unter Plagiatsverdacht steht. Der Senat der Medizinischen Hochschule Hannover „entschied am 9. März 2016, dass von der Leyen ihren Grad behalten darf, da es sich um einen minderschweren Fall handele. Die

Verhältnis zum WEF-Chef Klaus Schwab, hält in seinem Forum neoliberal-konforme Reden und unterstützt die Agenda des WEF in Wort und Tat.[73] Ihre Ergebenheitsadresse an Gates (im Tweet vom 4.5.2020) ist bezeichnend: „Thank you Bill (and Melinda) for your leadership and dedication!“[74] Von der Leyen kooperiert politisch mit Bill Gates und Biontech: Im Rahmen eines Private-Public-Partnership sind Produktionsstätten für mRNA-Impfstoffe in Afrika geplant.[75] Ihr Mann, Heiko von der Leyen, schon lange im Pharma-Geschäft und der Stammzellen-Forschung aktiv, ist seit September 2020 „Medizinischer Direktor des amerikanischen biopharmazeutischen Unternehmens *Orgenesis Inc.*, das sich auf die Entwicklung von Zell- und Gentherapien spezialisiert hat.“[76] Orgenesis sowie GlaxoSmithKline sollen aktiv an der Entwicklung des Impfstoffs von Pfizer beteiligt gewesen sein.

So liegen die Dinge also in Bezug auf deutsche Politiker/innen. In England, Schweden und in den Niederlanden schaut es, wie van der Pijl am Beispiel von AstraZeneca-Machenschaften zeigen konnte, nicht anders aus.[77]

Der korrumpierende Einfluss der Gates-Stiftung in der Corona-Krise

Doch kehren wir zurück zur mächtigsten Stiftung, zur Gates-Stiftung. Wie weitreichend und korrumpierend der Einfluss der BMGF ist, zeigt sich auch und gerade in Corona-Zeiten.

„In der Coronakrise fällt auf, dass Institutionen, die aktuell eine wichtige Rolle spielen, ebenfalls von der BMGF unterstützt werden. So erhält die amerikanische Johns Hopkins University, wo die weltweite und in allen Medien verbreitete

---

Hochschuluntersuchungskommission stellte fest, dass 20 % der Arbeit fehlerhaft seien und sie Plagiate enthalte, aber nur an drei Stellen ‚schwere Fehler' nachzuweisen seien.“ Wikipedia-Artikel „Ursula von der Leyen“ in: https://de.wikipedia.org/wiki/Ursula_von_der_Leyen – Abgerufen am 20.2.22.

[73] Vgl. hierzu das Youtube-Video „Special Address by Ursula von der Leyen, President of the European Commission, Davos Agenda 2022“.

[74] Vgl. Böttcher, S.: a. a. O., S. 15 u. 155.

[75] Obrecht, L.: Wer hoch fliegt. Ursula von der Leyen erweist sich als der schwarze Schwan des Geldadels (9.2.22) in: https://www.rubikon.news/artikel/wer-hoch-fliegt – Abgerufen am 20.2.22.

[76] Wikipedia-Artikel „Heiko von der Leyen“, in: https://de.wikipedia.org/wiki/Heiko_von_der_Leyen – Abgerufen am 20.2.22.

[77] Van der Pijl, K.: Die belagerte Welt. Corona: Die Mobilisierung der Angst – und wie wir uns daraus befreien können, Ratzert 2021, S. 244f. Dort

Corona-Statistik geführt wird, regelmäßig Großspenden. Allein in den letzten zehn Jahren flossen von der Gates-Stiftung mehr als 200 Millionen Dollar an die Universität. Der Verwendungszweck waren Programme zur Familienplanung.

In Deutschland erhielt das Robert Koch-Institut als zuständige nationale epidemiologische Behörde im November 2019 250.000 Dollar. [Und im November 2021 rund 500.000 Dollar.[78]] Der Charité in Berlin (Arbeitgeber von Prof. Christian Drosten) flossen 2019 und 2020 insgesamt mehr als 300.000 Dollar zu. Wie auch bei der WHO ist die Vermutung von Interessenskonflikten naheliegend, sofern diese Institutionen oder ihre Mitarbeiter politische Empfehlungen abgeben, die Auswirkungen auf Unternehmen haben, die die Stiftung fördert oder in die sie zur Geldanlage investiert. [...] Die Aktivitäten der Stiftung in Deutschland beschränken sich nicht nur auf gesundheitliche Aspekte. Auch etablierte Medien werden finanziell unterstützt. Zum Beispiel erhielt der SPIEGEL im Dezember 2018 2,5 Millionen Dollar,[79] die ZEIT im Dezember 2019 300.000 Dollar.[80] Man darf vermuten, dass dies nicht umsonst geschieht und kritische Recherchen dieser Medien hinsichtlich der Aktivitäten der Gates-Stiftung damit nicht unbedingt wahrscheinlicher werden.

Die Stiftung gehört darüber hinaus zu den Organisatoren der unter dem Namen ‚Event 201' bekannt gewordenen Pandemiesimulation, die im Oktober 2019 kurz vor Ausbruch der Coronakrise stattfand. Beteiligt waren daran außerdem – wiederum – die Johns Hopkins University sowie das Weltwirtschaftsforum.

Angesichts der vielfältigen finanziellen Verbindungen zu einflussreichen Institutionen der Gesundheitsbranche sowie der Medien sollten die BMGF und die mit ihr verbundenen Einrichtungen mit besonderer Aufmerksamkeit betrachtet

---

78 https://reitschuster.de/post/500-000-dollar-spende-der-gates-foundation-an-das-rki-im-november/ – Abgerufen am 14.1.22.

79 Und der Spiegel bedankte sich. Z. B. mit Kolumnen wie „Impfpflicht! Was denn sonst?" von Nikolaus Blome am 7.12.2020: https://www.spiegel.de/politik/deutschland/impfpflicht-was-denn-sonst-a-2846adb0-a468-48a9-8397-ba50fbe08a68 – Abgerufen am 14.1.22. – Blome war bis Oktober 2019 stellvertretender Chefredakteur und Politikchef bei „Bild". 2013 bis 2015 leitete er als Chefredaktionsmitglied das Hauptstadtbüro des „Spiegel", zuvor war er schon einmal stellvertretender „Bild"-Chefredakteur. Seit August 2020 leitet er das Politikressort bei RTL und n-tv. Das zeigt: Blome weiß, wie das geht: Karriere.

80 Insgesamt verteilte die Gates-Foundation bereits knapp 320 Millionen Dollar direkt an Medienunternehmen weltweit. „Recipients of this cash include many of America's most important news outlets, including *CNN*, *NBC*, *NPR*, *PBS* and *The Atlantic*. Gates also sponsors a myriad of influential foreign organizations, including the *BBC*, *The Guardian*, *The Financial Times* and *The Daily Telegraph* in the United Kingdom; prominent European newspapers such as *Le Monde* (France), *Der Spiegel* (Germany) and *El País* (Spain); as well as big global broadcasters like *Al-Jazeera*." Macleod, A.: Revealed: Documents Show Bill Gates Has Given $319 Million to Media Outlets (15.11.2021), in: https://www.mintpressnews.com/documents-show-bill-gates-has-given-319-million-to-media-outlets/278943/ – Abgerufen am 14.1.22.

werden. Dies gilt insbesondere für die herausgehobene Stellung, die Bill Gates beim Krisenmanagement übernehmen will und die er auch unkritisch geboten bekommt."[81]

Hier sei mir eine Zwischenbemerkung erlaubt: Ich kann von meinem Philosophen- und Verleger-Dasein allein nicht leben. So bin ich auf einen ‚Brotjob' angewiesen. Und deshalb arbeite ich seit Jahrzehnten bei der Stadt München als Teilzeit-Angestellter. Früher als Betreuer in Flüchtlings- und Obdachlosenunterkünften, seit einiger Zeit als Mitarbeiter in einem sozialpädagogisch betreuten Wohnprojekt. Ein Job, den ich gern mache. In der Landeshauptstadt München gibt es eine „Antikorruptionsstelle" und eine „Antikorruptionsrichtlinie". Der amtierende Oberbürgermeister Dieter Reiter erklärt: „Korruption ist schädlich. Deshalb gibt es im öffentlichen Dienst Regelungen zum Umgang mit Geld-Zuwendungen und Geschenken. Diese Regeln schützen ein hohes Gut: Das Vertrauen der Bürger*innen darauf, dass die Beschäftigten im öffentlichen Dienst rechtmäßig und integer handeln. Dieses Vertrauen braucht ein gesunder Rechtsstaat als Grundlage." Mir ist in meinem Job durch die „Antikorruptionsrichtlinie" das entsprechende Annehmen von „Belohnungen, Geschenken und sonstigen Vorteilen" strikt untersagt. Ausnahme: „Ohne vorherige Zustimmung dürfen Sachzuwendungen (Geschenke) im Wert von bis zu 25 Euro einmal im Jahr pro Person oder Personengruppe angenommen werden."[82] Ich finde diese Antikorruptionsrichtlinie wichtig und könnte gern auch noch auf die Ausnahmeregelung verzichten.

Nur stellt sich mir eben die Frage: Wieso gelten diese Regeln nicht auch für Parteien, Politiker/innen und öffentliche Institutionen? Wieso darf z. B. das staatliche Robert Koch-Institut eine Spende der BMGF annehmen? Das RKI bräuchte kein zusätzliches Geld, es ist staatlich mit Steuergeldern finanziert. Das ist gut und wichtig – um die Unabhängigkeit einigermaßen sicherzustellen. Wieso empfängt es trotzdem Spenden? Und: Wohin fließend diese? Die Gates-Spenden sind in der Regel philanthro-kapitalistisch (disruptiv) zweckgebunden. Es wird nicht einfach so – sozusagen aus Nettigkeit – gespendet. Oder: Wieso bekommen Politiker wie z. B. der jetzige SPD-Gesundheitsminister Karl Lauterbach für vier Vorträge ein Honorar von 17.850 Euro und müssen dabei nicht angeben, von wem sie das Geld erhalten haben?[83] Oder: „Warum sind Zahlungen von 4 Millionen Euro eingegangen auf einem Familienkonto der EU-Gesundheitskommissarin

---

[81] Wagner, E.: Der Impfaktivismus der Gates-Stiftung, in: https://multipolar-magazin.de/artikel/der-impfaktivismus-der-gates-stiftung – Abgerufen am 8.12.21.

[82] https://stadt.muenchen.de/infos/antikorruption.html – Abgerufen am 8.12.21.

[83] https://www.welt.de/politik/deutschland/article231327907/Karl-Lauterbach-meldet-Honorare-von-4-Vortraegen-nach-Riesenfehler.html – Abgerufen am 8.12.21.

Stella Kyriakides, die verantwortlich war für das Abschließen der ersten EU-Impfstoffverträge mit den Pharmakonzernen?"[84] Gilt in diesen Fällen nicht, was auf der Antikorruptions-Website der Stadt München steht? „Bei Korruption in der öffentlichen Verwaltung geht es darum, dass ein öffentliches Amt oder eine öffentliche Funktion dazu benutzt wird, einen Vorteil für sich oder einen anderen zu erlangen. Dadurch entstehen für die öffentliche Verwaltung große materielle und immaterielle Schäden." Oder: wieso dankt die SPD auf ihrer Homepage im Rahmen ihres Parteitags am 11.12.21 u. a. auch Microsoft und Pfizer für erhaltene Spenden?[85] Sind bei der Stadt München Spenden über 25 Euro wegen Korruptionsgefahr verboten, hier aber Spenden in unbeschränkter Höhe erlaubt? Gilt dort nicht, was Bürgermeister Reiter sagte: „Korruption ist schädlich. Deshalb gibt es im öffentlichen Dienst Regelungen zum Umgang mit Geld-Zuwendungen und Geschenken. Diese Regeln schützen ein hohes Gut: Das Vertrauen der Bürger*innen"? Ich würde sagen: es gilt dort sogar in einem unvergleichlich verschärftem Maße; oder besser gesagt: es sollte. – Die Realität sieht freilich anders aus.

Die WHO, ID2020 und die Gates- und Rockefeller-Stiftungen

Dass die Gates- und Rockefeller-Stiftungen nun die WHO-Richtlinien für die digitalen Impfpässe mitfinanziert haben, dass in der WHO-Richtlinien unter Anderen auch PATH und zwölf Weltbank-Mitgliedern für ihren „Beitrag" zur „Entwicklung dieses Dokumentes" gedankt wird, zeigt wie weit und tief diese Filz reicht.[86]

Microsoft und GAVI sowie die Rockefeller-Stiftung sind u. A. auch Gründungsmitglieder von „ID2020". Zu den Kooperationspartnern zählen die US-Regierung, die EU-Kommission und das UN-Flüchtlingshilfswerk UNHCR. ID2020 erprobt und forciert globale Identifikations- und Kontrollsystem – auch im Zusammenhang mit Impfkampagnen z. B. in Thailand und Bangladesh.[87] „ID2020 plant, ergänzend zu staatlichen Systemen, eine transnationale digitale Identität.

---

[84] Skambraks, O.: Ich kann nicht mehr [schweigen], in: https://multipolar-magazin.de/artikel/ich-kann-nicht-mehr – Abgerufen am 8.12.21.

[85] Häring, N.: Wenn Pfizer und Microsoft den Parteitag der Regierungspartei von Gesundheitsminister Lauterbach sponsern (14.12.2021), in: https://norberthaering.de/die-regenten-der-welt/pfizer-microsoft-spd-parteitag-sponsern/ – Abgerufen am 14.12.21. Um den 15.12.2021 verschwand diese Danksagung dann von der Homepage.

[86] WHO: Digital Documentation of COVID-19 Certificates: Vaccination Status. Technical Specifications and Implementation Guidance (27. 8. 2021), S. Vf. in: file:///C:/Users/User/AppData/Local/Temp/WHO-2019-nCoV-Digital-certificates-vaccination-2021.1-eng.pdf – Abgerufen am 8.12.21.

Hier sollen alle Informationen über den Einzelnen zusammenfliessen: Ausbildungs- und Impfnachweise, Finanzstatus; Accounts bei Facebook, vom Smartphone produzierte Daten“ so Thomas Kruchem im SRF (= Schweizer Radio und Fernsehen). „Eine mächtige Allianz von Konzernen und Behörden arbeitet an einer transnationalen digitalen Identität für alle. Das bringt Risiken mit sich.“ „Mit solchen Systemen experimentieren mehrere EU-Staaten. Von einer Zustimmung Betroffener, die die Datenschutzgrundversorgung vorsieht, ist nichts bekannt.“

ID2020 hat einige Großprojekte am Laufen. Ein Projekt betrifft den elektronischen Identitätsnachweis, die „E-ID“. Sie wird von der Regierung zertifiziert und soll den Bürger/inne/n bei E-Government-Angeboten und beim Online-Shopping nutzlich sein (und natürlich den dahinter stehenden US-Konzernen auch). In der Schweiz wurde diese E-ID 2020 eingeführt und umgehend von einem Referendum (Volksentscheid) wieder gekippt. Die schweizer Nationalrätin Sibel Arslan sagte dazu: „Man hätte von Anfang an nicht mit der Privatwirtschaft am Tisch ein Gesetz ausarbeiten dürfen. Es hätte wenigstens eine Wahlmöglichkeit für die Bürgerinnen und Bürger geben müssen, dass sie sagen können: Ich möchte nur eine staatliche Variante haben. Das alles wirkt nicht sehr vertrauenswürdig.“[88] Ich halte fest: hinter dem Rücken der Bürger/innen haben Weltkonzerne und Regierung versucht, diese E-ID einzuführen. Gescheitert ist das nur, weil die Schweiz ein vergleichsweise hohes Maß an direkter Demokratie hat.

In Deutschland gibt es das so nicht. Deshalb haben es die Hintertür-Entscheider leichter. Hier wurde mit dem 1.1.2021 die E-ID mit Online-Ausweisfunktion für Bürgerinnen und Bürger der Europäischen Union sowie Angehörige des Europäischen Wirtschaftsraums eingeführt. Damit nicht genug: „Der Bundestag hat am 28. Januar 2021 die Datenzusammenführung unter der Verwendung der Steuer-ID als ‚Bürgernummer’ beschlossen, gegen die Stimmen der Opposition und die Stimmen von Datenschützern.“[89] Ich erinnere mich, wie ein Bekannter mich bei der Einführung Steuer-ID warnte: „Das ist der erste Schritt zur totalen Überwachung.“ Wir schrieben das Jahr 2007. Ich fand sein Hinweis spannend, aber irgendwie auch ein wenig übertrieben. Das war naiv von mir. Trotzdem blieb ich – dank seines Hinweises – auf der Hut. Und habe meine Steuer-ID, wo es irgend ging, nicht benutzt, mich geweigert sie in eine Formular zu schreiben. Das

---

[87] Wikipedia-Artikel „ID2020“, in: https://de.wikipedia.org/wiki/ID2020 – Abgerufen am 11.12.21.

[88] Kruchem, T.: Die Blockchain weiss alles – kommt die totale Überwachung? (17. 10. 2020) in: https://www.srf.ch/kultur/gesellschaft-religion/digitale-identitaet-die-blockchain-weiss-alles-kommt-die-totale-ueberwachung – Abgerufen am 11.12.21.

[89] Böttcher, S.: Wer, wenn nicht Bill? Wer, wenn nicht wir? Anleitung für unser Endspiel um die Zukunft, München 2021, S. 166.

hat freilich nicht viel geholfen. – Bei Einführung der Steuer-ID war von den Politker/innen versichert worden, dass es nie zu einer Personenkennziffer ausgeweitet werden würde. Jetzt ist sie da. Sie heißt „Bürgernummer“. And here we are again.

Ein zweites Projekt nennt sich „Known Traveller Digital Identity“ (KTDI). Hier hat das Weltwirtschaftsforum die Federführung. KTDI soll Reisen ohne Papiere ermöglichen. Solange KTDI (noch) freiwillig ist, gilt: Wer mitmachen will, stellt biometrische, finanzielle und andere persönliche Daten zur Verfügung. Dann reicht es, dass der/die KTDI-Reisende sich nur noch mit seinem/ihrem Gesicht vor einer entsprechenden Kamera ausweist. Also passfreies Reisen (fast) ohne sonstige Grenzkontrollen. „Anfang 2021 startet ein KTDI-Pilotprojekt: passfreies Reisen zwischen Kanada und den Niederlanden.“[90]

Das dritte Projekt ist der digitale Impfausweis. Auch auf ihn wurde still und heimlich hinter unserem Rücken hingearbeitet. „Die Gates- und Rockefellerstiftungen haben die WHO-Richtlinien für die digitalen Impfpässe entworfen[91] und finanziert. Weltweit werden sie mittlerweile eingeführt. Nur mit ihnen soll das öffentliche Leben möglich sein – egal, ob es darum geht, Straßenbahn zu fahren, einen Kaffee zu trinken oder eine medizinische Behandlung in Anspruch zu nehmen. Ein Beispiel aus Frankreich zeigt, das dieser digitale Ausweis auch nach Beendigung der Pandemie bestehen bleiben soll. Die Abgeordnete Emanuelle Ménard hat folgenden Zusatz im Gesetzestext gefordert: Der digitale Impfpass ‚endet, wenn die Verbreitung des Virus keine ausreichende Gefahr mehr darstellt, um seine Anwendung zu rechtfertigen.’ Ihr Änderungsvorschlag wurde abgelehnt. Damit ist der Schritt hin zur globalen Bevölkerungskontrolle oder gar zum Überwachungsstaat durch Projekte wie *ID2020* sehr klein.“[92]

Das „World Economic Forum“ (WEF): eine weitere disruptive Stiftung

Ich wiederhole also nochmal obiges Statement von Eric Wagner: „Angesichts der vielfältigen finanziellen Verbindungen zu einflussreichen Institutionen der Gesundheitsbranche sowie der Medien sollten die BMGF und die mit ihr

[90] Kruchem, T.: Die Blockchain weiss alles, a. a. O.

[91] Ob die Gates-Stiftung tatsächlich selbst am Entwurf der digitalen Impfpässe beteiligt war, ist nicht sicher, kann aber – zumindest indirekt über die erwähnte Beteilung von PATH – sehr wohl der Fall sein.

[92] Skambraks, O.: Ich kann nicht mehr [schweigen], a. a. O.

verbundenen Einrichtungen mit besonderer Aufmerksamkeit betrachtet werden."[93] Und füge hinzu: Dies gilt ebenso für die „Weltbank" und für das Weltwirtschaftsforum bzw. „World Economic Forum" (WEF) von Klaus Schwab. Auch Schwab und sein WEF gerieren sich als (selbst)berufene Krisenmanager und Philanthropen. Schon der Name WEF ist eine Mogelpackung. Denn es geht hier ja gar nicht um *die* Weltökonomie. Es geht auch nicht um ein neutrales Forum. Das WEF ist eine Stiftung wie die BMGF auch. Es geht ihr um die ökonomischen Privat- und Konzerninteressen von über-mächtigen Global Playern. Das WEF finanziert sich in erster Linie durch etwa 1.000 Mitgliedsunternehmen: globale Firmen mit einem Umsatz von mehr als fünf Milliarden US-Dollar. Das WEF rangiert damit als das wahrscheinlich größte und wirkmächtigste konspirative Treffen superkapitalistischer Gobal Player, als eine Art globales ‚Ausbeutungsforum'. Wie drückte es Jeff Faux vom „Economic Policy Institute" in Washington aus? „Davos is rather the most visible symbol of the virtual political network that governs the global market in the absence of a world government."[94]

Trotzallem sollte das WEF nicht mit der BMGF gleichgesetzt werden. Nicht, was die Ziele betrifft, nicht, was die reale Über-Macht betrifft: „Schwab hat selbst keine Milliarden zu verteilen, er ist höchstens als eine Art Sekretär zu begreifen. Seit der Gründung des WEF Anfang der 70er Jahren hat er immer Vorschläge zur Öffnung der Weltwirtschaft als Flucht aus den national festgefahrenen Klassenkompromissen gemacht, später dann auch mit Beihilfe der Digitalisierung. In diesem letzten Prozess aber sind andere Kräfte groß geworden, wie Google, Amazon, usw., und dabei eine Reihe von mittlerweile Multimilliardären entstanden. Gates ist dabei mit seiner Stiftung spezifisch die Verbindungsfigur zwischen dem IT-Sektor (Microsoft) und der Steuerung von Lebensprozessen im Agrar- und Gesundheitsbereich. Er verkörpert wie kein anderer den biopolitischen Komplex."[95]

Den Kern des WEF bilden die sogenannten „strategischen Partner".[96] Das sind „etwa 100 Konzerne, die besonders einflussreich sind und die die Ausrichtung, Ziele und Programme des WEF gemeinsam steuern. Dazu gehören beispielsweise

---

93 Wagner, E.: Der Impfaktivismus der Gates-Stiftung, in: https://multipolar-magazin.de/artikel/der-impfaktivismus-der-gates-stiftung – Abgerufen am 8.12.21.

94 Faux, J.: The Party of Davos, in: Nation (26.1.2006), https://www.thenation.com/article/archive/party-davos/ – Abgerufen am 9.12.21.

95 Kees van der Pijl im Interview. In der Zeitschrift ViER 1/2022, zit. in: mit https://www.textstelle.news/2022/02/08/corona-krise-als-mittel-der-macht-van-der-pijl/ – Abgerufen am 8.2.22.

96 Vgl. https://www.weforum.org/communities/strategic-partnership-b5337725-fac7-4f8a-9a4f-c89072b96a0d – Abgerufen am 3.3.22.

die Allianz, BlackRock, BP, die Deutsche Bank, Facebook, die Gates Foundation, Goldman Sachs, Google, der Pharmakonzern Johnson&Johnson, Mastercard, Paypal, der Ölkonzern Saudi Aramco, Siemens oder auch der Medienkonzern Thomson Reuters, Besitzer der gleichnamigen Nachrichtenagentur."[97]

Was im Innersten des WEF vor sich geht, wissen nur wenige. Philippe Bourguignon, seinerzeit stellvertretender Vorstand beim WEF, sagt: „In Davos gibt es eine Gruppe namens International Business Class. Die ist besonders interessant, weil es eine sehr exklusive Gruppe ist, der nur die wichtigsten Wirtschaftsführer angehören. Sie besteht nur aus einhundert Leuten, und dadurch ist das Niveau sehr hoch. Zweitens ist es eine ziemlich globale Mischung aus Amerikanern, Europäern, Asiaten und so weiter … sehr international. Alle Branchen sind vertreten, von Arzneimitteln über die Schwerindustrie bis hin zum Internet. Dort werden die interessantesten Diskussionen geführt."[98] Dort werden sicher auch sehr interessante Entscheidung gefällt. Aber ob wir Normal-Sterbliche je davon erfahren werden? Die Über-Mächtigen haben ein starkes Interesse daran, dass nicht allzu viel nach außen dringt.

Das WEF ist ebenfalls bemüht, sich ein Philanthropie-Mäntelchen umzuhängen. Es fordert mit Initiativen wie dem „Global Redesign" und „The Great Reset" einen internationalen „Public-Private-Partnership"-Ansatz von nie dagewesener Verflechtung und Einflussnahme („Multistakeholder-Governance"-Ansatz), um globale Entscheidungen nicht nur zwischenstaatlich, sondern in „Koalitionen" mit multinationalen Konzernen und zivilgesellschaftlichen Organisationen zu treffen.

Das WEF benutzt dabei die gleiche disruptive Strategie und Logik wie die BMGF. Ziel ist die nachhaltige Schwächung der Souveränität der Nationalstaaten, die Zersetzung ihrer demokratisch gewachsenen und (zumindest teilweise) am Gemeinwohl orientierten Strukturen und Institutionen, die Unterwanderung großer Organisationen wie der WHO und der UN – um neue Märkte und Monopole zu generieren, um noch mehr Profite herauszuschlagen. Wie es Jens Martens in einer Untersuchung formuliert:

"A telling example of this strategy is the report of the World Economic Forum (WEF) on the future of global governance, 'Global Redesign'.[99]. The report pos-

[97] Schreyer, P.: Chronik einer angekündigten Krise. Wie ein Virus die Welt verändern konnte, Frankfurt a. M. 2020, S. 93.
[98] Bourguignon im Interview mit David Rothkopf; zit. in: Rothkopf, D.: Die Super-Klasse, a. a. O., S. 432.
[99] World Economic Forum: Everybody's Business: Strengthening International Cooperation in a More Interdependent World – Report of the Global Redesign Initiative, in: http://www3.weforum.org/docs/WEF_GRI_EverybodysBusiness_Report_2010.pdf – Abgerufen

tulates that a globalized world is best managed by a coalition of multinational corporations, governments (including through the UN system) and select civil society organizations (CSOs). It argues that governments no longer are 'the overwhelmingly dominant actors on the world stage'[100] and that 'the time has come for a new stakeholder paradigm of international governance'.[101] The World Economic Forum vision includes a 'public-private' UN, in which certain specialized agencies would operate under joint State and non-State governance systems, such as the Food and Agriculture Organization (FAO) through a 'Global Food, Agriculture and Nutrition Redesign Initiative'.[102] This model also assumes that some issues would be taken off the agenda of the UN system to be addressed by 'plurilateral, often multi-stakeholder, coalitions of the willing and able'[103]".[104]

Das WEF sieht dabei Phasen globaler Instabilität – wie während der Finanzkrise, der Schweinegrippe und besonders jetzt, während der Covid-19-Epidemie – als Zeitfenster, sein Programm des „Great Reset" intensiviert voranzutreiben.[105]

Im Wikipedia-Eintrag heißt es sachlich und zusammenfassend: „Das Weltwirtschaftsforum und sein jährliches Treffen in Davos werden in folgenden Punkten kritisiert:

- Es entstünden öffentliche Kosten für Sicherheit, gleichzeitig würden hunderte Millionen Schweizer Franken an Finanzreserven gebildet und keine Bundessteuern bezahlt.
- Es handele sich um Treffen einer wohlhabenden globalen Elite ohne Bindung an die Mehrheit der Gesellschaft.
- Entscheidungsprozesse seien undemokratisch. [...]
- Es mangele an finanzieller Transparenz. [...]
- Kritische Medien würden nicht akkreditiert.

Viele Aktivitäten seien lediglich institutionelle Beschönigungsinitiativen. Neben Wirtschaftspolitik konzentriert sich das WEF im Rahmen seiner Agenda

---

am 9.12.21.

100 World Economic Forum: Everybody's Business, a. a. O., S. 8.

101 World Economic Forum: Everybody's Business, a. a. O., S. 9.

102 World Economic Forum: Everybody's Business, a. a. O., S. 367.

103 Siehe etwa den Abschnitt "Ensuring Health for All" in: World Economic Forum: Everybody's Business, a. a. O., S. 347-349.

104 Martens, J.: The Role of Public and Private Actors and Means in Implementing the SDGs: Reclaiming the Public Policy Space for Sustainable Development and Human Rights, in: Sustainable Development Goals and Human Rights, hg. v. Kaltenborn, M., Krajewski, M. u. Kuhn, H., Cham 2020, S. 207-222, hier 209f.; Online-Version des Beitrags: https://link.springer.com/content/pdf/10.1007%2F978-3-030-30469-0_12.pdf – Abgerufen am 9.12.21.

105 World Economic Forum: The Great Reset, in: https://www.weforum.org/focus/the-great-reset#:~:text=%22The%20pandemic%20represents%20a%20rare,equitable%2C%20and%20more%20prosperous%20future – Abgerufen am 9.12.21.

zunehmend auf positiv konnotierte aktivistische Themen wie Umweltschutz und Soziales Unternehmertum, was Kritiker als eine Strategie zur Verschleierung der wahren plutokratischen Ziele der Organisation sehen.“[106]

Ein „Great Reset“ wurde schon zu Zeiten der Schweinegrippe 2009-2010 versucht, gelang dort aber nur halb. Denn diese Epidemie war – obwohl die WHO während dessen ihre Pandemie-Definition geschickt so änderte, dass sie in einem zweiten Anlauf die Schweinegrippe dann doch noch zu einer „Pandemie“ hochstilisieren konnte – eben nicht schlimm genug. Menschen und Politiker/innen hatten damals nicht genug Angst und waren dadurch längst nicht so paralysiert und ‚gefügig' wie bei der Corona-Krise.[107]

---

[106] https://de.wikipedia.org/wiki/Weltwirtschaftsforum#cite_ref-7 – Abgerufen am 9.12.21.

[107] Vgl. die arte-Doku von 2009 „Profiteure der Angst“ und das Kapitel „Schweinegrippe und WHO“ in: Wodarg, W.: Falsche Pandemien. Argumente gegen die Herrschaft der Angst, München 2021, S. 7-101.

Klaus Schwab sprach damals noch nicht vom „Great Reset“, sondern – ebenfalls im zweiten Jahr der Epidemie, nachdem Lobby und Presse den Boden bereitet hatten – von „Global Redesign“.[108] Doch die Analogien sind offensichtlich. Erst mit Corona gelang es diesen großen ‚philanthro-kapitalistischen' Stiftungen wie BMGF und WEF bzw. den hinter ihnen stehenden Machteliten endlich, auf vielen Gebieten völlig neue und bis dahin unvorstellbare Standards zu setzen. Wieso gelang es diesmal? Einerseits haben die Global Player in den letzten 10 Jahren viel dazu gelernt und ihre Netzwerke und ihre Spenden-(Korruptions-)Systeme weiter ausbauen können und auch durch Gesetzesvorlagen und Gesetzesänderungen im Hintergrund weiter intrigieren können.[109] Andrerseits ist eben das Corona-Virus (SARS-CoV-2-Virus) auch gefährlicher als das seinerzeitige Schweinegrippen-Virus (Influenza-A-Virus H1N1). Wie gefährlich es tatsächlich ist, ist eine Frage für sich. Eines steht aber fest: Es macht sich in seinen extremen Verläufen in den Intensivstationen deutlicher bemerkbar.[110] Es macht den Menschen – gerade auch

---

[108] World Economic Forum: Everybody's Business, a. a. O., S. 367.

[109] 2009 wurden erstmals mRNA-Medikamente, die bis dahin keine Impfstoffe waren, sondern gentherapeutische Arzneimittel, zur Klasse der Impfstoffe hinzugezählt. Die Textstelle der Gesetzesänderung lautet: „Impfstoffe sind Arzneimittel (...), die Antigene *oder rekombinante Nukleinsäuren* enthalten und die dazu bestimmt sind, bei Mensch oder Tier zur Erzeugung von spezifischen Abwehr- und Schutzstoffen angewendet zu werden *und, soweit sie rekombinante Nukleinsäuren enthalten, ausschließlich zur Vorbeugung oder Behandlung von Infektionskrankheiten bestimmt sind.“* (Kursiv sind die hinzugekommenen Textpassagen.) Eingebracht wurde der Änderungsentwurf vom Gesundheitsausschuss des Bundestags dessen Obmann seinerzeit Jens Spahn war. Erst dadurch konnten mRNA-Arzneimittel zu Impfstoffen werden. Vgl. hierzu den Deutscher Bundestag, Drucksache 16/13428 vom 17.6.2009, in: https://dserver.bundestag.de/btd/16/134/1613428.pdf – Abgerufen am 13.12.21. Zum Hintergrund vgl.: Schreyer, P.: Faktencheck: Sind die mRNA-Injektionen Impfungen oder Gentherapie? (3.12.2021) in: https://multipolar-magazin.de/artikel/faktencheck-impfungen-oder-gentherapie – Abgerufen am 13.12.21. Ganz offensichtlich geht diese Gesetzesänderung vom Juli 2009 nicht auf das Konto der beteiligten Politiker/innen, die zu diesem Zeitpunkt daran gar kein Interesse gehabt und auch keine Notwendigkeit gesehen haben dürften, sondern wurde, wie so oft von Big Pharma lanciert. Zur Information: die Pharmaindustrie darf ganz offiziell (aber demokratisch nicht legitimiert und auch nicht legitimierbar!) an Gesetzesentwürfen mitschreiben.

[110] Aber auch da bleiben offene Fragen. Die Auswertung der Abrechnungsdaten der deutschen Krankenhäuser zeigen, „dass sich die Krankenhausbelegungstage seit Beginn der Coronakrise in einem dauerhaften Rekordtief befinden. Selbst die Belegungstage auf den Intensivstationen sind im Vergleich zu 2019 zurückgegangen“. Montag, K.: Neue Krankenhausdaten und Studien zeigen: Triftige Gründe für eine Impfpflicht fehlen, in: https://multipolar-magazin.de/artikel/gruende-fuer-impfpflicht-fehlen – Abgerufen am 12.12.21.

den vulnerablen Gruppen – aus nachvollziehbaren Gründen mehr Angst. Dadurch lässt es sich medial sehr gut vermarkten – nicht nur von der Sensationspresse.

Durch all das entsteht eine – teils reale, teils irreale – Atmosphäre der Verunsicherung, die sich, wenn sie privat oder öffentlich ein wenig verdichtet oder gesteigert wird, schnell in eine kollektive Atmophäre der Angst verwandelt. Und genau das – diese Atmophäre der Verunsicherung und Angst – macht die Corona-Krise so anfällig: Anfällig für politische Hektik und mediale Einseitigkeit, anfällig für vermeintliche Patent-Lösungen, anfällig für autoritäre Entwicklungen und für „Die-Anderen-sind-Schuld" – und anfällig für einen „Great Reset" im schwabschen Sinne. Dieses Klima der Verunsicherung und Angst war schon immer (und ist es heute erst Recht) ein gutes Klima für eine „Zuckerbrot-und-Peitschen"-Politik. In diesem Krisen-Klima finden Global Player wie das WEF, die BMGF und Big Pharma optimale Bedingungen, um ihre Disruptions-Projekte voranzutreiben und – demokratisch nicht legitimierte und nicht legitimierbare – neue Standards zu setzen. Neue Standards, die ohne solch einer Krise nie durchsetzbar wären. Standards, die, einmal gesetzt, danach kaum mehr rückgängig gemacht werden können. Standards, von denen auf lange Sicht nur eine kleine Gruppe profitiert: die wenigen Über-Mächtigen, die dadurch noch reicher und noch mächtiger werden und noch mehr manipulieren können.

Wenn demokratischen Politiker/innen sich wirklich als vom Volk gewählte und delegierte Vertreter/innen der Interessen ihrer nationalen Mitmenschen sehen würden, dann müssten sie diese demokratischen Interessen vor den übermächtigen kapitalistischen Interessen der plutokratischen Machteliten schützen. Und dann müssten sie innerhalb dieses geschützten nationalen Rahmens eine demokratisch legitimierte und eine wissenschaftlich fundierte Corona-Politik betreiben. Und von dort aus den Kreis erweitern in Richtung internationale Bündnisse mit demokratisch legitimierten Partnern, nicht mit über-mächtigen und machtsüchtigen Disrupteuren. Das Problem ist: die meisten Politiker/innen tun das nicht.

Schlimmer noch. Das Bundesinnenministerium hat bewusst Angst geschürt. In einem internen Strategiepapier („Verschlusssache") vom 18.3.2020 mit dem Titel „Wie wir COVID-19 unter Kontrolle bekommen" heißt es: „Wir müssen wegkommen von einer Kommunikation, die auf die Fallsterblichkeitsrate zentriert ist. [...] Diese Mechanismen haben in der Vergangenheit sicher zur Verharmlosung der Epidemie beigetragen. Um die gewünschte Schockwirkung zu erzielen, müssen die konkreten Auswirkungen einer Durchseuchung auf die menschliche Gesellschaft verdeutlicht werden: [...] Viele Schwerkranke werden von ihren Angehörigen ins Krankenhaus gebracht, aber abgewiesen, und sterben qualvoll um Luft ringend zu Hause. Das Ersticken oder nicht genug Luft kriegen ist für jeden Menschen eine Urangst. Die Situation, in der man nichts tun kann, um in Lebensgefahr schwebenden Angehörigen zu helfen, ebenfalls. Die Bilder aus Italien sind verstörend."[111]

Interessanterweise waren die Bilder aus Italien zwar verstörend, aber zugleich auch irreführend. Den größten Effekt hatte das Foto vom Militärkonvoi aus Bergamo. Was hatte es damit auf sich? „In Wahrheit war das Militär nicht etwa eingesetzt worden, weil Berge von Leichen nicht anders hätten transportiert werden können. Die Anzahl der Verstorbenen war damals nicht höher als bei manchen Grippewellen in Italien (Stand April Anfang 2020). Es war die Angst vor dem ‚Killervirus' genannten Erreger. Um Fakten zu schaffen, beschloss man die sofortige Einäscherung der an COVID Verstorbenen. Normalerweise werden in Italien aber nur die Hälfte aller Verstorbenen eingeäschert. Deshalb reichten die Kapazitäten des Krematoriums in Bergamo nicht aus und die Leichen mussten in umliegende Orte transportiert werden." „Ebenfalls aus Italien erreichte uns damals ein Foto mit mehreren Reihen von Särgen, auf denen eine rote Rose liegt, kombiniert mit dem Satz: ‚Vielleicht ein Grund, dass alle mal zuhause bleiben sollten'. Nur leider: Einen Zusammenhang mit der Corona-Pandemie gab es in diesem Fall gar nicht, das Foto stammt aus dem Jahr 2013 und zeigt die in einem Flughafen-Hangar aufgereihten Särge ertrunkener Boots-Flüchtlinge auf Lampedusa." – Ähnlich verhielt es sich bei anderen Schocker-Fotos. „Aus New York erreichten uns Drohnenaufnahmen von Gruppenbegräbnissen auf Hart Island: einfache Holzsärge wurden eng beieinander in riesigen Gruben gestapelt, ganz ohne Abschiedszeremonien mit Angehörigen. Das wirkte wie der Kollaps des Bestattungssystems, wie ein Zivilisationsbruch, der Corona endgültig zur Katastrophe, zur Zeitenwende gemacht hätte. In den Särgen waren auch wirklich Corona-Tote, doch es waren Obdachlose, die keine Angehörigen hatten oder Arme, deren Angehörige sich kein anderes Begräbnis leisten konnten. Sie waren auch früher schon nach gleichem Prozedere auf der Insel beerdigt worden, ohne dass das irgendjemanden gekümmert hätte."[112]

[111] https://fragdenstaat.de/dokumente/4123-wie-wir-covid-19-unter-kontrolle-bekommen/ – Abgerufen am 7.2.22. Das Zitat findet sich auf S. 13 des Dokumentes.

[112] Siehe: Metzdorf, J.: Der Militärkonvoi aus Bergamo. Wie eine Foto-Legende entsteht (26.10.2021), in: https://www.br.de/kultur/wieso-das-foto-des-militaerkonvois-in-bergamo-fuer-corona-steht-100.html – Abgerufen am 15.2.22.

Corona-Politik: institutionelle Korruption, innerliche Korrumpiertheit

Aus basisdemokratischer Sicht (und die basisdemokratische Sicht ist, wie der Name schon sagt, die Basis aller anderen demokratischen Sichtweisen und Varianten) ist spätestens mit der Corona-Krise die Situation komplett aus dem Ruder gelaufen. Spätestens jetzt, so der frühere SPD-Bundestagsabgeordnete und Gesundheitsexperte Wolfgang Wodarg, werde offensichtlich, „wie verheerend es sich auswirken kann, wenn die Arbeit normsetzender nationaler oder internationaler wissenschaftlicher Einrichtungen für öffentliche Gesundheitspflege im Rahmen von Public-private-Partnerships umgeformt oder durch korrupte Minister privatwirtschaftlichen Interessen ausgeliefert wird. Das gilt aktuell für die Weltgesundheitsorganisation (WHO), die amerikanischen *Centers for Disease Control and Prevention* (CDC), die Europäischen Agenturen EMA und ECDC [= European Centre for Disease Prevention and Control], das Robert Koch-Institut (RKI) sowie das Paul-Ehrlich-Institut (PEI). Wie wir jetzt erschrocken feststellen müssen, erfolgt solche private Einflussnahme schon viel zu lange. Sie funktioniert über käufliche oder unter Druck gesetzte Politiker. Große Lobbyagenturen in Berlin, Brüssel und anderswo beschäftigen teure Profis, die gezielt auf die wichtigen Entscheider in Parlament, Regierung und Verwaltung angesetzt werden. Dieser aufwendige Lobbyapparat sorgt für Informationen, Kontakte, Gesetzesvorlagen und veranstaltet Diskussionsrunden, bei denen die umhegten Politiker oder Beamten hofiert werden und sich wichtig fühlen können. Dabei gilt in der Brache die Regel, je höher in der Hierarchie die Beeinflussung ansetzt, umso effizienter ist sie. Denn wer den Minister kaufen kann, braucht dessen Beamten nicht mehr zu bestechen. Manchmal offenbart sich der Widerstand unbestechlicher Mitarbeiter im RKI oder in anderen Behörden, wenn sie die für die Spitze des Hauses peinlichen Wahrheiten veröffentlichen. In der laufenden Corona-Krise erleben wir ohnmächtig staunend, wie aus der angedienten Public-private-Partnership in vielen Bereichen unseres Alltags eine Private-public-Fellowship geworden ist.“[113]

Am 6. 6. 2006 hat Horst Seehofer, damals Bundesminister für Ernährung, Landwirtschaft und Verbraucherschutz, in einem Interview zugegeben, dass der Druck der Pharmaindustrie gegen die Politik zu groß sei. Auf die Frage – „Heißt das denn, dass, ähm, die Lobby wirklich so stark war dann, die Pharma-Lobby gegen die Politik, und sie quasi dann da zurückziehen mussten?“ – anwortete Seehofer: „Ja, das ist so, seit äh 30 Jahren, bis zur Stunde. Das äh sinnvolle,

[113] Wodarg, W.: Falsche Pandemien, a. a. O., S. 314f.

strukturelle Veränderungen, auch im Sinne von mehr sozialer Marktwirtschaft im deutschen Gesundheitswesen, nicht möglich sind, wegen des Widerstandes der Lobbyverbände. […] […] Ich kann ihnen nur beschreiben, dass es so ist und dass es so abläuft und zwar sehr wirksam." (in: ZDF „Frontal 21").

Ex-Bundesminister Seehofer gibt also unumwunden zu, dass die Pharmalobby stärker als die Politik ist. Wodarg nennt das beim Wort und spricht von „institutioneller Korruption".[114] Wie sich zeigte, ist das Ausmaß dieser Korruption oder, wie ich besser sagen möchte, Korrumpiertheit ungeheuerlich. Was ich persönlich aber noch schlimmer finde, ist das Ausmaß der ‚Common-Sense-Korrumpiertheit', das Ausmaß, in dem sich in diesem machtpolitisch und medial instrumentalisierten Klima der Verunsicherung und Angst viele Menschen hierzulande *innerlich* korrumpieren ließen. Oder in Gleichgültigkeit verharren oder versanken – und damit die Korrumpierten und ihre Machenschaften mittragen. Das Ausmaß, mit dem im medialen, politischen, öffentlichen und privaten Bereich momentan die nicht oder noch nicht mit mRNA-Impfstoffen gegen Corona geimpft wurden, diffamiert werden (die Vektorimpfstoffe wurden ohne großes Aufhebens aus dem Verkehr gezogen, obwohl sie anfangs genauso angepriesen wurden). Politiker/innen und andere Funktionär/inn/e/n dürfen in öffentlichen Medien unhinterfragt von einer „Pandemie der Ungeimpften" sprechen, ja sogar von einer „Tyrannei der Ungeimpften" (so Frank Ulrich Montgomery, Aufsichtsratvorsitzender der „Deutschen Apotheker- und Ärztebank" und Vorstand der „World Medical Association" und seines Zeichens ein Vertreter der Impf- und Pharmainteressen)[115] – ohne dass hierzulande valide Zahlen vorlägen oder erhoben würden, die solche Aussage rechtfertigen könnten. Wenn solch eine Sündenbock-Politik überhaupt durch Zahlen gerechtfertigt werden kann.

Werfen wir einen Blick zurück. Erst sagten die Politiker/innen, es würde keine Impfpflicht geben. So der damalige Gesundheitsminister Jens Spahn am 18. November 2020 im Bundestag: „Ich gebe Ihnen mein Wort." „Es wird in dieser Pandemie keine Impfpflicht geben."[116] Dann hieß es, bei einer Impfquote von 60 oder 70 Prozent wäre die Pandemie tendenziell überwunden. Etwa am 10. Dezember 2020: „Mit Blick auf die Impfquote nimmt das Robert Koch-Institut an, dass bei einer Immunität von rund 70 Prozent der Bevölkerung die Übertragung des Virus so weit begrenzt ist, ‚dass diese Pandemie vorübergeht'. Laut WHO reicht sogar schon eine Impfrate von 60 Prozent. Das sollte zu schaffen sein: ‚Wir

[114] Wodarg, W.: Falsche Pandemien, a. a. O., S. 314.
[115] Vgl. https://www1.wdr.de/nachrichten/corona-spaltung-geimpfte-ungeimpfte-100.html – Abgerufen am 18.12.21.
[116] Vgl. z. B.: https://www.n-tv.de/politik/Warum-es-keine-Corona-Impfpflicht-geben-wird-article22227746.html – Abgerufen am 18.12.21. Artikel vom 10.12.2020.

gehen davon aus, dass die Bereitschaft zur Impfung in der Corona-Pandemie groß ist', sagte ein Sprecher des Bundesgesundheitsministeriums."[117] Es wurde dabei sogar von Herdenimmunität gesprochen. Im WDR-Beitrag „Wie wichtig Herdenimmunität ist und wann sie erreicht ist" hieß es am 28.12.2020: „Der Vorsitzende der Ständigen Impfkommission am Robert Koch-Institut, Thomas Mertens, geht davon aus, dass die angestrebte Herdenimmunität von 60 bis 70 Prozent der Bevölkerung im Laufe des Jahres 2021 erreicht werden kann. Nach Einschätzung des Bundesgesundheitsministeriums müssten rund 55 bis 65 Prozent der Bevölkerung geimpft sein, um eine sogenannte Herdenimmunität zu erreichen und eine Ausbreitung des Virus weitgehend zu verhindern."[118]

Diese Aussagen waren schon damals aus wissenschaftlicher Sicht nicht ganz seriös. Im Nachhinein wirkt das Ganze eher wie eine Zuckerbrot-Strategie. Die Menschen wurden damit zum Impfen gelockt. Man suggerierte (sich und anderen), dass diejenigen, die ganz geimpft seien, erstens, bald wieder ein vergleichweise normales Leben führen könnten; zweitens, dass, wenn schließlich 60-70 Prozent geimpft seien, die Herdenimmunität und damit die komplette Normalität erreicht sei; drittens, dass die notfall-zugelassenen Impfstoffe im Prinzip sicher seien. All das stimmte so nicht. Doch damit begann Anfang 2021 das Impfen. Zuerst die besonders gefährdeten Menschen. Dann diejenigen, für die es aus Berufsgründen geboten schien. Dann der willige Rest. Die Einen ließen sich impfen, weil sie – aufgrund der polit-offiziellen und medien-flankierten Statements – der Meinung waren, das sei jetzt das Vernünftigste und Sicherste; die Anderen, weil sie sich aus Angst oder aufgrund eines schlechten Immunsystems eh immer und gegen alles Mögliche impfen lassen. Wieder Andere – womöglich die Mehrzahl – dachten sich: „Nun ja, eigentlich hätte ich mich jetzt nicht unbedingt impfen lassen wollen, aber all diese Lockdowns, das Maskentragen und Testen, das Nicht-in-Urlaub-Fahren-Können etc.: all das nervt gewaltig. Dann bring ich's halt hinter mich und gut ist's. Werd's schon überleben." Die meisten habens überlebt. Aber nicht alle.

Auch wurde gesagt, es werde keinen Immunitätsausweis geben. So Dezember 2020 der CDU-Politiker Erwin Rüddel, Vorsitzender des Gesundheitsausschusses des Bundestags.[119] Seit dem 1.7.2021 gibt es diesen Immunitätsnachweis. Er heißt

[117] Vgl. z. B.: https://www.n-tv.de/politik/Warum-es-keine-Corona-Impfpflicht-geben-wird-article22227746.html – Abgerufen am 18.12.21. Artikel vom 10.12.2020.

[118] https://www1.wdr.de/nachrichten/themen/coronavirus/coronavirus-impfen-herden immunitaet-100.html – Abgerufen am 18.12.21.

[119] Einen Immunitätsausweis „wird es nicht geben" (10.12.2020), in: https://www.n-tv.de/politik/Warum-es-keine-Corona-Impfpflicht-geben-wird-article22227746.html – Abgerufen am 18.12.21.

„Digitales COVID-Zertifikat der EU“[120] und wird nun peu à peu in Europa eingeführt.

Welch ein Erwachen, als im Herbst 2021 die Zahlen alarmierend nach oben gingen und die vierte Welle sich als die wohl schlimmste von allen herausstellte. An dieser vierten Welle war die Delta-Variante des Corona-Virus beteiligt. Doch wie reagierten Politiker/innen, die wissenschaftlichen Impfbefürworter/innen, die öffentlich-rechtlichen Medien? Hätten sie sagen sollen: „Tut uns leid, liebe Leute, wir haben uns getäuscht?“ Oder gar: „Tut uns leid, wir haben *Euch* getäuscht?“ Oder: „Unsere Prognosen waren falsch. Und damit ein großer Teil unserer Corona-Politik. Leider hält die neuartige und experimentelle Impfung nicht das, was uns von den Impfstoffherstellern versprochen wurde. Wir müssen von Grund auf neu überlegen, neue Konzepte schmieden. Und dazu brauchen wir gediegene Zahlen.“ Ja, das hätten sie sagen können. Haben sie aber nicht. Sie hätten selbst nicht gut ausgesehen dabei. Auch wäre der Spenden-Segen dann womöglich nicht mehr so üppig auf sie herabgeregnet. Wie auch immer: Offensichtlich war es leichter, den schwarzen Peter den Ungeimpften zuzuschieben – als sich aufrichtig diesen peinlichen Fragen und Einsichten zu stellen. Offensichtlich war und ist es leichter, die Ungeimpften als gemeingefährliche „Covidioten“ darzustellen und jetzt erst Recht „neue Saiten“ aufzuziehen.

Und wie reagierten die geimpften Menschen? Wurden sie wütend und dachten sich: „Medien und Politiker/innen haben uns verarscht?“ Dachten sie: „Aber Hallo! Das war so nicht ausgemacht, dass ich mich jetzt alle paar Monate impfen lassen muss – um dann, für kurze Zeit, meine Freiheit und (ich dachte immer: unveräußerlichen) Menschenrechte befristet wieder zu bekommen?“ Nein, das dachten die meisten nicht. Auch für sie war es leichter, das neue Narrativ von der Tyrannei der Ungeimpften zu übernehmen. Dabei mussten sie der bitteren Wahrheit nicht ins Angesicht sehen: dass sie als Melkkühe und Versuchskarnickel von Big Pharma fungierten. Dass hinter ihrem Rücken schon ganz andere Pläne geschmiedet und umgesetzt wurden und werden. Dass das alles mit wissenschaftlicher und demokratischer Gediegenheit nicht mehr viel zu tun hat. Da war es schon einfacher, das offizielle Narrativ zu übernehmen, mit dem Finger auf die ungeimpften Schuldigen und Sündenböcke zu zeigen. Und sich der Illusion hinzugeben, dies alles sei mehr oder weniger in der Ordnung. Und mit Impfen-Impfen-Impfen entkommen wir dem Schlamassel und dann wird alles wieder gut.

---

120 https://ec.europa.eu/info/live-work-travel-eu/coronavirus-response/safe-covid-19-vaccines-europeans/eu-digital-covid-certificate_de – Abgerufen am 18.12.21.

Und in dem Moment – Politik und frisierte Medien hatten ja jetzt die geimpfte Mehrheit hinter sich – wurde die Peitsche hervorgeholt. Die Einen benutzen sie, um eine jetzt erst Recht entfesselte Impfpropaganda einzupeitschen: die medialen Einpeitscher. Die Anderen benutzen sie, um den Noch-Nicht-Geimpften mit einer Impfpflicht zu drohen: die politischen Einpeitscher. Dass es auch andere Möglichkeiten gäbe, die in anderen Ländern zu ähnlichen oder sogar besseren Ergebnissen geführt haben; dass es schon länger positive Erfahrungen mit günstigen Medikamenten wie Ivermectin gab,[121] die schwere Verläufe ebenso abmildern können: all das wurde weggepeitscht. Vor allem aber wurden die Zahlen, die überhaupt ein realistisches Bild der Lage hätten geben können, weggepeitscht bzw. erst gar nicht erhoben und/oder veröffentlicht.

Auch die neu regierenden Parteien, SPD, Grüne, FDP, wollen diese Zahlen nicht. Am 10.12.21 erfuhr ich, dass ein dementsprechender Antrag im Bundestag abgelehnt wurde. Der Antrag lautete: „Keine Entscheidung über Corona-Maßnahmen ohne ausreichende Datengrundlage über Wirksamkeit und Nebenwirkungen der Impfung“. „Um über Corona-Maßnahmen und deren möglichen Umfang diskutieren und entscheiden zu können, müssen dem Bundestag ausreichend valide Daten über die Auswirkung der Krankheit als auch über die Wirksamkeit und die Nebenwirkungen der COVID-19-Impfstoffe vorliegen. Hierbei geht es insbesondere um die anteilige Infektionsrate von Geimpften und Ungeimpften, über Impfnebenwirkungen unterschiedlicher Altersgruppen, über Langzeitschädigungen von Erkrankten, sowohl als Folge der Impfung als auch einer Infektion mit dem Virus. [...] Die Bundesregierung ist zur Erfassung und Bereitstellung der Daten verpflichtet. Erfassung und Bereitstellung müssen frühestmöglich erfolgen, um die parlamentarische Diskussion über anstehende Änderungen des IFSG [Infektionsschutzgesetzes] faktenbasiert führen zu können.“[122]

Doppelt zu denken gibt, wieso solch ein Antrag überhaupt gestellt werden muss (denn eigentlich verstünde sich das in einer funktionierenden Demokratie doch von selbst); und, zweitens, wieso er erst jetzt gestellt wird. Doppelt zu denken gibt auch, dass der Antrag von der AfD gestellt, von allen andern Parteien aber abgelehnt wurde. Ganz unabhängig davon wie mensch der AfD politisch oder persönlich gegenübersteht, muss hier doch gefragt werden: Was ist los in unserem

[121] Vgl. hierzu: Hutter, R.: Der Streit um Ivermectin (8.12.21), in: https://multipolar-magazin.de/artikel/der-streit-um-ivermectin – Abgerufen am 22.12.21.

[122] Deutscher Bundestag, Drucksache 20/193 vom 7.12.21, S. 1, in: https://dserver.bundestag.de/btd/20/001/2000193.pdf – Abgerufen am 9.12.21.

Land? In einem Land, in dem *jetzt* die AfD die einzige Partei ist, die in diesem so wichtigen Kontext auf ein vernünftiges und faktenbasiertes Vorgehen drängt – und alle anderen Parteien das ablehnen? Es bleibt hier nur eine Schlussfolgerung: Faktenbasiertheit ist politisch nicht gewollt. Dies ist in mehrfacher Hinsicht unverantwortlich. Und ein Armutszeugnis für eine (vermeintlich) aufgeklärte und vernünftige Politik und Demokratie. Wie kann mensch solch einer Politik und ihren Institutionen noch vertrauen? Gerade jetzt, wo die EMA und nun auch – mehr aufgrund politischen Drucks als aufgrund wissenschaftlich gediegener Daten – die STIKO das Impfen kleiner Kinder mit mRNA-Impfstoffen für zulässig erklärte? Obwohl kurz zuvor der STIKO-Chef Mertens sagte: Er würde seine Kinder jetzt nicht impfen lassen.[123] Wie erklärt sich das?

Wir ahnen oder wissen es nun schon: Die Macht der korrumpierten und/oder fehlinformierten Politiker/innen und Meinungsmacher und v. A. auch die Macht der philanthro-kapitalistischen ‚Profiteure der Angst' ist größer als die demokratischen und rechtlichen Schutzsysteme, stärker als das Korrektiv eines kritischen Journalismus und einer ethisch denkenden Wissenschaftsgemeinschaft, stärker als die unmanipulierte Solidarität der Mitmenschen untereinander. Zumindest im Moment noch. Denn wer weiß? Vielleicht wachen ja zumindest die Indoktrinierten und die Gleichgültigen noch auf? Und erkennen, dass und wie sie benutzt, hintergangen, entrechtet und entmüdigt werden. Wie sie ihre Vernunft und Selbstbestimmung – auch ihre gesundheitliche Selbstbestimmung – an machtkorrumpierte Wortführer/innen und Plutokraten abgegeben haben. Wann erkennen sie ihre verhängnisvollen Projektionen und delegierenden Zustimmungen? Und nehmen sie zurück? Wann fassen sie den Mut, der Wahrheit ins Auge zu sehen? Wann kapieren sie, dass echte Solidarität nur Solidarität nach unten sein kann? Nicht nach oben – in Richtung Obrigkeit, Machtelite, Massen(manipulations)medien. Solidarität nach oben ist nicht Solidarität, sondern Autoritätsgläubigkeit und Mit-Dem-Strom-Schwimmen, ist Opportunismus. Und wenn sich diese Autoritätsgläubigkeit mit der Diskriminierung und Ausgrenzung der Anderen, ‚Unreinen', Ungeimpften verbindet, wird's zappenduster. – Vertrauen ist wie jede echte Tugend eine Stärke, keine Schwäche. Und dazu gehört, dass Vertrauen – v. A. im machtpolitischen Kontext – nur die bekommen,

[123] Inzwischen wurde Mertens wieder ‚auf Spur gebracht': vgl. ARD: „Äußerung des STIKO-Chefs. Mertens bedauert Satz zur Kinderimpfung", in: https://www.tagesschau.de/inland/stiko-mertens-kinderimpfung-101.html – Abgerufen am 14.12.21. Auch hier wird mit unseriöser Rhetorik gearbeitet. Denn Mertens „bedauerte" seinen Satz nicht. Er sagte nur: „Die Entscheidung über die Impfung ist wirklich eine sehr persönliche Sache, und das reflektiert sich ja auch in unserer derzeitigen Impfempfehlung. Es war damals wahrscheinlich der einzige Fehler, den ich gemacht habe, dass ich überhaupt etwas Persönliches gesagt habe."

die es verdienen. Vertrauen ist zu kostbar und wichtig, um es unkritisch an korrumpierte Menschen und Über-Mächtige zu verschenken.

Es geht auch anders: Die Statistiken der „UK Health Security Agency"

Wie gesagt: die alte Regierung war nicht wirklich an einer aussagekräftigen wissenschaftlichen Statistik und Zahlenauswertung interessiert. Die neue ist es auch nicht. In der Stuttgarter Zeitung vom 20.12.2021 heißt es: „Der Corona-Expertenrat der Bundesregierung fordert wegen Omikron Kontaktbeschränkungen und begründet dies mit Modellrechnungen. Welche das sind, will die Bundesregierung nicht verraten. [...] Neben Daten zum tatsächlichen Pandemiegeschehen etwa im Vereinigten Königreich oder in Dänemark sind Modellrechnungen entscheidend dafür, um die Wucht der von allen Experten fix erwarteten fünften Infektionswelle abschätzen und rechtzeitig darauf reagieren zu können." – Machen wir uns klar: Es gibt keinen demokratisch und/oder wissenschaftlich legitimierbaren Grund, solche erhobenen Zahlen nicht offenzulegen. Wer so etwas tut, hat offensichtlich etwas zu verbergen und spielt nicht mit offenen Karten. Dies wiegt umso schwerer, als in dem gleichen Papier des ‚Expertenrates' die Bevölkerung subtil-suggestiv auf eine neue Stufe der Corona-Politik eingeschworen werden soll. „In dem Papier des Expertenrats ist allerdings nicht nur von neuerlichen Einschränkungen die Rede, sondern auch davon, wie diese vermittelt werden. ‚Stringentes Erklären' sei entscheidend, weil die Bevölkerung durch zwei Jahre Kampf gegen die Pandemie ‚erschöpft' [sei], es seien ‚massive Spannungen offenkundig'. Wie die Informationspolitik rund um die erste Stellungnahme des Gremiums zu den darin ebenfalls geforderten ‚nachvollziehbaren Erklärungen der neuen Risikosituation und der daraus folgenden Maßnahmen' passen soll, bleibt unklar."[124]

Obwohl die deutschen demokratischen Parteien[125] (mit Ausnahme der AfD) also keine saubere Datengrundlage wünschen: In Großbritannien bei der „UK Health Security Agency" gibt es sie.[126] Dort wird ersichtlich, dass beispielsweise

[124] Plavec, J. G.: Regierung gibt Modellrechnungen nicht heraus, in: Stuttgarter Zeitung vom 20.12.21, in: https://www.stuttgarter-zeitung.de/inhalt.corona-expertenrat-regierung-gibt-modellrechnungen-nicht-heraus.7aa5e1d9-9194-4841-90e7-db5bb5faa8b0.html – Abgerufen am 22.12.21.

[125] Ist mir erst beim Schreiben aufgefallen, dass die Wendung „deutschen demokratischen Parteien" ganz nach „deutsche demokratische Republik" klingt. Ein freudscher Verschreiber?

[126] Hat sich Großbritannien mit dem Austritt aus der EU hier neue demokratische Freiheiten erworben? Weil es nicht mehr an die EMA und die ECDC gebunden ist? Ich weiß es nicht.

zwischen Kalenderwoche 41 und 44 (als hierzulande schon längst gegen Ungeimpfte gehetzt wurde) 378.023 ungeimpfte Menschen als Corona-Fälle erfasst wurden. Im gleichen Zeitraum wurden 450.992 Menschen als Corona-Fälle erfasst, die als voll geimpft anerkannt waren. Die Zahl der nur einmal geimpften gemeldeten Corona-Fälle betrug 62.154.[127] Die Statistik, die sich auf die Intensivbettenbelegung bezieht, sagt aus, dass bei den unter 40-Jährigen wesentlich mehr Ungeimpfte als Geimpfte auf Intensiv lagen, während es bei den über 50-Jährigen 1,5 mal mehr Geimpfte waren, bei den über 60-Jährigen 3,35 mal mehr, bei den über 70-Jährigen 7 mal mehr und bei den über 80-Jährigen 8,3 mal mehr Geimpfte als Ungeimpfte.[128] Eine besonders aussagekräftige *bereinigte* Vergleichstabelle, in der jeweils 100.000 Doppelt-Geimpfte mit 100.000 Ungeimpften verglichen werden, ergibt für Kalenderwoche 44-47 folgendes Bild: Bei der Altersgruppe der unter 18-Jährigen stehen 503 Geimpfte 2.423 Ungeimpften Corona-Fällen gegenüber. Also wesentlich weniger geimpfte als ungeimpfte Corona-Fälle. In der Altersgruppe 18-29 sind es 794 zu 869. In der Altersgruppe 30-39 beginnt sich das Verhältnis zu wenden: 1440 Geimpfte zu 1000 Ungeimpften. In der Altersgruppe 40-49 steigert sich diese Tendenz: es stehen wesentlich mehr geimpfte Coronafälle, nämlich 2027, den 938 ungeimpften Fällen gegenüber. Ähnlich bei den 50-59-Jährigen: 1405 zu 707. Nicht ganz so weit auseinander liegen die 60-69-Jährigen (933 zu 518). Die 70-79-Jährigen sind fast gleichauf (409 zu 422). Bei den über 80-Jährigen sind es dann wieder weniger Geimpfte als Ungeimpfte (266 zu 437).[129] – Nun muss mensch diese Zahlen natürlich je nach Tabelle in Relation setzen. Vieles ist hier zu beachten. Etwa, bei den ersten beiden Beispielen, dass die Impfquote bei den Älteren höher ist als bei den Jüngeren. Oder: dass die ganz Alten oft wegen verschiedener Gebrechen auf Intensiv landen, d. h. dort nicht unbedingt wegen, sondern v. A. mit Corona liegen. Oder, und das beträfe alle drei Beispiele: dass die Geimpften, weil es ihnen von den Impfstoffanpreiser/inne/n ja so suggeriert wurde, sich sicherer fühlen und dadurch auch mehr und intensivere Kontakte pflegen als Ungeimpfte, und und und.

Es kann auch ganz andere Gründe haben. Aber gestellt möchte ich diese Frage doch einmal haben.

[127] UK Health Security Agency: COVID-19 vaccine surveillance report Week 45, Tab. 3, S. 18, in: https://assets.publishing.service.gov.uk/government/uploads/system/uploads/attachment_data/file/1032859/Vaccine_surveillance_report_-_week_45.pdf – Abgerufen am 9.12.21.

[128] UK Health Security Agency, a. a. O. Tab. 4 auf S. 19.

[129] Grafisch aufbereitet in: https://www.transparenztest.de/post/britische-zahlen-widersprechen-pandemie-der-ungeimpften-mehr-geimpfte-als-ungeimpfte-infiziert – Abgerufen am 12.12.21. Zahlen basieren auf: UK Health Security Agency: COVID-19 vaccine surveillance report Week 48, in: https://assets.publishing.service.gov.uk/government/uploads/system/uploads/attachment_data/file/1037987/Vaccine-surveillance-report-week-48.pdf – Abgerufen am 12.12.21.

Ich bin kein Statistiker. Mag ich auch im Einzelnen das Eine oder Andere über- oder unterinterpretieren: Eines zeigen die Zahlen eindeutig: Es ist, wenn überhaupt, eine Pandemie der Geimpften *und* Ungeimpften. Mehr noch: selbst wenn wir eine Impfquote von 99 % hätten, würde nicht zwangsläufig – wie politisch suggeriert – wieder ‚Normalität' einkehren. Die Gen-Impfungen halten in keiner Weise, was sie versprachen. Ihr Wirkungsgrad und ihre Wirkungsdauer werden von Welle zu Welle nach unten korrigiert. Auch ‚durchgeimpft' wären wir nicht vor einer sechsten oder siebten Welle gefeit. Denn Geimpfte stecken sich und andere eben auch an. Und sie landen auch auf der Intensivstation. Auch stehen die neuen Impfstoffe im Verdacht, keine allzu umfassende Immunreaktion hervorzurufen, so dass sie in Bezug auf Virus-Mutationen nicht nur schlechter aufgestellt sind, sondern – wenn es zu wenig genesene Ungeimpfte gibt – das Virus länger toben wird als sonst. In diesem Sinne gibt es in Bezug auf Corona und die Corona-Impfung das höchst irritierende Faktum der „Immunologischen Schubumkehr".[130]

Anders formuliert: Je mehr Menschen geimpft werden, umso länger könnte es dauern, bis unser aller Immunsysteme mit dem Corona-Virus gut zurecht kommen und es dadurch – wie andere Influenza-Viren auch – schließlich auf die Stufe einer normale Grippe herabsinkt. Andreas von Westphalen von „Telepolis" nennt es „Das unbegreifliche Desinteresse an den Genesenen": „Dr. Alexander Kekulé [...] spricht im Hinblick auf die deutliche Besserstellung der Geimpften von einer ‚steinzeitlichen Regelung aus den Anfangstagen der Pandemie'. Er nennt es bezeichnenderweise ‚ganz schön vermessen, dass die Menschen glauben, mit ihrem der Natur nachgebautem Impfstoff besser zu sein als das menschliche Immunsystem, das Milliarden Jahre Zeit hatte, sich zu entwickeln'. Tatsächlich belegen zahlreiche Studien, dass Genesene rund zwölf Monate geschützt sind. [...] Ungeachtet dieser Tatsachen [... schreibt] das RKI [...] zur Einschätzung des Schutzes von Genesenen weiterhin unverändert: ‚Die derzeit verfügbaren klinischen und immunologischen Daten belegen eine Schutzwirkung für mindestens 6-10 Monate nach überstandener Sars-CoV-2- Infektion.' Auf Nachfrage von Telepolis, auf welcher wissenschaftlichen Basis die Bestätigung der Sechs-Monate-Regelung basiert, die eigentlich dem wissenschaftlichen Stand zu widersprechen scheint, gab es die Antwort, dass das RKI dem nichts hinzuzufügen habe."[131] (Wie ich am 22.12.21 erfuhr, wurde gegen Alexander Kekulé eine „vorläufige Dienstenthebung" ausgesprochen. Die Universität Halle

[130] Ehgartner, B. Immunologische Schubumkehr (10.11.2021), in: https://www.multipolar-magazin.de/artikel/immunologische-schubumkehr – Abgerufen am 12.12.21.

[131] Westphalen, A. v.: Das unbegreifliche Desinteresse an den Genesenen", in: Telepolis (17.12.21): https://www.heise.de/tp/features/Das-unbegreifliche-Desinteresse-an-den-Genesenen-6297385.html – Abgerufen am 14.12.21.

kündigte ihm später. Das Ganze scheint politisch motiviert. Obwohl Kekulé die Maßnahmen der Regierung ansonsten mittrug und mitträgt.)

Ab Dezember 2021 setzte sich nach und nach die Omikron-Variante durch. Sie war noch ansteckender als die Delta-Variante. Die Zahlen erreichten ein neues Allzeithoch. Wieder steckten sich nicht nur Ungeimpfte an, sondern auch Geimpfte. Und die Tendenz, die sich schon bei der Delta-Variante zeigte – dass sich je nach Altersgruppe relativ mehr Geimpfte als Ungeimpfte ansteckten – verstärkte sich. Betrachten wir wieder die offiziellen Zahlen der United Kingdom Health Security Agency. Diese Statistiken zeigen, dass (abgesehen von den unter 18-Jährigen), die Zahl der Neuinfektionen bei den Geimpften ungefähr doppelt so hoch ist als bei den Ungeimpften. Immer 100.000 Geimpfte mit 100.00 Ungeimpften verglichen. D. h. Geimpfte haben ein höheres Ansteckungsriskio. Geimpfte sind größere Infektionstreiber als Ungeimpfte.[132] Es gab allerdings einen Trost: trotz sehr hoher Ansteckungsquoten waren die Intensivbetten der Krankenhäuser nicht mehr am Anschlag. In Deutschland und andernorts. Ganz offensichtlich ist die Omikron-Variante weniger gefährlich. Weshalb einige Länder weltweit langsam eine Entspannung einläuten und sich fragen, ob Corona nicht schon bald wie eine normale Grippe einzustufen sei. Selbst Christian Drosten hat im Januar 2022 einmal laut in diese Richtung gedacht.

„Zudem hatte am 18. März [2022] Hendrik Streeck [Virologe und Corona-Berater der Bundesregierung] in einem Interview erklärt, dass der Impfstoff nicht vor einer Infektion schütze und demnach das Virus ‚nicht ausrotten' könne, sowie, dass, ‚wenn auch alle Menschen geimpft' wären, die Pandemie damit ‚nicht vorbei' wäre." Zur gleichen Zeit „unterstützt Bundesgesundheitsminister *Karl Lauterbach* (SPD) eine Impfpflicht ab 18, da Deutschland ohne deutlich höhere Impfquote im Herbst mit nahezu einhundertprozentiger Wahrscheinlichkeit eine neue Coronawelle erleben werde. Die Ungeimpften trügen derzeit die Verantwortung dafür, ‚dass wir nicht weiterkommen'."[133] Diese Aussage ist nachweisbar falsch. Sie ist wissenschaftlich schon längst widerlegt. Die Aussage unseres ‚Gesundheitsministers' dient nicht der Wissenschaft, sondern allein der Pharma-Lobby. Und sie hetzt das Volk auf. – Auch unser aller Lebenserfahrung (Stand März 2022) zeigt, dass sich Geimpfte und Ungeimpfte gleichermaßen an Omikron anstecken – mit ähnlich leichten bis mittelschweren Verläufen. Denn inzwischen kennt jeder Mensch genügend Andere, die Corona hatten und haben. Auch ich (als Ungeimpfter) hatte vor Kurzem Corona. Es war eine eher milde Grippe. Die allermeisten Bekannten und Verwandten, die mir von ihrer Corona-

[132] Vgl. https://www.transparenztest.de/post/ukhsa-update-pandemie-der-geimpften-bei-neuinfektionen – Abgerufen am 26.1.22.

[133] Zit. in: Soldan, P.: Corona-Proteste: 12. (und letzter) Lagebericht (23.3.22), in: https://multipolar-magazin.de/artikel/proteste-lagebericht-12 – Abgerufen am 24.3.22.

Infektion berichteten, waren Geimpfte. Viele von ihnen frisch nachgeimpft. Einige von ihnen hatten mittelschwere Verläufe.

Ausgrenzung und Diskriminierung der Ungeimpften

Damit zeigt sich, dass das Narrativ von der „Pandemie der Ungeimpften" wissenschaftlich nicht haltbar ist. Einmal davon abgesehen, dass, selbst wenn es *wissenschaftlich* haltbar wäre, das noch längst nicht hieße, dass es *politisch und ethisch* geboten wäre. Denn solch eine Diffamierung und Diskriminierung von Covid-Ungeimpften – die sich nur auf ihr nicht verhandelbares Menschenrecht auf körperliche Unversehrtheit und Selbstbestimmung berufen,[134] die nicht Versuchskarnickel für korrupte Geldmacher/innen und korrumpierte Politiker/innen sein wollen – könnte in einer intakten Demokratie mit kritischer Berichterstattung nicht gerechtfertigt werden. Oder sollen wir Adipöse und Raucher/innen und stark ungesund Lebende auch ausgrenzen? Weil gerade sie zu schweren Corona-Verläufen neigen und deshalb oder aus sonstigen Gründen gerade sie Intensivbetten ‚überbelegen'? Es wäre in hohem Maße undemokratisch und unsolidarisch. Quasi mittelalterlich.[135] Da sollten wir parallel dazu schon eher über alle Luftverschmutzer/innen diskutieren. 2019 gab es in der EU „300.000 vorzeitige Todesfälle durch Feinstaubbelastung", so die SZ am 15.11.21. „Die meisten EU-Länder überschritten 2019 mindestens einen der für die Luftqualität gültigen EU-Grenzwerte."[136] Um eine Vergleichszahl zu nennen: seit Beginn der Corona-Epidemie sind bis zum 18. 2. 21 in der EU 514.850 Menschen im Zusammenhang mit einer Ansteckung mit Sars-CoV-2 verstorben.[137] Ich möchte nicht Todesfälle mit Todesfälle verrechnen. (Und auch nicht „vorzeitige Feinstaub-Todesfälle" mit „im Zusammenhang mit Corona Verstorbenen".) Und doch: Gibt es nicht zu denken, dass wir kollektiv viel eher etwas gegen Luftverschmutzung tun könnten als gegen Corona und ähnliche Influenza-Viren? Und dass wir dies bei Corona (mit allen möglichen und unmöglichen Mitteln) versuchen, bei der Luftverschmutzung aber nicht wirklich? Obwohl diese Art der Luftverschmutzung als Verursacherin von vorzeitigem Tod ja schon seit

[134] Vgl. https://www.openpetition.de/pdf/blog/aufhebung-aller-verfassungsrechtlichen-ungleichbehandlungen-von-ungeimpften-personen_rechtsgutachten-verfassungswidrigkeit-indirekter-covid-19-impfzwang_1633621020.pdf – Abgerufen am 14.12.21.

[135] So mittelalterlich wie die gesinnungsethische Argumentation des Ethikrates. Vgl. Imhoff, A.: Der Ethikrat hat versagt (10.11.2021), in: https://multipolar-magazin.de/artikel/der-ethikrat-hat-versagt – Abgerufen am 12.12.21.

[136] Süddeutsche Zeitung vom 15.11.21: https://www.sueddeutsche.de/gesundheit/feinstaub-luftverschmutzung-tote-eu-1.5464509 – Abgerufen am 9.12.21.

[137] Berliner Zeitung vom 18. 2. 21: https://www.berliner-zeitung.de/news/corona-mehr-als-500000-tote-in-der-europaeischen-union-li.140768 – Abgerufen am 9.12.21.

Jahrzehnten bekannt ist? Und zumal wir wissen, dass an der Luftverschmutzung direkt und indirekt noch ein ganz anderes und wesentlich gravierenderes Problem hängt: das der Erderwärmung und des Überlebens von zukünftigen Menschen, Lebewesen, Lebens-Generationen?

Ich halte fest: politisch und massenmedial scheint eine faire Debatte und wissenschaftliche Aufklärung derzeit weder möglich noch gewünscht. Zuviele sind innerlich und äußerlich korrumpiert. Zuviele Politiker/innen fallen derzeit in voraufklärerische Gesinnungsethik und mittelalterliche Sündenbocktaktik zurück. Sie hetzen gegen Ungeimpfte, versuchen hektisch verfassungsrechtlich fragwürdige und ungedeckte Maßnahmen durchzupeitschen. Zuviele Menschen – gerade auch in verantwortlichen Positionen – drücken derzeit beide Augen zu und ziehen ihren Schwanz ein. Fragwürdige, wissenschaftlich nicht ausgewiesene und demokratisch nicht legitimierbare Maßnahmen werden umgesetzt, etwa die 2-G-Regel. Wieso müssen sich Geimpfte bei der 2-G- oder der 3-G-Regel nicht auch testen? Sie können genauso an Covid erkranken und andere anstecken. Getestete Ungeimpfte sind sicherer als ungetestete Geimpfte. Wieso werden Genesene nicht als noch sicherer als Geimpfte eingestuft? Ihr Immunschutz ist nachweislich besser, stärker, länger. – Und nochmal: Wieso haben Politik und viele meiner Mitmenschen jetzt einen Sündenbock nötig? Wieso haben sie jetzt nichts Besseres zu tun, als auf Ungeimpfte zu hetzen? Woher dieser massenrauschhafte Konsens der ‚neuen Selbstgerechten'? Wieso der kopflose Überbietungswettlauf und die Frage: Wie können wir die ‚bösen' und ‚unreinen' Ungeimpften noch mehr maßregeln, strafen und aus der Öffentlichkeit verbannen?

Ich musste mich im November vor meinen VHS-Kurs-Teilnehmer/innen dafür rechtfertigen, dass ich – angeblich völlig unverantwortlich und unsolidarisch – immer noch nicht geimpft sei. Wie es ihnen die Politiker/innen und Medienfunktionäre vorgemacht haben, haben es die Teilnehmenden auch bei mir versucht: mich an den Pranger zu stellen. Die massiven Vorwürfe, die ich zu hören bekam, waren kaum faktenbasiert. Die Teilnehmenden plapperten nach, was sie in den Medien vorgeplappert bekommen hatten. Auf meine sachlichen und fachlichen Argumente wurde nicht eingegangen. Sie liefen ins Leere. Abschließend gab ich zu bedenken: Ihnen ist aber hoffentlich bewusst, dass ich hier und jetzt der Sichersten von uns allen bin. Denn ich bin getestet. Sie sind es nicht. Wer gefährdet nun wen? – Schweigen.

Schon im Oktober gab ich bei der Volkshochschule bekannt, dass ich – wenn es dazu kommen sollte – in meinen Kursen keine 3-G-Regel oder eine sonstige G-Regel kontrollieren werde. Ich schrieb: „Ich möchte mich nicht als verlängerter Arm einer staatlichen Kontroll- und Druckpolitik zu Verfügung stellen."

Inzwischen hat sich Gesamtsituation der Corona-Politik radikalisiert. Und ich beurteile Manches noch klarer. Im Großen und Ganzen finde ich meinen jetzigen Standpunkt in folgenden Worten der bekannten Autorin Julia Freidank wieder. Sie schrieb am 7.12.21 unter der Überschrift „Diskriminierung trage ich nicht mit“:

„Dieser Tage erhielt ich eine Einladung zur Unterhachinger Lesenacht. Ich habe meine Teilnahme davon abhängig gemacht, dass dort keinerlei 3/2/1G-Regeln angewandt werden, woraufhin der Veranstalter heute abgesagt hat.

Grundsätzlich liebe ich Lesungen. Ich verstehe auch die Zwangslage, in der sich Veranstalter befinden. Aber jeder hat über seinen Körper selbst zu bestimmen. Dies ist ein grundlegendes Menschenrecht. Niemals werde ich mich deshalb an der Ausgrenzung und Diskriminierung von Menschen beteiligen, die nichts tun als dieses Recht wahrzunehmen. Die Regeln einer Regierung spielen dabei keine Rolle: Diskriminierung ist immer schmutzig, egal, wer sie anordnet, und jeder, der sie mitträgt, macht sich mit schuldig. Ich will kein Teil einer Gemeinschaft sein, die sich durch die Ausgrenzung anderer definiert. Mein Gewissen, meine humanistischen Überzeugungen und mein Glaube an die Freiheit sind nicht käuflich.

Unrecht lebt nicht nur von denen, die es aktiv begehen. Sondern auch und vor allem von denen, die es geschehen lassen. Deshalb unterstütze ich keinerlei Veranstaltungen, die Menschen aufgrund einer privaten medizinischen Entscheidung ausschließen. Heute nicht, morgen nicht, niemals. Wenn auch nur eine einzige Person ausgeschlossen wird, weil sie ihr Menschenrecht wahrnimmt, müsst ihr auch auf mich verzichten. Wenn dies die Gemeinschaft ist, die euch vorschwebt, eine Gemeinschaft der Diskriminierung und der Menschenverachtung, dann will ich mein Ticket dafür nicht haben. Der Preis ist mir zu hoch.“[138]

[138] https://www.juliafreidank.de/aktuelles – Abgerufen am 22.12.21.

Wissenschaftlich nicht gedeckte Impfprogaganda, Diskriminierung von Nicht-Geimpften, Hetze gegen Anders-Denkende. In solchen Momenten frage ich mich: Was ist in die Leute gefahren? Wie kam es bei meinen Mitmenschen zu dieser ablehnenden und ausgrenzenden Haltung? Wieso grassieren Diffamierung und Hetze mehr und mehr? Sind nicht nur am Stammtisch, auf Youtube und in Whatsapp-Gruppen, sondern in Politik und Medien salonfähig geworden? Wieso wird im öffentlichen Diskurs nur noch *eine* Meinung toleriert? Was ist da los? Auch hier sehe ich mehrere Gründe. Psychologische wie Frust, Angst, Ohnmacht, Projektion, Autoritätsgläubigkeit. Soziologische wie Massensuggestion, Anpassungsdruck und Gruppenzwang, Mitläufer- und Untertanentum. Ich komme darauf zurück.

Ein ganz wichtiger Grund – *ein Hauptgrund* – ist aber ein medienpolitischer. Nämlich der, dass die öffentlich-rechtlichen Sender diese unkritische Berichterstattung und Hetze mit getragen und mit ermöglicht haben – und dies nach wie vor tun. Sie, die doch gerade diejenigen sein sollten, die ausgewogene und kritische Berichterstattung garantierten; als vierte Macht und als demokratisches Korrektiv – nicht als Sprachrohr der regierenden Parteien und Konzerne. Das ist doch der einzige legitime Grund, weshalb qua staatlich garantiertem Monopol überhaupt „Rundfunkgebühren“ zu erheben sein sollen: damit die Öffentlich-Rechtlichen finanziell (einigermaßen) unabhängig von den regierenden Parteien (und im Dunkeln agierenden Über-Mächtigen) sein können. Rundfunkgebühren sind keine von Gott verordneten immer gültigen Extra-Steuern. Sie sind an einen demokratischen Auftrag gebunden – und nur deshalb überhaupt legitimiert. Doch diesem Auftrag kommen die Öffentlich-Rechtlichen nicht mehr nach. Denn auch dort – und dort an erster Stelle – kam es zu einem innerlichen Korrumpiertsein. Wie das inner-redaktionell vor sich ging und geht, zeigt ein Bericht eines langjährigen Mitarbeiters, der aus Angst vor Repressalien nicht genannt werden möchte.

„Vorbemerkung […]: Der Autor des folgenden Textes ist seit vielen Jahren Redakteur und Nachrichtensprecher beim öffentlich-rechtlichen Rundfunk und schreibt hier unter Pseudonym. Der Redaktion ist seine Identität bekannt. Er berichtet aus dem Innenleben einer Nachrichtenredaktion während der Corona-Krise.“[139]

---

[139] Arnold, R.: Die Mainstream-Blase (vom 31.1.2021), in: https://multipolar-magazin.de/artikel/die-mainstream-blase – Abgerufen am 11.12.21.

„Zur Grundausbildung eines Journalisten gehört, dass er Zahlen nie ohne sinnvollen Bezug meldet. Er muss immer auch Vergleiche, Bezüge und Verhältnismäßigkeiten liefern, damit der Zuschauer/Hörer/Leser die Information einordnen kann. Daran hielt ich mich über viele Jahre, und auch für andere Journalisten schien es eine Selbstverständlichkeit. Dieses Grundprinzip aber sah ich in den ersten Wochen der Pandemie sich praktisch in Luft auflösen. Absolute Zahlen, immer wieder nur absolute Zahlen, ohne sinnvollen Bezug. Bis zum heutigen Tag wird gerne erzählt, dass die USA das am schwersten von Corona heimgesuchte Land seien, mit dem bloßen Verweis auf die absoluten Infektions- und Todeszahlen, ungeachtet der Einwohnerzahl, zu der die Zahlen selten ins Verhältnis gesetzt werden. [...]

Auch unsere Nachrichtenredaktion übernahm mit einer schlafwandlerischen Selbstverständlichkeit all diese Zählweisen. Alles was von den Gesundheitsämtern, Landratsämtern und von der Landesregierung übermittelt wurde, wurde ohne Hinterfragen und ohne Zweifel so übernommen und vermeldet. Fast jegliche kritische Distanz verschwand, die Behörden wurden zu vermeintlichen Verbündeten im Kampf gegen das Virus.

Ich muss allerdings ausdrücklich darauf hinweisen, dass ich niemals direkt von Politikern angerufen oder angeschrieben worden bin, um mich auf irgendeine Weise zu beeinflussen. Es kamen nur die üblichen Pressemitteilungen der Ministerien und Ämter, die natürlich aus deren Sicht der Dinge geschrieben sind. Auch bin ich nicht von Vorgesetzten unter Druck gesetzt worden, zumindest nicht direkt. Die ganze Sache ist weitaus subtiler, wie zu zeigen sein wird.

Im März begann die Politik mit den ersten Einschränkungen, so wurden Großveranstaltungen verboten und bald darauf der erste Lockdown verhängt. Bei fast allen Journalisten des ‚Mainstreams', also der sogenannten ‚Leitmedien', schien augenblicklich eine Beißhemmung gegenüber der Politik und den Behörden einzusetzen, auch in meiner Redaktion. Warum diese kritiklose Zurückhaltung bei den Journalisten? Ich kann es mir nur so erklären, dass vor allem die Bilder aus Bergamo und New York auch die erfahrenen Redakteure und Reporter in einen emotionalen Schockzustand versetzten, auch wenn sie das so vielleicht nicht zugeben würden. Aber auch sie sind nur Menschen, die selbst Angst vor Krankheit und Tod haben oder sich um ältere oder kranke Angehörige sorgen, das war immer wieder in Gesprächen mit Kollegen herauszuhören. Man scharte sich um die Regierung, das RKI und die Gesundheitsämter, als müsse man jetzt wirklich zusammenhalten, um diese schlimme, äußere Bedrohung zu bekämpfen. Man konnte doch jetzt den Verantwortlichen, die es eh schwer genug hatten, nicht noch Knüppel zwischen die Beine werfen, indem man ihre

Maßnahmen grundsätzlich in Frage stellte – so oder ähnlich erschien mir die Haltung."[140]

Der Autor sprich desweiteren von einem „perfiden Framing", dass völlig unkritisch von den öffentlich-rechtlichen Sendern übernommen werde: „Der Begriff ‚Corona-Leugner' ist nun auf dreifache Weise infam. Erstens wegen der sprachlichen Ähnlichkeit mit dem sozial geächteten ‚Holocaust-Leugner', zweitens weil den Corona-Kritikern damit pauschal angedichtet wird, dass sie die Existenz des Virus bestreiten (was bei den allermeisten nicht zutrifft) und weil ihnen zu schlechter Letzt auch noch unterstellt wird, bewusst zu lügen. Das ist nicht nur schlechter Stil, sondern perfide und sorgt dafür, die Gräben in der Gesellschaft noch weiter zu vertiefen.

Ein ebenso äußerst zweifelhafter Begriff, der als diffamierendes Framing verwendet wird, ist der des ‚Verschwörungstheoretikers'. Er sagt im Grunde alles und nichts. Das kann einer sein, der an Chemtrails glaubt oder daran, dass die Mondlandung der Amerikaner nur inszeniert war, aber es kann auch einer sein, der einen Watergate-Skandal aufdeckt oder der behauptet (wie geschehen), dass der Irak keine Massenvernichtungswaffen gehortet hat, und der später in seiner Annahme bestätigt wird. Im Grunde muss jeder investigative Journalist zu einem Teil auch ein Verschwörungstheoretiker sein, denn selbstverständlich wollen die Herrschenden dieser Welt nicht all ihre Umtriebe veröffentlicht haben und halten sie daher geheim. Insofern ist es einigermaßen grotesk, dass Medien diesen Kampfbegriff der Regierenden übernehmen und gedankenlos verwenden."[141]

Wie gesagt: der Autor dieses Artikels wollte ungenannt bleiben – um nicht seinen Job zu riskieren. Ein anderer Autor namens Ole Skambraks hat etwas Ähnliches unter seinem echten Namen getan, wurde sofort vom Dienst supendiert und kurz darauf wurde ihm gekündigt. Skambraks arbeitete seit 12 Jahren als Mitarbeiter beim öffentlich-rechtlichen Rundfunk. Wer mag, kann seinen Aufsatz lesen – und sich davon überzeugen, dass er den Kriterien eines kritischen und aufklärerischen Journalismus in jeder Hinsicht genügt.[142] Wie weit muss es in der Medienlandschaft gekommen sein, dass so etwas in einem öffentlich-rechtlichen Sender passieren kann? Und es nicht einmal einen Aufschrei in der journalistischen Öffentlichkeit gibt? Auch das ist ungeheuerlich.

Und zeigt: kritischer Journalismus ist in Zeiten der Corona-Krise nicht erwünscht – auch nicht bei den öffentlich-rechtlichen Sendern. Doch was schrieb Skambraks so Schlimmes? Z. B. Folgendes „Ich kann nicht mehr schweigen. Ich kann nicht

[140] Arnold, R.: Die Mainstream-Blase, a. a. O.
[141] Arnold, R.: Die Mainstream-Blase, a. a. O.
[142] Skambraks, O.: Ich kann nicht mehr [schweigen] (5.10.21), in: https://multipolar-magazin.de/artikel/ich-kann-nicht-mehr – Abgerufen am 8.12.21.

mehr wortlos hinnehmen, was seit nunmehr anderthalb Jahren bei meinem Arbeitgeber, dem öffentlich-rechtlichen Rundfunk passiert. In den Statuten und Medienstaatsverträgen sind Dinge wie ‚Ausgewogenheit', ‚gesellschaftlicher Zusammenhalt' und ‚Diversität' in der Berichterstattung verankert. Praktiziert wird das genaue Gegenteil. Einen wahrhaftigen Diskurs und Austausch, in dem sich alle Teile der Gesellschaft wiederfinden, gibt es nicht.

Ich war von Anfang an der Ansicht, dass der öffentlich-rechtliche Rundfunk genau diesen Raum füllen sollte: den Dialog fördern zwischen Maßnahmenbefürwortern und Kritikerinnen, zwischen Menschen, die Angst haben vor dem Virus, und Menschen, die Angst haben ihre Grundrechte zu verlieren, zwischen Impfbefürworterinnen und Impfskeptikern. Doch seit anderthalb Jahren hat sich der Diskussionsraum erheblich verengt.

Wissenschaftlerinnen und Experten, die in der Zeit vor Corona respektiert und angesehen waren, denen Raum im öffentlichen Diskurs gegeben wurde, sind plötzlich Spinner, Aluhutträger oder Covidioten. Als vielzitiertes Beispiel sei hier auf Wolfgang Wodarg verwiesen. Er ist mehrfacher Facharzt, Epidemiologe und langjähriger Gesundheitspolitiker. Bis zur Coronakrise war er zudem im Vorstand von Transparency International. 2010 hat er als Vorsitzender des Gesundheitsausschusses im Europarat den Einfluss der Pharmaindustrie bei der Schweinegrippe-Pandemie aufgedeckt. Damals konnte er seine Meinung im öffentlich-rechtlichen Rundfunk persönlich vertreten, seit Corona geht das nicht mehr. An seine Stelle sind sogenannte Faktenchecker getreten, die ihn diskreditieren."[143] Diese „Faktenchecker" haben sich kurz darauf auch mit Skambraks befasst – und ihn ebenfalls zu diskreditieren versucht. Davon im nächsten Abschnitt.

Der Bericht von Skambraks ist schockierend, aber er ist tatsächlich ganz nah an der derzeitigen Corona-Realität, näher als das meiste, was ich sonst gelesen, gesehen, gehört habe. Er fährt fort: „Anstelle eines offenen Meinungsaustausches wurde ein ‚wissenschaftlicher Konsens' proklamiert, den es zu verteidigen gilt. Wer diesen anzweifelt und eine multidimensionale Perspektive auf die Pandemie einfordert, erntet Empörung und Häme.

Dieses Muster funktioniert auch innerhalb der Redaktionen. Seit anderthalb Jahren arbeite ich nicht mehr im tagesaktuellen Newsgeschehen, worüber ich sehr froh bin. An Entscheidungen, welche Themen wie umgesetzt werden, bin ich in meiner aktuellen Position nicht beteiligt. Ich beschreibe hier meine Wahrnehmung aus Redaktionskonferenzen und einer Analyse der Berichterstattung. Lange Zeit habe ich mich nicht aus der Rolle des Beobachters getraut, zu absolut und unisono wirkte der vermeintliche Konsens.

---

[143] Skambraks, O.: Ich kann nicht mehr [schweigen], a. a. O.

Seit einigen Monaten wage ich mich aufs Glatteis und bringe hier und da eine kritische Anmerkung in Konferenzen ein. Oft folgt darauf betroffenes Schweigen, manchmal ein ‚Dankeschön für den Hinweis' und manchmal eine Belehrung, warum das so nicht stimme. Berichterstattung ist daraus noch nie entstanden.

Das Ergebnis von anderthalb Jahren Corona ist eine Spaltung der Gesellschaft, die ihresgleichen sucht. Der öffentlich-rechtliche Rundfunk hat daran großen Anteil. Seiner Verantwortung, Brücken zwischen den Lagern zu bauen und Austausch zu fördern, kommt er immer seltener nach.

Oft wird das Argument angeführt, dass die Kritikerinnen eine kleine, nicht beachtenswerte Minderheit darstellen, denen man aus Proporzgründen nicht zu viel Platz einräumen dürfe. Dies sollte spätestens seit dem Referendum in der Schweiz über die Coronamaßnahmen widerlegt sein. Obwohl auch dort ein freier Meinungsaustausch in den Massenmedien nicht stattfindet, ging die Abstimmung nur 60:40 für die Regierung aus.[144] Kann man bei 40 % der abgegebenen Stimmen von einer kleinen Minderheit sprechen? Dabei sei noch erwähnt, dass die Schweizer Regierung die Corona-Hilfszahlungen an die Abstimmung geknüpft hatte, was die Entscheidung mancher, ihr Kreuzchen bei ‚Ja' zu machen, beeinflusst haben könnte."[145]

Wie gesagt: der Fall Skambraks hat mir einen Schock versetzt. Ich erinnerte mich an das, was mir vor Jahren ein Mitarbeiter des Bayrischen Rundfunks auf einer Münchner Künstler- und Intellektuellenparty in einem Gespräch im kleinen Kreis erzählte. Dass er den Verdacht nicht loswerde, dass es eine versteckte Zensur gäbe. Weil immer, wenn politisch und medial hochbrisante Beiträge vor der Veröffentlichung stünden, müssten diese nicht nur über den Tisch des Chefredakteurs laufen, sondern, und das sei das Merkwürdige, es gäbe genau dann jeweils eine auffällige Verzögung. So dass er sich selbst schon öfter fragte, was denn in dieser auffälligen Pause geschehe. Ob es da nicht zu einer Prüfung und Korrektur durch eine höhere politische Instanz komme? Ich erinnerte mich also an diesen offensichtlich machtkritisch aufmerksamen BR-Mitarbeiter, holte über Freunde seine Telefonnummer ein und rief ihn an. Ich sagte, wer ich sei, rief ihm die Party und unser Gespräch in Erinnerung. Und fragte ihn dann: „Mich würde deine Meinung interessieren. Hast du die Sache mit dem SWR-Mitarbeiter Ole Skambraks mitbekommen? Seinen offenen Brief und seine Kündigung? Bist du mit dem Fall vertraut?" Er antwortete: „Allerdings. Die Sache macht gerade die Runde." „Und", frug ich nach, „was hältst du davon? Entspricht das auch deiner Erfahrung?" Er: „Skambraks hat Recht. Ein mutiger Mann."

---

[144] Anmerkung Skambraks: „Ausnahme war die Berichterstattung im Rahmen des Referendums, während der das Schweizer Fernsehen verpflichtet war, beiden Parteien den gleichen Sendeplatz einzuräumen."

[145] Skambraks, O.: Ich kann nicht mehr [schweigen], a. a. O.

Fake-News, Trump, AfD und die Geburt der ‚Faktenchecker'

‚Faktenchecker': Dieses Wort bzw. die mit ihm gemeinte ‚Institution' ist nun schon öfter aufgetaucht. Was hat es damit auf sich? Bis vor einiger Zeit wusste ich gar nicht, dass es so etwas wie ‚Faktenchecker' überhaupt gibt. Geschweige denn, was das sein soll. Und wozu es gut sein soll.

Ich denke, es ging nicht nur mir so. Inzwischen habe ich mich mit der Thematik beschäftigt. Und weiß nun, dass die meisten ‚Faktencheckereien' etwa in der Zeit entstanden, als in den Leitmedien mehr und mehr die Rede von „Fake-News" kursierte.[146] Das war teilweise schon 2015, v. A. aber dann im Jahr 2017. In dieser Zeit bekamen wir offiziellerseits auf einmal zu hören, wie gefährlich – ja teils auch kriminell – diese Fake-News wären. Sie würden in ein „postfaktisches Zeitalter" führen, wären ein Abgesang der Demokratie: realitäts- und wahrheitsverfälschend, alles Faktische relativierend und negierend. Vor allem Rechtsradikale, Verschwörungstheoretikerinnen und demokratie-destabilisierende Machtblöcke (etwa Russland) würden vermittels Fake-News Demokratie und öffentliche Meinung unterwandern und zerstören. Und deshalb seien Fake-News alles andere als harmlos. Mit Hilfe von Fake-News könnten Wahlen beeinflusst, totalitäre und antidemokratische Politik verstärkt, Menschen und Meinungen diskreditiert, Sündenböcke inszeniert und Hass und Gewalt befeuert werden. Und da Fake-News nun immer mehr um sich greifen würden, müsse hier massiv gegengesteuert werden. Daraufhin wurden vermehrt Fakten gecheckt, Fake-News enttarnt – ‚Faktencheckereien' gegründet.

Das war etwa zu Beginn der Amtszeit des US-Präsidenten Donald Trump. Ich bin kein Freund von Trump und seiner Politik. Die meisten seiner Ansicht teile ich nicht. Ich bin auch nicht der Meinung, dass solch eine offensichtlich narzisstisch-gestörte Persönlichkeit Präsident der Vereinigten Staaten sein sollte. Trotzdem sollte mensch nicht übersehen, dass mit und durch Trump ein Teil des bisherigen elitären Machtgefüges in den USA ins Wanken geriet. Mit Trump kamen andere elitäre Netzwerke zum Zug. Trump ‚mischte' so manches am etablierten Machtgefüge auf. Auch die Definitions-Allmacht etablierter Medien – Staats- und Konzern-Medien – wurde von ihm massiv in Frage gestellt. Er griff die Leitmedien – wenn und wie es ihm gerade passte – an und stellte sie als „Lügenpresse" hin. (Was ihm umso leichter gelingen konnte, als die Leitmedien –

[146] Abgesehen davon, dass es natürlich schon immer kritische Menschen und Institutionen gab, die Fakten überprüften.

wir haben es in meiner Untersuchung ja immer wieder gesehen – ganz oft macht-korrumpiert agieren und propagieren und gerade dann nicht an der Wahrheit interessiert sind.) Mehr noch. Trump kommunizierte und informierte an den Leitmedien vorbei – über Social-Media-Kanäle. Auch damit wurden die etablierten Medien von Trump in Frage gestellt und zum Teil ausgehebelt. Sie verloren ihre quasi-monopolistische Definitionsmacht über die ‚öffentliche Meinung'. Diese Definitionsmacht war eh schon angekratzt. Youtube war für Viele wichtiger als das öffentlich-rechtliche Fernsehen und die privaten Konzernkanäle. Und auch attraktiver, denn bei Youtube konnte jede/r mitmachen. Ebenso bei Wikipedia. Hier konnte jede/r mitarbeiten, sofern er seine Darstellungen und Argumente belegen konnte und sich diese im Diskurs bewährten (oder durchsetzten). An WikiLeaks konnte jede/r geleakte Dokumenten senden. Und über Facebook und Whatsapp, über Twitter und Telegram konnte sich jede/r präsentieren, Argumentations-, Informations- und Kommunikationsnetzwerke bilden. Mit enormer Reichweite und Schlagkraft.

Es gab also zwei Hauptgründe, wieso gerade während der Trump-Ära das Thema Fake-News so hochkochte. Ein Grund war Trump, insofern er selbst immer wieder postfaktisch argumentierte und keine Scheu trug, Fake-News zu verbreiten. Ein anderer Grund war, dass den Leitmedien ihre monolpolartige Stellung strittig gemacht wurde. Es war also höchste Zeit für die Über-Mächtigen und die Macht-Politiker/innen, einen neuen Macht-Filter zwischen Volk und Macht zu schieben. Denn zuviel Volksnähe, zuviel ‚Populismus': das war und ist nicht erwünscht. Ich komme gleich darauf zurück.

Festzuhalten bleibt, dass mit Ende 2016 und v. A. dann ab 2017 die erste große ‚Faktenchecker'-Gründungswelle der deutschen Leitmedien anhob. „In Deutschland startete im Jahr 2017 die ARD mit einem eigenen Portal namens *faktenfinder* [...], während der Bayerische Rundfunk das Portal *faktenfuchs* betreibt. Spiegel Online stellt zwei Checklisten zur Erkennung der Produkte von *Social Bots* und *Fake News* zur Verfügung."[147] Daneben sind stiftungsfinanzierte, (und daher nicht) unabhängige Faktencheckereien wie „Correctiv" oder „Volksverpetzter" etwas älter, sie gehen auf das Jahr 2014 zurück – und stellen eine Reaktion auf die aufstrebende AfD und ihre ‚populistischen' Themen dar. „Correctiv" wurde von David Schraven, der zuvor das Recherche-Ressort der Funke Mediengruppe leitete, gegründet. Die Anschubfinanzierung von 3 Millionen Euro kam von der, der Funke-Mediengruppen nahestehenden Brost-Stiftung.[148] Der „Volksverpetzter" wurde von Thomas Laschyk gegründet.

[147] Wikipedia-Artikel „Fake News", in: https://de.wikipedia.org/wiki/Fake_News – Abgerufen am 20.2.22.

[148] Wikipedia-Artikel „Correctiv", in: https://de.wikipedia.org/wiki/Correctiv – Abgerufen am 20.2.22.

Zwischen 2015 und 2017 entstand und etablierte sich auch das am „Poynter Institute for Media Studies“ in USA angesiedelte „International Fact-Checking Network“ (IFCN).[149] Das Poynter-Institut erhält Geld von Facebook, der Gates-Stiftung, dem eBay-Eigentümer Pierre Omidyar und George Soros.

„Correctiv“ und „Volksverpetzer“ werden in den Leitmedien gelobt, erhalten offizielle Auszeichnungen. Ich als Philosoph, der ich immer auch auf das höre, was mir die Sprache zuflüstert, was mir Worte und ihre Dennotationen und Konnotationen direkt sagen, war, als ich den Name „Volksverpetzter“ das erste Mal hörte, irritiert. Und fragte mich: Volksnähe alias ‚Populismus' soll also schlecht sein, aber das ‚Verpetzen' des Volks soll gut sein? Ob das mit rechten Dingen zugeht? Populismus ist doch *nur* dann schlecht, wenn er von (v. A. rechten) Machteliten instrumentalisiert wird. Ein nicht Machtelitär pervertierter Populismus – also eine Politik, die nah am Volk und für das Volk agiert – ist doch nichts Schlechtes. Es ist eher etwas, was sich in echten Demokratien von selbst verstehen sollte.[150]

Auch die Bundesregierung wurde gegen Fake-News aktiv. Sie „hat im Frühjahr 2017 mit dem Netzwerkdurchsetzungsgesetz (NetzDG) einen Gesetzentwurf erarbeitet, welcher sich mit der Verbesserung der Rechtsdurchsetzung in sozialen Netzwerken befasst. Verbände, Verlage und Politiker kritisieren das Gesetz gegen Hate Speech und Fake News. So bemängelten etwa der Bundesverband Bitkom und der Deutsche Journalisten-Verband, die Ursachen strafbarer Hetze würden außer Acht gelassen und die Meinungsfreiheit eingeschränkt. Politiker stellten fest, dass Facebook nicht qualifiziert sei, zu beurteilen, ob ein strittiger Beitrag rechtswidrig sei.“[151] Wegen politischen Drucks gingen nun auch die sozialen Medien gegen Falschnachrichten vor, Facebook, Google & Co. Hierbei kooperieren sie u. A. mit Faktencheckereien, Facebook z. B. mit Correctiv.

---

[149] „2015 gründete man als neue Abteilung des Instituts das *International Fact-Checking Network* (IFCN). Sie schuf innerhalb von zwei Jahren ein weltweites Netzwerk aus mehreren Dutzend Faktencheck-Organisationen, in das 2017, als zum Beispiel schon *ABC News, Associated Press, Le Monde, Libèration* und *Washington Post* bzw. ihre entsprechenden Abteilungen dort agierten, auch das deutsche Zentrum Correctiv aufgenommen wurde. Das IFCN ging 2017 eine Partnerschaft mit dem *Google News Lab* ein, um ‚den durchsuchbaren Output von Fact-Checkern weltweit drastisch zu erhöhen, Fact-Checking auf neue Märkte auszuweiten und Fact-Checking über die Politik hinaus zu unterstützen.' 2020 erhielt das IFCN Geld von Facebook, um ‚2 Millionen amerikanische College-Studenten zu erreichen und ihnen beizubringen, wie sie sich auf ihre erste Wahl im Jahr 2020 vorbereiten und besser informiert sind'.“ Wikipedia-Artikel „Poynter Institute“, in: https://de.wikipedia.org/wiki/Poynter_Institute – Abgerufen am 20.2.22.

[150] Vgl. hierzu Mouffe, C.: Für einen linken Populismus, Berlin 2018.

[151] Wikipedia-Artikel „Fake News“, in: https://de.wikipedia.org/wiki/Fake_News – Abgerufen am 20.2.22.

Ab 2020 – mit und während der Corona-Krise – kam es zu einer zweiten großen Welle. ‚Faktenchecker' und ‚Faktenchecks' schoßen wie Pilze aus dem Boden. Alles, was nicht dem Einheitsnarrativ entsprach, wurde ‚faktengecheckt' und depotenziert.

Die dpa-‚Faktenchecker', der Fall Skambraks und ein neuer Macht-Filter

Bevor ich nun zu allgemeineren Analysen und Schlussfolgerungen komme, möchte ich das ‚Faktenchecken' an einem konkreten Beispiel untersuchen. Und zwar am Fall von Ole Skambraks offenen Brief vom 5.10.21. Dieser Brief fand – weniger in den Leitmedien, umso mehr aber in den alternativen Medien – weite Verbreitung. „Mehr als eine Million Menschen lasen den Text, es folgten Übersetzungen in vier Sprachen, ein TV-Auftritt in Österreich und schließlich am vergangenen Donnerstag ein ausführlicher Bericht in der Stuttgarter Zeitung."[152]

Am 22.10.21 wurde Skambraks ohne Begründung vom SWR vom Dienst freigestellt. Am gleichen Tag erschien auf dem Factchecking-Portal der Deutschen Presse-Agentur GmbH (dpa) ein ‚Faktencheck' unter der Überschrift „Offener Brief eines Journalisten enthält einige Falschbehauptungen über Corona".[153] Die dpa ist die größte deutsche Nachrichtenagentur, sie beliefert fast alle entscheidenden Leitmedien hierzulande mit thematisch vorsortierten Informationen. Ihr enormer Einfluss auf die öffentliche Meinung ist offensichtlich. „Schon 1969 bezog der DPA-Journalist Stefan Zickler/Manfred Steffens in der ZEIT im Rahmen seiner Kritik an der Struktur der Deutschen Presse die dpa ein. Durch die ‚totale Privatisierung der Agentur' habe man die staatliche Manipulation wie in der NS-Zeit unmöglich gemacht, man habe so aber ‚nicht nur den Staat und die nach Majorisierung strebenden Standesgenossen (ausgeschlossen), sondern zugleich auch die gesamte Öffentlichkeit.' Die dpa sei damit nur so frei und unabhängig, wie ihre rund zweihundert Gesellschafter es wollten: ‚Diese rund zweihundert Gesellschafter bestimmen selber, was unter der ‚Unabhängigkeit' der ihnen gehörenden Agentur zu verstehen ist.' Durch die maßgebliche Rolle des Chefredakteurs könnten die Verleger ‚mit der Besetzung eines einzigen Platzes bestimmen, wie die deutsche Presse informiert werden soll.'

---

152 Schreyer, P.: Fall Skambraks: SWR beurlaubt Kritiker, Faktenchecker kämpfen um Deutungshoheit (26.10.22 mit Update vom 28.10.21) in: https://multipolar-magazin.de/artikel/fall-skambraks-swr – Abgerufen am 20.2.22.

153 https://dpa-factchecking.com/germany/211012-99-570299/ – Abgerufen am 20.2.22.

Dies sei gefährlich, denn ‚je weniger Journalisten ausgetauscht zu werden brauchen, desto leichter gelingt die Gleichschaltung.'"[154]

Die dpa wirft Skambraks nun in der Überschrift „Falschbehauptungen über Corona" vor. Im ‚Faktencheck' werden einige seiner Aussagen herausgepickt. Diese Aussagen sind nicht unwichtig, es sind aber nicht die wichtigsten. Die etwas willkürlich herausgepickten Aussagen werden dann aber teils bestätigt, teils nur korrigiert oder modifiziert. Wo nun die tatsächlichen „Falschbehauptungen" liegen sollen, erschließt sich zunächst nicht. Zumindest nicht auf den ersten Blick. Ein zweiter Blick zeigt, dass es bei drei Punkten „Falschbehauptungen" geben *könnte*. Es lohnt, hier nachzuhaken.

Erstens: Gates- und Rockefeller-Stiftungen finanzieren und entwerfen das digitale EU-Covid-Zertifikat.

Die „Behauptung" von Skambraks laut dpa: „Die Rockefeller-Stiftung und die Gates-Foundation haben die Richtlinien der Weltgesundheitsorganisation (WHO) für die digitalen Impfpässe entworfen und finanziert." Dann folgt die dpa-„Bewertung": „Die Stiftungen haben die Richtlinien nicht entworfen, sondern nur mit anderen Geldgebern an der Finanzierung mitgewirkt." Schließlich die dpa-„Fakten": „In einem WHO-Dokument vom August 2021 zum Thema digitaler Impfnachweis heißt es, dass die Arbeit unter anderem von der Bill und Melinda Gates Stiftung, der Regierung Estlands, von Kuwait und der Rockefeller-Stiftung finanziert wurde."[155]

Das stimmt. Rein formal. Doch wenn die dpa gleich im Anschluss anmerkt – „Die WHO schreibt dazu: ‚Die Ansichten der Förderer haben den Inhalt dieses Dokuments nicht beeinflusst.'"[156] – wird suggeriert, dass hier alles mit rechten Dingen zugegangen sei, dass es hierbei nicht massive Interessenkonflikte und korrumpierende Verfilzungen gäbe. Und das stimmt nicht. Hier wird der Leserschaft Sand in die Augen gestreut. Es ist eben nicht so, dass die Gates- und Rockefeller-Stiftungen *einfach so* und sozusagen aus rein philanthropischen Motiven die WHO-Richtlinien für die digitalen Impfpässe mitfinanziert hätten. Nein. Zudem reicht der Einfluss von Gates weiter und tiefer. Das zeigt sich etwa daran, dass es in denselben WHO-Richtlinien heißt, dass unter Anderen auch die Gates-nahe Organisation PATH[157] an der „Entwicklung dieses Dokumentes"

---

154 Wikipedia-Artikel „Deutsche Presse-Agentur", in: https://de.wikipedia.org/wiki/Deutsche_Presse-Agentur#Kritik – Abgerufen am 20.2.22.
155 https://dpa-factchecking.com/germany/211012-99-570299/ – Abgerufen am 20.2.22.
156 https://dpa-factchecking.com/germany/211012-99-570299/ – Abgerufen am 20.2.22.
157 … und zwölf Weltbank-Mitglieder; mensch fragt sich, was die hier verloren haben?

mitgewirkt hätten.[158] Andererseits ist klar, dass Gates- wie Rockefeller-Stiftung ihre Gelder vor allem projekt- und zweck-bezogen vergeben. Und bei all dem ein massives Interesse an der globalen Einführung von Impf-Pässen (als Voraussetzung für zukünftige lebenslängliche ‚Impf-Abos') haben. Zum einen, weil sie vom Impfgeschäft profitieren. Zum Anderen, weil sie mit ihrer Initiative „ID2020" dem bereits vorgearbeitet haben und damit noch ganz andere disruptiv-marktstrategische und globale (Überwachungs-)Zwecke verfolgen. Ich wies oben auf die entsprechenden Zusammenhänge und Machenschaften hin.

Ich zitiere jetzt die ganze Passage, in der Sambraks auf diese Verfilzungen hinweist. Und danach mag sich jede/r selbst fragen, wer näher an der Wahrheit ist. Trifft die nicht unrealistische Darstellung und Einschätzung Skambraks eher den Punkt? Oder die doch recht blauäugige (und damit verschleiernde) dpa-Darstellung? „Die Gates- und Rockefellerstiftungen haben die WHO-Richtlinien für die digitalen Impfpässe entworfen und finanziert. Weltweit werden sie mittlerweile eingeführt. Nur mit ihnen soll das öffentliche Leben möglich sein – egal, ob es darum geht, Straßenbahn zu fahren, einen Kaffee zu trinken oder eine medizinische Behandlung in Anspruch zu nehmen. Ein Beispiel aus Frankreich zeigt, das dieser digitale Ausweis auch nach Beendigung der Pandemie bestehen bleiben soll. Die Abgeordnete Emanuelle Ménard hat folgenden Zusatz im Gesetzestext gefordert: Der digitale Impfpass ‚endet, wenn die Verbreitung des Virus keine ausreichende Gefahr mehr darstellt, um seine Anwendung zu rechtfertigen.' Ihr Änderungsvorschlag wurde abgelehnt. Damit ist der Schritt hin zur globalen Bevölkerungskontrolle oder gar zum Überwachungsstaat durch Projekte wie *ID2020* sehr klein. Australien testet mittlerweile eine Gesichtserkennungsapp, um sicher zu stellen, dass Menschen in Quarantäne zu Hause bleiben. Israel benutzt dafür elektronische Armbänder. In einer italienischen Stadt werden Drohnen zur Temperaturmessung von Strandbesuchern getestet und in Frankreich wird gerade das Gesetz geändert, um Drohnenüberwachung großflächig möglich zu machen. All diese Themen brauchen einen intensiven und kritischen Austausch innerhalb der Gesellschaft. Doch er findet nicht zur Genüge in der Berichterstattung unserer Rundfunkanstalten statt und war auch nicht Wahlkampfthema."[159]

---

[158] WHO: Digital Documentation of COVID-19 Certificates: Vaccination Status. Technical Specifications and Implementation Guidance (27. 8. 2021), S. Vf. in: file:///C:/Users/User/AppData/Local/Temp/WHO-2019-nCoV-Digital-certificates-vaccination-2021.1-eng.pdf – Abgerufen am 8.12.21.

[159] Skambraks, O.: Ich kann nicht mehr [schweigen], a. a. O.

Zweitens: Die Niederlande melden deutlich mehr Nebenwirkungen

Skambraks „Behauptung“: „Die Niederlande melden deutlich mehr Nebenwirkungen der Covid-19-Impfstoffe als andere Länder.“ Die dpa-„Bewertung“: „Aus den Niederlanden kommen die meisten Verdachtsmeldungen, Nebenwirkungen sind das keine. Die EMA-Datenbank lässt keine abschließenden Schlussfolgerungen über Impfrisiken zu.“ Die dpa-„Fakten“: „Nach Angaben der Europäischen Arzneimittelagentur EMA sind bei allen vier in der EU zugelassenen Impfstoffen die Niederlande Spitzenreiter bei den Verdachtsmeldungen. Mehr als 158 000 Meldungen sind für das Land seit Beginn der Impfungen Ende 2020 bis zum 19. Oktober in der Datenbank eingelaufen. Zum Vergleich: Für das viel bevölkerungsreichere Deutschland verzeichnet die EMA im selben Zeitraum rund 95 000 Meldungen. Allerdings sind das alles keine Nebenwirkungen, sondern Verdachtsfälle.“[160]

Hierzu kann ich mich kurz fassen. Denn Paul Schreyer hat diesbezüglich schon alles gesagt. „Doch das ist nicht der Punkt von Skambraks’ Frage gewesen. Ob man die Meldungen nun ‚Nebenwirkungsmeldungen’ oder ‚Verdachtsmeldungen’ nennt – die Frage bleibt, warum in den Niederlanden mehr davon existieren als in anderen Ländern – und ob das vielleicht etwas mit einer besseren Erfassung solcher Meldungen dort zu tun hat, die Risiken hierzulande also womöglich unterschätzt werden. Schon eine solche Frage dem Autor als „Falschbehauptung“ anzukreiden entbehrt jeder Grundlage.“[161]

Drittens: Wieso wird über Ivermectin kaum oder nur tendenziös berichtet?

Hierzu eine Vorbemerkung von mir: Die Frage nach der Wirksamkeit von Ivermectin ist umstritten. Dies auch deshalb, weil massive Pharma- und Geldinteressen einer sauberen wissenschaftlichen und journalistischen Debatte im Wege stehen. Skambraks preist Ivermectin nicht als Wundermittel an. Er fragt nur kritisch nach, wieso hierzulande in den Leitmedien fast ausschließlich negativ darüber berichtet wird, Positives aber aus- oder abgeblendet bleibt.

Die dpa schreibt nun, Skambraks „Behauptung“ sei: „Indien habe die Corona-Situation schnell unter Kontrolle gebracht dank des Mittels Ivermectin. Der Schreiber des Briefes behauptet, das sei in Deutschland nicht berichtenswert gewesen.“[162] Diese dpa-Aussage ist nicht korrekt. Den zunächst sagte Skambraks

[160] https://dpa-factchecking.com/germany/211012-99-570299/ – Abgerufen am 20.2.22.

[161] Schreyer, P.: Fall Skambraks. SWR beurlaubt Kritiker, Faktenchecker kämpfen um Deutungshoheit (26.10.21 mit Update vom 28.10.21) in: https://multipolar-magazin.de/artikel/fall-skambraks-swr – Abgerufen am 20.2.22.

[162] https://dpa-factchecking.com/germany/211012-99-570299/ – Abgerufen am 20.2.22.

„Dass Indien die Situation *relativ* [Kursivierung durch mich, R. J. K.] schnell unter Kontrolle gebracht hat“. Und im gleichen Satz heißt es weiter, „dass dabei das Medikament Ivermectin in großen Bundesstaaten wie Uttar Pradesh eine entscheidende Rolle gespielt[[163]] hat“. Doch *dieser Fall* – also der Fall Uttar Pradesh – sei, so Skambraks, „nicht […] berichtenswert“ gewesen. Neben dem Link zur indischen Textquelle setzt Skambraks hier auch noch eine Fußnote: „Die WHO hat den indischen Bundesstaat Uttar Pradesh sogar gelobt für seine Coronapolitik, allerdings ohne Ivermectin zu erwähnen. Die Impfrate in Uttar Pradesh liegt unter 10 %.“[164]

Auf diese Textpassage bezieht sich – verallgemeinernd und kontext-ausblendend die dpa-Paraphrase „Indien habe die Corona-Situation schnell unter Kontrolle gebracht dank des Mittels Ivermectin. Der Schreiber des Briefes behauptet, das sei in Deutschland nicht berichtenswert gewesen.“[165] Genau diese dpa-Aussage ist aber falsch, denn sie suggeriert, dass Skambraks sich auf ganz Indien bezogen hätte. Doch Skambraks sprach nur davon, dass der Fall Uttar Pradesh „nicht […] berichtenswert“ gewesen sei. Er sagte nicht, dass die deutschen Leitmedien generell nicht über Indien oder Ivermectin berichtet hätten. Ganz im Gegenteil. Bei Skambraks steht: „Ivermectin hat auch in Tschechien und der Slowakei eine vorläufige Zulassung für die Behandlung von Covid-19-Patienten. Darüber berichtet[166] immerhin der MDR, wenn auch mit negativer Konnotation.“[167]

Nach dieser dpa-Falschaussage folgt die „Bewertung“ der dpa: „Der Nutzen von Ivermectin ist stark umstritten. In Deutschland gibt es Medien (darunter den SWR), die über den Einsatz des Mittels in Indien und auch mögliche positive Effekte berichtet haben.“ Interessanterweise gibt es an dieser Stelle keinen Link, keine Quellenangabe. Ich kann also nicht nachprüfen, wann und wie der SWR darüber *positiv* berichtet haben soll. Etwas später wird in der Rubrik „Fakten“ dann aber doch ein Quelle angegeben. Und zwar in folgender Passage: „Die Universität Oxford testete in einer Studie die Wirksamkeit des Anti-Wurmmittels Ivermectin. Im Juni 2021 heißt es, dass das Mittel in *kleinen* Laborstudien vielversprechende Ergebnisse erzielt habe: Eine frühe Verabreichung von Ivermectin reduziere die Viruslast und die Dauer der Symptome bei einigen

---

163 Hier Skambraks Link zur Quelle: https://indianexpress.com/article/cities/lucknow/uttar-pradesh-government-says-ivermectin-helped-to-keep-deaths-low-7311786/ – Abgerufen am 20.2.22.

164 Skambraks, O.: Ich kann nicht mehr [schweigen], in: https://multipolar-magazin.de/artikel/ich-kann-nicht-mehr – Abgerufen am 20.2.22.

165 https://dpa-factchecking.com/germany/211012-99-570299/ – Abgerufen am 20.2.22.

166 Hier Skambraks Link zur Quelle: https://www.mdr.de/nachrichten/welt/osteuropa/ostblogger/tschechien-corona-medikament-ivermectin-100.html – Abgerufen am 20.2.22.

167 Skambraks, O.: Ich kann nicht mehr [schweigen], a. a. O.

Patienten mit leichter Erkrankung, so die damalige Erkenntnis. Deutsche Medien wie die «Süddeutsche Zeitung» und der SWR,[168] Haussender des Rundfunk-Mitarbeiters, berichteten damals darüber. Mittlerweile[169] gilt das Mittel jedoch als umstritten in Bezug auf die Wirksamkeit. Forscher des Uni-Klinikums Würzburg finden im Juli 2021 in ihrer *übergreifenden* Analyse von mehr als einem Dutzend klinischen Studien keine Hinweise, dass Ivermectin den Zustand von Erkrankten verbessere oder die Zahl der Todesfälle reduziere. Das Robert Koch-Institut (RKI) warnt vielmehr vor heftigen Nebenwirkungen".[170] Soweit die Passage.

Ich öffne nun den verlinkten Beitrag des SWR. Er stammt von Anja Braun und trägt den Titel „Anti-Wurmmittel Ivermectin kein Wundermittel gegen Covid-19". Darin wird aber weder von den indischen Ivermectin-Erfolgen, noch auch von der Oxford-Studie berichtet, noch auch sonst nennenswert Positives erwähnt. Stattdessen folgt der Artikel dem Einheitsnarrativ. „Viele Menschen setzen derzeit auf das Entwurmungsmittel Ivermectin zur Behandlung oder Vorbeugung einer Covid-19 Erkrankung. Das ist gefährlich und kann zu schweren Vergiftungen führen."[171]

Was zeigen Bewertung und Argumentation der dpa? Sie zeigen zunächst: Dass die dpa-Faktenchecker nicht sauber und faktenbasiert arbeiteten. Dann zeigen sie, dass die dpa geschickt versucht, den Eindruck zu erwecken, dass die Leitmedien – entgegen der Darstellung von Skambraks – sehr wohl ausgewogen über die indischen Ivermectin-Erfolge wie auch über positive Ivermectin-Studien berichtet hätten. Sogar sein „Haussender", der SWR hätte das getan. Damit versucht die dpa, Skambraks der Irreführung und „Falschbehauptung" zu überführen, ihm die Glaubwürdigkeit zu entziehen. Bei genauer Betrachtung der dpa-Argumentation und beim Lesen der verlinkten Quelle, zeigt sich jedoch: die vermeintlichen Fakten geben das nicht her. Die Quelle stützt weniger die dpa-, dafür mehr die Skambraks-Argumentation. Nicht Skambraks, sondern die dpa führt die Leser/innen in die Irre. Nicht Skambraks, sondern die dpa greift hier zu „Falschbehauptungen". Die angeblichen Fakten der dpa-‚Faktenchecker' sind

[168] Hier der Link zur Quelle: https://www.swr.de/wissen/antiwurmmittel-ivermectin-kein-wundermittel-gegen-covid-19-100.html – Abgerufen am 20.2.22.

[169] Ich (R. J. K.) frage: wieso steht hier „mittlerweile"? Für die deutschen Leitmedien (und das RKI) stand seit Beginn der Corona-Krise fest, dass Ivermectin als Corona-Medikament nichts taugt, sondern eher schadet. Das Wort „mittlerweile" soll suggerieren, dass die dpa diesbezüglich stets und unvoreingenommen auf aktuelle wissenschaftliche Untersuchungen reagiert. Was ersichtlich nicht der Fall ist. Es wird nur (über)reagiert, wenn es in das Narrativ passt.

[170] https://dpa-factchecking.com/germany/211012-99-570299/ – Abgerufen am 20.2.22. Kursivierungen im Text von mir, R. J. K.

[171] https://www.swr.de/wissen/antiwurmmittel-ivermectin-kein-wundermittel-gegen-covid-19-100.html – Abgerufen am 20.2.22.

weniger Fakten als verleumderische Falschaussagen, propagandistisch am Einheitsnarrativ und nicht an den Tatsachen orientiert.

Skambraks lag richtig, sozusagen doppelt richtig. Sein offener Brief entsprach im Großen und Ganzen den derzeitigen Corona-Realitäten. Und die dpa-Faktenchecker haben Skambraks Darstellung und Interpretation – indirekt und ungewollt – nochmals bestätigt. Auch zeigt sich, um wieviel sauberer und differenzierte Skambraks argumentiert als die dpa-‚Faktenchecker'. Ich zitiere aus seinem Brief: „Warum stellen sich Gesundheitsbehörden vehement gegen Behandlungsmittel, die von Beginn der Pandemie an zur Verfügung gestanden hätten? Dazu hätte ich mir investigative Recherchen der ARD gewünscht! Es sei noch erwähnt, dass die neuen Corona-Impfstoffe nur deshalb eine Notzulassung bekommen konnten, weil es kein offiziell anerkanntes Behandlungsmittel für SARS-CoV-2 gegeben hat. Es geht mir nicht darum, irgendein Corona-Wundermittel anzupreisen. Ich möchte Sachverhalte aufzeigen, die nicht die nötige Beachtung bekommen haben. Von Anfang an wurde im öffentlichen Diskurs die Meinung verbreitet, dass nur eine Impfung Abhilfe schaffen kann. Die WHO ging zeitweise sogar so weit, die Definition von ‚Herdenimmunität' in dem Sinne zu ändern, dass diese nur noch durch Impfungen erlangt werden könne und nicht mehr durch eine frühere Infektion wie das bisher der Fall war."[172]

Blicken wir nochmal auf das Wort „korrumpieren". Das Wörterbuch „Wiktionary" definiert korrumpieren so: „durch Gewährung von Vorteilen bestechen, und somit auch moralisch verderben." Ja genau: das ist es, was die staatlich-mediale Propaganda-Maschinerie seit Beginn der Impfkampagne versucht: Wer sich impfen und impfen und impfen lässt – in immer kürzeren Abständen, wie sich nach und nach herausstellt – der bekommt Vorteile versprochen, der bekommt Freiheiten (die ihm der Staat nie hätte nehmen dürfen) zurück (z. B. die Reisefreiheit allerdings gekoppelt an den E-Impfnachweis à la ID2020), der lässt sich dadurch bestechen und wird dadurch moralisch verdorben. Weiter bedeutet „korrumpieren" im „Wiktionary": „Integrität oder Authentizität von elektronischen Daten schwächen".[173] Auch das passt (in einem übertragenen Sinn) ausgezeichnet auf die jetzige Situation. Denn die subtile Faktenchecker-Zensur, die seit der Corona-Krise im Internet herrrscht – und die es in diesem Umfang zuvor noch nicht gab – schwächt die Integrität und Authentizität aller corona-politik-kritischen Daten. Der neue Macht-Filter ‚Faktencheck' ist installiert und läuft auf Hochtouren.

[172] Skambraks, O.: Ich kann nicht mehr [schweigen], a. a. O.
[173] https://de.wiktionary.org/wiki/korrumpieren – Abgerufen am 23.2.22.

Um nicht missverstanden zu werden. Natürlich bin ich der Meinung, dass Fake-News v. A. dort, wo demokratisch etwas auf dem Spiel steht, etwa bei antidemokratischer Hass- und Gewalthetze, enttarnt und richtiggestellt, ggf. auch geahndet werden sollten. Oder dass dann, wenn von einflussreichen Machtcliquen oder Geheimdiensten versucht wird, demokratische Meinungsbildungsprozesse und Wahlen vermittels gezielt verbreiteter Falschinformationen zu beeinflussen oder ganze Staaten zu destabilisieren – dass dann reingegrätscht werden muss. Für diese und ähnliche Fälle gibt es aber freien Journalismus, kritische Wissenschaft und demokratische Gesetze. Frei ist ein Journalismus, der nicht durch Machtinteressen und Oligarchie-Filz korrumpiert ist. Kritisch ist eine Wissenschaft, die demokratisch und nicht konzernokratisch finanziert wird. Und demokratisch sind Gesetze, die die Volkssouveränität sicherstellen und schützen. Und von diesen Gesetzen gibt es einige. Etwa im Strafgesetzbuch die Tatbestände des Friedensverrats „§ 80a Aufstacheln zum Verbrechen der Aggression".[174] Oder den Tatbestand „Gefährdung des demokratischen Rechtsstaates" §§ 84ff. Hier sind wichtige Regelungen aufgeführt, etwa „§ 86 Verbreiten von Propagandamitteln verfassungswidriger und terroristischer Organisationen" oder „§ 88 Verfassungsfeindliche Sabotage". Zudem wurde jüngst erst nachgeschärft. Am 22.9.2021 ist ein neuer Tatbestand hinzugekommen. § 192a „Verhetzende Beleidigung". Dieser Tatbestand wurde und wird kontrovers diskutiert. Er lautet: „Wer einen Inhalt [...], der geeignet ist, die Menschenwürde anderer dadurch anzugreifen, dass er eine durch ihre nationale, rassische, religiöse oder ethnische Herkunft, ihre Weltanschauung, ihre Behinderung oder ihre sexuelle Orientierung bestimmte Gruppe oder einen Einzelnen wegen seiner Zugehörigkeit zu einer dieser Gruppen beschimpft, böswillig verächtlich macht oder verleumdet, an eine andere Person, die zu einer der vorbezeichneten Gruppen gehört, gelangen lässt, ohne von dieser Person hierzu aufgefordert zu sein, wird mit Freiheitsstrafe bis zu zwei Jahren oder mit Geldstrafe bestraft."

Das zeigt: auf journalistischer, wissenschaftlicher und juristischer Ebene gibt es genügend Möglichkeiten und Instrumente. Auf juristischer Ebene eventuell sogar zuviele.[175] Die Frage ist, ob wir in puncto Fake-News *zusätzlich* Faktenchecks und

---

174 Lustige Formulierung. Als ob Aggression ein Verbrechen sei. Aber gemeint ist in der Tat etwas Anderes.

175 Ich denke hier an einige etwas ‚mittelalterlich' und überholt wirkende Paragrafen wie die Verunglimpfungsparagraphen, z. B. „§ 90a Verunglimpfung des Staates und seiner Symbole. (1) Wer öffentlich, in einer Versammlung oder durch Verbreiten eines Inhalts (§ 11 Absatz 3), 1., die Bundesrepublik Deutschland oder eines ihrer Länder oder ihre verfassungsmäßige Ordnung beschimpft oder böswillig verächtlich macht oder, 2., die

Faktenchecker benötigen. Ob sie etwas *Entscheidendes* zur Lösung des Problems Fake-News beitragen. Wenn wir nun eine Blick zurück werfen, auf die beiden von mir analysierten Faktenchecks – den Faktencheck von Tatjana Hörnle an dem Interview von Nils Melzer und seiner Darstellung des Falls Assange 2020 sowie die soeben durchgeführte Analyse im Fall Skambraks 2021 – dann zeigt sich, dass die Faktenchecker das Problem nicht nur nicht gelöst, sondern eher verschärft haben. Indem sie wichtige machtpolitisch-antidemokratische Zusammenhänge pseudofaktisch verschleiert haben. Ich glaube, dass ‚Faktenchecker' die entscheidenden Probleme auch gar nicht lösen können. Sie liegen ganz woanders. Ein Problem ist das über weite Strecken völlig berechtigte Misstrauen vieler Menschen gegenüber den Führungs- und Machtcliquen. Ein anderes Problem ist, dass die leitmedialen Definitionsmachthaber mit der Demokratisierung von Kommunikation und Informationsaustausch im Internetzeitalter nicht klarkommen bzw. weniger nett formuliert, dass die hinter ihnen stehenden Über-Mächtigen diese Demokratisierung nicht wollen. Sie wollen eine gelenkte Demokratie, keine echte Demokratie. Sie wollen Macht-Filter, nicht Macht-Kritik. Die Schatten-Lenker wollen im Schatten bleiben. Und wenn sie ins Licht der Öffentlichkeit treten, dann am besten als ‚Philanthropen'.

Zum ersten Problem: dem Misstrauen vieler Mitmenschen an der leitmedialen Berichterstattung, insofern sie, wie sich immer wieder und besonders deutlich an der Corona-Politik zeigte, von antidemokratischen Macht- und Manipulationsinteressen durchzogen ist. Dieses Misstrauen geht quer durch die Bevölkerungsschichten, quer durch die politischen und weltanschaulichen Lager. Dieses Misstrauen ist in vielen Fällen berechtigt. Das Volk ist nicht so dumm und unmündig, wie sich die Über-Mächtigen und ihre Höflinge in ihrer überheblichen Pro-Domo-Ideologie das pseudolegitimatorisch zurechtbiegen. Immer mehr Menschen durchschauen das falsche Machtspiel der Führungs- und Geldeliten. Und zahlreiche Untersuchungen von nicht-korrumpierte Denkerinnen, Journalisten, Wissenschaftlerinnen und anderen Fachleuten ziehen den Über-Mächtigen die Maske, enttarnen ihre Machtstrategien. Dieses Misstrauens-Problem wurde von den bisherigen Faktencheckern nicht gelöst, nur verschärft. Wie sich zeigte, wird das ‚Faktenchecken' allzu oft missbraucht. Und zwar dazu, *alle* Informationen, die nicht dem Leitnarrativ (und der ihm teils indirekt, teils direkt in die Hände spielenden Political Correctness) entsprechen, als Fake-News zu diskreditieren. Sowohl die Informationen, die tatsächlich Fake-News sind als

Farben, die Flagge, das Wappen oder die Hymne der Bundesrepublik Deutschland oder eines ihrer Länder verunglimpft, wird mit Freiheitsstrafe bis zu drei Jahren oder mit Geldstrafe bestraft." – Als wäre die BRD ein Gott, ihre Symbole sakrosankt und ihre Verunglimpfung Blasphemie! Da würde ich mir vom Staat ein bisschen mehr Selbstbewusstsein, souveränes Darüber-Stehen und aufgeklärte Toleranz wünschen.

auch die, die das Gegenteil von Fake-News sind: nämlich fundierte, berechtigte, echt-demokratische Kritik an den sinistren Machenschaften der Führungs-Eliten.

Die Leitmedien müssen sich an dieser Stelle die Frage gefallen lassen, wieso sie eigentlich eine Hintergrund-Organisation namens ‚Faktenchecker' brauchen? Sind die von ihnen leitmedial dargebotenen Fakten so wenig stichhaltig oder überzeugend, dass sie der Verstärkung durch Faktenchecker bedürfen? Dann könnte es aber sein, dass sie ihrem öffentlich-demokatischen Auftrag bisher nicht angemessen genug nachgekommen sind. Oder reicht ihnen die enorme mediale Macht nicht, die sie ohnehin und nach wie vor haben? Zum Richtigstellen und Aufklären würde sie doch locker reichen. Wieso wollen sie noch mehr Macht? Etwa um andere Meinungen nicht hochkommen zu lassen? Aber Demokratie braucht Meinungsvielfalt, braucht Kontroverse, braucht Kritik. Wenn also die Leitmedien vermittels Faktencheckereien nichts Besseres zu tun haben, als Meinungsvielfalt einzuschränken und Definitionsmacht zurückzugewinnen oder zu vermehren, dann ist genau dieses Bestreben demokratisch nicht legitim. Wir brauchen keine selbst-berufenen ‚Wahrheitswächter'. Und schon gar nicht solche, die ihm Dienst der Über-Mächtigen stehen.

Zum zweite Problem. Der Kommunikationswissenschaftler Michael Meyen hat es so formuliert: „Internet und digitale Plattformen haben die Berufsideologie des Journalismus ad absurdum geführt. Man muss nur ein paarmal klicken, um Gegenpositionen zu finden zu dem, was Tagesschau, Spiegel oder Süddeutsche Zeitung melden, und vor allem Dinge, die dort gar nicht stattfinden – oft genug genauso seriös vorgetragen und mit Quellen unterfüttert. Die neue Konkurrenz aus dem Netz hat die Glaubwürdigkeit der Leitmedien erschüttert und all jene alarmiert, die die veröffentlichte Meinung vorher direkt oder indirekt kontrollieren konnten, weil ihnen Sender und Verlage gehören, weil sie Werbung schalten und die meisten Experten bezahlen, weil sie die Redaktionen mit Pressematerial fluten und mit Gesetzen drohen können oder weil sie den Nachwuchs ausbilden“.[176]

Das Problem hierbei ist: Viele Menschen wollen heutzutage demokratischere, meinungsvielfältigere und kritischere Informationen. Doch die politische und oligarchische Führungsriege will genau das nicht. Sie will neue Macht-Filter installieren, um weiterhin öffentliche Meinung und Demokratie gut lenken zu können. Das ist das Problem. Das ist der Hauptkonflikt. Und in diesem Konflikt hilft es nicht, faktencheckerische Kreuzzüge gegen ‚populistische' Themen, gegen alternative Medien oder medienmachtkritische Stimmen zu führen. Hier hilft es nicht, jede Meinung, die ein wenig aus dem leitmedialen Rahmen fällt,

---

[176] Meyen, M.: Auf dem Weg zum Wahrheitsministerium (9.1.21) in: https://multipolar-magazin.de/artikel/auf-dem-weg-zum-wahrheitsministerium – Abgerufen am 23.2.22.

faktencheckerisch zu diskreditieren. Oder alle Nachrichten, die aus anderen Quellen als den Leitmedien stammen, alle News, die (noch) nicht ‚faktengecheckt' sind, unter den Generalverdacht „Fake-News" zu stellen. Und damit das Thema „Fake-News" als die große Gefahr für die Demokratie aufzublasen – und Angst-Politik zu machen. Hier hilf nur eins: Der Macht die Maske ziehen und mehr Demokratie wagen. Nicht dem Volk, sondern den Über-Mächtigen und ihren Höflingen ist zu misstrauen.

Ich sprach oben von der Deutschen Presse-Agentur. Die dpa ist der wichtigste deutsche Informations-Vorsortierer und Nachrichten-Lieferant. International ist die dpa aber nicht so bedeutend. Da sind allein die drei Giganten erwähnenswert: AP (Associated Press – USA), AFP (Agence France-Presse – Frankreich), Thomson-Reuters (UK, USA). Die „Swiss Policy Research" – eine parteipolitisch und journalistisch vergleichsweise unabhängige Forschungsgruppe – klärt diesbezüglich auf: „Es ist einer der wichtigsten Aspekte unseres Mediensystems – und dennoch in der Öffentlichkeit nahezu unbekannt: Der größte Teil der internationalen Nachrichten in all unseren Medien stammt von nur drei globalen Nachrichtenagenturen aus New York, London und Paris. Die Schlüsselrolle dieser Agenturen hat zur Folge, dass unsere Medien zumeist über dieselben Themen berichten und dabei sogar oftmals dieselben Formulierungen verwenden. Zudem nutzen Regierungen, Militärs und Geheimdienste die globalen Agenturen als Multiplikator für die weltweite Verbreitung ihrer Botschaften. Die transatlantische Vernetzung der etablierten Medien gewährleistet dabei, dass die gewünschte Sichtweise kaum hinterfragt wird. Eine Untersuchung der Syrien-Berichterstattung von je drei führenden Tageszeitungen aus Deutschland, Österreich und der Schweiz illustriert diese Effekte deutlich: 78% aller Artikel basieren ganz oder teilweise auf Agenturmeldungen, jedoch 0% auf investigativer Recherche. Zudem sind 82% aller Kommentare und Interviews USA/NATO-freundlich, während Propaganda ausschließlich auf der Gegenseite verortet wird."[177]

Drei Punkte möchte ich nochmal eigens hervorheben. 1. Die angebliche kritische Meinungsvielfalt der Leitmedien beruht, was Auslandsnachrichten betrifft, v. A. auf drei Agenturen, wobei alle drei von westlichen Macht-Interessen und zwei davon von US-Interessen bestimmt werden. 2. Diese wenig diversen und für informationelle Gleichschaltung wie geschaffenen Nachrichtenquellen werden aber in den Leitmedien (fast) nie hinterfragt oder kritisiert. 3. Ein nicht-

[177] Swiss Policy Research: Der Propaganda-Multiplikator (Juni 2016), in: https://swprs.org/der-propaganda-multiplikator/ – Abgerufen am 20.2.22. „Swiss Policy Research (SPR) ist ein Forschungs- und Informationsprojekt zu geopolitischer Propaganda in Schweizer und internationalen Medien. Sämtliche Studien und Beiträge wurden von einer politisch und publizistisch unabhängigen Forschungsgruppe ohne Beauftragung oder Fremdfinanzierung erstellt."

leitmediales, nicht-faktengechecktes freies Schweizer Internetportal klärt sachlich und fachlich korrekt über diese wichtigen Zusammenhänge auf. Und jetzt mag sich jede Leserin, jeder Leser selbst fragen: Von wem wurden Sie über diese wichtigen Zusammenhänge besser aufklärt: Von den Leitmedien? Von den Faktencheckern? Oder von einem frei-journalistischen Internetportal?

Jetzt ist auch einigermaßen nachzuvollziehen, wieso es in der leitmedialen Corona-Berichterstattung zu so einem einseitigen Einheitsnarrativ kommen konnte. Und wieso wir – abhängig von nur drei machtpolitisch eng verwobenen Großagenturen mit Nachrichten versorgt – immer der Meinung waren, die ganze Welt verfolge dieselbe (und alternativlose!) Corona-Politik wie Deutschland, die EU oder die USA. Tja.

Im Rückblick auf all die vielen von mir dargestellten Macht- und Propaganda-Strategien der Über-Mächtigen, die seit etwa 100 Jahren die öffentliche Meinung manipulieren; im Rückblick auf zwei Jahre Corona-Propaganda, zwei Jahre, in denen mehr mit Angst-Politik als mit sauberen Zahlen operiert wurde, frage ich: Was ist schlimmer? Was ist gefährlicher? Populistische Fake-News von unten, vom Volk, bottom-up? Oder elitäre Fake-Propaganda der Über-Mächtigen und Über-Menschen, top-down? Mag jeder, mag jede darauf seine/ihre eigene Antwort finden. Freilich, das steht für mich fest: das Beste wäre eine echt-demokratische Politik, die Volkssouveränität und Meinungsvielfalt zulässt, ein freier, tatsachenbasierter und aufklärerischer Journalismus, der nicht durch Macht-Filter als elitäres Lenkungsinstrument missbraucht wird.

Vorbildhaft in dieser Hinsicht sind für mich z. B. Paul Schreyer, Stefan Korinth und Ulrich Teusch. Sie haben gemeinsam Anfang 2020 das Online-Magazin „Multipolar“ gegründet. Bezeichnend ist, was Michael Meyen von Schreyer berichtet: „Schreyer hat mir erzählt, wie er als junger Mann nach 9/11 das Internet für sich entdeckte. Die Debatten vor allem und das ‚Prinzip‘, selbst zu den Quellen gehen und alles überprüfen zu können. Schreyer sagt, dass er deshalb sehr ‚sensibel‘ war, ‚als die großen Medien vor einigen Jahren angefangen haben, die Leserforen abzuschalten‘. Guter Journalismus ist für ihn ‚das Gegenteil von Ausgrenzung‘. Das beginnt schon bei der Sprache, bei ‚Vokabeln, die bestimmte Positionen diskreditieren‘. In diesem Ideal steckt ein wenig DDR. Paul Schreyer, 1977 geboren, hat in der Schule einen ‚bunten Haufen‘ erlebt. In Wustrow auf dem Fischland saß er, Sohn eines berühmten Schriftstellers und einer Modekünstlerin, neben Kindern von Klempnern, Verkäuferinnen, Sekretärinnen. ‚Das hat meinen Blick auf die Welt geprägt. Mir ist jedes Elitedenken fremd. Dieser Glaube, es gibt Leute da unten, die einfach nicht so schlau sind und für die wir alles regeln müssen. Dieses Denken ist in meinen Augen Gift für die Gesellschaft'."[178]

Corona-Kritiker: „Minderheit von hasserfüllten Extremisten"?

Der Fall Skambraks und alles, was damit zusammenhängt, ist sehr alarmierend. Doch ebenso wichtig ist zu sehen: Skambraks ist nicht allein. Er ist einer von vielen aufrichtigen, mutigen und kritischen Menschen, die das derzeitige Einheitsnarrativ und sein diskriminierendes Framing hinterfragen und den tatsächlichen Ursachen und Vorgängen dadurch näher kommen. Im Januar 2022 ging ein weiterer SWR-Mitarbeiter an die Öffentlichkeit: Martin Ruthenberg. Er folgte Skambraks Beispiel.[179]

Und nun, seit Dezember 2021, stehen auch wieder mehr Menschen auf. Wie die Demos und ‚Spaziergänge' in Österreich und Deutschland zeigen, sind es sehr viel Menschen, die die offizielle und autoritäre Impfpolitik und Propaganda nicht mittragen. Einzelne mutige – und zumindest corona-politisch wenig korrumpierte – Sender wie ServusTV bringen kritische Dokumentationen zu Corona, zur gravierenden Dunkelziffer an Impfnebenwirkungen und Impfschäden. Und es werden mehr. Wie sagte es Jürgen Müller in seiner polemischen, aber doch recht treffenden Demo-Rede: „In seiner ersten Regierungserklärung hat Olaf Scholz gesagt, bei den Maßnahmenkritikern handle es sich um ‚eine winzige Minderheit von enthemmten, hasserfüllten Extremisten.' Warum sollte ich mir so etwas von einem CumEx-Charakter anhören? Der Welt-Journalist Tim Röhn fragt auf Twitter: ‚Bin ich der Einzige, der bei ‚Wir werden alles tun, was notwendig ist. Es gibt keine roten Linien' kurz zusammenzuckt?' Menschen, die noch ihre Murmeln beinander haben, zucken da halt zusammen. Was fordern wir denn im Wesentlichen? Was ist denn so extrem? ‚Achtet das Vorsorgeprinzip und das Grundgesetz, lasst den Impfpass sein, hört die gesamte Breite der Wissenschaften und lasst die Kinder in Ruhe.' Das sind die jahrzehntelang gültigen Regeln in unserer Gesellschaft, mit denen wir sehr gut gelebt haben."[180]

---

[178] Meyen, M.: Propaganda Matrix. Der Kampf für freie Medien entscheidet über unsere Zukunft, München 2021, S. 46.

[179] „Schluss mit Einseitigkeit. SWR-Nachrichtensprecher rechnet mit Herdenjournalismus in Corona-Zeiten ab" – Martin Ruthenberg im Inteview mit Ralf Wurzbacher, in: https://www.nachdenkseiten.de/?p=80112 – Abgerufen am 26.1.22.

[180] So Jürgen Müller, in einer Rede, die er auf der Demo „München steht auf" am 15. Dezember 2021 halten wollte, in: https://publikum.net/munchen-steht-auf-15-12-eine-perspektive/ – Abgerufen am 19.12.21.

Auch der Altmeister der Süddeutschen Zeitung Heribert Prantl – (fast) immer ein Garant klassisch-kritischen Journalismus und ausgewogener Darstellung – meldet sich zu Wort. Er schreibt am 14. 11. 2021: „Söder hat eine Neigung zu katastrophischem Denken und macht damit den Leuten Angst. Auch der sächsische Ministerpräsident Kretschmer tut das, wenn er davon redet, dass die Welle, ‚die wir vor uns haben … alle bisherigen Wellen in den Schatten stellen' wird. Angst ist ein schlechter Ratgeber. Mit dem Schüren von Angst, der Beschimpfung der Ungeimpften (denen Frank Ulrich Montgomery, der Ehrenpräsident der Bundesärztekammer, ‚Tyrannei' vorgeworfen hat) macht man nichts besser. Wie steht es mit einer Impfpflicht, jedenfalls für bestimmte Berufsgruppen? Wie steht es mit einer generellen Impfpflicht? Ich habe letztere, aus guten Gründen, wie ich meine, stets abgelehnt".[181]

Auch Politiker/innen und Ex-Politiker/innen melden sich. So etwa Sahra Wagenknecht. Oder Otto Schily (SPD, Bundesinnenminister von 1998 bis 2005). Schily sagte am 1.12.2021 in der „Welt" unter der Überschrift „Die Impfpflicht ist eine verfassungswidrige Anmaßung des Staates": „Ich bin bereits dreimal geimpft und empfehle die Impfung besonders vulnerablen Menschen. Aber eine allgemeine Impfpflicht ist unverantwortlich. Nicht einmal in der sonst so vehement als autoritär gescholtenen Volksrepublik China besteht sie. Was noch vor kurzer Zeit kategorisch ausgeschlossen wurde, soll jetzt nach den Ankündigungen in den Medien Gesetz werden: eine allgemeine Impfpflicht."[182]

Der Leiter der Intensivstation 123 der Berufsgenossenschaftlichen Unfallklinik Murnau Dr. Wolfram Popp gab am 6.12.21 im Rahmen einer Anti-Impfpflicht-Demo ein längeres Interview. Dieses Interview ist sehens- und hörenswert. Auch deshalb, weil hier ein Mann vom Fach und zugleich ein verantwortungsbewusster Mensch unaufgeregt, sachlich und ausgewogen seine Sicht der Dinge darlegt. U. A. erklärte er, wieso er sich derzeit nicht impfen lasse. Das Risiko sei in seiner Altergruppe höher als der Nutzen; zumal, da er ein gesunder, sportlicher und eben nicht übergewichtiger Mensch sei. (Die Zahlen geben ihm Recht.) Und dass viele Krankenhausangestellte aus nachvollziehbaren Gründen ebenfalls gegen eine Impfpflicht seien – und nach wie vor ungeimpft.[183] Jetzt drohen ihm ernsthafte

---

[181] Prantl, H.: In der Corona-Zeit braucht es viel mehr Hoffung, in: https://heribertprantl.de/prantls-blick/in-der-corona-zeit-braucht-es-viel-mehr-hoffnung/ – Abgerufen am 13.12.21.

[182] https://www.welt.de/debatte/kommentare/plus235395056/Otto-Schily-Die-Impfpflicht-eine-verfassungswidrige-Anmassung-des-Staates.html – Abgerufen am 11.12.21.

[183] Dies bestätigte mir auch ein Bekannter, der als Pfleger, geimpft, in einem Münchener Krankenhaus arbeitet. Er sagte mir zudem, dass die Intensivstation ganz normal ausgelastet sei, so, wie schon immer, auch in Vor-Corona-Zeiten. Einfach aus dem Grund, weil sich keine Klinik viele leerstehende Intensivbetten leisten könnte. Er zumindest sehe in seiner Klinik keinen gravierenden Unterschied.

Konsequenzen von Seiten der Klinikleitung.[184] Und fast schon reflexartig polemisiert die Presse gegen ihn und versucht, ihn und seine Argumente zu depotenzieren.[185] Doch auch Popp ist nicht allein. Es gibt viele „Ärztinnen und Ärzte für individuelle Impfentscheidung“: organisierte[186] und nicht organisierte.

Kriminelle Machenschaften von Pfizer & Co

Am Tag, nachdem ich mir das Interview mit Dr. Popp anschaute, hörte ich im Bayrischen Rundfunk zum x-sten Male eine Nachrichtensprecherin verkünden: dass es laut Experten keine negativen Langzeitfolgen bei den Covid-Impfstoffen geben könne. Punkt.[187] Ich frage: Wie kann es sein, dass solch eine unseriöse Aussage unkommentiert und im Brustton der Überzeugung aus einem öffentlich-rechtlichen Sender erschallen darf? Solch eine Aussage, die journalistisch-kritischen Standards ins Gesicht schlägt? Eine Aussage, die wissenschaftlich und zulassungsverfahrenstechnisch nicht gedeckt ist und so schnell auch nicht gedeckt werden kann? Denn Fakt ist, dass solche durch Genmanipulation hergestellten Impfstoffe vorher noch nie in dieser Art auf Menschen ‚losgelassen wurden’. Wie will mensch also *jetzt* wissen, dass es keine negativen Langzeitfolgen geben kann? Fakt ist ferner, dass die Firma Biontech, als sie im Oktober 2019 in den USA an die Börse ging, zukünftige Aktionäre darüber informierte: „Unseres Wissens gibt es derzeit keinen Präzedenzfall für eine mRNA-basierte Immuntherapie, wie die, die wir entwickeln, die von der [US-Arzneimittelbehörde] FDA, der Europäischen Kommission oder einer anderen Aufsichtsbehörde anderswo auf der Welt zum Verkauf zugelassen wurde. […] Die von uns entwickelten Produktkandidaten könnten nicht oder nur mäßig wirksam sein oder unerwünschte oder unbeabsichtigte Nebenwirkungen, Toxizitäten oder andere Eigenschaften aufweisen, die eine Marktzulassung verhindern oder die kommerzielle Nutzung einschränken könnten. […] Die Entwicklung von mRNA-Arzneimitteln ist mit erheblichen klinischen Entwicklungs- und Zulassungsrisiken verbunden, da es

[184] Vgl. https://pflegefueraufklaerung.de/chef-der-intensiv-murnau-sagt-seine-meinung-zur-c-impfung-und-wird-suspendiert-so-funktioniert-impf-diktatur-dieser-bundesregierung-und-ihrer-faschistoiden-minister/ – Abgerufen am 13.12.21.

[185] Auf Corona-Demo: Leiter von Intensivstation löst mit Impf-Kritik Eklat aus – er ist selbst ungeimpft (13.12.2021), in: https://www.merkur.de/lokales/garmisch-partenkirchen/murnau-ort29105/impfkritik-bayern-eklat-corona-ukm-ungeimpft-intensivstation-klinik-murnau-impfung-news-aktuell-91166961.html – Abgerufen am 13.12.21.

[186] Siehe: Ärztinnen und Ärzte für individuelle Impfentscheidung, in: https://www.individuelle-impfentscheidung.de

[187] Diese Formel wurde besonders virulent, nachdem der bekannte Fußballspieler Joshua Kimmich seine Impfzweifel äußerte. Inzwischen ist Kimmich durch massiven Druck von außen auf Spur gebracht.

sich um eine neuartige und noch nie dagewesene Kategorie von Therapeutika handelt. Als potenzielle neue Kategorie von Therapeutika wurden unseres Wissens bisher keine mRNA-Immuntherapien von der FDA, der EMA oder einer anderen Aufsichtsbehörde zugelassen. […] Bis heute gab es noch keine Phase-3-Studie für ein mRNA-basiertes Produkt oder ein kommerzielles mRNA-basiertes Produkt. […] Derzeit wird mRNA von der FDA als Gentherapieprodukt betrachtet."[188]

Noch deutlicher formuliert es der Publizist und Gemeinwohl-Ökonom Christian Felber: „Diese neuen Technologien sind bisher in der EU nur *bedingt zugelassen*. Bisher nahm die Zulassung von Impfungen viele Jahre in Anspruch: zwei bis fünf Jahre für die Entwicklung im Labor, weitere zwei bis fünf Jahre für die klinischen Studien, und bis zu zwei Jahre für das Standard-Zulassungsverfahren [...]. Bei den neuen Technologien wurde dieser Prozess auf ein einziges Jahr ‚teleskopiert'. Selbst in den Verträgen wird darauf verwiesen, dass derzeit unbekannte Langzeitfolgen nicht ausgeschlossen werden können."[189]

Am 13.12.2021 erscheint im British Medical Journal folgender Appell: „As doctors and health professionals, many of whom work in the NHS [National Health Service], we would like to express our opposition to anti-SARS-CoV-2 vaccination being mandated for any group of people, including health and care workers. We agree with the House of Lords committee that the evidence is insufficient to justify this measure, but the government and Parliament do not appear to be listening and mandatory vaccines for NHS staff looks likely to be passed into law this week. We do not dispute that covid-19 can be and has been a dangerous infection, and we agree that vaccines are effective in many situations. However, there is considerable uncertainty about the effectiveness of the covid vaccines, some serious short-term complications and a lack of data on long-term harms. In this situation, it is imperative that people are able to make a fully-informed choice about whether to have the vaccine or not."[190]

Hierzulande wird der Pfizer-Biontech-Impfstoff „Comirnaty" (oder „Tozinameran") favorisiert und propagiert. Vielleicht auch, weil mit der Firma Biontech Deutschland ein wenig vom Impf-Milliarden-Geschäft profitiert? Der Hauptprofiteur in dieser Partnerschaft ist und bleibt aber Pfizer. Neben Pfizer sind noch Moderna und Johnson & Johnson im Rennen. Da aber die „Ständige

[188] Zitiert nach: Schreyer, P.: Faktencheck: Sind die mRNA-Injektionen Impfungen oder Gentherapie? (3.12.2021) in: https://multipolar-magazin.de/artikel/faktencheck-impfungen-oder-gentherapie – Abgerufen am 13.12.21. Das Biontech-Dokument findet sich in: https://investors.biontech.de/node/6806/html – Abgerufen am 13.12.21.

[189] Felber, C.: 30 Gründe, warum ich mich derzeit nicht impfen lasse (11. 11. 21), https://www.nachdenkseiten.de/?p=77850 – Abgerufen am 12.12.21.

[190] https://www.bmj.com/content/375/bmj.n2957/rr-1 – Abgerufen am 13.12.21.

Impfkommision“ (STIKO) des RKI für die „Auffrischungsimpfung“ (diese „Auffrischungsimpfung“ wird, positiv-geframt, in den Medien als „Boosterimpfung“ verkauft) nur noch mRNA-Impfstoffe empfiehlt, fällt Johnson & Johnson ins Hintertreffen.

Der einzige Pharmariese, der nicht aus den USA stammt, AstraZeneca ist inzwischen abgehängt. Zufall? Mag sein. Ist es auch Zufall, dass bisher keiner der herkömmlichen ‚klassischen' Impfstoffe (sog. ‚Totimpfstoffe') in der EU eine Zulassung hat? Impfstoffe, wie sie in China und Indien, aber auch in Südamerika, Afrika, auch Serbien schon lange verwendet werden und deren Wirkungsgrad vielleicht sogar höher ist als der von Pfizer, da Comirnaty ja gar nicht das gehalten hat, was in den Pfizer-Studien zunächst ‚versprochen' wurde. Mag sein. Ist es auch Zufall, dass das französisch-österreichische Unternehmen Valneva, das schon am 18.10.2021 seine Phase-III-Studie für seinen ‚Totimpfstoff' erfolgreich abgeschlossen hat – immer noch keine EMA-Zulassung hat bzw. der Zulassungstermin kontinuierlich nach hinten verschoben wird?[191] Mag auch sein. Muss aber nicht. Denn es geht um eines der größten Geschäfte überhaupt. Und wer nach all dem von mir Dargelegten meint, es hätte diesbezüglich keine Grund und Einfluss, dass von den zehn reichsten Menschen der Welt sieben in den USA leben und wirken[192] und enormen politischen, ökonomischen und medialen Einfluss haben – der mag weiter träumen.

Inzwischen, Ende Februar 2022, Sinofac und Valneva hängen immer noch in der Warteschleife, ist Nuvaxovid von der EMA notfall-zugelassen und auf dem Markt. Bezeichnenderweise stammt dieser Impfstoff auch aus den USA, wurde von der Firma Novavax entwickelt. Das Mittel wird immer wieder als klassischer ‚Totimpfstoff' angepriesen. V. A. um Impfskeptiker/innen, die aus nachvollziehbaren Gründen die bisherigen Gen-Impfstoffe ablehnen, zu überzeugen. „Dabei ist Nuvaxovid im eigentlichen Sinne überhaupt kein Totimpfstoff. Denn der entscheidende Bestandteil, der die Immunantwort auslösen soll, wurde nicht einem echten Virus entnommen, sondern ist ein gentechnisch hergestelltes Virus-Protein.“ [193]

[191] Dr. Stefan Tasler ist seit 20 Jahren in der Biotech-Branche tätig und war drei Jahre lang Leiter einer Tochterfirma von Biontech. Er sagt: „Daher verstehe ich auch nicht, warum die klinischen Studien und die Review-Verfahren der Totimpfstoffe von Sinovac und Valneva im Vergleich zu denen der ersten Generation an Impfungen so lange brauchen [...] Außer der Infektion sind die Totimpfstoffe meiner Meinung nach der einzige Weg, dem aktuellen Teufelskreis zu entkommen.“ in: https://www.nachdenkseiten.de/?p=78940 – Abgerufen am 13.12.21.

[192] ... und davon Nr. 4 Bill Gates und Nr. 9 Warren Buffet (Stand 2021) direkt im Impfgeschäft engagiert sind und davon profitieren ...

[193] Belousova, K.: Update am Abend. Ein Totimpfstoff, der eigentlich keiner ist (20.12.21), in: https://www.zdf.de/nachrichten/briefing/corona-impfstoff-novavax-zdfheute-update-

Zurück zu Pfizer. Im renommierten „British Medical Journal" wurde am 2.11.2021 publik, dass es bei den Zulassungsstudien nicht immer korrekt zuging.[194] Die „Pharmazeutische Zeitung" – Die Zeitschrift der deutschen Apotheker – fasst zusammen: „Im ‚British Medical Journal' gibt der Investigativjournalist Paul Thacker aktuell den Bericht der Whistleblowerin Brook Jackson wieder, die an der Phase-III-Zulassungsstudie für Comirnaty in den USA als Auditorin beteiligt war. Auditoren kontrollieren, dass bei klinischen Prüfungen alle Regularien eingehalten werden.

Jackson war im September 2020 bei der Firma Ventavia beschäftigt, einem Auftragsunternehmen, das für Pfizer an drei Standorten in den USA die Comirnaty-Studie durchführte. Allerdings wurde Jackson laut eigener Aussage bereits nach zwei Wochen von Ventavia wieder gefeuert, nachdem sie zuerst ihren Arbeitgeber mehrmals vergeblich auf Verfehlungen an deren Studienzentrum in Texas hingewiesen hatte und sich daraufhin mit einer Beschwerde direkt an die Aufsichtsbehörde FDA [oberste US-Behörde für Zulassung und Kontrolle von Arznei- und Lebensmitteln] gewandt hatte.

Folgende Punkte legte Jackson Ventavia zur Last:

- Probanden seien nach der Injektion auf den Flur gesetzt und nicht von medizinischem Personal überwacht worden,
- Teilnehmer, die über Nebenwirkungen der Impfung berichteten, seien nicht zeitnah kontaktiert worden,
- über Abweichungen vom Studienprotokoll sei nicht berichtet worden,
- der Impfstoff sei nicht bei der vorgeschriebenen Temperatur gelagert worden,
- Laborproben seien falsch etikettiert worden und
- Mitarbeiter von Ventavia, die über diese Probleme berichtet hätten, seien angefeindet worden."[195]

Mensch sollte diesen Bericht nicht überbewerten. Das wäre inadäquat. Es ist nur ein Detail aus einer viel größeren und umfangreicheren Studie, die an vielen Standorten lief. Doch mensch sollte den Bericht auch nicht unterbewerten. Das wäre dumm. Denn eines zeigt sich hier doch deutlich: weder Pfizer noch auch Ventavia noch auch die FDA waren an wissenschaftlich-korrekten Studien und an einer Aufklärung von ergebnisverfälschenden Irregularitäten interessiert. Die einzig korrekte und aufrichtige Person in diesem Zusammenhang war die Auditorin Brook Jackson, eine Wissenschaftlerin mit Mut und Gewissen. Und ihr wurde umgehend gekündigt. Dabei ging es ja nicht um Belanglosigkeiten, sondern um die Prüfung und Zulassung, um die ‚Loslassung' eines völlig neuen

100.html

194 In: https://www.bmj.com/content/375/bmj.n2635 – Abgerufen am 13.12.21.

195 In: https://www.pharmazeutische-zeitung.de/schlamperei-bei-comirnaty-zulassungsstudie-129188/ – Abgerufen am 12.12.21.

fragwürdigen Impfstoffs auf die gesamte Menschheit. Verdienen solche Firmen und Behörden unser Vertrauen? Nein. Doch genau diesen Firmen und Behörden wird jetzt weltweit blind vertraut – auch was die Zulassung und Empfehlung des Pfizer-Impfstoffs für Kinder „im Alter von 5 bis 11 Jahren mit Vorerkrankungen" betrifft. So die STIKO am 5.12.2021.[196] Doch merkwürdig: „Manche *Originaldaten der Zulassungsstudien*, welche die Auswirkungen der Impfung auf Kinder betreffen, sind noch *unter Verschluss* und werden erst *24 Monate nach Abschluss der Studien veröffentlicht*!"[197]

Am 17.2.22 schreibt die „Welt": „14 Monate nach der ersten Impfung sind Biontech und Moderna noch immer ohne ordentliche Zulassung – weil essenzielle Studien fehlen. Der Vorgang ist ungewöhnlich. Mediziner und Pharmazie-Experten haben Fragen. Etwa 62 Millionen Deutsche sind mittlerweile geimpft, die Präparate dazu lieferten überwiegend Moderna und Biontech. Dennoch ist bis heute keiner der beiden mRNA-Impfstoffe ausreichend erforscht, um die Standards für eine ordentliche Zulassung der Europäischen Arzneimittel-Behörde EMA zu erfüllen. Legal in Umlauf sind sie trotzdem, jedoch nur vorläufig und auf Zeit, per befristeter ‚bedingter Genehmigung'. [...] Bis Juli 2021, so hatte die EMA frühzeitig klar gemacht, seien die Studien nachzureichen. Aber die Frist verstrich still und ereignislos. Stattdessen verlängerte die EMA im Oktober 2021 die ‚bedingte Zulassung' in aller Diskretion um ein Jahr. Zunächst für Spikevax von Moderna und Anfang November für Comirnaty von Biontech. Das brachte in der wissenschaftlichen Fachwelt erste Irritationen auf, es gab Fragezeichen, auch den Verdacht der Geheimniskrämerei, inzwischen erweitert um offenes Befremden." Es stünden Fragen im Raum, „essenzielle Fragen wie: Lagert sich der Wirkstoff im Gehirn ab? Gibt es Anreicherungen in der Niere? In den Lymphknoten? Im Herzen? Wird es bei trächtigen Tieren auf den Embryo übertragen?"[198]

Christian Felber weist in seinem sauber argumentierenden und sehr differenzierten Artikel „30 Gründe, warum ich mich derzeit nicht impfen lasse" auch auf Pfizer hin.[199] Es ist sein 21. Grund: Dort nennt er beispielhaft einige kriminelle Machenschaften von Pfizer. Ich zitiere nur einen Teil davon: „Pfizer wurde bereits 2009 im ‚größten Kriminalfall in der Geschichte des Gesundheitswesens' zur

[196] https://www.rki.de/DE/Content/Kommissionen/STIKO/Empfehlungen/PM_2021-12-09.html – Abgerufen am 13.12.21.

[197] Felber, C.: 30 Gründe, warum ich mich derzeit nicht impfen lasse (11. 11. 21), https://www.nachdenkseiten.de/?p=77850 – Abgerufen am 12.12.21.

[198] Bodderas, E. u. Stolze, C.: Fragezeichen beim mRNA-Impfstoff (17.2.22), in: https://www.welt.de/politik/deutschland/plus236965309/Corona-Impfungen-Fragezeichen-beim-mRNA-Impfstoff.html – Abgerufen am 24.2.22.

[199] Auch dieser Artikel und mit ihm Felber wurden durch „Faktenchecker" diskreditiert. Wen wundert's noch?

höchsten Strafe verurteilt, die jemals für ein Verbrechen verhängt wurde: 1,2 Milliarden US-Dollar. Zusammen mit weiteren Strafen und Vergleichskosten zahlte das Unternehmen insgesamt 2,3 Milliarden US-Dollar – wegen Betrugs über die Zulassung und Verwendung des entzündungshemmenden Mittels Bextra, des Antipsychotikums Geodon, des Antibiotikums Zyvox und des Antiepileptikums Lyrica (The United States Department of Justice, 2.9.2009)[200]. Einer der wichtigsten Vertragspartner der Pandemie-Staaten war 2009 der größte Verbrecher in der Kriminalgeschichte der USA. Generalstaatsanwalt Tom Perrelli kommentierte, es handelte sich bei der Verurteilung um einen ‚Sieg der Öffentlichkeit über jene, die danach streben, Profit mit Betrug zu erwirtschaften.' (The Guardian, 2.9.2009)[201] Und das war beileibe nicht der einzige Fall. […] Ich breche hier ab, aber ich denke, die gebrachten Beispiele zeigen eindeutig, wie stark die kriminelle Energie ist, die in diesen profitorientierten Pharmakonzernen steckt, und ich fände es geradezu fahrlässig, ihren neuartigen Produkten blind zu vertrauen."[202] Vergleichbare Gerichtsverfahren gab es in den USA auch gegen Johnson & Johnson.[203]

Dass bei den Pfizer-Zulassungstudien zu „Comirnaty" generell etwas nicht stimmen könnte, legen zwei neuere Studien nahe. Eine aus Katar,[204] eine aus Schweden.[205] Das Ergebnis in beiden Fällen: „Eine Wirksamkeit von 90 Prozent und mehr, wie sie nach den Zulassungsstudien weltweit in allen Medien verkündet worden war, erscheint – nach den bescheidenen Resultaten im Realitäts-Check – nun wie Blendwerk."[206]

Und immer noch vertrauen wir – genauer: die Politiker/innen und ein Großteil der Medien – Pfizer. Pfizer und Biontech werden allseits politisch und leitmedial gelobt und geehrt. Gründer und Vorstand von Biontech Ugur Sahin und seine Frau Özlem Türeci (die inzwischen zu den zehn reichsten Menschen Deutschlands gehören) wurden als Helden gefeiert, mit unzähligen Auszeichnungen bedacht, auch mit dem Bundesverdienstorden. Wie passt das zusammen? Aus machtkritischer Sicht passt das bestens zusammen. Aber es fördert kein Vertrauen.

---

200 https://www.justice.gov/opa/pr/justice-department-announces-largest-health-care-fraud-settlement-its-history – Abgerufen am 12.12.21.

201 https://www.theguardian.com/business/2009/sep/02/pfizer-drugs-us-criminal-fine – Abgerufen am 12.12.21.

202 Felber, C.: 30 Gründe, warum ich mich derzeit nicht impfen lasse (11. 11. 21), https://www.nachdenkseiten.de/?p=77850 – Abgerufen am 12.12.21.

203 https://de.wikipedia.org/wiki/Johnson_%26_Johnson#Opioidkrise – Abgerufen am 13.12.21.

204 https://www.nejm.org/doi/full/10.1056/NEJMoa2114114 – Abgerufen am 13.12.21.

205 https://papers.ssrn.com/sol3/papers.cfm?abstract_id=3949410 – Abgerufen am 13.12.21.

206 Ehgartner, B. Immunologische Schubumkehr (10.11.2021), in: https://www.multipolar-magazin.de/artikel/immunologische-schubumkehr – Abgerufen am 12.12.21.

Ganz im Gegenteil. Es schwächt das Vertrauen in die Politiker/innen und Medien selbst. Wenn mensch hier überhaupt noch von Vertrauen reden kann. Denn Vertrauen im politischen und medialen Sinne hängt engstens mit Transparenz zusammen. Diese Transparenz ist aber – wie sich zeigte – auf der Ebene der Zahlen nicht erwünscht. Und sie ist auch nicht auf der Ebene der Verträge erwünscht, die zwischen EU und Pfizer oder zwischen einzelnen Staaten und Pfizer geschlossen wurden. Es handelt sich hier um „Geheimverträge". Wieder muss ich fragen: Mit welcher demokratischen Legitimation schließen gewählte und delegierten Volksvertreter/innen geheime Verträge mit Konzernen? Mit keiner. Auch dieses Vorgehen ist in hohem Maße intransparent und steht unter Korruptionsverdacht. Nun konnten in Albanien und Brasilien zwei dieser Geheimverträge geleakt werden. Die Verträge ähneln sich und sind ungeheuerlich: „Pfizer setzte erfolgreich durch, dass die Verträge zehn Jahre lang geheim bleiben müssen. Sie dürfen unter keinen Umständen ausser Kraft gesetzt werden. Die Abnahmeverpflichtung bleibt bestehen, selbst wenn erfolgreiche Heilmittel gegen Covid-19 gefunden werden. Für [Ehden] Biber [einem Experten für Informationssicherheit in London] erklärt dies, warum viele Regierungen am Therapeutikum Ivermectin zur Behandlung von Covid-Patienten kein Interesse zeigen. Haften muss Pfizer laut den Verträgen für praktisch nichts. ‚Unter keinen Umständen wird Pfizer einer Haftung für verspätete Lieferung unterstellt', heisst es etwa im Vertrag mit Albanien. Der Schutz gilt sogar, wenn dem Hersteller Fehler unterlaufen. Es gibt keine Retouren, und Rückrufe sind nur für den Fall vorgesehen, dass der eigentliche Impfstoff cGMP defekt ist. […] Bei Schadenersatzklagen, zum Beispiel wegen Nebenwirkungen, haften die Käufer, also die Staaten. Mehr noch: Laut den Verträgen müssen Staaten sogar Pfizers gerichtliche Verteidigung übernehmen und dafür bezahlen. Als Gerichtsort ist ausschliesslich New York vorgesehen."[207]

All die Menschen, die sich bisher impfen haben lassen, mussten unterschreiben, dass sie selber haften. Offensichtlich will keiner von denen, die diese neuen Gen-Impfstoffe verkaufen und verimpfen, dafür haften. Nicht die Pharmafirmen, nicht die Staaten, nicht die Ärzte und Ärztinnen. Das entspricht weder den bisherigen Vorgehensweisen und Gepflogenheiten. Und es entspricht auch nicht den bestehenden Gesetzen.

Im Oktober 2021 hörte ich im Bayrischen Rundfunk, dass die Bundesregierung gerne überflüssige Pfizer-Impfdosen an die sogenannte ‚dritte Welt' (= Zwei-Drittel-Welt) verschenken würde. Dass sich Pfizer aber dagegen verwahre, weil ihnen sonst dort das Geschäft entgehen würde. Nur wenn Deutschland nochmal

---

[207] 2.8.2021, in: https://www.tagesanzeiger.ch/pfizer-waelzt-risiken-auf-kaeufer-ab-grosse-unterschiede-bei-preisen-567658377087 – Abgerufen am 12.12.21.

für die bereits teuer gekauften Dosen eine Entschädigung zahle, würde Pfizer zustimmen.

Und immer noch werden Pfizer & Co als die Helden und Retter der Pandemie gefeiert, ihre Impfstoffe empfohlen, verimpft und *beworben*. Und zwar durch die Politik, durch öffentliche Institute und Sender und seit Kurzem auch durch großen Firmen wie McDonalds, BMW, Lidl, Porsche, etc., die nun auch ihre „Impfkampagnen" starten.

Die Tagesschau ‚frohlockt' Anfang Dezember 2021: „Alle elf Minuten ist uns zu wenig, wenn's ums Impfen geht.", „see. think. impf.", „Impfen lohnt sich", „Dann geh doch zum Impfen!" – „Große Marken und Unternehmen wollen die deutsche Impfkampagne gemeinsam unterstützen. Dafür haben mehr als 150 Unternehmen ihre Werbeslogans geändert und werben in den sozialen Medien für die Impfung gegen das Coronavirus. [...] Entworfen hat die Kampagne die Berliner Werbeagentur Antoni. [...] Der Impfaufruf ist mit dem Motto #ZusammenGegenCorona überschrieben, das auch die Bundesregierung zum Bewerben der deutschen Impfkampagne nutzt. Unter diesem Hashtag veröffentlichen die beteiligten Unternehmen auf ihren Social-Media-Kanälen die Slogans, die für eine Impfung werben"[208]

Die Rechtsanwältin Beate Bahner kommentiert: „Die Impfkampagne wird nicht nur seitens der Politik und der Medien in massiver Weise geführt, sie wird zwischenzeitlich auch durch vielfältigste ‚Impfangebote' unterstützt und durch unterschiedlichste Unternehmen und Institutionen weitergeführt. All dies verstößt gegen die Werbeverbote nach dem Heilmittelwerbegesetz (HWG) [...] Das Heilmittelwerbegesetz enthält seither eine Vielzahl von Werbeverboten und -beschränkungen. Es gilt auch für die Werbung für Impfungen und damit freilich auch für die Corona-Impfungen, da diese Arzneimittel im Sinne des § 1 Abs. 1 HWG sind. Das HWG soll vor allem die Gesundheit der Verbraucher und die Gesundheitsinteressen der Allgemeinheit schützen: Denn die Endverbraucher besitzen als medizinische und pharmakologische Laien in der Regel nicht die notwendige Sachkenntnis, um die Behauptungen der Werbeaussagen über bestimmte Eigenschaften eines Heilmittels zu beurteilen".[209] Doch wen interessiert's?

---

[208] 7.12.2021, in: https://www.tagesschau.de/wirtschaft/unternehmen/impfkampagne-150-marken-slogan-101.html – Abgerufen am 22.12.21.

[209] Bahner, B.: Die Kampagnen-Medizin, Rubikon News vom 10.12.2021, in: https://www.rubikon.news/artikel/die-kampagnen-medizin – Abgerufen am 22.12.21.

Bevor ich nun zum dritten Teil meiner Untersuchung komme, möchte ich mich einigen sehr wichtigen, aber auch sehr schwierigen und heiklen Fragen zuwenden. Fragen, die ich bisher bewusst ausgeklammert habe. *Einerseits*, weil sie auch für Menschen, die absurde, abwegige und/oder antijüdische[210] Verschwörungstheorien vertreten, von Bedeutung sind oder sein könnten; und ich mich von solchen, oft ins Paranoide und Rassistische abgleitenden alles-erklären-wollenden Verschwörungstheorien klar distanzieren will. *Andererseits*, weil rechtsextremistische und antidemokratische Ideologen solche nicht mehr überprüfbaren Pan-Verschwörungstheorien gern benutzen: um mit ihnen (und dem durch sie suggerierten Endzeit-Szenario) den Umsturz-Hebel anzusetzen, bei den Menschen Ängste und Aggressionen zu schüren, um so den Boden für faschistoide Totalitarismen zu bereiten. Drittens, weil diese abwegigen, paranoiden und/oder faschistoiden Verschwörungstheorien den Über-Mächtigen in die Hände spielen; denn genau auf diese abgedrehten, antihumanistischen und/oder antidemokratischen Verschwörungstheorien können sie mit ihren Leitmedien hinweisen, hier können sie Nebenschauplätze zu Hauptschauplätzen aufblasen, ihrerseits Angstszenarien entwickeln; hier sollen sich die Politisch-Korrekten und Überkorrekten austoben, hierher sollen machtkritische Energien und Gedanken umgelenkt werden ... – damit die Über-Mächtigen und ihre Macht-Netzwerke weiterhin im Schatten bleiben und im Hintergrund Geschäfte führen und Herrschaft ausdehnen können. Viertens, weil erst jetzt eine ausreichende Faktenbasis und ein gediegenes Zusammenhangswissen geschaffen wurde; so dass diese schwierigen Fragen sachlich und fundiert angegangen werden können – ohne in abstruse Pan-Verschwörungstheorien abzugleiten, ohne den faschistischen oder plutokratischen Eliten in die Hände zu spielen. Erst jetzt können diese schwierigen Fragen – machtkritisch fundiert und fokusiert – in Angriff genommen werden. Es sind fünf Fragen. Die ersten beiden entnehme ich dem Fragenkatalog von Skambraks,[211] die anderen beiden stammen von mir.

1. „Warum wissen wir so wenig über ‚gain of function research' (Forschung daran, wie man Viren für den Menschen gefährlicher machen kann)?"

---

[210] Ich benutze das Wort „antisemitisch" nicht gern. Es ist unscharf. Zu den semitischen Sprach- und Volksgruppen zählen unter Anderen arabische, somalische, aramäische, kabylische, amharische und eben auch hebräische Menschen. Da aber mit dem Wort „antisemitisch" fast ausschließlich die Juden und Jüdinnen – und eben nicht Araberinnen, Somali, Kabylen, Tuareg oder Hausa gemeint sind, trifft das Wort „antijüdisch" den gemeinten Sachverhalt besser.

[211] Skambraks, O.: Ich kann nicht mehr [schweigen], (5.10.21) in: https://multipolar-magazin.de/artikel/ich-kann-nicht-mehr – Abgerufen am 7.2.22.

2. „Warum wird über das ‚Event 201' und die globalen Pandemieübungen im Vorfeld der Ausbreitung von SARS-CoV-2 nicht oder nur in Verbindung mit Verschwörungsmythen gesprochen?"

Ich füge diesen Fragen zwei weitere hinzu. Fragen, über die in den Leitmedien ebenfalls „nicht oder nur in Verbindung mit Verschwörungsmythen gesprochen" wurde.

3. Der Zusammenhang zwischen der Gates-Stiftung und „Event 201" liegt auf der Hand. Aber gibt es einen engeren Zusammenhang zwischen Gates, der „gain of function research" – speziell in Bezug auf das Wuhan-Institut?

4. Was hat es mit der in den Impfstoffen erstmals eingesetzten Nano-Technologie auf sich? Inwiefern können mit ihr Menschen ‚gemarkert' oder gar kontrolliert werden? Und: gibt es auch diesbezüglich einen engeren Bezug zu Gates und seiner Stiftung?

1. Frage: Was hat Gain-of-Function *mit Wuhan und Corona zu tun?*

Gain-of-function-research (abgekürzt: GOF) heißt zu deutsch: Funktionsgewinn-Forschung. Das klingt auf den ersten Blick recht positiv, ist aber, wie so Vieles, was mit der Gen-Forschung zusammenhängt, eine Mogelpackung, hinter der sich machtstrategische Abgründe verbergen. So, wie etwa auch das Label „Grüne Gentechnik". Dieses Label knüpft trickreich und perfide an die positiven Assoziationen und Konnotationen der *grünen* Bewegung an. Diese grüne Bewegung wird von ökologisch verantwortlicher und engagierter Menschen gebildet: die aber diese Art der Genmanipulation und Patent-auf-Leben aus guten Gründen ablehnen und bekämpfen. Seit Jahrzehnten. – Und genau so ist es auch hier: Etwas Negatives und ethisch Verwerfliches wird mit einem tollen positiven Label versehen. Denn die Funktion, die durch GOF gentechnisch hinzugewonnen werden soll, ist eine negative Funktion: Viren sollen durch genmanipulative Eingriffe für Menschen ansteckender und gefährlicher gemacht werden. Eine US-Institution, die GOF fördert und durchführt, heißt „EcoHealth Alliance". Das Label ist natürlich ebenfalls eine Mogelpackung. Ich komme darauf zurück. Die Frage ist, wem GOF nutzen soll? Die Antwort: Auf jeden Fall denjenigen, die an neuartigen biologischen Kampfstoffen interessiert sind. Sonst aber eigentlich keinem. Höchstens vielleicht – zunächst nur ganz leise als rein hypothetische Vermutung ausgeprochen – noch denjenigen, die an einer Initiierung einer Pandemie interessiert sein könnten.

In der *Gain-of-Function*-Forschung wird mit natürlichen Corona-Viren gearbeitet. Diese werden dann so genmanipuliert, dass sie gefährlicher werden. Etwa, indem eine sogenannte „Furin-Spaltstelle" eingebaut wird. Diese Furin-Spaltstelle sorgt dafür, dass die Viren aggressiver werden. Sie können dann besonders leicht in menschliche Zellen eindringen, sich leichter und schneller von Mensch zu Mensch übertragen. Weil dieser Punkt wichtig ist, formuliere ich ihn nochmals. Also: Furin-Spaltstellen kommen, nach jetzigem Wissensstand, *nur* in künstlich veränderten GOF-Viren vor. In der Natur – also an natürlichen Corona-Viren – *konnten sie bisher nicht nachgewiesen werden.* Als zu Beginn der Corona-Epidemie Wissenschaftler/innen die Gensequenz von SARS-CoV-2 aufschlüsselten, entdeckten sie genau eine solche Furin-Spaltstelle. Weshalb sehr viele Wissenschaftler/innen der Meinung waren (und sind), dass es sich bei SARS-CoV-2 um ein Laborvirus handelt. Und dass die ersten Corona-Infektionsfälle aus dem chinesischen Wuhan gemeldet wurden, könnte darauf hindeuten, dass sie aus dem „Wuhan Institut für Virologie" (WIV) stammen. Denn dort wurde und wird von einem chinesischen und us-amerikanisches Team an und mit solchen GOV-Viren mit Furin-Spaltstelle geforscht. Das WIV ist das weltweit größte Institut für Coronaviren-Forschung. Die us-amerikanische „EcoHealth Alliance" kooperiert mit dem WIV.

Diese „Labor-Ursprungs-These" steht seit Januar 2020 im Raum. Und wenngleich endgültige Beweise fehlen: Sie wurde bisher nicht widerlegt. Ihr entgegen steht die sogenannte „Natur-Ursprungs-These" („Zoonose-These"). Sie wurde von den offiziellen Gesundheitsbehörden und von den Leitmedien favorisiert – und als ‚verbriefte Wahrheit' an uns weitergegeben.

Roland Wiesendanger, Professor an der Universität Hamburg, ist hierzulande eine der gediegensten Stimmen, die die „Labor-Ursprungs-These" vertritt. Als ich im Winter 2020/2021 in einer „ServusTV-Doku" erstmals von ihm und seinen Untersuchungen erfuhr, war ich verblüfft. Ich fragte daraufhin einen sehr guten alten Freund. Er ist Doktor der Chemie und forscht seit Jahrzehnten auf dem Gebiet der Biochemie. Was er denn von der „Labor-Ursprungs-These" halte? Er sagte, er wäre da eher zurückhaltend. Was freilich auffalle und irritiere, sei die Furin-Spaltstelle. Denn die konnte bisher an natürlichen Corona-Viren nicht nachgewiesen werden. Und sie spräche tatsächlich für einen Labor-Ursprung. Aber es wäre besser, noch ein wenig abzuwarten und mehr Erkenntnisse einzuholen. Und dann erzählte er mir noch, dass bei ihm und seiner Familie im Nachhinein festgestellt worden wäre, dass sie alle Corona gehabt hätten. Aber nicht schlimm. Doch Zeitpunkt und Umstände seien interessant gewesen. Denn sie hätten sich (ohne es zu wissen) infiziert, als das Virus hier in Deutschland noch nicht groß verbreitet gewesen wäre. Und er könne sich nun auch leicht erklären, wo er sich angesteckt habe. Bei einer chinesischen Kollegin, die direkt aus Wuhan gekommen sei.

Inzwischen spricht mehr und mehr für die „Labor-Ursprungs-These“. Und dafür, dass Zusammenhänge von der Öffentlichkeit fern gehalten wurden. Eine Schlüsselstelle spielt der Email-Wechsel um den Chef-Immunologen Dr. Anthony Fauci, Direktor des „U.S. National Institute of Allergy and Infectious Diseases“ (NIAID). Die Emails mussten aufgrund einer Klage von Republikanern auf der Basis des „Freedom of Information Act“ veröffentlicht werden.[212] Sie sind, wie Wiesendanger erläutert, deshalb so brisant, weil „hieraus ganz klar ersichtlich wird, dass wir es mit einer riesigen Vertuschung zu tun haben, was den Ursprung der Coronavirus-Pandemie anbelangt. Es ist offensichtlich so, dass bereits im Januar 2020 – bevor überhaupt allererste Infektionsfälle in Deutschland aufgetreten sind – mehrere führende Virologen Anthony Fauci darüber informiert haben, dass die Gensequenz des SARS-CoV-2-Virus, die ja seit dem 11. Januar 2020 weltweit bekannt war, eine Besonderheit aufweist, nämlich eine sogenannte Furin-Spaltstelle [...]. [...] Das war also etwas vollkommen Neues und gab mehreren Virologen Anlass, daraus zu schließen, dass es sich mit hoher Wahrscheinlichkeit um einen nicht natürlichen Ursprung handele – dass also SARS-CoV-2 tatsächlich aus einem Labor in Wuhan stammen könnte.“[213]

„Jetzt ist bekannt geworden, dass auch jene Virologen – darunter sehr namhafte Virologen aus den USA und Deutschland [z. B. Christian Drosten] –, die an der Telekonferenz vom 1.2.2020 beteiligt waren und sich über E-Mails austauschten, tatsächlich die gleiche Vermutung hatten und bereits im Januar 2020 eine Warnung gegenüber Fauci aussprachen. Aus der E-Mail-Korrespondenz geht hervor, dass es offensichtlich eine Absprache gab, koordiniert durch Anthony Fauci, Francis Collins – dem damals obersten Leiter der National Institutes of Health in den USA, der ja Ende letzten Jahres zurückgetreten ist – und Jeremy Farrar vom Wellcome Trust. Die wesentliche Konsequenz dieser Absprache war, dass diejenigen, die an dieser Telefonkonferenz beteiligt waren, innerhalb von wenigen Tagen ihre ursprüngliche Vermutung aufgegeben und ihre Meinung um 180 Grad gedreht haben.“

[212] https://republicans-oversight.house.gov/wp-content/uploads/2022/01/Letter-Re.-Feb-1-Emails-011122.pdf – Abgerufen am 28.2.22.

[213] Fauci, Drosten und die Dynamit-Mails: „Neue Form von Wissenschafts-Kriminalität“. Stefan Frank im Interview mit Roland Wiesendanger (21.1.22), in: https://www.achgut.com/artikel/fauci_drosten_und_die_dynamit_mails_neue-form_von_wissenschafts_kriminalitaet – Abgerufen am 28.2.22.

„Schon zwei bis drei Tage nach dieser Telekonferenz haben sie drei Dinge eingeleitet: Sie haben unter Federführung von Peter Daszak jenen bekannten offenen Brief[214] in der Medizin-Zeitschrift The Lancet organisiert, der von 27 führenden Virologen unterschrieben und in dem die Labortheorie als ‚Verschwörungstheorie' gebrandmarkt wurde.[215] Dies erfolgte zu einem Zeitpunkt, als niemand einen Laborursprung ausschließen konnte. Weiterhin haben sie einen entsprechenden Brief an den Präsidenten der National Academy of Sciences in USA gesandt. Sie haben ferner eine Fachpublikation in der Zeitschrift Nature Medicine unter der Federführung von Kristian Andersen initiiert, die stark dazu beitrug, die Öffentlichkeit und vor allem die Medienwelt in die Irre zu führen. In dieser Publikation wird in der einleitenden Zusammenfassung – dem abstract – sehr scharf formuliert, dass es keinen nicht natürlichen Ursprung geben könne, während die Sache am Schluss der Publikation dann doch wieder recht offen gelassen wurde. Der Text wurde aber wohl von den meisten nicht zu Ende gelesen. Jedenfalls wurden in dieser Publikation keine starken Argumente gebracht – trotzdem haben solche Maßnahmen dazu beigetragen, dass die Welt dieses Narrativ – dass die Labortheorie eine Verschwörungstheorie sei – übernommen hat, auch alle Journalisten.

Nun aber stellt sich brisanterweise heraus, dass die Virologen, die an dieser Telekonferenz teilgenommen haben, eine ganz andere Ansicht hatten – eine, die übereinstimmt mit der Ansicht von drei Nobelpreisträgern: Luc Montagnier aus Frankreich, einem Nobelpreisträger von der Kyoto University und einem Nobelpreisträger aus Kalifornien, David Baltimore, der sogar von einem smoking gun [wörtlich: ‚rauchende Pistole'; im Englischen eine Metapher für einen schier unwiderlegbaren Beweis; S.F.] gesprochen hat, nämlich dieser Furin-Spaltstelle in SARS-CoV-2. Das heißt: Das, was immer kommuniziert wurde, dass es angeblich einen breiten Konsens in der Virologie gegeben hätte, dass SARS-CoV-2 natürlichen Ursprungs sei, ist durch diese Offenlegung nun ganz klar widerlegt und ins Gegenteil verkehrt. Es gab einen Konsens unter führenden

[214] Calisher, C., Carroll, D., Colwell, R., Corley, R. B., Daszak, P., Drosten, C. et al.: Statement in support of the scientists, public health professionals, and medical professionals of China combatting COVID-19, (The Lancet – 19.2.20), in:https://www.thelancet.com/journals/lancet/article/PIIS0140-6736(20)30418-9/fulltext – Abgerufen am 28.2.22.

[215] [Anmerkung von mir, R. J. K.. Im Originaltext heißt es in einem weniger wissenschaftlichen als vielmehr propagandistischen Ton: „Conspiracy theories do nothing but create fear, rumours, and prejudice that jeopardise our global collaboration in the fight against this virus. We support the call from the Director-General of WHO to promote scientific evidence and unity over misinformation and conjecture. We want you, the science and health professionals of China, to know that we stand with you in your fight against this virus. We invite others to join us in supporting the scientists, public health professionals, and medical professionals of Wuhan and across China. Stand with our colleagues on the frontline!" Calisher, C., Carroll, D., Colwell, R., Corley, R. B., Daszak, P., Drosten, C. et al.: Statement in support of the scientists, public health professionals, and medical professionals of China combatting COVID-19, a. a. O.]

Virologen, dass diese Furin-Spaltstelle eindeutig auf einen nicht natürlichen Ursprung, d. h. auf einen Laborursprung hinweist. Man hat es nur aus politischen Gründen und aus Gründen des Selbstschutzes der virologischen Forschung gegenüber der Öffentlichkeit ins Gegenteil verdreht und die Weltgemeinschaft somit in die Irre geführt."[216]

Auf die Zwischenfrage von Stefan Frank – „Anthony Fauci verteidigte sich in einem Fernsehinterview: Er habe einen Laborursprung nie ausgeschlossen, einen natürlichen Ursprung lediglich für wahrscheinlicher gehalten und sehe das auch jetzt noch so" – antwortet Wiesendanger:

„Jeder kann recherchieren, was Fauci wirklich zwischen Februar 2020 und Ende 2020 gesagt hat. Er war genauso wie die anderen Teilnehmer der Telekonferenz im Lager der Zoonose-Theorie des natürlichen Ursprungs. Das ist ja auch nicht verwunderlich. Man muss wissen, dass Anthony Fauci vor zehn Jahren, im Jahr 2012, in einem wissenschaftlichen Beitrag[217] äußerte, dass der Erkenntnisgewinn aus der so genannten gain-of-function-Forschung, die an diversen Viren – auch an Corona-Viren – durchgeführt wird, um sie u.a. auch für menschliche Zellen infektiöser zu machen, das damit verbundene Risiko einer weltweiten Pandemie überwiegen würde. Als sich nun Anfang 2020 abzeichnete, dass es zu einer Pandemie kommt und der Ausbruch tatsächlich in der Nähe jener Institute geschah, die weltweit die intensivste Forschung an Coronaviren und insbesondere auch biotechnologische Manipulation an Coronaviren im Zuge der gain-of-function-Forschung durchgeführt haben – da hat Anthony Fauci natürlich sofort die Gefahr gesehen, dass, wenn dieser Zusammenhang zwischen der Pandemie und einem Laborunfall sich etabliert, es dann nicht nur Probleme für die chinesische Seite geben würde, sondern natürlich auch für ihn selbst und alle anderen Virologen, die diese gain-of-function-Forschung über zehn Jahre unterstützt bzw. selbst durchgeführt haben, ungeachtet des Moratoriums, das die Obama-Administration über die Förderung solcher Forschung wegen deren Gefährlichkeit verhängt hatte.

Trotzdem hat Anthony Fauci – und das ist belegt – dieses Moratorium, welches in der Zeit zwischen 2014 und 2017 bestand, umgangen und nach wie vor Gelder über die EcoHealth Alliance an das Wuhan-Institut für Virologie geleitet. Wenn es sich in der Wahrnehmung der Öffentlichkeit verfestigt hätte, dass gerade dieses Labor die gegenwärtige Pandemie ausgelöst hat, wären natürlich Anthony

---

[216] Fauci, Drosten und die Dynamit-Mails, a. a. O.. Vgl. hierzu auch den Abschnitt „Das künstliche Virus" in: Van der Pijl, K.: Die belagerte Welt. Corona: Die Mobilisierung der Angst – und wie wir uns daraus befreien können, Ratzert 2021, S. 196-201. Dieser Abschnitt entspricht der Darstellung Wiesendangers, enthält aber viele Zusatzinformationen.

[217] https://www.ncbi.nlm.nih.gov/pmc/articles/PMC3484390/ – Abgerufen am 28.2.22.

Fauci, Peter Daszak, der Präsident der EcoHealth Alliance und alle Involvierten in extreme Schwierigkeiten geraten. Diese Probleme werden sie nun natürlich erst recht bekommen, nachdem die Vertuschungsaktion aufgeflogen ist. Aber sie haben tatsächlich geglaubt, dass sie mit dieser Vertuschung durchkommen würden.“[218]

Während Wiesendanger sich hier sicher gibt, bin ich mir nicht so sicher, ob dieser Punkt nochmal richtig aufgearbeitet werden wird. Ob also die Vertuscher enttarnt – und, falls einige von Ihnen, etwa Peter Daszak und Anthony Fauci, wirklich für die Pandemie (mit)verantwortlich sind – wegen Mordes im globalen Ausmaß verurteilt werden. Vor Allem jetzt, nachdem die nächste Krise im Raum steht, die die Über-Mächtigen wieder für ihre Ziele ausnutzen werden. War die Corona-Krise für Big Pharma, für Gates (aber auch Google, Facebook, Microsoft & Co) von großem Vorteil, wird jetzt, in der Russland-Ukraine-Krise der militärisch-industrielle Komplex zum Zuge kommen und in ungeahnten neuen Ausmaßen profitieren. Schon wird die Propaganda-Maschine angeworfen. Und wir werden unablässig mit Ukraine-Nachrichten bombardiert. War es bis vor Kurzem ein Virus, vor dem wir Angst haben sollten, ist es jetzt Putin. Wer weiß, welches europäische Land er als nächstes angreifen wird? Und als übernächstes? Deutschland? Das rot-grün-gelbe Deutschland geht mit ‚gutem' Beispiel voran und investiert ein „Sondervermögen“ (im Klartext: Sonderschulden) von 100 Milliarden (!!!) in die Aufrüstung der Bundeswehr. Damit wir endlich, wie Briten, Franzosen und US-Amerikaner auch, westliche Wirtschaftinteressen weltweit militärisch durchsetzen können, wenn möglich als neue (kleine) Atom- und Weltmacht. Wir sollten wissen, wohin solche Eskalationen führen. Der letzte deutsche Kaiser, Wilhelm II., hat es uns seinerzeit vor Augen geführt. Und Hitler hat dann nochmals nachgelegt. Offensichtlich werden hierzulande gerade die überdeutlichen Lehren aus zwei Weltkriegen in den Wind geschlagen. Umso bitterer, dass die „Grünen“ – von ihren Ursprüngen her eine pazifistische Partei – dabei mitmachen. Verkehrte Welt. Die BRD wird in einem bisher nicht gekannten Ausmaß militarisiert. Damit diese Militarisierung von nachfolgenden Regierungen nicht rückgängig gemacht werden kann, soll das Grundgesetz geändert werden. All das geht nur, weil wieder Angst geschürt wird. Nach dem Motto: „Liebe Bundesbürgerinnen und Bürger, wollt Ihr, dass Putin nach der Ukraine irgendwann einmal auch in Deutschland einmarschiert?“ Diese Angst ist unbegründet. Zum Einen sind wir NATO-Mitglied und genießen vollen NATO-Schutz. Zum Andern hat Putin kein territoriales Interesse an Deutschland. Putin will Deutschland als europäischen und wirtschaftlichen Partner. Dass jetzt Nordstream 2 auf's Eis gelegt wurde, mag in der jetzigen Situation – Putins aggressiver Einmarsch und Krieg in der Ukraine – gerechtfertigt sein. Doch bliebe

[218] Fauci, Drosten und die Dynamit-Mails, a. a. O..

aus gleichem Grund zu fragen: Wieso beenden die US-Amerikaner ihre Geschäft nicht? Sie beziehen ein Teil ihres Erdöls aus Russland. Doch wie auch immer. Die gnadenlose und irreversible Aufrüstung Deutschlands ist ein Rückfall in dunkle Zeiten bzw. ein ‚Vor-Fall' in dunkle Zeiten. Wahrheit, Abrüstung, ein friedliches europäisches Neben- und Miteinander, echte Demokratie, Klima- und Umweltgerechtigkeit etc. bleiben dabei links liegen. Dafür dürfen Facebook & Co noch mehr zensieren (tut uns ja jetzt nicht mehr weh, trifft ja das ‚böse' russische Volk (das nur leider auch nichs dafür kann). Und die Banken und ihre Netzwerke können auch endlich zeigen, dass sie ja nur für den Frieden (und gegen die ‚bösen' Russen) aktiv werden. Und hinter unser aller Rücken wird dabei die Welt-Vormacht-Stellung der USA mit ihrem militärisch-politischen System und ihren Über-Mächtigen weiter ausgebaut ... Die Leidtragenden sind wie immer die einfachen Menschen, v. A. die in der Ukraine, denen jetzt selbstverständlich geholfen werden sollte – und ja auch geholfen wird.

Zurück zur Labor-Ursprungs-These. Von Dr. Peter Daszak, dem Präsident der „EcoHealth Alliance“, war gerade die Rede. Daszak war zusammen mit seinem us-amerikanischen Kollegen Dr. Ralph Baric und der chinesischen Forscherin Dr. Zheng-Li Shi an den GOV-Forschungen in Wuhan beteiligt. Diese Forschungen sind innerhalb der Scientific Community für die beteiligten Wissenschaftler/innen sehr renommee-fördernd – und lukrativ. „EcoHealth Alliance, deren Präsident Peter Daszak ist [...], hat über viele Jahre extrem hohe Summen von verschiedenen amerikanischen Firmen und Forschungsförderinstitutionen eingesammelt – angefangen bei jener Unterabteilung der National Institutes of Health, die von Anthony Fauci geleitet wird, aber auch von anderen amerikanischen Förderorganisationen, um das Pandemiepotenzial von biotechnologisch veränderten Viren zu untersuchen. Das heißt: Man hat insbesondere Coronaviren im Labor verändert und neue chimäre (zusammengesetzte) Coronaviren geschaffen, um zu zeigen, wie solche Manipulationen dazu führen könnten, dass sie für den Menschen besonders stark ansteckend werden. Die Zielsetzung war, herauszufinden, ob solche Veränderungen vielleicht auch natürlich ablaufen könnten und welche Gefahren für den Menschen drohen könnten. Tatsächlich aber hat diese Forschung in den letzten zehn, fünfzehn Jahren keinerlei Nutzen gebracht, sondern nur bedeutende Gefahren. Das wird von allen vernünftig denkenden Wissenschaftlern so gesehen. Durch entsprechende Bemühungen – und das ist neben der Veröffentlichung der Fauci-Korrespondenz in den letzten Wochen so unglaublich wichtig geworden – sind entsprechende Forschungsanträge der EcoHealth Alliance öffentlich geworden, in denen die beteiligten Wissenschaftler unter Federführung von Peter Daszak, aber auch Zheng-Li Shi vom Wuhan-Institut für Virologie und andere Beteiligte, tatsächlich in ihren Forschungsanträgen schreiben, dass sie sogenannte

Furin-Spaltstellen einbauen wollen, sowohl in SARS- als auch in MERS-Viren. MERS-Viren sind auch Coronaviren, aber noch einmal um den Faktor 10 bis 15 tödlicher als SARS-Viren. Das hat die internationale Community nun besonders aufgebracht, weil hier ein Dokument nun vorliegt, welches belegt, dass Virologen tatsächlich Experimente geplant und beantragt haben, die von ihrer Auswirkung her das Potenzial zu einem Ereignis haben, das vergleichbar ist mit einem Völkermord, um es einmal ganz deutlich zu sagen.

Virologen planten also – und das ist keine Spekulation, sondern ist nachprüfbar öffentlich geworden in niedergeschriebenen Anträgen – eine Forschung, die so risikoreich ist, dass man die ganze Menschheit der Gefahr einer riesigen Katastrophe aussetzt. Denn jedem ist bewusst, dass kein Labor der Welt sicher genug ist, und man weiß, dass diese Experimente an Coronaviren nicht in biotechnologischen Laboren der höchsten Sicherheitsstufe 4 durchgeführt wurden, sondern in solchen der Stufe 2. Das ist absolut unverantwortlich. Und nun ist ganz klar der Zusammenhang zu sehen: zwischen diesen Forschungsanträgen von 2018, in denen die beteiligten Wissenschaftler sogar schreiben, dass sie planen, solch eine Furin-Spaltstelle in SARS-ähnliche Coronaviren einzubauen, um es diesen zu erlauben, sehr viel einfacher in menschliche Zellen einzudringen, auf der einen Seite; und auf der anderen Seite dem übereinstimmenden Tenor der führenden Virologen, die genau dieses Charakteristikum des SARS-CoV-2-Virus als besonders starken Hinweis auf einen Laborursprung sehen, wie wir das nun durch die Fauci-E-Mails wissen.

Wenn man diese beiden Dinge zusammenbringt, dann kann man nicht mehr zu einem anderen Schluss kommen, als dass dieses Virus Folge eines Laborunfalls in Wuhan ist.

[…] In meiner Studie[219] zum Ursprung der Corona-Pandemie, veröffentlicht vor ziemlich genau einem Jahr, habe ich ja bereits den Förderbescheid, den Daszak von der von Fauci geleiteten Unterabteilug der National Institutes of Health erhalten hat, abgedruckt und dazu geschrieben, dass diese extrem risikoreiche Forschung mit amerikanischen Steuergeldern gefördert wurde und diese extrem große Gefahr nicht nur durch die chinesische Seite heraufbeschworen wurde, sondern dass auch die amerikanische Seite in bedeutsamer Weise involviert war und genau wie die chinesische Seite ein Interesse daran hatte, die Wahrheit über den Ursprung von SARS-CoV-2 geheim zu halten."[220]

---

[219] Wiesendanger, R.: Studie zum Ursprung der Coronavirus-Pandemie (Februar 2021), in: https://www.researchgate.net/publication/349302406_Studie_zum_Ursprung_der_Coronavirus-Pandemie – Abgerufen am 28.2.22. Vgl. hierzu auch: https://www.uni-hamburg.de/newsroom/presse/2021/pm8.html – Abgerufen am 28.2.22.

[220] Fauci, Drosten und die Dynamit-Mails, a. a. O..

Nicht nur Fauci, Daszak, Drosten & Co, sondern auch die (von Gates und seiner Stiftung unterwanderte) WHO hat versucht, die Labor-Ursprungs-These zu entkräften. Zu diesem Zweck wurde Anfang 2021 eine Untersuchungskommission nach Wuhan geschickt. „Die WHO kam danach zu dem Schluss, dass es extrem unwahrscheinlich sei, dass Covid-19 aus dem Labor stammt. Brisant dabei: Eines der Mitglieder dieser Kommission war Peter Daszak, um dessen Forschungen es bei der Frage geht. Das Labor in Wuhan hat die Gendatenbanken der Forschung der Doktoren Daszak, Shi und Baric am 12. September 2019 mit der Begründung vom Netz genommen, man befürchte Hackerangriffe. Das hat zu dem Verdacht geführt, das Virus sei kurz vorher aus dem Labor entwichen (oder bewusst freigesetzt worden) und man habe vertuschen wollen, dass das Virus aus dem Labor stammt. […] Nach der WHO-Untersuchung wurde Daszak von Journalisten gefragt, ob die Untersuchungskommission diese Datenbanken einsehen konnte, worauf er allen Ernstes geantwortet hat, das sei nicht nötig gewesen, weil er ja mit daran gearbeitet habe und die Daten kenne. Da sei nichts Wichtiges zu finden.“[221]

„Im März 2018 hat die Eco Health Alliance von Dr. Daszak über 14 Millionen Dollar bei der DARPA beantragt, um seine Forschungen in Wuhan zu finanzieren. Sein Projekt nannte er DEFUSE und in der Zusammenfassung[222] hat er seine Ziele wie folgt beschrieben: Da SARSr-CoV-Viren theoretisch auf den Menschen überspringen könnten und normale Impfungen dagegen nicht wirken, wollte er an freilebenden Fledermäusen erforschen, ob man sie gegen diese Viren schützen kann, indem man ihnen ein Spike-Protein verabreicht.
Die DARPA hat es abgelehnt, die Forschungen von Daszak zu finanzieren. In der Begründung der DARPA[223] hieß es unter anderem, dass es sich dabei um GOF handelt, die von der US-Regierung zu der Zeit immer noch verboten war. Außerdem wurde auf weitere Gefahren dieser Forschung hingewiesen. Das ist wichtig, denn die DARPA erklärte 2018, es handle sich bei der Forschung von Daszak um GOF, was Dr. Fauci bei Senatsanhörungen bestreitet, seit die Dinge im Mai 2021 bekannt geworden sind.“[224]

Doch wer ist die DARPA? DARPA bedeutet ausgeschrieben: „Defense Advanced Research Projects Agency“. Sie ist „eine Behörde des Pentagon, deren Aufgabe es

---

[221] Röper, T.: Pentagon-Dokumente: SARS-CoV-2 wurde in Wuhan mit Geldern der US-Regierung künstlich erschaffen (12.1.22) in: https://www.anti-spiegel.ru/2022/pentagon-dokumente-sars-cov-2-wurde-in-wuhan-mit-geldern-der-us-regierung-kuenstlich-erschaffen/ – Abgerufen am 28.2.22.

[222] https://assets.ctfassets.net/syq3snmxclc9/oVt6gT0yBx4eQXSeuNfEp/3cbbd7ef84e90c9702c1943c55d80f75/executive-slide-hr00118s0017-ecohealth-alliance-defuse.pdf – Abgerufen am 28.2.22.

[223] https://assets.ctfassets.net/syq3snmxclc9/5OjsrkkXHfuHps6Lek1MO0/5e7a0d86d5d67e8d153555400d9dcd17/defuse-project-rejection-by-darpa.pdf – Abgerufen am 28.2.22.

[224] Röper, T.: Pentagon-Dokumente, a. a.O.

ist, ‚Science Fiction Waffen' zu erforschen. Die DARPA vergibt Forschungsgelder an Projekte, die an Zukunftstechnologien forschen, die heute noch wie Science Fiction anmuten, aber das Potenzial haben, als Waffen eingesetzt werden zu können. Die DARPA ist quasi ein Risikokapitalgeber für die Forschung an Waffen der Zukunft. Das ist wichtig zu wissen, denn es bedeutet, dass die DARPA nicht etwa zum Beispiel an Medikamenten forscht, die den Menschen helfen sollen. Die DARPA forscht nur dann an Medikamenten, wenn sie sich als Waffen oder zum Schutz des Militärs einsetzen lassen. Wer Forschungsgelder der DARPA beantragt, der weiß also sehr genau, dass sein Projekt der Waffenforschung dienen kann."[225] Neben der DARPA gibt es noch einen anderen US-Geldgeber mit einem ähnlichen Fokus. Es ist die „U.S. Agency for International Development's (USAID). Sie untersteht dem CIA. Ich werde gleich auf die USAID zu sprechen kommen.

Übrigens: Neben der Pentagon-Behörde DARPA gibt es auch noch die CIA-Behörde „In-Q-Tel", die ebenfalls in militärisch nutzbare Projekte investiert: „Der CIA und dem Pentagon geht es mit der DARPA und mit In-Q-Tel darum, Zugriff auf Zukunftstechnologien zu bekommen, die man als Waffe oder zur Überwachung einsetzen kann. DARPA und In-Q-Tel sind keine Gesundheitsbehörden, das muss deutlich gesagt werden. Trotzdem hat die DARPA bekanntlich sowohl Moderna als auch Pfizer schon vor knapp zehn Jahren Millionen Dollar für die Forschung an der mRNA-Technologie überwiesen. Die für Biowaffen zuständigen Leute bei der DARPA haben sich sehr für diese Technologie interessiert."[226] – Inwiefern die mRNA-Technologie als Zukunftswaffe oder Überwachungsinstrument interessant sein könnte, werde ich bei der vierten Frage betrachten.

2. Frage: Was hat es mit Event 201 auf sich?

„Event 201" war eine Pandemie-Übung, ein Pandemie-Planspiel. Die Übung fand am 18.10.2019 – also zwei Monate vor Auftauchen von SARS-CoV2 – statt. Sie nahm eine Corona-Pandemie vorweg und übte Pandemie-Strategien ein. Die Aufgabenstellung: Neuartige und gefährliche Corona-Viren springen von Fledermäusen schließlich auf Menschen über. Wie sollen Politik, Konzerne und ‚Weltgemeinschaft' damit umgehen?

---

[225] Röper, T.: Pentagon-Dokumente, a. a.O.

[226] Röper, T.: Neue Enthüllungen: Die (Vor-)Geschichte der Entstehung von SARS-CoV-2 und der Pandemie (16.2.22), in: https://www.anti-spiegel.ru/2022/neue-enthuellungen-die-vor-geschichte-der-entstehung-von-sars-cov-2-und-der-pandemie/ – Abgerufen am 3.2.22.

Ausgerichtet wurde die Übung vom „Johns Hopkins Center for Health Security" (JHCHS). Dieses „Center" existiert seit 1998. Es hieß zunächst „Center for Civilian Biodefense Studies", ab 2003 „Center for Biosecurity".[227] Was die strategische und inhaltliche Nähe zu militärischen Themen und Komplexen aufzeigt.

Dieses Johns-Hopkins-Zentrum ist an der „Johns Hopkins Bloomberg School of Public Health" (JHBSPH) angesiedelt. Das „Bloomberg" in ihrem Titel kam 2001 dazu. Als Michael Bloomberg – us-amerikanischer Finanzmarkt- und Medienmogul (Bloomberg L.P., Bloomberg TV, Bloomberg Terminal, etc.) – als ‚philanthropischer' Großspender auftrat. Bloomberg galt 2019 als neuntreichster, 2021 als zehntreichster Mensch.

Früher hieß die JHBSPH „Johns Hopkins School of Hygiene and Public Health". Sie wurde 1916 mit einem Zuschuss der Rockefeller-Stiftung in's Leben gerufen. Und ist heute das größte Institut für ‚öffentliche' ‚Gesundheit' weltweit. Weshalb sie sich – gemeinsam mit der Rockefeller-Stiftung – 2019 vor Gericht verantworten musste, hatte ich oben schon berichtet. Ich gebe es hier in der Fußnote nochmal wieder.[228] „The Rockefeller Foundation continued to sponsor the creation of public health schools in the United States and around the world in the 1920s and 1930s, extending the American model of the Johns Hopkins School of Public Health to countries such as Brazil, Bulgaria, Canada, Czechoslovakia, England, Hungary, India, Italy, Japan, Norway, the Philippines, Poland, Rumania, Sweden, Turkey, and Yugoslavia."[229]

Diese Schule gehört, der Name spricht es aus, zur „Johns Hopkins Universität" (JHU). Auf die JHU kam ich ja schon zu sprechen. Zur Erinnerung wiederhole ich obige Passage: Diese Uni wurde mit Geldern des us-amerikanischen Multimillionärs und ‚Philanthropen' Johns Hopkins (1795-1873) ins Leben gerufen. Mit seinem Nachlass von 7 Millionen US-Dollar wurden 1899 das nach ihm benannte Johns Hopkins Hospital und vier Jahre später die Johns Hopkins University gegründet. Sie spielt heute eine Schlüsselrolle im globalen ‚Public-

[227] Vgl. hierzu: Schreyer, P.: Chronik einer angekündigten Krise. Wie ein Virus die Welt verändern konnte, Frankfurt a. M. 2020, S. 34.

[228] „Im Januar 2019 entschied ein US-Richter, dass sich die Stiftung neben dem Pharmakonzern Bristol-Myers Squibb und der Johns Hopkins University für Versuche vor Gericht verantworten wird müssen, bei denen ab den 1940er Jahren nicht informierte Menschen in Guatemala mit Syphilis oder anderen Geschlechtskrankheiten infiziert worden waren, um die Wirksamkeit von Penicillin zu testen." Wikipedia-Artikel „Rockefeller-Stiftung", in: https://de.wikipedia.org/wiki/Rockefeller-Stiftung – Abgerufen am 8.12.21.

[229] Wikipedia-Artikel „Johns Hopkins Bloomberg School of Public Health" in: https://en-.wikipedia.org/wiki/Johns_Hopkins_Bloomberg_School_of_Public_Health – Abgerufen am 28.2.22.

Private-Corona-Management', etwa mit ihrer Corona-Statistik, dem COVID-19-Dashboard. Diese Universität ist eine Privatuniversität. Selbstredend muss sie sich an die gesetzlichen Rahmenbedingungen halten. Aber abgesehen davon untersteht sie keiner *direkten* staatlichen und/oder demokratischen Kontrolle. Diese private Universität ist auch heute noch eine elitäre ‚Kaderschmiede', hier laufen so einige Machtstränge zusammen. Eine klare Zusammenfassung gibt Werner Rügemer. Er schreibt, dass die JHU „direkte Beziehungen zum Militär und zur US-Außenpolitik [unterhalte]. Sie beherbergt z. B. die Paul H. Nitze School of Advanced International Studies (SAIS). Die ist benannt nach dem Investmentbanker Nitze, der in den 1950er Jahren Marine- und stellvertretender Verteidigungsminister der USA war und als ‚Falke' dann mit Ronald Reagan für die Stationierung der Mittelstreckenraketen in Westeuropa eintrat. Eine JHU-Absolventin ist Madeleine Albright, Ex-US-Außenministerin. [...] Die JHU ist ein Tummelplatz für US-freundliche Multimilliardäre. [...] Diese private, unternehmens-, militär- und regierungsnahe Universität handelt im ‚nationalen Interesse' der USA. Dieses ergibt sich aus dem Verbund mit Regierungs-Institutionen, Konzernen, Banken, reichen StifterInnen, anderen Elite-Universitäten, Militärs und dem State Departement".[230]

Zurück zu „Event 201" bzw. dem Initiator, dem „Johns Hopkins Center for Health Security" (JHCHS). Das JHCHS hat seit 1998 einige solcher Übungen mitveranstaltet oder veranstaltet.[231] Dazu werden v. A. macht-loyale Multiplikator/inn/en aus Wirtschaft und Politik eingeladen. Am 22. und 23.6.2001 fand z. B. die „Operation Dark Winter" statt: Simulation eines bioterroristischen Pockenanschlags einige Monate vor dem 11. September 2001 und den nachfolgenden Anthrax-Attentaten, bei denen fünf Menschen an Milzbrand starben.[232]

---

[230] Rügemer, W.: „Die USA haben das sicherste Gesundheitssystem der Welt" – Die Johns Hopkins University und das globale Pandemien-Management (1.4.2020), in: https://www.nachdenkseiten.de/?p=59825 – Abgerufen am 8.12.21.

[231] Eine Zusammenfassung der wichtigsten Übungen findet sich im Wikipedia-Artikel „Johns Hopkins Center for Health Security", in: https://en.wikipedia.org/wiki/Johns_Hopkins_Center_for_Health_Security – Abgerufen am 28.2.22.

[232] „Im September und Oktober 2001 wurden bei Anthrax-Anschlägen in den Vereinigten Staaten insgesamt sieben Briefe mit Milzbranderregern unterschiedlicher Virulenz an Regierungsstellen und hohe Politiker verschickt. Fünf Menschen starben. Ein vermuteter Zusammenhang mit den Terroranschlägen am 11. September 2001 konnte nicht bewiesen werden. Stattdessen wird inländisches Laborpersonal verantwortlich gemacht, da die verschickten Milzbranderreger den in der *Medizinischen Forschungseinrichtung der US-Armee für Infektionskrankheiten* (USAMRIID) in Fort Detrick angezogenen Stämmen entsprachen. Der hauptverdächtige US-Wissenschaftler Bruce Edwards Ivins beging im Juli 2008 Suizid." Wikipedia-Artikel „Milzbrand", in: https://de.wikipedia.org/wiki/Milzbrand – Abgerufen am 28.2.22. – Vgl. hierzu auch: Schreyer, P.: Chronik einer angekündigten

Mit 9/11 kam es zu einem bis dahin nicht dagewesenen Schritt in Richtung Total-Überwachung. Ich habe unter Bezug auf Snowden und seine Aufdeckungen schon davon berichtet. Was sich aber ebenfalls grundlegend änderte: „Das Thema Biosecurity wurde zielgerichtet institutionalisiert und internationalisiert. Anders gesagt: Es entstanden länderübergreifende Strukturen, mit deren Hilfe die nationalen politischen Reaktionspläne auf Epidemien synchronisiert wurden. In dieser systematisch vorangetriebenen Entwicklung liegt die Ursache der heutigen globalen ‚Corona-Gleichschaltung' – der nahezu einheitlichen Reaktion verschiedenster Länder auf das Auftauchen des Virus."[233] Und dabei spielten und spielen die Übungen des „Johns Hopkins Center for Health Security" eine Schlüsselrolle.

Am 14. 1. 2005 fand die Übung „Atlantic Storm" statt. Die Simulation eines weiteren bioterroristischen Pockenanschlags.

„Nachdem in den Jahren 1998 bis 2005, geprägt vom Kontext des ‚Kriegs gegen den Terror', im rascheren Stakkato immer apokalyptischere Pandemie-Übungen ins Werk gesetzt worden waren, ließ die Intensität in der Folge nach. Mehr als zehn Jahre passierte wenig. Das große Weltthema Finanzkrise bot ab 2008 offenbar wenig Anknüpfungspunkte für Pockenmanöver. Und auch das Schweinegrippe-Fiasko von 2009 musste wohl erst einmal verdaut werden. Die Situation änderte sich mit dem Auftauchen von Donald Trump [...]. Kurz nach seiner Wahl zum US-Präsidenten [...] startete das Übungsgeschehen neu. Zu dieser Zeit intensivierten sich die Bemühungen von Bill Gates, die Themen Impfstoffe, internationale Sicherheit und Bioterrorismus miteinander zu verknüpfen." Mit diesem Thema beehrte Gates 2017 das WEF und die Münchner Sicherheitskonferenz.[234] – Durch Trump wurde übrigens auch das Obama-Moratorium für GOF aufgehoben.

Im Oktober 2017 startete das JHCHS dann die Übung „SPARS Pandemic 2025-2028": „Das Planspiel ging von medizinischen Maßnahmen beim Ausbruch eines neuen Coronavirus in St. Paul, Minnesota, aus. 2025 sterben Amerikaner, die aus Asien zurückkehren, an einer unbekannten grippeähnlichen Krankheit, die auf die Infektion mit einem neuartigen Coronavirus zurückging, ‚SPARS-CoV' (**St. Paul ARS**). Es gibt zunächst kein Wissen, keine Diagnosetests oder Behandlungsmethoden, auch keinen Impfstoff. Aus dem Ausbruch entwickelt sich

Krise. Wie ein Virus die Welt verändern konnte, Frankfurt a. M. 2020, S. 39, 51-66.

[233] Schreyer, P.: Chronik ..., a. a. O., S. 68f. Bei Schreyer ist auch detailliert nachzulesen, wie diese Institutionalisierung und Internationalisierung vor sich ging – und wie u. A. auch Deutschland mit einbezogen wurde, S. 68-84.

[234] Schreyer, P.: Chronik ..., a. a. O., S. 85.

eine globale Pandemie".[235] Nicht nur die spezifizierende Abkürzung des Corona-Virus („SPARS-CoV" statt „SARS-CoV"), sondern die gesamte Übung zeigt frappierende Ähnlichkeit zur tatsächlichen Corona-Epidemie bzw. Corona-Politik 2020/2021. (Gleiches gilt für „Event 201" – ich komme gleich darauf zu sprechen.) „The similarities are uncanny, including strategies for the MSM, presidents, and celebrities being used to encourage people to take the vaccines – to the actual fatality rates being 'predicted' along with the numbers, to tweets and marketing campaigns, to 'isolation procedures'. Take a look at the document[236] and see the parallels you can draw from this exercise to the actual COVID pandemic, it is quite interesting."[237]

Am 15.5.2018 folgt die Übung „Clade X". Hauptsponsor dieser Übung war die „Open Philanthropy Foundation" des Facebook-Mitgründers und Milliardärs Dustin Moskovitz und seiner Frau Cari Tuna.[238] Ich habe diese ‚philanthropische' Stiftung oben kurz erwähnt. Auch wissen wir inzwischen, was die Geschäftsidee hinter dieser und ähnlicher Stiftungen ist. Und dass dabei die Philanthropie nur als Maske benutzt wird. „Das Szenario war diesmal anders. Keine Pocken, keine Pest, kein Anthrax, stattdessen eine neuartige Virusmixtur, die laut Drehbuch im Labor einer Biotech-Firma entwickelt worden war: eine genetische Kombination aus einem hochansteckenden Parainfluenza-Virus und dem besonders tödlichen Nipah-Virus."[239] „Am Ende der Übung stand daher auch an erster Stelle die Forderung an die Regierung, umgehend die nötigen Mittel bereitzustellen, um neue Impfstoffe ‚innerhalb von Monaten und nicht Jahren' entwickeln zu können. Insbesondere erwähnte man dabei neuartige [m]RNA-Impfstoffe (wie sie auch von Bill Gates gefördert wurden)".[240]

Ein gutes Jahr später, kurz vor Beginn der jetzigen Corona-Epidemie, fand am 18.10.2019 „Event 201" statt. „Das Konzept von ‚Clade X' hatte sich derweil in

---

235 Wikipedia-Artikel „SPARS Pandemic 2025-2028", in: https://de.wikipedia.org/wiki/SPARS_Pandemic_2025–2028 – Abgerufen am 28.2.22.

236 Vgl. die gesamte Dokumentation des „Johns Hopkins Center for Health Security": https://jhsphcenterforhealthsecurity.s3.amazonaws.com/spars-pandemic-scenario.pdf – Abgerufen am 28.2.22.

237 Schreiber, S.: Johns Hopkins Simulation from 2017 'SPARS 2025-2028' Mirrors COVID Pandemic (The Jewish Voice vom 4.7.21), in: https://thejewishvoice.com/2021/04/johns-hopkins-simulation-from-2017-spars-2025-2028-mirrors-covid-pandemic/ – Abgerufen am 28.2.22.

238 Schreyer, P.: Chronik …, a. a. O., S. 91.

239 Schreyer, P.: Chronik …, a. a. O., S. 87. Schreyer fährt fort: „Das Nipah-Virus brach, nebenbei bemerkt, gleichzeitig mit der Übung real in Indien aus und wurde dort mithilfe eines Forschers des US-Militärs eingedämmt, der einen Impfstoff entwickelt hatte, dessen Herstellerfirmen nach dem Ausbruch Fördermittel in Höhe von 25 Millionen Dollar erhielten." S. 87f.

240 Schreyer, P.: Chronik …, a. a. O., S. 90.

den Kreisen der Reichen und Einflussreichen herumgesprochen. Als das Team vom Johns Hopkins Center for Health Security im Anschluss eine noch größere, noch komplexere Nachfolgeübung konzipierte, kam die Oberliga der Sponsoren mit an Bord: die Bill und Melinda Gates Foundation und das World Economic Forum (WEF).“[241]

Das Szenario von „Event 201“ wird auf der Homepage des JHCHS so beschrieben: „Event 201 simulates an outbreak of a novel zoonotic coronavirus transmitted from bats to pigs to people that eventually becomes efficiently transmissible from person to person, leading to a severe pandemic. The pathogen and the disease it causes are modeled largely on SARS, but it is more transmissible in the community setting by people with mild symptoms. [...] There is no possibility of a vaccine being available in the first year. There is a fictional antiviral drug that can help the sick but not significantly limit spread of the disease. Since the whole human population is susceptible, during the initial months of the pandemic, the cumulative number of cases increases exponentially, doubling every week. And as the cases and deaths accumulate, the economic and societal consequences become increasingly severe. The scenario ends at the 18-month point, with 65 million deaths. The pandemic is beginning to slow due to the decreasing number of susceptible people. The pandemic will continue at some rate until there is an effective vaccine or until 80-90 % of the global population has been exposed. From that point on, it is likely to be an endemic childhood disease.“[242]

Aufschlussreich ist es, sich einige der hochrangigen Mitwirkenden und Teilnehmenden genauer anzuschauen. Ich beziehe mich dabei auf die gut recherchierte Darstellung Paul Schreyers.[243] Zunächst zu wichtigen Mitspielenden, dann zu anderen Teilnehmenden und hochrangigen Beisitzenden:

„Adrian Thomas, Vizepräsident von Johnson & Johnson, dem nach Börsenwert und Gesamtumsatz größten Pharmakonzern der Welt“.

„Jane Halton, Ex-Gesundheits- und Finanzministerin Australiens sowie lange in leitender Funktion bei der WHO tätig, außerdem Vorsitzende der von der Gates Foundation initiierten [...] Coalition for Epidemic Preparedness Innovations (CEPI), einer ‚Partnerschaft' von Pharmaindustrie, Regierungen und WHO zur Impfstoffentwicklung, die in der Corona-Krise eine Schlüsselrolle spielt”.

---

[241] Schreyer, P.: Chronik einer angekündigten Krise. Wie ein Virus die Welt verändern konnte, Frankfurt a. M. 2020, S. 93.

[242] https://www.centerforhealthsecurity.org/event201/scenario.html – Abgerufen am 3.2.22.

[243] Schreyer, P.: Chronik ..., a. a. O., S. 96f. u. 100f.

„Matthew Harrington, Präsident von Edelman, der größten PR-Agentur der Welt, und ‚Spezialist für Unternehmenspositionierung und Reputationsmanagement mit Erfahrungen in Krisenkommunikation' sowie persönlicher Berater von Microsoft".

„Hasti Taghi, Vizepräsidentin von NBC Universal, dem drittgrößten Medienkonzern der Welt".

„Avril Haines, unter Obama Vizedirektorin der CIA und Vize-Sicherheitsberaterin, seither in leitender Funktion bei einer Washingtoner Lobbyfirma, die interessierte IT-Unternehmen mit dem Pentagon und den Geheimdiensten in Kontakt bringt".

„Zu diesen globalen Managern gesellten sich der Vorsitzende eines Konzerns für Medizinprodukte, der Chef-Krisenmanager der Lufthansa, die Risikomanagerin der weltgrößten Hotelkette Marriott, der Präsident der UPS Foundation und ein Vertreter der Zentralbank Singapurs."

Unter den weiteren Teilnehmenden auch drei Pandemie-Spezialisten:

„Stephen Redd, bei der US-Seuchenschutzbehörde CDC Leiter der Abteilung für Notfallplanung, nach 9/11 an den Anthrax-Untersuchungen beteiligt und 2009

Chef-Krisenmanager beim Schweinegrippen-Fake,[244] wo er ‚dazu beitrug, 81 Millionen Menschen in den USA zu impfen'".

„George Gao, Direktor der chinesischen Seuchenschutzbehörde CCDC, Virologe und Vogelgrippe-Forscher, der Anfang Januar 2020 den amerikanischen CDC-Chef Robert Redfield über die Gefährlichkeit des Coronavirus informierte".

„Michael Ryan (nicht persönlich anwesend, aber mit einer Videobotschaft zugeschaltet), seit 2019 WHO-Direktor für Gesundheitsnotfälle (Director Health Emergencies Programme) und 2020 Chefkrisenmanager der WHO für Covid-19."

Auf den Fotos und Videos zur Übung sind neben dem Moderator drei weitere Personen zu sehen. Sozusagen als Beisitzende. Ihre Redebeiträge wirken, so Schreyer, „kundiger und erfahrener [...] als die übrigen. Eine Recherche zeigt, dass diese drei etwas Besonderes verbindet [...]: Alle drei sind in ihrer Arbeit schon seit vielen Jahren eng mit dem Thema Bevölkerungskontrolle verknüpft."

„Christopher Elias, bei der Gates Foundation Präsident der Abteilung für ‚Globale Entwicklung', zuständig unter anderem für ‚Familienplanung' und ‚Impfstoff-Verabreichung', außerdem Co-Vorsitzender von Family Planning 2020, einer

[244] Dass die in ihren Verläufen harmlose Schweinegrippe v. A. eine Big-Pharma-WHO-Kampagne und ein gigantisches Geschäft mit Angst und Desinformation war, sollte spätestens seit der arte-Doku „Profiteure der Angst" von 2009 zum Allgemeinwissen gehören (und in höheren Schulklassen als solches vermittelt werden). Erst die Änderung der Pandemie-Definition durch die WHO während der Schweinegrippe (Abkoppelung des Pandemie-Status von der Zahl der Verstorbenen) verwandelte diese harmlosen Grippewelle in eine ‚Pandemie'. Vgl. hierzu: Wodarg, W.: Falsche Pandemien, Argumente gegen die Herrschaft der Angst. (Spiegel Bestseller Platz 1), München 2021, S. 79f u. 93f. – Das Schweinegrippe-Geschäft war bereits die zweite Big-Pharma-WHO-Kampagne. Die erste fand 2005/2006 statt. Hier wurde das Geschäft mit der Angst vor der Vogelgrippe bzw. mit dem Medikament Tamiflu (Roche) gemacht. Faktisch sind 2006/2006 laut WHO-Angaben 122 Menschen an der Vogelgrippe gestorben; vgl. Schreyer, P.: Chronik einer angekündigten Krise. Wie ein Virus die Welt verändern konnte, Frankfurt a. M. 2020, 77-80. – Vgl. hierzu auch den Wikipedia-Artikel „Oseltamivir" (= Tamiflu), in: https://de.wikipedia.org/wiki/Oseltamivir – Abgerufen am 20.2.22. „Aus der ‚detaillierten Dokumentation' gehe hervor, die ‚Gesundheitsbehörden rund um den Globus' hätten sich ‚mit unvollständigen Unterlagen des Pharmakonzerns begnügt', als sie ‚für Milliarden Steuergelder Tamiflu' auf Vorrat einkauften. [...] Zwei von der europäischen Zulassungsbehörde hinzugezogene Experten des belgischen Gesundheitsministeriums und des schwedischen Instituts für Infektionskrankheiten haben Verbindungen zu Roche. An der Ausarbeitung der WHO-Pandemieleitlinien waren auch Experten beteiligt, die zuvor an einer von Roche finanzierten Studie mitarbeiteten – diese Untersuchung gilt als wichtigstes Werk für den Nutzenbeleg von Tamiflu. Eine Auswertung von zehn Studien wurde maßgeblich von Roche-Mitarbeitern oder bezahlten Beratern verfasst."

internationalen Organisation," die sich für eine Reduzierung der Geburtenraten z. B. „in Indien, Pakistan, Indonesien und dem größten Teil Afrikas" einsetzt.

„Sofia Borges, Mitglied des Leitungsgremiums von Family Planning 2020, zugleich Vizepräsidentin der UN Foundation, die vom Milliardär Ted Turner gegründet wurde, der sich für eine globale Bevölkerungsreduktion einsetzt, indem ‚Fortpflanzungsrechte verkauft werden, sodass arme Menschen von ihrer Entscheidung, keine Kinder zu bekommen, profitieren können'"

„Timothy Grant Evans, Mitgründer der [von Gates kontrollierten] Impfallianz GAVI, ehemals Mitarbeiter der Rockefeller Foundation, von 2003 bis 2010 in der Führungsebene der WHO sowie von 2013 bis 2019 bei der Weltbank als Direktor für Gesundheit, Ernährung und ‚Population Global Practice'".

Soweit die Mitspielenden und Teilnehmenden. Sie bzw. ihre Funktionen und Biografien zeigen, inwiefern bei diesen Übungen global vernetzt und us-dominiert vorgangenen wird; und zugleich, welche starke Verfilzung zwischen US-Regierung, WHO, GAVI, CEPI, Weltbank, US-Pharma-, IT-, Medien- und Philanthropie-Konzernen hier vorherrscht. Ein Filz, der in keiner Weise demokratisch legitimiert ist und, schlimmer noch, schon auf den ersten Blick als ein Super-Netzwerk der US-Plutokraten und Über-Menschen durchschaut werden kann, die, wie wir inzwischen wissen, meist gemäß ihrer antidemokratischen Willen-zur-Macht-Philosophie agieren.

Diese Planspiele sind ganz offensichtlich mehr als Planspiele. Sie sind konspirative Zusammenkünfte von über-mächtigen Institutionen und Funktionären, in denen sich diese auf ein zukünftiges gemeinsames Vorgehen im Pandemie-Fall vorbereiten, sich einstimmen und vor Allem *abstimmen*. Dies passiert in einem bestenfalls halb-öffentlichen und demokratisch nicht legitimierten Raum; einem Raum, den US-Disrupteure öffnen, bestimmen und in ihrem Sinne lenken und ausnutzen. Ebenso ersichtlich hierbei, wie gezielt, effizient und hochkomplex die Über-Mächtigen und ihre Höflinge ‚networking' betreiben. Und dabei zugleich gewährleisten, dass ihre Netzwerke möglichst weitverzweigt und unübersichtlich, für normale Menschen kaum erkenn- und überschaubar, im Hintergrund agieren. Sollte aber doch ein kritisches öffentliches Licht auf diese konspirativen Treffen fallen, können sie sich jederzeit der Philanthropie-Maske bedienen. Auch für diesen Fall ist gut vorgesorgt. Ihr Vertuschungs- und Macht-System ist nahezu perfekt, aber eben nur nahezu.

Schreyer fasst es so zusammen: „Bei ‚Event 201' versammelten sich also Menschen mit hoher fachlicher Kompetenz, von denen einige in der Corona-Krise wenige Monate später eine wichtige Rolle spielen sollten. Das Wesentliche an der Übung wie an der darauffolgenden realen Situation war eine spezifische Verschmelzung der Themen Angst, Massensterben, Ausnahmezustand, staatliche Überforderung, Freiheitsbeschränkungen, Impfstoffe, Pharmaregulierung und Medienstrategie. Konkret gesagt: Eine gesundheitliche Notlage führte zu einem globalen Bedarf an Impfstoffen, für deren Finanzierung, Entwicklung und Verbreitung Konzernen eine aktivere Rolle in der internationalen Politik eingeräumt werden musste, wobei etwaigem Widerstand aus der Bevölkerung mit Hilfe von PR-Strategien und Medien zu begegnen war. Darum ging es bei der Übung – und darum geht es auch heute."[245]

Die US-Disrupteure und -Manipulateure ließen es dabei nicht bewenden. Ihre Netzwerke arbeiteten und arbeiten weiter. Weltweit. Unermüdlich. Tag und Nacht. Und ohne dass ihnen je der Sprit – also das Geld – ausgehen könnte. Denn was sie investieren, kommt doppelt zurück. Wie unermüdlich und weitverzweigt sie jederzeit agieren, zeigt sich etwa daran, wie sie, im Vorfeld der Corona-Epidemie, vielerorts kleinere, event-201-analoge Veranstaltungen durchführten. Um so ihre ‚Botschaft' möglichst breit zu streuen. Z. B. am 14. Februar 2019, einen Tag vor Beginn der Münchner Sicherheitskonferenz, in einem kleinen Planspiel. Oder im Dezember 2019 in New York. Und dann, wieder im Rahmen der Münchner Sicherheitskonferenz vom 14.-16.2.2020.[246] Dass die Münchner Sicherheitskonferenz – eine ‚gemeinnützige' GmbH bzw. eine demokratisch nicht legitimierte Privatveranstaltung, die v. A. militärischen Interessen der Über-Mächtigen dient – hier auftaucht, ist kein Zufall. Es zeigt das Einverwoben-Sein der Militärs. Diesem Einverwoben-Sein sind wir ja schon begegnet. Wir werden ihm noch öfter begegnen.

Werfen wir einen Blick auf das Planspiel vom 14. Februar 2019 in München „das von privat finanzierten US-Institutionen organisiert worden war". Eine der Hauptverantwortlichen war Beth Cameron. „Cameron ist ebenfalls eine Schlüsselfigur der Szene. Sie arbeitete von 2010 bis 2013 im Pentagon als Direktorin der Abteilung für ‚Cooperative Threat Reduction' und wechselte dann ins Weiße Haus in den Nationalen Sicherheitsrat, als Direktorin für ‚Global Health Security and Biodefense'. Diese Abteilung, die erst unter US-Präsident Barack Obama 2016 geschaffen worden war, wurde von Trumps Sicherheitsberater John Bolton 2018 schon wieder aufgelöst. Daraufhin wechselte Cameron zur privaten Lobbygruppe ‚Nuclear Threat Initiative' (NTI)."[247]

---

[245] Schreyer, P.: Chronik ..., a. a. O., S. 97f.
[246] Vgl. hierzu: Schreyer, P.: Wie der Lockdown nach Deutschland kam (15.7.21), in: https://multipolar-magazin.de/artikel/wie-der-lockdown-nach-deutschland-kam – Abgerufen am 3.2.22.
[247] Schreyer, P.: Wie der Lockdown nach Deutschland kam, a. a. O.

An diesem von Cameron geleiteten Planspiel haben z. B. der RKI-Chef Lothar Wieler und Heiko Rottmann-Großner teilgenommen. Rottmann-Großner war Unterabteilungsleiter für ‚Gesundheitssicherheit' im Gesundheitsministerium Jens Spahns. Wieler und Rottmann-Großner begegneten dort „dem ‚Who is who' der internationalen Biosecurity-Szene, einer kleinen Gruppe von Lobbyisten und Fachleuten", z. B. Christopher Elias von der Gates-Stiftung und Timothy Evans von der Gates-kontrollierten GAVI. Wir kennen die beiden Herren schon. Von Interesse sind auch zwei weitere Teilnehmer: „*Jeremy Farrar*, Direktor des umgerechnet mehr als 30 Milliarden Dollar schweren ‚Wellcome Trust', einer britischen Stiftung zur globalen Gesundheitsförderung, die politisch ähnlich aktiv und mächtig ist wie die Gates Foundation; Farrar und Elias sind zudem – gemeinsam mit Christian Drosten – seit 2017 Mitglieder eines Gremiums, das die Bundesregierung in Fragen ‚internationaler Gesundheitspolitik' berät". Und: „*Jeremy Jurgens*, ein Amerikaner aus der Leitungsebene des World Economic Forum, dort Direktor für „Global Industries and Strategic Intelligence".[248]

Ein Jahr nach diesem konspirativen Münchner Planspiel „empfahl der gleiche Beamte [Rottmann-Großner] mehreren Staatssekretären des Bundesinnenministeriums, Lockdown-Maßnahmen vorzubereiten – die in keinem offiziellen Pandemieplan enthalten waren."[249] Denn im „umfangreichen Nationalen Pandemieplan der Bundesrepublik Deutschland von 2017 (hier Teil 1[250] und Teil 2[251]) ist von solchen Maßnahmen [...] keine Rede. Darin werden lediglich viel zurückhaltendere Schritte, wie die Schließung von Gemeinschaftseinrichtungen und eine Beschränkung oder ein Verbot großer Veranstaltungen empfohlen. Schulschließungen betrachtet der Pandemieplan sehr differenziert und diskutiert sie nur unter zahlreichen Vorbehalten. Von Grenzschließungen wird klar abgeraten. Auch das ‚Social Distancing' in der Öffentlichkeit mit fest definierten Abständen (1,50 Meter) findet sich an keiner Stelle als Empfehlung, ebensowenig Ausgangssperren oder gar ein ‚Lahmlegen der Wirtschaft'."[252] So hat es Paul Schreyer in seinem Beitrag „Wie der Lockdown nach Deutschland kam" rekonstruiert.

Bevor ich zur dritten Frage komme, möchte ich jenen brisanten Punkt noch einmal festhalten und besonders herausstellen: Dass gerade Farrar und Elias (gemeinsam

---

[248] Schreyer, P.: Wie der Lockdown nach Deutschland kam, a. a. O.

[249] Schreyer, P.: Wie der Lockdown nach Deutschland kam, a. a. O.

[250] https://www.gmkonline.de/documents/pandemieplan_teil-i_1510042222_1585228735.pdf – Abgerufen am 3.2.22.

[251] https://www.rki.de/DE/Content/InfAZ/I/Influenza/Pandemieplanung/Downloads/Pandemieplan_Teil_II_gesamt.pdf?__blob=publicationFile – Abgerufen am 3.2.22.

[252] Schreyer, P.: Wie der Lockdown nach Deutschland kam, a. a. O.

mit Christian Drosten) seit 2017 Mitglieder eines Gremiums sind, „das die Bundesregierung in Fragen ‚internationaler Gesundheitspolitik' berät".[253] Christopher Elias, bei der big-pharma-vernetzten[254] Gates-Stiftung Präsident der Abteilung für „Globale Entwicklung", und Jeremy Farrar, Direktor des ‚Wellcome Trust' (der nach der Gates-Stiftung zweitmächtigsten Stiftung, historisch und personell engstens verwoben mit Big-Pharma-Konzernen), *‚beraten'* die Bundesregierung. Das sagt alles. Nämlich darüber, wie weit es mit unserer Demokratie gekommen ist. Kann sich die Bundesregierung keine unabhängige Berater/innen leisten? Z. B. unabhängige und pharma-kritische Professor/inn/en an öffentlichen Universitäten? Die gäbe es in Fülle! Und: Sind die Gesundheitspolitiker/innen und ihr überbesetzter Stab generell unfähig? So dass sie überhaupt externe Berater/innen brauchen? Noch dazu solche, die nachweislich philanthro-kapitalistisch-disruptiv vorgehen und mit Big-Pharma verwoben sind? Kann mensch sich ein unverantwortlicheres Vorgehen von Politiker/innen in hochverantwortlichen Positionen vorstellen?

Ich erinnere daran, dass wir Farrar oben bereits begegnet sind. Und zwar in der durch das Informations-Freiheits-Gesetz erzwungenen Veröffentlichung der ‚Fauci-Emails'. Diese Emails beweisen, dass und wie einflussreichste Virologen, Epidemiologen, Gesundheits- und Pharma-Funktionäre versuchten, entgegen aller wissenschaftlichen Wahrscheinlichkeit, den Labor-Ursprung des Corona-Virus zu vertuschen. Hier nochmals das Zitat Professor Wiesendangers, der diese Missstände angeprangert hat: „Aus der E-Mail-Korrespondenz geht hervor, dass es offensichtlich eine Absprache gab, koordiniert durch Anthony Fauci, Francis Collins – dem damals obersten Leiter der National Institutes of Health in den USA, der ja Ende letzten Jahres zurückgetreten ist – und Jeremy Farrar vom Wellcome Trust."[255]

Das korrupte Vertuschungssystem ist international. Und Christian Drosten und Lothar Wieler sind mitsamt der Bundesregierung darin einverwoben. Letztlich ist – wie der Politik-Professor Kees van der Pijl zeigt – das Vertuschungssystem noch viel umfassender.[256] Es beruht auf korrupten und korrumpierenden globalen

[253] Schreyer, P.: Wie der Lockdown nach Deutschland kam, a. a. O.
[254] „The leadership team for BMGF's Global Health Division includes former executives of AstraZeneca, Baxter International Healthcare Corp., Eli-Lilly, Novartis, Parke-Davis, Pfizer, and Wyeth". Levich, J.: Disrupting Global Health, a. a. O.
[255] Fauci, Drosten und die Dynamit-Mails: „Neue Form von Wissenschafts-Kriminalität". Stefan Frank im Interview mit Roland Wiesendanger (21.1.22), in: https://www.achgut.com/artikel/fauci_drosten_und_die_dynamit_mails_neue-form_von_wissenschafts_kriminalitaet – Abgerufen am 28.2.22.
[256] Vgl. hierzu auch den Abschnitt „Das künstliche Virus" in: Van der Pijl, K.: Die belagerte Welt. Corona: Die Mobilisierung der Angst – und wie wir uns daraus befreien können, Ratzert 2021, S. 196-201.

Netzwerken. Im November 2020 wurde ein weiteres solches Netzwerk gegründet: „Global Leaders Group on Antimicrobial Resistance". Eine Kooperarion der „Food and Agriculture Organization of the United Nations", der „World Organisation for Animal Health", der WHO und dem „United Nations Environment Programme". Im Vorstand sitzt, neben Farrar, Lothar Wieler.[257]

3. Frage: Zusammenhänge zwischen Wuhan und der Gates-Stiftung?

Der Einfluss der Gates-Stiftung auf „Event 201" und die Münchner Planspiele liegt auf der Hand. Nicht nur, aber vor Allem auch wegen Christopher Elias, dem Präsident der Abteilung für ‚Globale Entwicklung' bei der Gates-Stiftung, zuständig unter anderem für ‚Familienplanung' und ‚Impfstoff-Verabreichung'.

Wir wissen auch schon längst, dass und wie Gates mit seiner Stiftung EU und WHO disruptiv unterwandernd und ausnutzend, Hand in Hand mit US-Pharma-Konzernen, noch mehr Milliarden auf seinem Konto versammelt.

Wir konnten also so einige Fragen klären. Jedoch, die Gretchenfrage bleibt: Gibt es einen engeren Zusammenhang zwischen Gates und der „gain of function research" – speziell in Bezug auf das Wuhan-Institut für Virologie? Wenn dem so wäre, dann würde es für Gates und seine Stiftung – die schon länger, zusammen mit anderen, mächtigen Global Playern (WEF, Rockefeller-Stiftung, Johns Hopkins Universität, ...) Planspiele wie „Event 201" betreiben und somit auf eine Corona-Pandemie ‚hinarbeiten' – ein abgründiges Motiv geben. Nämlich mit einer – direkt oder indirekt – ausgelösten, dem Wuhan-Labor entsprungenen Corona-Krise einen disruptiven „Great Reset" ungeahnten Ausmaßes zu entfesseln, bewusst und machtwillentlich zu entfesseln. – Wenn dem so wäre, würden sich Abgründe an Unmenschlichkeit auftun. Mich schaudert. Aber erinnern wir uns an die Logik der Über-Mächtigen. Aus der Sicht eines nietzscheschen Übermenschen wären diese Abgründe durchaus zu bejahen. „Was ist gut? – Alles, was das Gefühl der Macht, den Willen zur Macht, die Macht selbst im Menschen erhöht. Was ist schlecht? Alles, was aus der Schwäche stammt. Was ist Glück? – Das Gefühl davon, dass die Macht wächst, dass ein Widerstand überwunden wird. [...] Die Schwachen und Missrathnen sollen zu Grunde gehn: erster Satz unserer Menschenliebe. Und man soll ihnen noch dazu helfen."[258]

---

[257] Vgl. https://en.wikipedia.org/wiki/Global_Leaders_Group_on_Antimicrobial_Resistance – Abgerufen am 28.2.22.

[258] Nietzsche, F.: Der Antichrist: Kritische Studienausgabe, Bd. 6, hg. v. G. Colli u. M. Montinari, München 1988, S. 165-254, hier 170.

Der narzisstischen Hybris solcher ‚übermenschlicher' (und unmenschlicher) Anschauungen sind wir im ersten Teil meiner Untersuchungen schon öfter begegnet. Sie ziehen sich wie ein roter Faden durch die Geschichte machtelitären Denkens und Handelns. Die US-Über-Mächtigen (US-Oligarchen wie Polit-Funktionäre) sind schon lange damit infiziert. Das Ende der Sowjetunion und der erste „Great Reset" durch 9/11 haben diese Hybris noch einmal potenziert. Wie sagte Karl Rove, langjähriger Berater und Chefstratege der Republikanischen Partei, engster Gefolgsmann George W. Bushs? Wie sagte er 2003, als die USA wieder einmal einen völkerrechtswidrigen Angriffskrieg – diesmal gegen Saddam Husseins vermeintliche Massenvernichtungswaffen – führte? „Wir sind jetzt ein Imperium, und wenn wir handeln, schaffen wir unsere eigene Realität. Und während ihr diese Realität studiert – mit Bedacht, wie ihr wollt – werden wir wieder handeln und andere neue Realitäten schaffen, die ihr ebenfalls studieren könnt, und so werden sich die Dinge klären. Wir sind die Akteure der Geschichte (...) und ihr, ihr alle, werdet nur noch das studieren, was wir tun."[259]

In welche größenwahnsinnigen Dimensionen sich solche Menschen wie Rove oder Bush oder, in unserem Fall, Bill Gates auch versteigen mögen. Die Gretchenfrage bleibt. Und sie heißt: Gibt es einen Zusammenhang zwischen Gates und Wuhan? Ich habe bisher in meinen Recherchen keinen Zusammenhang entdecken können. Mit einer Ausnahme, einer entscheidenden, auf die ich gleich zu sprechen komme.

Zuvor eine kurze Zwischenüberlegung. Wir haben ja an vielen Beispiele gesehen, mit welch hochkomplexen Netzwerken der Macht die US-Oligarchen (aber auch der militärisch-politische US-Komplex im Bund mit anderen fast ebenso Über-Mächtigen in Europa oder anderswo) arbeiten. Es sind weltweite Netzwerke – offizielle, halb-offizielle und inoffizielle. Es versteht sich von selbst, dass in dieser Frage – der heikelsten Frage überhaupt – Verbindungen und Zusammenhänge uns sicherlich nicht auf dem Präsentierteller dargeboten werden. Nur wer wirklich hartnäckig und unnachgiebig recherchiert wird hier – wenn überhaupt – fündig werden.

Solch einer ist nun Thomas Röper, ein großer und nicht unumstrittener Aufklärer, nicht nur in Sachen Corona. Doch mag er (besonders in den Augen mancher macht-konformer Faktenchecker) auch umstritten sein: Er recherchiert gut und sauber. Und deshalb gibt er, wo immer möglich, die Quellen an, so dass jede/r selbst nachprüfen kann. Er fordert seine Leser/innen sogar selbst immer wieder

---

[259] Zit. in: Werning, R.: Im Amnesie-Taumel einer ‚Zeitenwende" (2.3.22), in: https://www.nachdenkseiten.de/?p=81430 – Abgerufen am 4.3.22.

auf, selbst zu prüfen. Und ihn gegebenenfalls zu benachrichtigen und zu korrigieren. In Bezug auf sein gut recherchiertes Buch „Inside Corona“[260] – für das ihm ein aus Sicherheitsgründen anonym bleibender Informant wertvolle Zusatzinformationen besorgt hat – sagte er: „Wir konnten sehr detailliert aufzeigen, wer die Pandemie ab 2015/2016 wie, mit wem und mit wie viel Geld vorbereitet hat. Als wichtigste Organisatoren der Pandemie haben wir in ‚Inside Corona' die Bill and Melinda Gates Foundation (BMGF), die Rockefeller Foundation, Open Philanthropy, das Weltwirtschaftsforum (WEF), den Wellcome Trust und die Nuclear Threat Initiative (NTI) identifiziert.“[261]

Werfen wir einen kurzen Blick zurück auf „Clade X“, „Event 201“ und das Planspiel bei der Münchner Sicherheitskonferenz vom 14. Februar 2019. Da waren Vertreter all jener Organisatonen, die Röper soeben erwähnte, mit von der Partie. Einmal fehlte vielleicht die Open Philanthropy Foundation, einmal vielleicht die NTI. Aber im Großen und Ganzen zeigt sich doch, wer die Hauptakteure waren und sind: die Gates- und die Rockefeller-Foundation mitsamt anderen ‚philanthropischen Stiftungen (Open Philanthropy und Wellcome Trust), eingebunden aber stets auch die JHU, das WEF und die WHO sowie – im Hintergrund – immer wieder US-Gesundheits- und Militär-Behörden.

Was für Röper und seinen Informanten lange unklar blieb: Ob es ein „missing link“ zwischen der Gates- und Rockefeller-Stiftung und dem Wuhan-Labor gäbe. Er hat es nun vor Kurzem entdeckt. Das Verbindungsglied heißt „Global Virome Project“ (GVP) und wurde vom 8. bis 11. August 2016 im Bellagio Conference Center der Rockefeller Foundation gegründet. Das Wort „Virome” ist eine Kombination aus „virus” und „genome”, was mensch unschwer als ‚genmanipulativ verändertes Virus' deuten kann. Das Ziel ist laut GVP-Homepage natürlich ein hehres und philanthropisches: „an international effort to identify and characterize, within a decade, 99% of all zoonotic viruses with epidemic/pandemic potential in order to better predict, prevent, and respond to future viral pandemic threats and to protect us all from their worst consequences.“[262]

Röper führt aus: „In dem Konzeptpapier des GVP,[263] das die Autoren 2017 für die WHO, die als wichtigster Partner des GVP angegeben wird,[264] geschrieben und

[260] Vgl. Röper, T.: Inside Corona, Die Pandemie, das Netzwerk, die Hintermänner, Gelnhausen 2021.

[261] Röper, T.: Neue Enthüllungen: Die (Vor-)Geschichte der Entstehung von SARS-CoV-2 und der Pandemie (16.2.22), in: https://www.anti-spiegel.ru/2022/neue-enthuellungen-die-vor-geschichte-der-entstehung-von-sars-cov-2-und-der-pandemie/ – Abgerufen am 3.2.22.

[262] https://www.globalviromeproject.org/our-history – Abgerufen am 3.2.22.

[263] https://www.who.int/bulletin/online_first/BLT.17.205005.pdf?ua=1 – Abgerufen am 3.2.22.

[264] https://www.globalviromeproject.org/partnerships – Abgerufen am 3.2.22.

2018 veröffentlicht haben, wird auf die Gefahr von Viren hingewiesen, die vom Tier auf den Menschen überspringen. Um sich darauf vorzubereiten, empfehlen die Autoren unter anderem zum Beispiel PCR-Tests [...] Dass eine solche neu gegründete Organisation, in der sich einige – wenn auch einflussreiche – Virologen zusammengetan haben, gleich ein wichtiger Partner der WHO wird und für sich ein Budget von 1,2 Milliarden Dollar für die Pandemie-Vorsorge fordert, ist ohne Unterstützung mächtiger Kreise undenkbar."[265]

Auch hier lohnt es, einen Blick auf die Köpfe des GVP zu werfen. Nur so können wir Zusammenhänge aufdecken und Netzwerken nachspüren. Die GVP ist ein kleines Projekt, der erlesene Vorstand wird von nur sieben, macht-loyalen Personen (mensch könnte auch sagen: skrupellosen Karrieristen) gebildet:[266]

Dennis Carroll (Vorsitzender). Er leitete für die "U.S. Agency for International Development's" (USAID's) deren "Emerging Pandemic Threats Program" und war damit auch wesentlich für den Umgang mit dem Vogel- und Schweingrippen-Virus zuständig – und damit auch, direkt oder indirekt, für die damalige Fake-Kampagne und den Big-Pharma-Deal. Zuvor arbeitete er für die „U.S. Centers for Disease Control and Prevention".[267]

Die USAID ist bisher in meinen Untersuchungen noch nicht aufgetaucht. Es bedarf deshalb einer erläuternden Zwischenbemerkung: Die USAID, so fasst es Röper zusammen, „ist eine US-Behörde, deren Aufgabe es ist, amerikanischen Firmen Zugang zu ausländischen Märkten zu ermöglichen. Dafür bekommt USAID jedes Jahr ein Milliardenbudget und USAID finanziert mit dem Geld auch Propaganda [...]. USAID unterstützt auch Putschversuche, so hat USAID zum Beispiel den Putschversuch von Guaido in Venezuela mit mindestens 100 Millionen Dollar unterstützt. Das ist nicht verwunderlich, immerhin geht es in Venezuela um die größten Erdölvorräte Amerikas, an denen US-Konzerne sehr großes Interesse haben. USAID spielt auch bei der Pandemie eine wichtige Rolle, denn es geht dabei in erster Linie um die weltweite Vermarktung des Impfstoffs des US-Konzernes Pfizer, wir sprechen über einen Markt von hunderten Milliarden Dollar. USAID hat während der Pandemie auf internationale Organisationen und Staaten eingewirkt, um den Weg für den Pfizer-Impfstoff frei zu machen, wie wir in ‚Inside Corona' aufgezeigt haben." [268]

---

[265] Röper, T.: Neue Enthüllungen, a. a. O.

[266] Vgl. hierzu: https://www.globalviromeproject.org/leadership-team – Abgerufen am 3.2.22.

[267] https://www.globalviromeproject.org/who-we-are/leadership/dennis-carroll – Abgerufen am 3.2.22.

[268] Röper, T.: Neue Enthüllungen, a. a. O.

Peter Daszak (2. Vorsitzender und Schatzmeister). Wir haben ihn und seine „EcoHealth Alliance" mitsamt ihren GOF-Forschungen in Wuhan schon kennengelernt. Und wissen, dass er in der WHO-Kommission zur Aufklärung der Wuhan-Vorgänge (vertuschend) mitgewirkt hat. Seine Verbindungen zu hochrangigen US-Behörden wie DARPA (Pentagon) und dem „U.S. National Institute of Allergy and Infectious Diseases" (NIAID – Direktor: Anthony Fauci) und auch zu Christian Drosten wurden ebenfalls schon besprochen.

Jonna Mazet (Vorstandsmitglied). Sie ist eine langjährige Kollegin von Carroll und Daszak.[269] „USAID hat 2009 aus Anlass der Vogelgrippe das PREDICT-Programm gestartet und mit etwa 200 Millionen Dollar finanziert. Das Ziel des Programmes war es, weltweit unbekannte Krankheitserreger einzusammeln und zu erforschen. [...] Und dabei hat Daszak auch mit dem PREDICT-Programm von USAID zusammengearbeitet, bei dem wiederum Dr. Dennis Carroll als einer der Direktoren von USAID eine leitende Funktion hatte. Gleiches gilt für Dr. Jonna Mazet, die ebenfalls beim PREDICT-Programm dabei war."

Oyewali Tomori (Vorstandsmitglied). Tomori ist ein nigerianischer Virologe, der 10 Jahre in Afrika für die WHO gearbeitet hat und auch heute noch in vielen WHO-Gremien engagiert ist – sowie auch im Vorstand der von Gates kontrollierten Impfallianz GAVI.[270]

Edward Rubin (Vorstandsmitglied). Er war Direktor des „U.S. Department of Energy's Joint Genome Institute". Er leitete dort ein Team, das im Rahmen des "International Human Genome Project" 13% des menschlichen Genoms sequenzierte.[271] Rubin „ist der wissenschaftliche Direktor von Metabiota, der von der CIA [In-Q-Tel] finanziell geförderten Firma von Nathan Wolfe." Rubin ist damit ein typischer „Drehtür-Mann".[272] Metabiota erforscht Viren und Pandemien. Die „CIA, war aber nicht der einzige Finanzier von Wolfe, er hat schon in den 2000er Jahren Gelder von Bill Gates, der NIH von Dr. Fauci, dem Pentagon und anderen bekommen. 2008 wurde er auch Mitglied im Defense Science Research Council der DARPA." Das zeigt: Wolfe und damit auch seine rechte wissenschaftliche Hand Rubin sind „auf das Engste an die US-Geheimdienste und das Pentagon angebunden." „Außerdem ist Wolfe ein ehemaliger Young Leader

---

[269] Vgl. https://www.globalviromeproject.org/who-we-are/leadership/jonna-mazet – Abgerufen am 3.2.22.

[270] https://www.globalviromeproject.org/who-we-are/leadership/oyewale-tomori – Abgerufen am 3.2.22.

[271] https://www.globalviromeproject.org/who-we-are/leadership/edward-rubin – Abgerufen am 3.2.22.

[272] Zum Thema „Drehtür" bzw. „revolving door" vgl. den Abschnitt „Gates, die ‚gekaufte' WHO und der biopolitische Komplex".

des WEF,[273] für das er zum Beispiel 2013 einen Artikel darüber geschrieben hat, was passieren könnte, wenn ein ‚tödliches neues Virus vom Tier auf den Menschen überspringt.'[274] Und Nathan Wolfe kennt Dr. Daszak hervorragend, der – wie alle Indizien zeigen – in Wuhan genau so ein Virus entwickelt hat. Nathan Wolfe ist nämlich schon seit 2008 Editor beim Journal der EcoHealth Alliance von Dr. Daszak."[275]

(Update zum Russland-Ukraine-Krieg: „Metabiota Inc. hat Verträge im Rahmen des DTRA-Programms[276] in Georgien und der Ukraine. Das Unternehmen konzentriert sich auf globale Feldarbeit, die Verfolgung von Krankheitserregern, Ausbrüche und klinische Studien. Während der Ebola-Krise in Westafrika war das Unternehmen im Rahmen eines Großauftrags in Sierra Leone tätig, einem der Länder, die im Mittelpunkt der Epidemie von 2012-15 standen. In der Ukraine sind elf von der DTRA finanzierte Biolaboratorien tätig, über die das Land keine Kontrolle hat. Dies geht auf eine Vereinbarung aus dem Jahr 2005 zwischen dem Pentagon und dem ukrainischen Gesundheitsministerium zurück. Es verbietet der Regierung in Kiew, sensible Informationen über das Programm preiszugeben. Die Ukraine ist verpflichtet, dem US-Verteidigungsministerium gefährliche Krankheitserreger für biologische Forschung zu überlassen. Schließlich hat das Pentagon Zugang zu den ukrainischen Staatsgeheimnissen im Zusammenhang mit dem genannten Abkommen."[277])

Jennifer Gardy (Vorstandsmitglied). Gardy trat 2019 dem "Bill & Melinda Gates Foundation's Malaria Team" als stellvertretende Direktorin bei.[278] Zuvor war sie 10 Jahre am "British Columbia Centre for Disease Control" und der "University of British Columbia's School of Population and Public Health". Also eine typische ‚Drehtür-Frau'.[279]

Ariel Pablos-Mendez (Vorstandsmitglied). Er arbeitete von 1998-2004 für die Rockefeller Stiftung, von 2004-2007 war er bei der WHO als "Director of

[273] https://www.weforum.org/people/nathan-d-wolfe – Abgerufen am 3.2.22.
[274] https://www.weforum.org/agenda/2013/04/what-if-a-deadly-new-virus-jumped-from-animals-to-humans/ – Abgerufen am 3.2.22.
[275] Röper, T.: Neue Enthüllungen, a. a. O.
[276] Die DTRA d. h. „Defense Threat Reduction Agency" ist eine US-Militär-Agentur.
[277] Van der Pijl, K.: Die belagerte Welt. Corona: Die Mobilisierung der Angst – und wie wir uns daraus befreien können, Ratzert 2021, S. 187f. Vgl. hierzu die Dokumentation der Investigativjouralistin Dilyana Gaytandzhieva „The Pentagon Bio-weapons" (29.4.2018 mit Update vom 16.3.2022), in: http://dilyana.bg/the-pentagon-bio-weapons/ – Abgerufen am 3.2.22.
[278] https://www.globalviromeproject.org/who-we-are/leadership/jennifer-gardy – Abgerufen am 3.2.22.
[279] https://www.globalviromeproject.org/ariel-pablos-medez – Abgerufen am 3.2.22.

Knowledge Management", dann, ab 2007, wieder bei der Rockefeller-Stiftung als "Managing Director" auf dem Feld globaler Gesundheits-Agenda. Also auch er ein ‚Drehtür-Typ'.[280]

Röper fasst zusammen: „Beim Global Virome Project sitzen die (wahrscheinlichen) Entwickler von SARS-CoV-2 (also Daszak & Co.) und die Vertreter der Organisatoren der Pandemie (Gates, Rockefeller und WEF) zusammen an einem Tisch. [...] Es [...] handelt sich also um eine handverlesene und geschlossene Gruppe, die aus Vertretern der Organisatoren der Pandemie und den Leuten um Daszak besteht, die in Wuhan an Coronaviren von Fledermäusen geforscht haben. Im Vorstand des GVP ist nicht eine einzige Person vertreten, die keine Verbindung zu einer der beiden Gruppen hat. Das GVP ist die von uns gesuchte Verbindung zwischen den Organisatoren der Pandemie und den (wahrscheinlichen) Erschaffern von SARS-CoV-2".[281] – Dem ist nicht viel hinzuzufügen. Außer vielleicht, dass auch hier, ganz offensichtlich, im Hintergrund viele und enge Verbindungen zu US-Geldgebern, US-Behörden und US-Geheimdiensten bestehen; und zu Jeremy Farrar vom „Wellcome Trust". Und dass einige Namen auch in dem bereits erwähnten offenen Brief in „The Lancet" auftauchen: Peter Daszak, Dennis Carroll, Jonna Mazet, und natürlich Jeremy Farrar (und Christian Drosten).[282] In diesem offenen Brief nennen die Autor/inn/en die Labor-Ursprungs-These eine „Verschwörungstheorie" – um damit geschickt von ihren eigenen abgründigen Verstrickungen und Intrigen abzulenken.

Ich komme zur vierten Frage.

4. Frage: Was hat es mit der Nano-Impf-Technologie auf sich?

Und: Inwiefern können mit ihr Menschen ‚gemarkert' oder gar überwacht werden? Gibt es auch diesbezüglich einen engeren Bezug zu Gates und seiner Stiftung?

Mit diesen Fragen und diesem Thema betrete ich ein Gebiet, auf dem ich mich nun wirklich nicht mehr wohl fühle. Zum Ersten, weil das Thema wie ein übler Science-Fiction anmutet und nach „Illuminaten-Theorie" riecht. Dann, weil hier noch so viel im Prozess ist, teils im Entwicklungsstadium, teils utopisches Projekt, teils kakotopische Vision und Projektion. Und schließlich, weil ich mich hierbei

[280] https://www.globalviromeproject.org/ariel-pablos-medez – Abgerufen am 3.2.22.

[281] Röper, T.: Neue Enthüllungen, a. a. O.

[282] Vgl. https://www.thelancet.com/journals/lancet/article/PIIS0140-6736(20)30418-9/fulltext – Abgerufen am 3.2.22.

selbst viel zu wenig auskenne und auch nur wenige verlässliche Quellen gefunden habe. Trotzdem möchte ich diese Frage nicht einfach umgehen, sondern – vorsichtig-tastend und in Klammern – zumindest aufgeworfen haben.

Ich halte mich an das, was zunächst feststeht oder einigermaßen klar nachweisbar ist. Feststeht z. B., dass die Pfizer- und die Moderna-Impfstoffe lipide Nanopartikel enthalten.[283] Diese haben die Funktion, die mRNA zu umhüllen und an ihren Zielort – etwa den dendritische Zellen in Lymphknoten – zu transportieren.[284] Inzwischen besteht der Verdacht, dass die Nanopartikel auch an anderen Orten des Körpers abgelagert werden.[285] Auch wird wissenschaftlich seit mehr als 10 Jahren auf Gesundheitsgefahren, die mit verabreichten Nanopartikeln verbunden sein könnten, hingewiesen.[286]

Neben der Anwendung der Nanotechnologie in den neuartigen Gen-Impfstoffen, gibt es einen zweiten Anwendungsbereich. Den der sogenannten „Nanoplatforms". Diese Nanoplatforms haben zunächst nichts mit den mRNA-Impfstoffen zu tun. Sie bilden einen eigenen Forschungsbereich, der offensichtlich für das Militär interessant ist. Denn die Pentagon-Behörde DARPA finanziert Nanoplatform-Forschung. Und DARPA, wir wissen das schon, investiert nur in militärisch relevante Zukunftstechnologien. Das DARPA-Programm heißt „In Vivo Nanoplatforms" (IVN). Es geht um Nanopartikel, die in den menschlichen Körper verbracht werden und dort als Krankheits-‚Dedektoren' und ‚Sender' fungieren. Auf der DARPA-Homepage heißt es dazu: „The IVN Diagnostics (IVN:Dx) effort aims to develop a generalized in vivo platform that provides continuous physiological monitoring for the warfighter. Specifically, IVN:Dx investigates technologies that incorporate implantable nanoplatforms composed of biocompatible, nontoxic materials; in vivo sensing of small and large molecules of

[283] Van der Pijl, K.: Die belagerte Welt. Corona: Die Mobilisierung der Angst – und wie wir uns daraus befreien können, Ratzert 2021, S. 248 u. 265.

[284] Vgl. https://www.aerzteblatt.de/nachrichten/121745/Biontech-Nanopartikel-sind-schwieriger-herzustellen-als-mRNA – Abgerufen am 4.3.22.

[285] Japans Arzneimittelbehörde veröffentlichte auf Anfrage Daten zu Tierversuchen mit dem mRNA-Impfstoff von Pfizer/Biontech (2021). Die Daten zeigen, dass die Lipid-Nanopartikel (LNP), die den mRNA-Code transportieren, nach der Impfung weiter im Körper zirkulieren und das Gehirn, die Milz, den Dickdarm, das Herz, die Leber, die Lunge und andere Organe erreichen. Vgl. hierzu die ins Englische übersetzte Studie: https://www.naturalnews.com/files/Pfizer-bio-distribution-confidential-document-translated-to-english.pdf – Abgerufen am 4.3.22.

[286] Vgl. z. B. Kedmi, R., Ben-Arie, N. u. Peer, D.: The systemic toxicity of positively charged lipid nanoparticles and the role of Toll-like receptor 4 in immune activation (11.6.2010), in: http://dan-peer.tau.ac.il/wp-content/uploads/2021/01/ranit-kedmi-biomaterials-2010.pdf – Abgerufen am 4.3.22. Oder: Gustafson, H. H. et. al.: Nanoparticle Uptake: The Phagocyte Problem (9/2015), in: https://www.researchgate.net/publication/282447795_Nanoparticle_Uptake_The_Phagocyte_Problem – Abgerufen am 4.3.22.

biological interest; multiplexed detection of analytes at clinically relevant concentrations; and external interrogation of the nanoplatforms without using implanted electronics for communication." Neben der reinen Diagnose-Funktion soll aber auch eine Therapie-Funktion in die Nanoplatforms installiert werden. Um dadurch gezielter therapieren zu können: „The IVN Therapeutics (IVN:Tx) effort seeks unobtrusive nanoplatforms for rapidly treating disease in warfighters. This program is pursuing treatments that increase safety and minimize the dose required for clinically relevant efficacy [...]. If successful, such platforms will enable prevention and treatment of military-relevant illnesses".[287]

Kees van der Pijl schreibt dazu: „Dabei geht es um ein ‚Hydrogel', mit dem medizinisch relevante Werte [...] übertragen werden können. Das Hydrogel wird über einen Spender, der unter die Haut gelegt wird, in den Körper eingebracht. Die (Re)Programmierung des menschlichen Organismus, die der ‚Transhumanismus' (eine Fantasie u. a. des Zukunftsforschers Ray Kurzweil und von Googles Eric Schmidt) rückt damit in greifbare Nähe. Nach dem bekannten Muster einer öffentlich finanzierten Erfindung, die anschließend privatisiert wird, wurde die Hydrogeltechnologie an ein neues Unternehmen, Profusa, übertragen."[288]

Wie Profusa bereits im März 2018 bekannt gab, können die Hydrogelsensoren unter die Haut injiziert werden. Sie geben dann Auskunft über gesundheitsrelevante körperlich-biochemische Parameter. Ein spezielles Lesegerät kann die Daten abrufen. „Smaller than a grain of rice, each biosensor is a flexible fiber about 5 mm long and half a millimeter wide, comprised of a porous scaffold that induces capillary and cellular ingrowth from surrounding tissue. The hydrogel is linked to light-emitting fluorescent molecules that continuously signal in proportion to the concentration of a body chemical, such as oxygen, glucose, or other biomolecule of interest. [...] Adhered to the skin's surface or held by hand, a separate optical reader is used to read the fluorescent signal from the embedded biosensor. The reader sends excitation signals through the skin to the biosensor, which then emits fluorescent light in response to the biomolecule present. The data is relayed to a smart phone for an encrypted personal record and historical tracking. Data can be shared securely via digital networks with healthcare pro-

[287] https://www.darpa.mil/program/in-vivo-nanoplatforms – Abgerufen am 4.3.22.

[288] Van der Pijl, K.: Die belagerte Welt, a. a. O., S. 262. Ich habe Passagen in dem Van-der-Pijl-Zitat, die ich nicht anderweitig klären oder belegen konnte, weggelassen. Wie sonst auch in meinen Untersuchungen, ist es mir wichtig, nur das, was ich selbst für plausibel und nachprüfbar und in diesem Sinne für genügend valide halte, wiederzugeben.

viders.“[289] Diese Lichtsensortechnik soll, so van der Pijl, ebenfalls durch die DARPA finanziert worden sein.[290]

Eine dritte Art der Nanotechnologie stellen die sogenannten „Quantenpunkte“ („quantum dots“) dar. Hierzu gab es ein von der Gates-Stiftung finanziertes Projekt am berühmten MIT (Massachusetts Institute of Technology). „Kevin McHugh, an assistant professor of bioengineering at Rice [University] since this summer, and a team at his previous institution, the Massachusetts Institute of Technology, report […] on their development of quantum-dot tags that fluoresce with information after they're injected as part of a vaccination.“ Das Ganze funktioniert so: „A pattern of 1.5-millimeter microneedles that contain vaccine and fluorescent quantum dots are applied as a patch. The needles dissolve under the skin, leaving the encapsulated quantum dots. Their pattern can be read to identify the vaccine that was administered.“ „Instead of ink, this highly specific medical record consists of copper-based quantum dots embedded in biocompatible, micron-scale capsules. Their near-infrared dye is invisible, but the pattern they set can be read and interpreted by a customized smartphone.“[291]

Dieses Projekt wurde von der Gates-Stiftung finanziert. Wie McHugh berichtet: „The Bill and Melinda Gates Foundation came to us and said, ‘Hey, we have a real problem – knowing who's vaccinated,’ […] They said, ‘We go on vaccination campaigns where people get into Hummers, drive to a rural village, set up a tent and start immunizing people, but they don't always know who's been immunized before and what vaccines are still needed.’ Parents often don't know their children's vaccination histories […] So our idea was to put the record on the person […] This way, later on, people can scan over the area to see what vaccines have been administered and give only the ones still needed.”[292]

Offensichtlich wird auf dem Gebiet der Hydrogel- und der Quantenpunkt-Nano-Technologie eifrig weiter geforscht. Mir fehlt das biotechnologische Fachwissen, um hier tiefer einzudringen. Trotzdem möchte ich auf folgenden Artikel hinweisen. Eventuell könnte er für Expert/inn/en von Bedeutung sein: „Photoluminescent Nanomaterials for Medical Biotechnology“.[293]

---

289 https://profusa.com/injectable-body-sensors-take-personal-chemistry-to-a-cell-phone-closer-to-reality/ – Abgerufen am 5.3.22.

290 Vgl. Van der Pijl, K.: Die belagerte Welt, a. a. O., S. 262.

291 Williams, M.: Quantum-dot Tattoos Hold Vaccination Record (18.12.2019), in: https://news.rice.edu/news/2019/quantum-dot-tattoos-hold-vaccination-record – Abgerufen am 5.3.22.

292 Williams, M.: Quantum-dot Tattoos Hold Vaccination Record, a. a. O. Vgl hierzu auch: Van der Pijl, K.: Die belagerte Welt, a. a. O., S. 266; Van der Pijl berichtet auch von diesem MIT-Gates-Projekt, doch fand ich seine Darstellung nicht konsistent genug.

Es gibt noch einen dritten Ansatz. Inwiefern er mit Nanotechnologie arbeitet, kann ich bei meinem jetztigen Wissensstand nicht sagen. Ich glaube aber, dass die Nano-Technologie dabei keine (neuartige) Rolle spielt. Denn es geht um ‚ganz normale' Microchips bzw. „Chipimplantate", die etwa 1 bis 1,5 Zentimeter lang und wenige Millimeter dick sind. Sie können recht einfach unter die Haut verbracht werden, z. B. zwischen Daumen und Zeigefinger. Sie funktionieren dann wie z. B. Chips auf Kreditkarten oder Krankenkassenkarten. Und können dementsprechend vermittels „Nahfeldkommunikation" ausgelesen werden. Ein schwedische Firma (das Hightech-Unternehmen „Epicenter") gilt hier als Vorreiter. Der Stern vermeldet am 22.12.21 in Bezug auf Schweden: „Seit Anfang Dezember müssen die Menschen im Alltag ihren Covid-Impfpass vorzeigen. Eine Genesung oder negative Tests reichen nicht mehr aus. Daher lassen sich nun einige Schweden ihren Impfpass auf einem Mikrochip unter die Haut implantieren."[294] – Aber wie gesagt: Dies ist ein völlig andere Ansatz als das besagte Hydrogel oder die Quantenpunkte. Denn Chipimplantate können definitiv nicht unbemerkt mit einer Impfinjektion verabreicht werden. Diejeinigen, die so etwas schon nutzen, machen dies bewusst und willentlich.

So kann ich nun abschließend den vierten Fragenkomplex beantworten – zumindest teilweise beantworten. Auf die Frage – Inwiefern können Menschen vermittels Nano-Technologie ‚gemarkert' oder gar überwacht werden – lässt sich sagen: Mit den Quantenpunkten können Menschen markiert werden. Dies gegebenfalls auch unbemerkt während einer bzw. mit einer Impfung. Eine etwas umfangreichere Überwachung scheint aber nur vermittels des Hydrogels möglich zu sein. Beide Nano-Technologien sind noch im Entwicklungsstadium, könnten aber schon bald – wenn ich das richtig sehe – angewendet werden. Dass sich, wie nachgewiesen, US-Militärs und Gates-Stiftung für diese Nano-Technologien interessieren – sehr interessieren – lässt nichts Gutes hoffen.

Die Frage – Was es diesbezüglich mit der, in den Impfstoffen eingesetzten Nano-Technologie auf sich hat – lässt sich weniger leicht beantworten. Mir fehlt das Fachwissen, um hier beurteilen zu können: Erstens, ob die Pfizer- und Moderna-Nanopartikel zum Markern oder Kontrollieren überhaupt tauglich wären. Und zweitens, ob bei den mRNA-Impfstoffen von Pfizer und Moderna zwangsläufig auf lipide Nanopartikel zurückgegriffen werden müsste; ob es also nicht andere Möglichkeiten gäbe, die mRNA zu umhüllen und sicher an ihren Zielort zu bringen.

---

[293] Guryev, E. L. et. al.: Photoluminescent Nanomaterials for Medical Biotechnology (4-6/2021), in: https://pubmed.ncbi.nlm.nih.gov/34377553/ – Abgerufen am 5.3.22.

[294] https://www.stern.de/gesellschaft/digitaler-impfpass--schweden-lassen-sich-mikrochip-implantieren-31446566.html – Abgerufen am 5.3.22.

Wenn ich mir aber vor Augen führe, dass und wie die US-Disruptoren und die vielen, sie umschwärmenden machtelitären Profiteure und Karrieristen, mit aller Gewalt versuchen, in der westlichen Einflusssphäre möglichst *nur* Nano-mRNA-Impfstoffen zu verbreiten (denn in China, Indien und vielen von ihnen belieferten Ländern, z. B. in Südamerika, werden klassische Totimpfstoffe ohne Nano oder mRNA oder Gen-Spikes verabreicht); wenn ich mir das vor Augen führe, dann werde ich skeptisch. Und dann muss ich die Frage stellen, ob mit der von ihnen herbeigeführten Corona-Krise die Über-Mächtigen nicht in mehrfacher Hinsicht trojanische Pferde einschleusen wollen. Mir fielen dann mindestens drei Hinsichten ein:

Erstens, um endlich ihre verhängnisvolle Gentechnik salonfähig zu machen; um all die bestehenden Gen-Verbote und Genmanipulations-Einschränkungen, die von der grünen demokratischen Bürgerbewegung jahrzehntelang hart erkämpft und auf nationaler und europäischer Ebene implementiert wurden, endlich annullieren zu können; denn was sollen die Menschen in Zukunft noch gegen Gentechnik sagen, wenn 60, 70 oder 80 Prozent von ihnen gentechnisch geimpft wurden? Besonders wichtig wäre dieses trojanische Pferd für die Gen-Konzerne, Lebens-Patentierer und Gemeingut-Privatisierer gerade *jetzt*, wo sie drauf und dran sind (wie immer möglichst still und leise) eine neue Gen-Technik als harmlos zu verkaufen und salonfähig zu machen: die sogenannte „CRISPR/Cas-Methode".

Zweitens, weil – in einem ähnlichen Sinn – die Nano-Technologie etabliert werden soll; um z. B. in Zukunft tatsächlich damit, offiziell oder inoffiziel, Menschen markern und noch besser kontrollieren zu können; damit etwa „ID2020" in einer bisher nie dagewesenen Art und Weise globale Kontrolle erlangt.

Und um damit, drittens, den geheimen und unmenschlich-transhumanistischen Träumen macht-süchtiger Über-Menschen à la Gates & Co wieder ein Stück näher zu kommen.

Denn die abschließende Worte Kees van der Pijls sind so abwegig nicht: „Die Impfung mit Substanzen, die [...] Nanopartikel enthalten, ist offensichtlich die ideale Form, um sie in den Körper einzubringen, da sie unter dem Deckmantel der Gesundheitsfürsorge durchgeführt wird und die Menschen Schlange stehen, um sich impfen zu lassen. Letztlich könnte es aber darum gehen, die Menschheit zu überwachen, sie sogar dazu zu bringen, sich nach Anweisungen von außen zu verhalten."[295]

---

[295] Van der Pijl, K.: Die belagerte Welt, a. a. O., S. 265.

CHANGE
THE
RULES

III. Mehr Demokratie und Barfussdenken wagen. Politische und persönliche Schlussfolgerungen

Politik gegen Machteliten, gegen Spekulations- und Impfblasen

Echte Machtkritik ist eine Kritik des Denkens und Handelns gewalt-politischer, disruptions-strategischer und ausbeutungs-kapitalistischer Machteliten. Was das für unsere heutigen gelenkten Demokratien bedeutet, welche echt demokratischen politischen Forderungen dieser Machtkritik entspringen: dieser Frage möchte ich nun im Folgenden nachgehen. Ich werde das anhand einer Auseinandersetzung mit dem Buch von Hans-Joachim Schemel „Wirtschaftsdiktatur oder Demokratie? Wider den globalen Standortwettbewerb – für eine weltweite Regionalisierung“[1] tun. Dieses Buch eignet sich gut. Zum Einen, um die diesbezüglichen Zusammenhänge und Probleme noch einmal aus einem leicht veränderten Blickwinkel zu sehen. Zum Anderen als Ausgangsbasis für die Frage nach eine neuen zeitgemäßen und schon längst überfälligen Gewaltenteilung. Im Klappentext des Buches heißt es: „Die Spaltung unserer Gesellschaft in wenige Gewinner und viele Verlierer schreitet voran. Die wachsende globale Standortkonkurrenz wird diese Spaltung weiter verschärfen. Die Demokratie ist weltweit bedroht, wenn es der Politik nicht gelingt, diese Entwicklung umzukehren und die global agierende Wirtschaftselite in ihre Schranken zu weisen. Manche wollen die Weltwirtschaft von oben regulieren. Doch das wird scheitern. Das vorliegende Buch plädiert für die Stärkung der Regionen. Denn nur dort, wo die Menschen leben, können sie Macht kontrollieren und Politik mitgestalten.“ Damit ist kurz und knapp der Argumentationsverlauf dieses Buches skizziert; ein Argumentationsverlauf, der in drei Kapiteln entfaltet wird. 1. „Anzeichen der Entwicklung zur Wirtschaftsdiktatur“; 2. „Die Politiker, die Zivilgesellschaft und die ‚Gesetze‘ des Marktes“; 3. „Globaler Standortwettbewerb – Wettlauf in die falsche Richtung“. Im 4. Kapitel erhält diese Argumentation ihre Zusammenfassung und Auswertung: „Regionalisierung als Grundlage einer zukunftsfähigen Globalisierung“.[2]

---

[1] Schemel, H.-J.: Wirtschaftsdiktatur oder Demokratie? Wider den globalen Standortwettbewerb – für eine weltweite Regionalisierung, Oberursel 2010.

[2] Schemel, H.-J.: a. a. O., Kap. 1: S. 23-90; Kap. 2: S. 91-151; Kap. 3: S. 152-232; Kap. 4: S. 233-267.

Nach und nach werden entscheidende Zusammenhänge aufgedeckt: zwischen der von einer neoliberalen Wirtschaftselite forcierten Deregulierung der Märkte (sog. ‚freie' Marktwirtschaft); dem Gegeneinander-Ausspielen der Staaten (und nationalen Arbeitnehmerschaften) durch Großkonzerne im globalen Standort-Wettbewerb; der damit einhergehenden Renditeexplosion (von der Wenige maßlos profitieren); dem Abbau sozial(staatlich)er Sicherungssysteme (unter dem sehr Viele leiden) und der Unterhöhlung demokratischer Strukturen und sozial-marktwirtschaftlicher Standards. Schemel zeigt auf, wie es durch die global entregelten Spekulationsmärkte zu ungeheuren Spekulationsblasen (Ablösung der Finanzmärkte von der Realwirtschaft) und zu riesigen Profiten bei den Banken und Spekulant/inn/en kommt; und wie es, durch das (vorhersehbare) Platzen der Spekulationsblasen zu einer Finanz- und dann auch Wirtschaftskrise kommt, in der wieder nur Diejenigen profitieren, die sie ausgelöst haben; und wie es einer von Gier und antisozialen Motiven getriebenen Wirtschaftselite damit gelingt, die Staaten gleichsam zu erpressen, sich noch mehr zu verschulden, Milliarden in marode Banken zu pumpen und damit die staatlich-finanziellen Spielräume auf Jahrzehnte einzuengen und weiteren Sozialraubbau zu betreiben. Womit die unheilvolle, demokratie-aushöhlende, sozial-spaltende, armuts-beschleunigende Spirale auf eine höhere Ebene gezwungen wird.

Das war Stand 2010. Jetzt, 2022, zeichnet sich etwas ab, was mensch als „Spekulationsblase" ganz anderer Art bezeichnen könnte: Die Spekulation der übermächtigsten Global Player (allen voran Big Pharma, Gates-Stiftung mitsamt dazugehörigen Höflingen und Profiteuren) v. A. auf die mRNA-Impfstoffe von Pfizer und Moderna und auf das damit direkt und indirekt verbundene Impfgeschäft. Ich nenne diese Spekulationsblase der Einfachheit halber „Impfblase". Seitdem klar ist, dass die Omikron-Variante des SARS-CoV-2 zwar ansteckender als alle Vorgängervarianten ist, aber auch viel harmloser (etwa wie eine normale Grippe); seit dem klar ist, dass die mRNA-Impfstoffe gegen Omikron nicht gut helfen und – schlimmer noch – sich mehr Geimpfte als Ungeimpfte damit anstecken; seit dem klar ist, dass Regierende und Leitmedien immer noch auf eine Impfpflicht drängen;[3] spätestens seit dieser Zeit dürfte jedem vernünftig denkenden Menschen klar sein, dass es sich beim Impfhype um eine „Impfblase" handelt. Diese Impfblase dient – zumindest in ihrer machtelitär-medial aufgeblasenen Form – den gleichen Zielen wie die Spekulationsblasen

[3] Ich beziehe mich mit dieser Aussage v. A. auf die sogenannte Impfdebatte am 26.1.2022 im Bundestag; vgl. hierzu: https://multipolar-magazin.de/artikel/faktencheck-impfpflichtdebatte – Abgerufen am 28.1.22. Und: https://www.achgut.com/artikel/bericht_zur_corona_lage_vom_28.1.2022_viele_kalte_fuesse – Abgerufen am 28.1.22. Sowie: https://reitschuster.de/post/ricarda-lang-dreifach-geimpft-und-trotz-2g-plus-corona-positiv-im-plenum/ – Abgerufen am 28.1.22.

früherer Zeit. Was Schemel oben zur Spekulationsblase sagte, lässt sich deshalb auch unschwer auf die Impfblase übertragen: Durch die von Gates & Co disruptiv unterwanderten und entregelten globalen und nationalen Gesundheitssysteme konnte es erst zu dieser Impfblase kommen (Ablösung der Impfstrategie von der wissenschaftlichen Realität); und damit zu riesigen Profiten bei den US-Pharmakonzernen und über-mächtigen Spekulant/inn/en. Desweiteren: durch die impfstrategisch mitbedingten Lock-Downs kam es zu ungeheuerliche wirtschaftlichen und gesundheitlichen ‚Kollateralschäden', an denen v. A. Diejenigen profitieren, die sie forciert haben. Genau damit gelang es einer von Gier und antisozialen Motiven getriebenen Machtelite wiederum, die Staaten gleichsam zu erpressen, sich noch mehr zu verschulden, Milliarden in Konzerne (des Gesundheits- und Krankenhaussektors, der Big Pharma) aber auch Großfirmen (wie Lufthansa, TUI, Adidas, Media Markt, Galeria Karstadt Kaufhof, Sixt, Thyssenkrupp, …)[4] zu pumpen und damit die staatlich-finanziellen Spielräume auf Jahrzehnte einzuengen und weiteren Sozialraubbau zu betreiben. Womit die unheilvolle, demokratie-aushöhlende, sozial-spaltende, armuts-beschleunigende Spirale nochmals auf eine ganz andere Ebene gezwungen wird.

Zurück zu Schemels Buch: Mensch könnte meinen, dass politische Diskussionen in einer demokratischen Gesellschaft eigentlich und in erster Linie am Gemeinwohl orientiert sein sollten. Das ist, wie sich immer wieder zeigte, leider oft nicht der Fall. Stattdessen werden politische Diskussionen (egal ob auf administrativer oder Medien-Ebene) von machtstrategischen, konzernökonomischen, parteipolitischen und/oder polit-ideologischen Einzelinteressen geleitet. Wobei diese Interessengeleitetheit selten thematisiert und offen gelegt wird. Stattdessen wird gern der Eindruck zu erwecken versucht, nicht Einzelinteressen, sondern experten-gestütztes Wissen (sogenannte ‚Tatsachen' und ‚Fakten') und unhintergehbare ‚Realitäten' (sogenannte ‚Sach- und Strukturzwänge') bildeten die Grundlage der ‚objektiven' Diskussionen. Das ist eine (auf Geld- und Medienmacht gestützte) heute weit verbreitete Art, wie die Wirtschafts- und Polit-Elite ihr Ausbeutungssystem und die ihm inhärente strukturelle Gewalt zu verschleiern sucht. Auch in diesen Sumpf versteckter, verlogener und verschwiegener Interessen-, Macht- und Unterdrückungspolitik leuchtet Schemel hinein. Und entwickelt in diesem Zusammenhang gute Argumente für die These: „Die Macht der Experten ist gefährlich".[5]

---

[4] Röder, M.-S.: Karstadt, Media Markt, Lufthansa: Diese 12 Unternehmen muss der Staat vor der Pleite retten (10.2.2021), in: https://www.businessinsider.de/wirtschaft/karstadt-media-markt-lufthansa-diese-unternehmen-rettet-der-staat-vor-der-pleite-a/ – Abgerufen am 27.1.22. – 2021 wurden 4,5 Milliarden Euro allein an die TUI gezahlt. Das TUI-Reisebüro bei mir um's Eck hat 2021 zu gemacht …

[5] Vgl. Schemel, H.-J.: Wirtschaftsdiktatur oder Demokratie? A. a. O., S. 135-142.

Dass Hans-Joachim Schemel als freier Stadt- und Umweltplaner 35-jährige Erfahrung auf dem Gebiet der Politikberatung hat, dabei aber kein Experte (Politologe, Ökonom, Wirtschaftsethiker u. Ä.) ist; dass er langjähriges politisches Interesse und Engagement beweist (er ist aktives Attac-Mitglied), aber keiner politischen Partei angehört; dass er in sozialen und ökologischen Kategorien denkt, ohne einem Soziologismus oder Ökologismus zu huldigen; dass er philosophisch denken und argumentieren kann, ohne ein Fachphilosoph zu sein; dass er sich entschieden in die Tradition einer humanen Aufklärung stellt, diese aber nicht mit rationalistischem Fundamentalismus oder politischer Überkorrektheit, mit intellektuell-überheblicher Traditions- und Regionsfeindschaft verwechselt, sondern als das belässt, was sie ursprünglich auch war: ein offenes Projekt selbstbestimmter Machtkritik und Freiheitsfindung mit den Mitteln menschlicher Vernunft –: all das ist essenziell, denn es führt zu ausgewogener, besonnener Diskussion und zu klarer vernünftiger Beurteilung. Was auf diesem Gebiet, das durch extreme Positionen gekennzeichnet und vermint ist – hier die vom neoliberal-ideologischen Glauben an den Heilsmechanismus der sogenannten ‚freien' Marktwirtschaft korrumpierten Opportunisten und Profiteure, dort diejenigen, die den gordischen Knoten der Komplexität der Zusammenhänge und des Mit-Verstrickt-Seins durch vereinfachende Verschwörungstheorien und (oft antijudaistische, ressentimenthaft motivierte) Schuldzuweisungen zerschlagen wollen –, nicht oft anzutreffen ist. Kürzer gefasst: Es gelingt Schemel, in gediegener aufklärerischer Manier Machtkritik zu üben und zugleich mit Herz und Verstand demokratisch-solidarisch das Menschliche zu fördern und regional und politisch zu verankern. Getreu dem Motto „global denken, lokal handeln".

Es ist doch gerade auf politischer Ebene entscheidend, vernünftige, bodenständige und unaufgeregte Argumente gegen global agierende Eliten und ihr disruptiv-machtstrategisches, Menschen wie Sozialsysteme und Naturressourcen ausbeutendes Konzept der ‚Globalisierung' zu entwickeln, dabei aber nicht nur in einer Gegenposition zu verharren (als reiner ‚Globalisierungsgegner'), sondern ebenso an einem demokratisch-freiheitlichen, sozial und ökologisch nachhaltigen, d. h. zukunftsfähigem Konzept von Globalisierung mitzuarbeiten. Und das gelingt Schemel. Seine Argumentation ist dabei nicht an ein Fachpublikum, sondern an den politik-interessierten ‚Laien' gerichtet. Und das ist gut so. Denn nur dieser sogenannte Laie ist der Träger und Garant nachhaltiger Demokratie. Demokratie und demokratische Politik ist ja, recht eigentlich besehen, eine Laien- und keine Expertenveranstaltung! Mensch muss nicht Politologie studiert haben, um hier Politiker/in zu sein; mensch muss nicht Politiker/in sein, um sich politisch zu engagieren; mensch muss sich nicht politisch engagieren, und kann trotzdem eine politische Meinung haben; mensch muss nicht unbedingt eine fertige politische

Meinung haben; was mensch aber auf jeden Fall haben sollte, ist eine demokratische Grundkompetenz: die Fähigkeit, im Gespräch mit anderen den für alle möglichst besten (Gemeinwohl-)Konsens zu finden und dort, wo sich (zunächst) kein solcher Konsens finden lässt, Dissenstoleranz, Kompromissbereitschaft und Geduld zu wahren.

In einer ähnlichen Weise gelang es auch während der Corona-Krise vielen engagierten und vernünftigen Menschen, sich von der machtelitären und angeblich expertengestützten Impfpropaganda nicht blenden zu lassen. Der Arzt und Autor Gunter Frank hat es in seinem „Bericht zur Corona-Lage vom 27.1.2022" treffend formuliert. Was er sagt, gilt für viele Menschen und Netzwerke, die sich einen freien Kopf und ein unkorrumpiertes Herz bewahrt haben. „Vielleicht darf ich an dieser Stelle auch etwas in eigener Sache festhalten: Die Corona-Berichterstattung der Achse des Guten hat von Anfang der Coronakrise an, ab März 2020, vor einem hysterischen Umgang mit der neuen Coronainfektion gewarnt und alles getan, um vor den massiven, nun eingetretenen Kollateralschäden der unsinnigen Maßnahmen zu warnen. Sie hat ebenfalls sehr früh über die zu erwartenden katastrophalen Auswirkungen der unausgegorenen und fragwürdig zugelassenen Covid-‚Impfstoffe' berichtet. Wir haben das getan, als sich dies kaum jemand angesichts der umfassenden Panik traute. Mit hohem Einsatz, denn hätten wir uns geirrt, wäre unser Ruf irreparabel beschädigt gewesen. Ich darf Ihnen nach fast zwei Jahren gestehen, dass dies mir – und auch den Verantwortlichen in der Redaktion – viele schlaflose Nächte bereitet hat. Wenn wir nun nach fast zwei Jahren sagen können, dass wir in allen wesentlichen Punkten einfach nur richtig lagen und liegen, dann nicht, um Rechthaberei zu zelebrieren. Sondern um zu belegen, dass man auch ohne institutionelle Mittel rein auf der Basis von guten Netzwerken – bestehend aus erfahrenen, aber auch menschlich redlichen Fachleuten – die Lage richtig einschätzen konnte. Und davon gibt es in Deutschland genügend, mit denen man auch viel größere Herausforderungen meistern könnte. Doch sie sitzen nicht an den Schaltstellen, was die Frage aufwirft, welche Fähigkeiten heutzutage in Deutschland für eine erfolgreiche akademische Karriere eigentlich wirklich wichtig sind."[6]

[6] Frank, G.: Bericht zur Corona-Lage vom 27.1.2022. Viele kalte Füße, in: https://www.achgut.com/artikel/bericht_zur_corona_lage_vom_28.1.2022_viele_kalte_fuesse – Abgerufen am 27.1.22. – Für die Protokollant/inn/en der politischen Korrektheit: bitte vermerken Sie, dass ich, nur weil ich einmal einen guten Aufsatz von „Achgut.Com" zitiere, nicht gleich alle anderen Positionen dieses m. E. wichtigen, wenngleich auch nicht unumstrittenen Portals, teile. Ich mache das hier genauso wenig, wie ich es z. B. in Bezug auf den „Spiegel" oder die „Zeit" mache.

Idealforderungen (I): Neue Gewaltenteilung

Doch ich lenke ein letztes Mal zurück auf Schemels Buch aus dem Jahr 2010. Schemels Resümee hätte nach meinem Dafürhalten noch konkreter ausfallen können. Immer wieder wird darauf hingewiesen, dass die Politik das Primat gegenüber der Wirtschaft(selite) behalten oder wiedererhalten müsse. Ohne dass die hier anstehenden Konsequenzen genannt oder gezogen würden: dass nämlich die klassische demokratische Gewaltenteilung unter den neoliberal-marktradikalen Vorzeichen des 21. Jahrhunderts längst nicht mehr ausreicht. Artikel 20 des deutschen Grundgesetzes fordert: „Alle Staatsgewalt geht vom Volke aus." Weil aber die Macht der Wirtschaft und der durch sie manipulierten Medien so angewachsen ist, dass eine global agierene Elite Superreicher durch sie enormen Einfluss auf Staatspolitik, Staatshaushalt und Gesetzgebung nehmen kann, und weil genau dadurch eben nicht mehr alle Staatsgewalt vom Volk ausgeht – sondern das Volk immer weniger Einfluss auf die Staatsgewalt hat (was demokratische Staaten in plutokratische verwandelt) – muss das klassische Prinzip der Gewaltenteilung auch auf außer- und überstaatliche Gewalten wie Medien und Wirtschaft ausgedehnt werden. So dass neben den drei klassischen Staatsgewalten Legislative (Gesetzgebung), Judikative (Rechtsprechung), Exekutive (Vollziehung) eine vierte (Medien) und fünfte Gewalt (Wirtschaft)[7] mit in Betracht gezogen werden muss; ja, letztlich sogar eine sechste Gewalt, nämlich die Bildung.

Dies natürlich nicht so, dass Medien, Wirtschaft, (hochschulische) Bildung restlos unter staatliche Kontrolle zu bringen – oder gar zu verstaatlichen – wären. Sondern so, dass staatliche (und unterhalb ihrer auch landes- und regionalpolitische) Souveränität (hinter der das Volk steht) jederzeit gewahrt bleiben kann. Und in diesem Sinne wäre strengstens darauf zu achten, dass es keine Machtvermischungen zwischen den Gewalten, dass es keine demokratiegefährdenden Machtanhäufungen gäbe. So etwas wie der heutige Pharma-Politik-Filz und die dort und anderswo üblichen Drehtür-Strategien müssten komplett verunmöglicht werden. Gleiches gälte vom Medien-Politik-Filz: dass z. B. große Medienkonzerne nicht mehr in die Hand einiger weniger Über-Mächtigen gelangen könnten (Stichwort: Murdoch-Dynastie), die dann womöglich sogar noch politische Ämter bekleiden (Stichwort: Silvio ‚Bunga-Bunga' Berlusconi). Generell wären gewaltenübergreifende Kartellbildungen und

[7] ... und wenn mensch die Banken mitsamt Weltbank und Europäischer Zentralbank neben der sog. ‚freien' Wirtschaft als eigene Macht sehen will – und Vieles spricht dafür –, dann müsste man die Bankengewalt als eigene Gewalt behandeln und bändigen.

Monopolstrukturen zu verhindern. Die Untergrabung der freien Berichterstattung und des investigativen Journalismus durch massiven Medien- und Wirtschafts-Macht-Druck (aber auch durch staatliche Überwachung) wäre zu unterbinden. Der Einfluss von Wirtschafts- und Medien-Konzernen auf Bildungseinrichtungen und Bildungspolitik müsste massiv eingeschränkt werden. Generell gälte es, die freie Forschung und Lehre an Hochschulen und Universitäten zu gewährleisten, anstatt sie den Konzern- und Profitinteressen sowie dem globalen Standortwettbewerb zu opfern. Was auch bedeutete, dass staatlich angestellte und verbeamtete Hochschullehrer neben ihrem Full-Time-Job nicht noch eigene Firmen haben, nicht noch eigene wie fremde Wirtschaftsinteressen bedienen dürften.

Neben dieser Verfilzung von Bildung, Wissenschaft und Wirtschaft gälte es auch der Verfilzung von politischem Amt und Wirtschaft vorzubeugen. Berater/innen/verträge, Parteispenden, aus der Wirtschaft rekrutierte sogenannte Expert/inn/engremien, ein Großteil der Lobbyarbeit: all das müsste in diesem Sinne neu bewertet werden. Zu fragen wäre, wo und wie hierbei Volkssouveränität unterlaufen und ausgehebelt wird, wo und wie (und an demokratischen Instanzen vorbei) von relativ wenigen Über-Mächtigen relativ viel Einfluss auf Staat und Volk genommen werden kann. Und dem wäre energisch – legislativ, judikativ und exekutiv – entgegenzutreten.

Idealforderungen (II): Enteignung der Über-Mächtigen

Auch muss mit aller Dringlichkeit die Frage der Enteignung angegangen werden. Dies nicht im radikal-kommunistischen Sinne, sondern in einem echt demokratischen. Wie das ‚im Kleinen' geht, zeigt eine aktuelles Beispiel: Der Berliner Volksentscheid zur Enteignung von Immobilienkonzernen. Dem börsennotierte Unternehmen „Deutsche Wohnen" gehören allein in Berlin ca. 115.000 Wohnungen. Das Unternehmen arbeitet aggressiv-kapitalistisch und gewinn-maximierend und ist einer von mehreren relevanten Faktoren, dass in Berlin die Mietpreise explodieren. „Im Jahr 2018 hat sich auf Anregung mehrerer mietenpolitischer Gruppierungen (u. a. der *Interventionistischen Linken*) die *Initiative Deutsche Wohnen & Co. enteignen* gegründet, um einen Volksentscheid herbeizuführen, dass die *Deutsche Wohnen* und weitere profitorientierte übergroße Wohnungsunternehmen in Berlin gemäß Artikel 15 des Grundgesetzes enteignet und ihre Wohnungsbestände vergesellschaftet werden sollen. Deren Verwaltung würde dann eine Anstalt öffentlichen Rechts übernehmen. 2019 löste die Initiative ‚Deutsche Wohnen & Co. Enteignen' eine bundespolitische Debatte über Enteignungen von Wohnungsgesellschaften aus. Im September 2021 gewann der

Volksentscheid mit einer Mehrheit von 59,1 % Ja-Stimmen."[8] – Ob es je zur Enteignung kommen wird, ist eine andere Frage. Denn natürlich arbeiten die Über-Mächtigen und ihre Medien im Vorder- und Hintergrund mit allen ihnen zu Verfügung stehenden legalen und illegalen Tricks, um zu verhindern, dass dieser Stein ins Rollen kommt. Doch immerhin: Das Berliner Beispiel zeigt, dass etwas geht. Es macht Mut, auch größere Enteignungen in Angriff zu nehmen.

Doch welche Maßstäbe sollen bei größeren Enteignung angelegt werden? Wir könnten sagen, dass, spätestens dann, wenn ein Superreicher und/oder ein Superkonzern mit seinem Zuviel an Geldmacht nachweislich irgendwo auf der Welt in nennenswerten Maßstab Menschen ausbeutet, Natur zerstört, Gemeinwohl untergräbt, Demokratien schwächt, Leute besticht, dass er dann bestraft und in schlimmen Fällen auch enteignet werden müsse. Zu unser aller Besten. Die Teil-Immunität und die Sonderrechte, die große Firmen und Konzerne mitsamt ihren CEOs vor dem Gesetz haben, müssen aufgehoben werden. Gemäß dem einfachen ethischen Grundsatz: Wer viel Macht hat, trägt viel Verantwortung. D. h. er wird bei Machtmissbrauch ohne Abstriche zur Verantwortung gezogen: institutionell und persönlich. Nur so kann es gelingen, den falschen Macht-Poker der Über-Mächtigen im Zaum zu halten. Wenn sie schon spielen wollen, dann mit fairem Einsatz, ohne gezinkte Karten. Der Einsatz heißt: volle Verantwortung, volle Rechenschaft. Ethisch verstand sich das schon immer von selbst: Mehr Macht bedeutet mehr Verantwortung bedeutet mehr Rechenschaft.

De facto ist es aber so, dass die Über-Mächtigen seit Langem mit unfairen Methoden für sich vorteilhafte, für alle Anderen aber nachteilige Randbedingungen durchgesetzt haben und in vielen Aspekten Immunität genießen. Ich zitiere nochmal Derrick Jensen: „Werden CEOs von der Rechtsprechung für ihre destruktiven, oftmals mörderischen Taten zur Rechenschaft gezogen? Hier sind ein paar Knobelaufgaben, die nicht besonders lustig sind. Frage: Was bekommt einer, der es mit Drogen, mit einer heftigen Gefühlswallung und einer Schusswaffe zu tun hat? Antwort: Wegen Mordes zwei Mal lebenslänglich, Entlassung nicht vor 2026. Frage: Was bekommt einer, der es mit zwei Nationalstaaten, einem Konzern, vierzig Tonnen Gift und letztendlich achttausend toten Menschen zu tun hat? Antwort: Pension mit vollen Bezügen und Zusatzleistungen. Genau das erhielt Warren Anderson, Manager der ‚Union Carbide', die den Massenmord in Bhopal verursachte."[9] – Nicht nur

[8] https://de.wikipedia.org/wiki/Deutsche_Wohnen (abgerufen am 22.11.21)

[9] Jensen, D.: Introduction, in: Earth at Risk – Building a Resistance Movement to Save the Planet, hg. v. D. Jensen u. L. Keith, Crescent City 2013, S. 1-9, hier S. 3f. Im Original: "Do judicial systems hold CEOs accountable for their destructive, often murderous acts? Here are a couple of riddles that aren't very funny. Question: What do you get when you cross a long drug habit, a quick temper, and a gun? Answer: Two life terms for murder, earliest re-

Kriegsverbrechen, sondern auch Wirtschaftsverbrechen müssten vor dem International Gerichtshof in Den Haag verhandelbar werden. Und zwar einklagbar nicht nur durch Staaten, sondern auch durch Länder, Kommunen, Gemeinden.

Was möglich und nötig wäre, zeigte 2016 das „International Monsanto Tribunal" auf. „Es fand vom 14. bis 16. Oktober 2016 in Den Haag als symbolischer Prozess statt, geleitet von öffentlich bestellten Richtern, um zu untersuchen, ob die Geschäfte des US-amerikanischen Unternehmens Monsanto [2018 von der Bayer AG übernommen] mit den UN-Leitprinzipien für Wirtschaft und Menschenrechte vereinbar sind. Initiator war eine internationale Bürgerinitiative. Betroffene, Landwirte und Wissenschaftler aus fünf Kontinenten wurden zu Schäden für Menschen und Umwelt, die durch Produkte sowie Geschäftspraktiken von Monsanto hervorgerufen worden seien, angehört." [10]

Das Ergebnis: „Am 18. April 2017 haben die fünf Richter des Monsanto-Tribunals ein sechzigseitiges Gutachten veröffentlicht. Monsanto wurde der Verbrechen gegen die Menschlichkeit und gegen die Umwelt beschuldigt, unter anderem wegen der Vermarktung giftiger Produkte, die Tausende von Menschen getötet hätten, wie polychlorierte Biphenyle (PCB), Glyphosat (Bestandteil von Herbiziden wie Roundup) oder 2,4,5-Trichlorphenoxyessigsäure (ein Bestandteil des Entlaubungsmittels Agent Orange, das während des Vietnamkrieges von US-Militärflugzeugen versprüht wurde). ‚Monsanto betreibt Praktiken, die schwerwiegende Auswirkungen auf die Umwelt haben', sagten die Richter. Aktivitäten, die ihrer Meinung nach die Rechte von indigenen Völkern und lokalen Gemeinschaften beeinträchtigen. Das Recht auf Nahrung und Gesundheit würde ebenfalls verletzt, unter anderem dadurch, dass Monsanto Böden, Wasser und die Umwelt allgemein geschädigt habe. Das Gericht ging auch auf die ‚aggressive Vermarktung von GVO-Saatgut' [= genmanipuliertes Saatgut] ein, die diese Rechte einschränke, ‚indem sie die Landwirte zwingen, Anbaumethoden anzunehmen, die die Praktiken traditioneller Kulturen nicht respektieren'. Die fünf Richter verurteilten auch Monsantos Praktiken die Freiheit der wissenschaftlichen Forschung zu untergraben sowie die ‚Meinungsfreiheit und das Recht auf Zugang zu Informationen'. [...] Zum Ökozid befanden die Richter, wenn dieses Delikt im internationalen Strafrecht existieren würde, ‚könnten die Aktivitäten von Monsanto möglicherweise das Verbrechen Ökozid darstellen'. Zu der Mitschuld Monsantos an Kriegsverbrechen im Vietnamkrieg seien ‚keine relevanten

---

lease date 2026. Question: What do you get when you cross two nation states, a large corporation, forty tons of poison, and at least eight thousand dead human beings? Answer: Retirement with full pay and benefits. That's what happened to Warren Anderson, CEO of Union Carbide, which caused the mass murder at Bhopal."

[10] Wikipedia-Artikel „Monsanto-Tribunal", in: https://de.wikipedia.org/wiki/Monsanto-Tribunal – Abgerufen am 7.2.22.

Beweise' vorgelegt worden, sie könne aber aufgrund der Zerstörung der Umwelt und des Schadens, den das vietnamesische Volk erlitten hat, nicht ausgeschlossen werden, da Monsanto ‚die Mittel gegeben hat, um Krieg in Vietnam zu führen' und seine schädlichen Auswirkungen auf die Gesundheit und die Umwelt gekannt habe. Es wurden die Empfehlungen ausgesprochen, dass
- die Umwelt im internationalen Recht besser geschützt werden muss;
- Ökozid als Straftat im Völkerrecht festgelegt werden soll;
- im Rahmen der Vereinten Nationen der internationale Rechtsschutz von Individuen verbessert und die Verantwortlichkeit von Unternehmen vor dem Internationalen Strafgerichtshof eingeklagt werden kann."[11]

Werfen wir an dieser Stelle einen kurzen Blick zurück in die Geschichte. Er zeigt, dass und wie sich die großen US-Unternehmen und Konzerne nach und nach einen Sonderstatus mit Sonderrechten erschlichen haben. Einen historischen Einschnitt stellt eine Entscheidung des höchsten US-Gerichtes dar. Die Aktivistin Riki Ott stellt klar: „Our U.S. Supreme Court ran amok back in 1886, when it allowed corporations to have constitutional rights, which became known as corporate personhood. Humans are born with inalienable rights – rights that cannot be transferred or surrendered to nonhuman entities. In 1886, the Supreme Court decided that corporations were entitled to be treated equal to humans, and that this meant giving them constitutional protections, rights. From that erroneous and illegitimate decision, a body of law grew that became known as the doctrine of corporate constitutional rights. This facilitated the concentrated wealth and power that we see in corporations now, and it has enabled our own democratically enacted laws to be used against us."[12] „The demise of our democracy has been going on in phases. *Gangs of America* is a great book by Ted Nace that tells what has happened in America in the form of a story. The crux of Nace's story is that there have been three critical phases. The first phase started after we fought a revolution against the British monarchy and its money. For the first one hundred or so years after the Revolutionary War, people held very tight reins over corporations, controlling them carefully through the state legislatures. Corporations were given privileges, not rights. During the next hundred years, phase two, corporations hammered at the legislative doors, demanding more and more privileges and power. This situation evolved, gradually, into state legislatures handing out rights to corporations. We're in the third phase now, where corporations are not even bothering with state law and federal law. They are just writing transnational trade agreements that un-

[11] Wikipedia-Artikel „Monsanto-Tribunal", in: https://de.wikipedia.org/wiki/Monsanto-Tribunal – Abgerufen am 7.2.22.

[12] Interview with Riki Ott, in: Earth at Risk – Building a Resistance Movement to Save the Planet, hg. v. D. Jensen u. L. Keith, Crescent City 2013, S. 45-61, hier S. 53.

dermine democratically enacted state and federal laws. Talk about the power getting removed from the people."[13]

Wie sich zeigte, sind wir heute sogar noch einen Schritt weiter. Indem Bill Gates mit seiner Stiftung und seinen Netzwerken die WHO infiltrierte, kann er nicht nur an den Demokratien vorbei oder über sie hinweg, sondern auch mitten durch sie hindurch handeln. Auch von dieser Seite her ist klar: Erst wenn eine neue und zeitgemäßere und *tatsächliche* Gewaltenteilung greift, wird es möglich sein, juristisch gegen die undemokratischen und gemeinwohlgefährdenden Sonderstatus solcher Über-Mächtigen, ihrer Konzerne und Stiftungen, vorzugehen.

Ein aktuelles Beispiel dafür, dass und wie Großkonzerne auf der Basis der von ihnen durchgedrückten einseitigen Bedingungen fast ohne Risiko und Verantwortung gigantische und quasi-erpresserische Geschäfte machen können, sind die Geheimverträge, die viele Staaten mit Pfizer abgeschlossen haben. Ich sprach im zweiten Teil dieses Buche davon. Weil es so unterirdisch ist und weil wir im Verdrängen von Unterirdischem so gut sind, zitiere ich hier nochmal: „Pfizer setzte erfolgreich durch, dass die Verträge zehn Jahre lang geheim bleiben müssen. Sie dürfen unter keinen Umständen ausser Kraft gesetzt werden. Die Abnahmeverpflichtung bleibt bestehen, selbst wenn erfolgreiche Heilmittel gegen Covid-19 gefunden werden. Für [Ehden] Biber [einem Experten für Informationssicherheit in London] erklärt dies, warum viele Regierungen am Therapeutikum Ivermectin zur Behandlung von Covid-Patienten kein Interesse zeigen. Haften muss Pfizer laut den Verträgen für praktisch nichts. ‚Unter keinen Umständen wird Pfizer einer Haftung für verspätete Lieferung unterstellt', heisst es etwa im Vertrag mit Albanien. Der Schutz gilt sogar, wenn dem Hersteller Fehler unterlaufen. Es gibt keine Retouren, und Rückrufe sind nur für den Fall vorgesehen, dass der eigentliche Impfstoff cGMP defekt ist. […] Bei Schadenersatzklagen, zum Beispiel wegen Nebenwirkungen, haften die Käufer, also die Staaten. Mehr noch: Laut den Verträgen müssen Staaten sogar Pfizers gerichtliche Verteidigung übernehmen und dafür bezahlen. Als Gerichtsort ist ausschliesslich New York vorgesehen."[14]

Ein Konzern wie Pfizer, so über-mächtig und auch (wie die bereits erwähnten Gerichtsurteile zeigen) kriminell, müsste auf jeden Fall sofort zur Rechenschaft gezogen und enteignet werden. Die Geheimverträge (jeglichen normalen Kaufverträgen spottend) müssten sofort für ungültig weil rechtswidrig erklärt werden. Was sie m. E. auch sind. Beteiligte CEOs und Politiker/innen müssten

[13] Interview with Riki Ott, a. a. O., S. 58f.

[14] 2.8.2021, in: https://www.tagesanzeiger.ch/pfizer-waelzt-risiken-auf-kaeufer-ab-grosse-unterschiede-bei-preisen-567658377087 – Abgerufen am 12.12.21.

von einer neu auszurichtenden und handlungsfähigen Kartellbehörde beobachtet werden. Und im Fall von ‚Mauscheleien' (wie undemokratischen Einflussnahmen, Hinterzimmerabsprachen und Geheimverträgen) hätten sie sich vor Gericht zu verantworten. In jedem Fall müssten beteiligte CEOs und Politiker/innen für die bereits bekannten, aber auch alle zukünftigen Nebenwirkungen des mRNA-Impfstoffes haften, auch persönlich. Sie können ja eine Berufshaftpflichtversicherung abschließen. Wenn sie eine finden. Was bei diesem neuen – nach wie vor nur notfallzugelassenen – Gen-Impfstoff schwer werden dürfte.

Eine andere Möglichkeit wäre, die Enteignung von Superreichen und Konzernen über ihr Vermögen zu regeln. Die Grenze, die der Soziologe Hans Jürgen Krysmanski zwischen Reichen und Superreichen legt, wäre hierbei ein guter Gradmesser. Alle, die über mehr als „500 Millionen Dollar [… freies] Vermögen"[15] verfügen, würden demnach enteignet werden. Die Gefahr, dass sie mit ihrem Zuviel an Geldmacht gemeinwohlgefährdenden ‚Unfug' treiben, ist einfach zu groß. Und, wie die Erfahrung zeigt, gibt es keinen (oder fast keinen) dieser Superreichen, der auf dieser Ebene keinen ‚Unfug' triebe.

Wenn wir schon bei solch reiz- und sinnvollen Planspielen sind. Es wäre noch eine dritte Option denkbar. Eine Option für die Klaus Schwab und das „World Economic Forum" die Steilvorlage geben. Wie hieß es oben? Das WEF finanziert sich in erster Linie durch etwa 1.000 Mitgliedsunternehmen: globale Firmen mit einem Umsatz von mehr als fünf Milliarden US-Dollar. Auch das wäre ein Kriterium: alle jene WEF-Mitglieder zu enteignen.

Mit der Enteignung dieser Konzerne würde viel an Infrastruktur, an früher öffentlichen Unternehmen und Organisationen, öffentlichem Gemeingut wieder in unser aller Hände gelangen. Mit dem enteigneten Geld könnten Krankenhäuser und Kraftwerke, Bildungs- und Produktionsstätten zurückgekauft werden. Und damit ein Großteil der jahrzehntelangen neoliberale Plünderungen von Öffentlichem und Gemeingütern rückgängig gemacht werden können. Das wäre allerdings ein Projekt, für das ich mich als philosophischer Berater kostenlos zur Verfügung stellen würde.

Was die ‚philanthropischen' Stiftungen der Superreichen und Über-Mächtigen betrifft: Sie wären umzudeklarieren. Sie müssten als das gehandelt werden, was sie sind: perfide Geschäftsmodelle und getarnte Eigenkonzerne. In diesem Sinne würden sie ihren philanthropischen Schein, ihren Sonderstatus und damit ihre Steuervergünstigungen verlieren. Sie würden dem Vermögen der Stifter

[15] Krysmanski, H. J.: a. a. O., S. 45.

zugerechnet und dann, je nach Kriterium und Vermögenshöhe, gegebenenfalls enteignet.

In einem Interview in der Zeitschrift ViER wurde dem niederländischen Politologen Kees van der Pijl die Frage gestellt: „Welchen Ausweg aus der Krise sehen Sie? Welche Chancen für konstruktiven Widerstand gibt es aus Ihrer Sicht? Sie zeichnen im Buch[16] ‚die Konturen der alternativen Gesellschaft'. Diese setze ‚die Enteignung der Oligarchie voraus, die die Errungenschaften der IT-Revolution zu ihrem Privateigentum gemacht hat'. Wie realistisch ist das?"

Die Antwort Kees van der Pijls: „Es ist nicht unmittelbar realistisch, aber die Realität entwickelt sich sehr schnell, gerade in diesen komplett verrückten Zeiten der Covid-Krise. Wir sehen heute, wie der Kapitalismus sich unter Benutzung von verbrecherischen Methoden wie Massenimpfung, auch von Kindern, mit gentherapeutischen, unvollständig geprüften Substanzen nach vorne schlägt, um einen Ultra-Kapitalismus einzuführen. Die digitale Überwachung der Bevölkerung mittels eingespritzter Nanoelektronik muss dabei die Pläne der 2016 von Microsoft, die Rockefeller Foundation und dem Impfnetzwerk Gavi gestifteten ‚ID2020' verwirklichen. Das soll die Akzeptanz extremer Konzentration der Reichtümer an der Spitze, neben Enteignung von allem darunter (Kleinbetriebe, einschl. Läden und Bauerbetriebe, Häuser) sicherstellen. Dennoch sind die Herrschaftsverhältnisse im heutigen, kriminellen Kapitalismus äußerst labil, eben wenn das (noch) nicht unmittelbar manifest wird. Es kann aber nicht stabilisiert worden in der heutigen Form. Alles ist in rasend schneller Entwicklung, die natürlich auch in eine unbeherrschbare Katastrophe enden kann. Aber das erinnert uns nur daran, dass wir keine Zuschauer bleiben können und eine Handlungsperspektive entwickeln müssen."[17]

Realforderungen: Volksentscheide, WikiLeaks, Internetfreiheit

Ob sich meine Idealforderungen so schnell umsetzen werden lassen, kann füglich bezweifelt werden. Wie ich im ersten Teil dieses Buchs zeigte, schlafen die Machteliten nie. Jede durch Revolution oder Reform herbeigeführte echt demokratische Verbesserung wurde von den Über-Mächtigen sofort mit

[16] Gemeint ist dieses Buch: Van der Pijl, K.: Die belagerte Welt. Corona: Die Mobilisierung der Angst – und wie wir uns daraus befreien können, Ratzert 2021.

[17] Kees van der Pijl im Interview. In der Zeitschrift ViER 1/2022, zit. in: https://www.textstelle.news/2022/02/08/corona-krise-als-mittel-der-macht-van-der-pijl/ – Abgerufen am 8.2.22.

Eingrenzungs- und Aushebelungsversuchen und mit neu installierten Macht-Filtern beantwortet. Das zeigt die Demokratiegeschichte.

Umso wichtiger ist es, dass alle Menschen, die echt-demokratischen Willens sind, gemeinsam auf *mehr Demokratie* hinarbeiten – ob nun mit dem gleichnamigen Verein „Mehr Demokratie“ (und seinem europäischen Netzwerk) oder ohne. Aber doch so, dass die drei nächsten Etappenziele einigermaßen feststehen: 1. Senkung der Volksbegehrensschwelle auf Länderebene (denn die ist, je nach Bundesland, teilweise fast unerreichbar hoch, teilweise zu hoch). 2. Einführung bundesweiter Volksbegehren/Volksentscheide mit niedriger Schwelle. 3. Einführung europäischer Volksbegehren/Volksentscheide mit nicht zu hoher Schwelle.

Damit nicht genug: auch was globale Entscheidungen von Weltorganisationen wie WHO und Weltbank betrifft, müssen Volksbegehren/Volksentscheide möglich werden. Nur so könnte in Zukunft eine Minimalbedingung demokratischer Legitimation in Bezug auf diese Weltorganisationen erreicht werden. M. E. hängt genau an solchen Maßnahmen die Legitimation und Zukunft dieser bis heute demokratisch nicht legitimierten und von Machteliten andauernd missbrauchten Großorganisationen ab.

Was die einzelnen europäischen nationalen Demokratien betrifft, würde ich sogar noch weiter gehen. Und würde fordern: dass eine Partei, die Volksbegehren/Volksentscheide nicht in ihr Parteiprogramm aufnimmt, als potenziell demokratie-feindlich eingestuft und vom Verfassungsschutz beobachtet werde müsste. Und zwar daraufhin: Gibt es geheime Absprachen mit Konzernen und Über-Mächtigen? Gibt es auf dieser Ebene Vergünstigungen und Verflechtungen? Sind elitäre und demokratie-unterlaufende und -aushöhlende Tendenzen zu beobachten?

Ebenso wäre es dringend nötig, Enthüllungsplattformen wie WikiLeaks offiziell der vierten Gewalt (Medien) zuzuordnen und sie damit als investigativen Journalismus anzuerkennen und unter den Schutz der Pressefreiheit zu stellen. Pressefreiheit ist eines der höchsten demokratischen Güter. Dass es, wie der Fall Julian Assange zeigt, wenn es drauf ankommt, nicht viel gilt, ist ein Skandal und gehört schleunigst behoben. Damit meine ich nicht, dass alles und jedes geleakt und unbearbeitet ins Netz gestellt werden soll. Die Stoßrichtung muss klar sein: Es ginge vor allem darum, die antidemokratischen und gemeinwohlgefährdenden Konspirationen der Über-Mächtigen (egal ob auf dem Gebiet der Politik, Wirtschaft, Stiftung, Religion, …) aufzudecken; also in einem echt demokratischen Sinne Aufdeckung und Aufklärung zu ermöglichen und zu betreiben. Oberste Priorität sollten dabei die „staatlichen Verbrechen gegen

Demokratie“ haben: „State Crimes Against Democracy“ (SCAD), so die vom Politologen Lance deHaven-Smith geprägte treffende Begrifflichkeit.[18] Erst wenn die Über-Mächtigen immer und überall Angst haben, bei ihren skrupellosen Geschäften und sinistren Machenschaften beobachten zu werden, aufzufliegen und zur Rechenschaft gezogen zu werden: Erst dann sind wir dem ‚Zukunftsprojekt echte Demokratie' wieder ein Stück näher gekommen. Diese Funktion kann kein Verfassungsschutz, kein Geheimdienst oder sonst eine staatliche Organisation erfüllen, sondern nur eine Organisation wie WikiLeaks. Denn nur solch eine im positiven Sinne anarchistische Organisation ist einigermaßen gefeit vor einem Korrumpiertwerden durch Macht. Ich sage bewusst: einigermaßen gefeit. D. h. nicht, dass es da nicht noch Einiges nachzubessern oder transparenter zu gestalten gäbe …

Eng damit verbunden ist eine weitere Forderung, ein weiterer Schritt. Ich nenne diesen Schritt versuchsweise ‚die Demokratisierung des Internet.' Solange ein paar US-Giganten die absolute Vorherrschaft im Internet haben, solange kann mensch hier nicht von einem demokratischen Internet sprechen. Was wir bisher hatten war – trotz aller Freiheiten bzw. Scheinfreiheiten – kein demokratisches, sondern ein algorithmisch gesteuertes, plutokratisches Internet in der Hand einiger US-Konzerne, die jederzeit mit US-Geheimdiensten zusammenarbeiten, legal und illegal. Wie wir durch Edward Snowden erfuhren, wird über dieses Internet abgehört und manipuliert, es werden die globalen Datenströme überwacht und gelenkt. Ich muss es berufeneren Geistern überlassen, welche echt demokratische Lösung hier denkbar und praktikabel wäre. Ich bin mir sicher: es gäbe so einige realistischen Alternativen. Wenn nur der politische Wille da wäre. Nun ging zwar mit Snowdens Aufdeckungen ein Zucken und Raunen durch die Politik: „Oh Gott, sogar Angela Merkels Handy wurde überwacht!“ – Es hat sich aber nichts Gravierendes geändert. Denkbar und umsetzbar wäre jedenfalls eine Internet-Infrastruktur in europäischer Hand. Als eine Art Gegengewicht und Bereicherung der Internetlandschaft.

Was immer geht: Barfußwählen – Abstimmen mit den Füßen

Sie meinen, das geht nicht? Zumindest nicht immer? Und vor allem nicht, wenn's Ernst wird? Ich sage: Es geht immer! Sogar wenn's *sehr* Ernst wird! Ein höchst erstaunliches Beispiel für ein „Abstimmen-mit-den-Füßen“ (bzw. ein „Abstimmen-mit-dem-Finger“) bringt Rutger Bregman in seinem Buch „Im Grunde gut“. Er bezieht sich dabei auf Untersuchungen eines Colonel Samuel

[18] Vgl. deHaven-Smith, L.: Conspiracy Theory in America, Austin 2013.

Marshall (1900-1977), der im zweiten Weltkrieg auf ein verblüffendes Phänomen stieß: dass Soldaten Schussbefehle nicht ausführten wie sie sollten: „als Marshall ein Gruppeninterview nach dem anderen führte, zuerst im Pazifik und später auch an der europäischen Front, stellte er fest, dass tatsächlich nur 15 bis 25 Prozent der Soldaten geschossen hatten. […] Ein Offizier erzählte, wie er brüllend die Linien abgelaufen war. ‚Verdammt noch mal! Schießen!' Seine Aufforderungen zeigten wenig Wirkung. ‚Sie haben nur geschossen, wenn ich zu ihnen hingesehen habe.' […] Die Soldaten, die nicht schossen, blieben auf ihrem Posten und gingen mindestens das gleiche Risiko ein wie die anderen. Sie waren allesamt mutige, loyale, solide Patrioten. Und dennoch: Als es darauf ankam, haben sie ihre Pflicht versäumt. Sie schossen nicht."[19]

Die Erkenntnisse Marshalls werden durch historische Beobachtungen und ältere Zeugnisse untermauert. Auch spätere Forschungen konnten sie bestätigen: „In den vergangenen Jahren wurden die Schlussfolgerungen von Colonel Marshall von einem Experten nach dem anderen bestätigt. Zum Beispiel hat der Soziologe Randall Collins Hunderte von Fotos von Soldaten in kritischen Situationen untersucht. Er kam auf eine Feuerquote von 13 bis 18 Prozent, was Marshalls Schätzungen ziemlich nahe kommt."[20]

Was lernen wir daraus? Dass an der Basis nicht alles so läuft, wie es sich die Obrigen vorstellen. Und schon gar nicht so, wie sie es gerne hätten. Die Realität der Oberen entspricht nicht der Realität der Unteren. Die Meinung der Herrschenden ist zwar die herrschende Meinung. Aber unterhalb ihrer gibt es eine andere Meinung, eine Basis-Meinung. Die Basis hat ihre eigenen Wege und Mittel. Ihre Realität sieht anders aus. Und so verhält es sich auch im Politischen, an der Basis aller Staaten – beim Volk. Wie auch immer ein Volk auch offiziell abstimmt und abstimmen darf, welche reellen oder scheinbaren Wahloptionen ein Volk auch immer hat: eine Option steht immer offen, die, mit den Füßen abzustimmen. Wie das Soldatenbeispiel zeigte, auch unter erschwerten Bedingungen.

Ich nenne dieses ‚Mit-den-Füßen-Abstimmen' im Folgenden ‚Barfußwählen'. Das Barfußwählen und Barfußhandeln ist die eine Seite des Phänomens, die praktische und politische Seite. Die andere Seite – sozusagen die theoretische und philosophische – nenne ich ‚Barfußdenken'. Ich komme im nächsten Abschnitt darauf zurück.

---

[19] Bregman, R.: Im Grunde gut, a. a. O., S. 103f.

[20] Bregman, R.: Im Grunde gut, a. a. O., S. 107.

Wie können wir jetzt und heute effektiv Barfußwählen? Es gibt viele Möglichkeiten. Sehr viele. Um einige wichtige zu nennen:

- Aus allen Parteien, die keine Volksentscheide fordern und fördern, austreten bzw. diese Parteien nicht mehr wählen. Dafür „Mehr Demokratie e. V." unterstützen.

- Nur noch nicht-werbungsfinanzierten unkorrumpierten Journalismus unterstützen. Medien, die in Händen großer Konzerne sind, nicht mehr als Haupt-Informations-Quelle nutzen und machtkritisch lesen. Selbst der Spiegel gehört zu 25 % dem Bertelsmannkonzern. Und im Vorstand des Bertelsmanns-Konzerns findet sich ein Teil der Über-Mächtigen Europas wieder. Dieser Konzern mitsamt seinen unzähligen Medien, Zeitschriften, Verlagen, Fernsehsendern – und v. A. auch seiner Stiftung – ist ein entscheidendes Macht- und Ausbeutungs-Netzwerk.[21]

- Stattdessen auf gediegene, unabhängige Medien umsteigen. Meine Betonung liegt auf gediegen und unabhängig zugleich. Für diejenigen, die sich hier zu wenig auskennen, empfehle ich das „Multipolar-Magazin" als Einstieg. Es bringt gut recherchierte eigenen Beiträge und pflegt einen handverlesenen ‚Pressespiegel': an der rechten Homepage-Seite werden tagesaktuelle Pressenachrichten zitiert, die größtenteils aus gediegener und unabhängiger Quelle stammen. Mithilfe dieses ‚Pressespiegels' findet mensch sich gut in der Medienlandschaft zurecht und ist dabei vor Fake-News wie vor leitmedialer Manipulation vergleichsweise gut geschützt.

- Wenn, wie im Corona-Fall nachweislich, die öffentlich-rechtlichen Sender (ARD und ZDF mitsamt den unzähligen dazugehörigen Fernseh- und Radioprogrammen) Propaganda betreiben und ihrem Auftrag (‚Ausgewogenheit', ‚gesellschaftlicher Zusammenhalt', ‚Diversität') untreu werden: Rundfunkgebühren vorläufig nicht mehr zahlen. Hier geht „Aktion Leuchtturm ARD: Multipolarität, Ausgewogenheit, Staatsferne" mit gutem Beispiel voran. Auf der Homepage heißt es: „Keinen Cent mehr von uns für ein einseitiges ARD/ZDF! Der GEZ-Zahlungsstopp als wirksamstes Druckmittel für unsere Forderung nach einem multipolaren öffentlich-rechtlichen Rundfunk. Wir tun das für die Zukunft unserer Kinder und die Zukunft einer Demokratie, die diesen Namen auch verdient. Wir sind bereits über 200.000 Menschen, die ihre Zahlung eingestellt haben. Lasst uns Millionen werden, damit unser Wort ein Gewicht erhält und die Öffentlich-

---

[21] Vgl. hierzu: Teil 1: Wer macht die „öffentliche Meinung"? Ein paar wenige Medienkonzerne … in: https://netzfrauen.org/2013/12/10/teil-1-wer-macht-die-oeffentliche-meinung-ein-paar-wenige-medienkonzerne/ – Abgerufen am 28.1.22.

Rechtlichen reagieren müssen."[22] Am umfassendsten vernetzt und informiert – und deshalb sehr zu empfehlen – ist: https://rundfunk-frei.de

- Google-Suchmaschine boykottieren. In erster Linie nicht-manipulative Suchmaschinen mit „Tor"-Netzwerk benutzen.[23] Z. B. Metager.[24] Oder die französische Suchmaschine Qwant. Alles ist ethisch verantwortbarer als Google oder Bing (= Microsoft) zu nutzen. Selbst die russische Suchmaschine Yandex ist in dieser Hinsicht besser.

- Gleiches gilt für andere Google-Anwendungen. Es gibt viele gute und freie Alternativen. Z. B. Openstreetmap und Opentopomap statt Google Maps. Oder www.archive.org oder www.digitale-sammlungen.de oder auch Wikisource oder Projekt Gutenberg statt Google Books.

- Wo immer möglich: Youtube umgehen. Auch hier gibt es Alternativen, die nicht dem Monopolisten Google (= Alphabet) in die Hände spielen: Dailymotion, VidLii, Vimeo, Odysee, etc.

- Wenn möglich den eigenen Facebook-, Instagram- und Whatsapp-Account löschen (gehört alles zum Meta-Platforms-Konzern). Auch hier gibt es gute Alternativen, z. B. Diaspora (Foundation), Minds, Telegram, etc.

- Statt Twitter z. B. Mastodon nutzen.

- Das eigene Smartphone gegen ein altes, nicht internetfähiges Handy austauschen. Die Smartphone-Süchtigen können zur Not mit einem kleinen Tablet Einiges kompensieren. Oder mit einem Smartphone, das ohne SIM-Card über WiFi benutzt wird. Auch hier geht es um mehr: Z. B. darum, dass sich das digitale EU-Covid-Zertifikat nicht durchsetzen kann, wenn viele Menschen kein Smartphone als Alltagsgerät benutzen. Ein separates Tablet, ein separates Smartphone (ohne SIM), ein separates Laptop bietet auch noch einen anderen Vorteil: mensch kann mit ihnen – wenn es denn sein muss – Google, Facebook, Microsoft etc. nutzen – und zugleich wird der Zugriff der US-Giganten auf den

---

22 https://leuchtturmard.de/ – Abgerufen am 28.1.22.

23 Vgl. Wikipedia-Artikel „Liste von Internet-Suchmaschinen", in: https://de.wikipedia.org/wiki/Liste_von_Internet-Suchmaschinen – Abgerufen am 28.1.22.

24 Auf der MetaGer-Homepage kann mensch z. B. lesen: „Sie werden bei uns ***nie*** gefragt, ob Sie mit dem Setzen von Trackingcookies einverstanden sind. Denn: Wir benutzen keine Trackingcookies und auch keine anderen Nutzer-Überwachungen. Lesen Sie die Details unter: Datenschutz. Ansonsten gilt: Sie können sich selbst einen Cookie setzen und auf diese Art Ihre eigenen Einstellungen dauerhaft verfügbar machen." – Das ist seriös. So sollte es sein. Daran kann mensch ermessen, wie unseriös und überwachungs-orientiert die meisten anderen Websites sind.

eigenen Hauptcomputer mit all den persönlichen Daten ausgehebelt oder doch zumindest empfindlich eingeschränkt. An dieser Stelle mein genereller Appell: Bitte hört auf, nur weil es so bequem und angesagt ist, alles, aber auch alles über Euer Smartphone laufen zu lassen. Das ist nicht gut. Denn es gibt zuviel Information und Macht in die Händer derer, die eh schon zuviel Macht haben.

- Von Microsoft und Windows auf Ubuntu oder Linux Mint und die entsprechende freie Software (Z. B. Libre Office) umsteigen.

- Möglichst selten (oder gar nicht) Amazon verwenden – und schon gar nicht Amazon Prime (oder auch, um einen anderen US-Manipulator zu nennen, Netflix). Auch hier gibt es gute Alternativen. Mensch kann nämlich (fast) alles, was es bei Amazon zu bestellen gibt, auch einfach so bestellen. Ohne Zwischenhändler. Und was Buchbestellungen betrifft: Hier empfehle ich das Buch-Suche-Portal www.booklooker.de. Denn das „Zentrale Verzeichnis antiquarischer Bücher“ (ZVAB) gehört seit 2011 über AbeBooks zu Amazon.

- Websites, bei denen mensch Tracking- und Analyse-Cookies nicht ablehnen kann, wo immer möglich meiden und dafür andere Websites benutzen, die hier seriöse und die Privatsphäre respektierende Optionen anbieten.

- Auch sonst US-Großunternehmen meiden: statt Skype (= Microsoft) Jitsi oder Tox und statt Zoom etwa Teamviewer Meeting nutzen.

Misstraue den Autoritäten. Barfußdenken und Vertrauen in Mitmenschen

Ich nannte das Mit-den-Füßen-Abstimmen soeben Barfußwählen und sagte: Das Barfußwählen (und Barfußhandeln) sei die eine Seite des Phänomens, die praktische Seite. Die andere Seite, sozusagen die theoretische, die philosophische, sei das Barfußdenken. So, wie die Menschen schon immer barfußwählen und -handeln konnten, so konnten sie schon immer barfußdenken. Das erstmals um 1800 greifbare bekannte Volkslied kennt und zelebriert diese Seite und bezieht sich u. A. mit folgenden Strophen darauf: „Die Gedanken sind frei, / Wer kann sie errathen. / Sie rauschen vorbei / Wie nächtliche Schatten. […] Denn meine Gedanken / Zerreißen die Schranken / Und Mauern entzwei: / Die Gedanken sind frei.“ Doch das Thema ist älter. Es taucht bei mittelalterlichen Sängern auf, etwa beim Vaganten Freidank oder bei Walther von der Vogelweide. [25] Lässt sich aber schon bei Cicero (106-43 v. Chr.) – dem Begründer der Studia humanitatis und der sozialhumanistischen Tradition – auffinden: „Liberae sunt […] nostrae cogitationes." (Pro Milone, XXIX, 79).[26]

Können die Herrschenden schon nicht viel gegen das Barfußwählen ausrichten, gegen das Barfußdenken kommen sie erst Recht nicht an. Das ‚Volk' – wir alle – mögen verführbar sein, manipulierbar und auch korrumpierbar. Auch träge und bequem können wir manchmal sein. Aber so dumm, wie die Über-Mächtigen meinen, sind wir nicht. Kein ‚Volk' ist so dumm, wie die Machteliten meinen oder wie es von den Superschlauen hingestellt wird. Ganz im Gegenteil: so, wie das Barfußwählen jederzeit handlungsbereit ist, *so weiß das Barfußdenken jederzeit Bescheid*. Wie sagte C. Wright Mills oben so schön? „Wenn Nachrichten über die höhere Unmoral [der Machtelite] an die Öffentlichkeit dringen, sagen sie [die normalen Menschen]: ‚Da ist wieder einer erwischt worden.' Damit meinen sie doch, dass der aufgedeckte Fall nicht Einzelereignis ist, dass die beteiligten Personen nicht Sonderfälle sind, sondern dass es sich um Symptome eines weitverbreiteten Übels handelt."[27]

Das ‚Volk' – wir alle – sind nicht nur verführ- und manipulierbar, wir sind auch über weite Strecken sehr vertrauensselig, gutgläubig, geduldig (und wie gesagt manchmal auch ein wenig bequem). Vor allem in dieser Hinsicht gälte es in Zukunft nachzubessern und zu lernen: Keinen Vertrauensvorschuss für die Über-Mächtigen. Wenn die Machteliten überhaupt einen Vorschuss verdienen, dann kann es nur ein Misstrauensvorschuss sein. Das ist eine der zentralen Lehren, die wir aus der Geschichte der Machtkritik und der Machtkritik der Geschichte ziehen sollten. Doch auch hier weigere ich mich, dem ‚Volk' den Schwarzen Peter zuzuspielen. Deshalb und trotz alledem sei gesagt: Vertrauen und Geduld sind und bleiben wichtige und schöne ‚Tugenden'. Und wenn das ‚Volk' in Zukunft auch weiterhin – wie zu befürchten – den Über-Mächtigen gegenüber zu vertrauensvoll, gutgläubig und geduldig sein wird. Was ist schlimmer? Zu viel Vertrauen und Geduld zu haben? Oder das Vertrauen und die Geduld gutgläubiger Menschen auszunutzen? Wer ist der ‚Schuldige'? Der, der geduldig vertraut, an Ehrlichkeit

---

[25] Wikipedia-Artikel „Die Gedanken sind frei", in: https://de.wikipedia.org/wiki/Die_Gedanken_sind_frei – Abgerufen am 28.1.22.

[26] Zur (auf Cicero und Menandros) zurückgehenden sozialhumanistischen Tradition vgl. das Nachwort von Prof. Dr. Winfried Stroh („Der Ursprung des Humanitätsdenkens in der römischen Antike") in dem von mir herausgegebenen Buch: Johann Gottfried Herder: Humanismus als Herzensbildung und schöne Wissenschaft. Vorrede und Briefe zu Beförderung der Humanität, München 2018. Hier auch der Nachweis, dass die bildungselitäre humanistische Tradition nur die bürgerlich-vereinseitigte Version der echten sozialhumanistischen Tradition ist.

[27] Mills, C. W.: Die Machtelite, a. a. O., S. 462f.

und Menschlichkeit glaubt? Oder der, der Geduld und Vertrauen ausnutzt, den Anderen bewusst hinters Licht führt, *verführt*, schließlich über's Ohr haut?

Nichtdestotrotz: Wir sollten lernen, mit unserem Vertrauen etwas vorsichtiger zu sein. In Bezug auf alle offiziellen und offiziösen Organe der Machteliten. Edward Snowden – dieser große Aufklärer des 21. Jahrhunderts – hat es in Bezug auf die gelenkte Demokratie so formuliert: „But I've learned critically, that the most important thing is that we should always be willing to trust citizens, but we should never be willing to trust governments. If you trust some ordinary person in your life to do the right thing, and they do the wrong thing, there's only so much damage they can do. But if you place faith in the government that is unwarrented, they have so much power that they can fundamentally change your country, your society, the future of your family, for the rest of your human experience. And they can fundamentally change the balance or power in the world, and the balance of freedom in our societies."[28] Und wer, wenn nicht Snowden, der in den Geheimzentralen der USA gearbeitet hat, sich aber innerlich nicht hat korrumpieren lassen, sollte das besser wissen?

Kants gelehrte Aufklärung: Vom Kopf auf die Barfüße gestellt

In Immanuel Kants (1724-1804) berühmter „Beantwortung der Frage: Was ist Aufklärung?" heißt es 1784: *„Aufklärung ist der Ausgang des Menschen aus seiner selbstverschuldeten Unmündigkeit. Unmündigkeit* ist das Unvermögen, sich seines Verstandes ohne Leitung eines anderen zu bedienen. *Selbstverschuldet* ist diese Unmündigkeit, wenn die Ursache derselben nicht am Mangel des Verstandes, sondern der Entschließung und des Mutes liegt, sich seiner ohne Leitung eines andern zu bedienen. Sapere aude! Habe Mut, dich deines *eigenen* Verstandes zu bedienen! ist also der Wahlspruch der Aufklärung."[29]

Diese Passage wird gern zitiert, denn sie klingt tatsächlich befreiend, selbstermächtigend, aufklärerisch – und gediegen bildungsbürgerlich. Die Passage ist und bleibt gut. Das Problem ist: Der weitere Text hält nicht, was diese Eingangspassage verspricht. Trotz seiner Aufgeklärtheit und der bahnbrechenden Metaphysik-Kritik seiner Philosophie: Kants Autoritätshörigkeit bleibt unter der

[28] The Lesson of 9/11 is NOT to Be Afraid of Terrorists. A Conversation with Edward Snowden, in: Supernerds. Conversations with Heroes, hg. v. A. Richter, Berlin 2015, S. 122-132, hier: 123.

[29] Kant, I.: Beantwortung der Frage: Was ist Aufklärung? In: Was ist Aufklärung? Thesen und Definitionen, hg. v. E. Bahr, Stuttgart 1974, S. 9-17, hier: 9. Zuerst veröffentlicht in: Berlinische Monatsschrift, 4/1784, S. 481-494.

Oberfläche ungebrochen und unkritisch. Und sie holt ihn ein. Kant argumentiert letztlich als aufgeklärter, aber preußisch-disziplinierter Höfling eines aufgeklärten, aber absolutistischen Monarchen: Friedrich des (sogenannten) Großen. In dessen Dienst er als Königsberger Professor ja auch steht.

Schauen wir uns an, wieso sich Kants Text beim Weiterlesen als Mogelpackung entpuppt. Er sagt zwar: „der *öffentliche* Gebrauch seiner Vernunft muß jederzeit frei sein". Womit er Recht hat. Fügt aber sofort hinzu: „der *Privatgebrauch* derselben aber darf öfters sehr enge eingeschränkt sein".[30] Was in diesem Kontext merkwürdig und unverständlich klingt. Was meint Kant damit? Kant meint: *nur* der (selbstredend männliche und akademische) Gelehrte darf „in der Qualität als Gelehrter"[31] und *nur* in seinen *gelehrten Publikationen* und in *anerkannten Publikationsorganen* öffentlichen und freien Gebrauch von seiner Vernunft machen. Nur er. Nur dort. Sonst aber keiner. Nirgendwo. Genau das meint Kant mit: „der *öffentliche* Gebrauch seiner Vernunft muß jederzeit frei sein". Ansonsten und für alle Anderen gilt: Privater Vernunftgebrauch in aller Öffentlichkeit? Das Äußern eigener, privater, vernünftiger An- und Einsichten in der Öffentlichkeit? Fehlanzeige! Verboten![32] Stattdessen: Tut Eure Pflicht als Untertanen! Oder, mit den von Kant zitierten Worten Friedrichs: „*räsoniert* [im stillen Kämmerlein], soviel ihr wollt und worüber ihr wollt; *aber gehorcht!*" In diesem Sinne dürfe mensch „allerdings räsonieren", aber freilich nur so, „daß dadurch die Geschäfte [nicht] leiden."[33] Für Kant steht fest: Öffentlich geäußerte Überlegungen oder gar Reformen von unten sind dem „gedankenlosen großen Haufen" nicht gestattet.[34] Denn für die meisten Menschen gelte, dass sie „sich ihreres eigenen Verstandes ohne Leitung eines anderen [noch nicht] sicher und gut bedienen" könnten.[35] Damit verkommt Aufklärung zur Bevormundung des Volkes durch autoritätgläubige Staatsdiener. Ein „Recht des Volkes zu einer Revolution"[36] wie es der demokratische Aufklärer Johann Benjamin Erhard (1766-1827) ein wenig später fordern sollte, ließ Kant nicht gelten. Er lobt auch in dieser Hinsicht autoritätshörig seinen Herrn und Führer, dass dieser zum Glück „ein wohldiszipliniertes zahlreiches Heer zum Bürgen der öffentlichen Ruhe zur Hand" habe.[37] Auch damit zeigt er sich als Höfling der Macht.

[30] Kant, I.: Beantwortung der Frage: Was ist Aufklärung? A. a. O., S. 11.
[31] Kant, I.: Beantwortung der Frage: Was ist Aufklärung? A. a. O., S. 11, 14 u.16.
[32] Um ein Beispiel zu geben: „Der Gebrauch also, den ein angestellter Lehrer von seiner Vernunft vor seiner Gemeide macht, ist bloß ein *Privatgebrauch*". Kant, I.: Beantwortung der Frage: Was ist Aufklärung? A. a. O., S. 13.
[33] Kant, I.: Beantwortung der Frage: Was ist Aufklärung? A. a. O., S. 12.
[34] Kant, I.: Beantwortung der Frage: Was ist Aufklärung? A. a. O., S. 11.
[35] Kant, I.: Beantwortung der Frage: Was ist Aufklärung? A. a. O., S. 15.
[36] Erhard, J. B.: Über das Recht des Volkes zu einer Revolution, Jena und Leipzig 1795.
[37] Kant, I.: Beantwortung der Frage: Was ist Aufklärung? A. a. O., S. 17.

Doch lassen wir uns nicht beirren. Lassen wir uns nichts vormachen. Nicht von Über-Mächtigen und nicht von ihren Höflingen und anderen Macht-Profiteuren. Von keiner *alten* preußischen Autorität wie Kant und auch von keiner *neuen* preußischen Autorität der „Leopoldina" wie Lothar Wieler oder Christian Drosten. Formulieren wir die Sätze Kants in unserem Sinne um – tatsächlich aufklärerisch, radikal humanistisch, echt demokratisch. Und das fängt schon damit an, dass wir das Horaz-Zitat („Sapere aude!"), das Kant sehr einseitig benutzt, vollständig zitieren und sozialhumanistisch beim Wort nehmen: *„dimidium facti, qui coepit, habet: sapere aude, / incipe.*" Das heißt: „Wer beginnt, besitzt bereits die Hälfte des ganze Werkes – wage es, weise zu sein, / fange an!"[38] Noch klarer formuliert: ‚Frisch gewagt ist halb gewonnen! Habe den Mut, dich deiner eigenen Weisheit zu bedienen; deine eigene Weisheit: das ist mehr als nur das Klappergestell eines rationalistisch vereinseitigten Verstandes. Weisheit ist: Verstandesbetätigung auf der Basis der eigenen Lebenserfahrungsvernunft; ist: lebendige Vernunft im Dialog mit den Mitmenschen und mit der eigenen Herzensstimme; ist: Selbstautorisation zu einem unvoreingenommenen und unverbogenen Vernunft- und Gefühlsgebrauch – zum eigenen wie gemeinsamen Wohl. All das schwingt in dem horazischen Versen mit: „Wer beginnt, besitzt bereits die Hälfte des ganze Werkes – wage es, weise zu sein, / fange an!"

In diesem Sinne: Fangen wir an! Zunächst damit, Kants Sätze aufzugreifen, richtig zu stellen und ihnen erstmals ihre eigentliche Sprengkraft zukommen zu lassen: ‚Echte Aufklärung ist der Ausgang des Menschen aus seiner selbst- *und fremdverschuldeten* Unmündigkeit.'

Ich habe hierbei das Wort *fremdverschuldet* hinzugefügt. Wieso? Weil es ein Bestreben aller Über-Mächtigen war und ist, die von ihnen manipulierten und ausgenutzten Menschen vermittels der Macht-Filter in Unwissenheit und Unmündigkeit zu halten. Und das soll und darf nie verschwiegen werden. Denn: Aufklärung ohne Macht- und Eliten-Kritik ist nur Pseudo-Aufklärung. Diesen entscheidenden Punkt übersehen autoritätsgeblendete Menschen wie Kant gerne. Doch solch eine Pseudo-Aufklärung ist bestenfalls ein zahnloser Tiger. Sie intellektualisiert im Überbau und greift nicht an die Wurzel. Sie hilft vor allem der Machtelite: Indem sie Intelligenzija und Bildungsbürgertum intellektuell und schöngeistig beschäftigt und von den eigentlichen Themen und Taten ablenkt.

Weiter im Text. Ich schreibe: ‚Unmündigkeit ist das Unvermögen, sich *seiner Vernunft und Herzensweisheit* ohne Leitung eines anderen zu bedienen.' – Ich habe „seines Verstandes" durch die Wendung *„seiner Vernunft und*

[38] Horaz: Epistulae, I, 2, 40f. In: Ders.: Epistulae/Briefe, hg. u. übers. v. B. Kytzler, Stuttgart 1986, S. 14f.

Herzensweisheit" ersetzt. Weil das horazsche „sapere aude" eben genau das meint: die eigene Vernunft und Herzensweisheit.

Auch folgende kantische Passage bedarf einer Erweiterung. Die Passage: „*Selbstverschuldet* ist diese Unmündigkeit, wenn die Ursache derselben nicht am Mangel des Verstandes, sondern der Entschließung und des Mutes liegt, sich seiner ohne Leitung eines andern zu bedienen." Meine Erweiterung: ‚Und *fremdverschuldet* ist diese Unmündigkeit, wenn die Ursache derselben weder am Mangel der Vernunft und Herzensweisheit, noch auch am Mangel der Entschließung und des Mutes, sondern an den Intrigen und Machenschaften der Machteliten liegt.'

Und in diesem Sinne muss auch der Wahlspruch der Aufklärung erweitert werden: ‚Sapere aude! Habe Mut, dich deiner *eigenen* Vernunft und Herzensweisheit zu bedienen! Habe Mut, barfuß zu denken und barfuß zu handeln. Durchschaue die Machenschaften der Über-Mächtigen. Zieh ihnen die Maske. Zerschlag ihr verlogenes und zerstörerisches globales Spiel. Befreie dich und Deinesgleichen aus ihren Macht-Fängen. Misstraue aller Geld- und Über-Macht. Lass dich nicht von der Konsum-und-Angst-Politik der Über-Mächtigen korrumpieren. Behalte stets im Hinterkopf: Die herrschende Meinung ist (oft nicht mehr als) die Meinung der Herrschenden. Habe Mut, dich deiner eigenen vernünftigen und herzgeprüften Meinungen zu bedienen. Solidarisiere dich mit denen, die das auch so sehen. Und ermögliche und erhalte mit ihnen zusammen einen echt demokratischen und übermacht-freien öffentlichen Raum des guten und schönen und wahrhaftigen Miteinanders!'

Barfußdenken und Barfußhandeln: Die Lehren von New Orleans

Das Vertrauen, das du denen, die es nicht verdienen und nie verdient haben, entziehst: Gib es jenen, die es verdienen. Gib es den einfachen Menschen, den Menschen wie du und ich, deinen Mitmenschen in deinem Land, aber auch allen Mitmenschen in den Nachbarländern; und gib es unseren Brüdern und Schwestern in der Zwei-Drittel-Welt. Misstraue den Über-Menschen und ihren Höflingen, aber glaub an das Gute im einfachen Menschen, glaub an deine Mitmenschen. Denn die Menschen sind nicht so schlecht, wie uns die Über-Mächtigen weiß machen wollen.

Rutger Bregman gibt in seinem Buch „Im Grunde gut" hierzu viele Beispiele. Um nur eines anzuführen: die Katastrophe von New Orleans. Verursacht durch den Hurrikan Katrina, der dazu führte, dass am 29.8.2005 in New Orleans die Deiche brachen und 80 Prozent der Häuser überflutet wurden. 1.836 Menschen starben durch diese Naturkatastrophe.

„In jener Woche waren die Zeitungen voll mit Berichten über Vergewaltigungen und Schießereien in New Orleans. Fürchterliche Geschichten über Gangster, die plündernd durch die Gegend zogen, und einen Scharfschützen, der einen Rettungshubschrauber unter Beschuss nahm, machten die Runde: Im Superdome-Stadion, dem größten Schutzraum, saßen nicht weniger als 25.000 Menschen wie Ratten in der Falle. Ohne Elektrizität. Ohne Wasser. Journalisten berichteten, dass die Kehlen von zwei Babys durchgeschnitten und ein siebenjähriges Mädchen vergewaltigt worden war."[39]

„Erst Monate später, als die Journalisten verschwunden waren, das Wasser abgepumpt war und sich die Kolumnisten einem neuen Thema zugewandt hatten, fanden Wissenschaftler heraus, was wirklich in New Orleans geschehen war. Die Schüsse des Scharfschützen waren in Wahrheit das Ventilgeklapper eines Gastanks. Sechs Menschen waren im Superdome-Stadion gestorben: vier auf natürliche Weise, einer an einer Überdosis und einer durch Selbstmord. Der Polizeichef musste zugeben, dass es keinen offiziellen Bericht über Morde und Vergewaltigungen gab. Und tatsächlich: Es war viel geplündert worden, aber vor allem von Gruppen, die gemeinsame Sache machten, um ihr Überleben zu sichern, manchmal sogar zusammen mit der Polizei."[40]

„Die hartnäckigen Gerüchte von den chaotischen Zuständen in New Orleans kosteten am Ende tatsächlich Menschenleben. So kamen viele Hilfeleistungen quälend langsam in Gang, weil die Rettungskräfte es nicht wagten, die Stadt ohne Schutz zu betreten. 72.000 Soldaten wurden einberufen, um das ‚Gesindel' im Zaum zu halten. ‚Diese Truppen wissen, wie man schießt und tötet, [...] und ich erwarte, dass sie es tun werden', so der Gouverneur. Und so geschah es. An der Danziger Bridge im Osten der Stadt feuerte die Polizei auf sechs unschuldige und unbewaffnete Afroamerikaner, woraufhin ein Junge von 17 und ein geistig behinderter Mann von 40 Jahren starben. Fünf Polizisten wurden dafür später zu langen Haftstrafen verurteilt."[41]

Bregmans Resümee: „Natürlich, die Katastrophe von New Orleans ist ein extremes Beispiel. Aber die Dynamik von Katastrophen ist immer dieselbe. Ein kollektiver Schickalsschlag trifft eine Gemeinschaft, die Menschen beginnen einander zu helfen und sich zu solidarisieren, die zuständigen Oberen geraten in

[39] Bregman, R.: Im Grunde gut. Eine neue Geschichte der Menschheit, Hamburg 2021, S. 21.
[40] Bregman, R.: Im Grunde gut. A. a. O., S. 22.
[41] Bregman, R.: Im Grunde gut. A. a. O., S. 23f.

Panik, und dann tritt die zweite Katastrophe ein. ‚Mein Eindruck', so schreibt Rebecca Solnit in ihrem großartigen Buch *A Paradise Built in Hell* (2009) über den Hurrikan Katrina, ‚ist, dass *elite panic* entsteht, weil die Machthaber die Menschheit für ihr eigenes Ebenbild halten." Könige und Diktatoren, Gouverneure und Generäle glauben, dass die einfachen Menschen egoistisch sind, weil sie selbst es so oft sind. Sie greifen zur Gewalt, weil sie etwas verhinden wollen, das sich allein in ihrer Phantasie abspielt."[42]

Ich würde gern einige Schritte weitergehen und sagen: Die Elite-Panik hat hier noch ganz andere Gründe. *Erstens*: Haben die Über-Mächtigen Angst vor allen Katastrophen und Umstürzen. Dies nicht nur, weil sie u. A. auch Menschen sind und an normalen menschlichen Ängsten teilhaben, sondern vor allem deshalb, weil jede Katastrophe und jeder Umsturz die bestehenden Machtverhältnisse bedroht – und damit ihre Vorrangstellung und ihre Über-Macht gefährdet. *Zweitens*: Haben die Über-Mächtigen aber noch vor etwas viel Gravierenderem Angst. Wie alle Menschen, deren nutznießerische Existenz auf Unterdrückung und Ausbeutung Anderer und damit auch auf der Unterdrückung und Ausbeutung von Wahrheiten und Wirklichkeiten beruht, haben sie höllische Angst davor, von diesen Wahrheiten und Wirklichkeiten eingeholt zu werden. Und die Wahrheit und Wirklichkeit im Fall von New Orleans war einfach die: Die Menschen können sich selbst helfen, sie solidarisieren sich, sie kommen auch dann, wenn ein Hurrikan das Macht-Ordnungs-Gefüge zerstört, zurecht. D. h. sie brauchen die Machtelite und ihr Macht-Ordnungs-Gefüge nicht unbedingt. Ja, schlimmer noch: Die Machtelite ist nicht nur überflüssig, sie ist sogar schädlich. Dort, wo sie mit ihrem Macht-Apparat und ihrem kranken Willens-zur-Macht-Projektionen auftaucht, wird die erste Katastrophe zu einer zweiten. Die Katastrophe wird damit noch katastrophischer. Wer braucht das? Wir nicht. *Drittens*: Bei all dem sind die Über-Mächtigen alles andere als dumm. Ganz im Gegenteil: Sie sind, wie sich im Lauf meiner Untersuchungen immer wieder zeigte, auch und gerade im Krisenfall extrem gerissen. Und deshalb wissen sie auch, dass es in solchen Fällen nicht nur gilt, sich (und v. A. auch Anderen!) unliebsame Wahrheiten und Wirklichkeiten vom Leibe zu halten. Nein, es gilt vielmehr diese Krisensituationen für sich und die eigene Machtvermehrung zu nutzen, disruptiv auszunutzen. Auch, wenn das bedeuten sollte, die Krise bewusst zu verschärfen, um noch mehr Profit und Macht rauszuschlagen.

Die größte Lehre: Wir brauchen keine Angst zu haben. Weder vor unseren Mitmenschen noch vor zukünftigen Krisen. Vor den Mitmenschen sollen wir Respekt haben. Und auch vor Krisen. Vor großen Krisen dürfen wir auch Angst haben. Aber es soll keine von den Machteliten übernommene Angst sein, keine

[42] Bregman, R.: Im Grunde gut. A. a. O., S. 24.

eingeflüsterte Über-Angst. Im Gegensatz dazu sollten wir vor den Über-Mächtigen keinen Respekt mehr haben. Denn sie verdienen weder Vertrauen noch Respekt. Was sie verdienen ist Misstrauen und Überwachung. Vor ihnen sollten wir stets auf der Hut sein. Denn es steht zuviel auf dem Spiel. Eigentlich alles.

Barfußdenken und Psychologie: Unser autoritätsgläubiges Über-Ich

Immer wieder sind wir den Themen Autoritätshörigkeit, Autoritätsgläubigkeit, Vertrauen in Autoritäten begegnet. Es ist m. E. ein Schlüsselthema. Vielleicht sogar *das* Schlüsselthema. Für alle. Besonders aber für die, die in Sachen Barfußdenken und Barfußhandeln weiter kommen wollen. Denn wer selbstbestimmt, vernünftig und herzhaft denken und handeln will, muss die Illusionen, in die uns eine unkritische Autoritätsgläubigkeit stets führt, durchschauen lernen. Doch das ist alles Andere als leicht. Um es vermittels einer Metapher auszudrücken: Von klein auf und unser ganze Leben lang werden wir mit dem freiheitslähmenden Gift „Autorizin" geimpft. Er wird uns nicht in den Körper gespritzt, sondern in unseren Geist, in unser *Über-Ich*. Es ist die womöglich verhängnisvollste Impfung, die es gibt, denn sie schneidet uns von der Quelle aller Freiheit, Lebendigkeit und Kreativität ab: von unserem „Tiefen-Ich" („moi profond" – Henri Bergson),[43] von unserem einzigartigen und „souveränen" „Ich-Selbst" (Gernot Böhme),[44] von unserem leiblich-sinnlichem, aus dem Kreis tanzenden „exochoreischen Ich" (Robert J. Kozljanič).[45] Die Römer nannten dieses Tiefen-Ich „Genius". Sie meinten damit den individuellen Schutz- und Werde-Geist, der jeden Menschen sein Leben lang begleitet. Doch nicht die Römer, sondern eine romantische Lebensphilosophin – Bettina von Arnim (1785-1859) – hat herausgearbeitet, was das heißt: im freundschaflichen Miteinander den eigenen Genius fördern, seinen Lebenstanz tanzen, um gemeinsam das Schöne in dieser Welt zum Vorschein zu bringen.[46]

---

[43] Vgl.: Bergson, H.: Zeit und Freiheit, Jena 1911, S. 104, 107f u. 116.

[44] Vgl. Böhme, G.: Einführung in die Philosophie. Weltweisheit, Lebensform, Wissenschaft, Frankfurt a. M. [3]1998, etwa S. 189-192. Und: ders.: Leibsein als Aufgabe, Leibphilosophie in pragmatischer Hinsicht, Zug/Schweiz 2003, S. 109. Sowie: ders.: Gut Mensch sein, Zug/Schweiz 2016, S. 49-66.

[45] Kozljanič, R. J.: Die Kunst, sein Leben zu tanzen. Über das exochoreische Ich und seine wilden Sprünge, in: „Ómmasin állois" – Festschrift für Professor Ioannis E. Theodoropoulos zum 65. Geburtstag, hg. v. V. E. Pantazis u. M. Stork, Essen 2014, S. 41-70. Vgl. auch: ders.: Schlegel und die Lebensphilosophie des 21. Jahrhunderts. Eine Manifestation, in: Schlegel, F. u. Kozljanič, R. J.: Philosophie des Lebens. Eine Manifestation, München 2018, S. 57-245, hier: 205-232.

[46] Zu Bettinas Genius-Philosophie vgl. Kozljanič, R. J.: Lebenskunst, Herzensweisheit und Liebesdenken bei Bettina von Arnim. Oder: Sein ungelebtes Leben tanzen, in: Jahrbuch für Lebensphilosophie 7/2014-2015 (Lebensdenkerinnen), S. 55-74.

Schauen wir uns an, was passiert, wenn das Über-Ich mit zuviel ‚Autorizin' geimpft wird.

Die Über-Ich-Theorie stammt von Sigmund Freud (1856-1939). Das „Über-Ich", so Freud, entwickelt sich nach dem „Es" und mit dem „Ich" in unserer Kindheit. Das Über-Ich überformt und überbaut das unbewusste Es (und sein Lustprinzip) sowie das bewusstere Ich (und sein Realitätsprinzip). Das Über-Ich besteht, vereinfacht gesagt, aus zwei Seiten. Die eine hat mehr mit dem Gewissen, die andere mehr mit den (Über-)Ich-Idealen zu tun.[47] Eine Seite rät ab, die andere rät zu. Die abratende Seite macht sich meist als mahnende Stimme des Gewissens bemerkbar. Sie sagt z. B. ‚Lass das lieber sein. Es ist nicht gut. Es ist schädlich. Es schadet Anderen. Es schadet dir.' Die zuratende Seite zeigt sich vor allem durch unsere (Über-)Ich-Ideale motiviert. Diese Seite kann uns zuflüstern, sie ermuntert und ermutigt uns. Etwa folgendermaßen: ‚Du willst doch ein wahrhaftiger Mensch sein: Dann beweise es jetzt, indem du deine Meinung sagst und dafür einstehst.'

Das Problematische am Über-Ich ist nun nicht, dass es überhaupt da ist. Auch seine abratende Gewissensstimme und seine zuratenden Ich-Ideal-Stimme sind nicht das Problem. Jeder Mensch trägt ein Gewissen und auch Ich-Ideale mit sich rum. Und es wäre schlimm, wenn dem nicht so wäre. Nein, das Problematische ist etwas Anderes. Etwas, das selbst Freud nur halb in den Blick bekommen konnte, weil er selbst nie wirklich von der Autoritätsgläubigkeit los kam, weil er zuviel ‚Professor' und zuwenig Barfußdenker war.

Das Problematische ist das Zuviel an ‚Autorizin', mit dem wir geimpft wurden. Das Problematische ist, dass wir schon als Kinder und auch als Erwachsene immer wieder – unbewusst und unhinterfragt – allen möglichen Meinungen aller möglichen Autoritäten in unser Über-Ich Einlass gewähren. Ungeprüft, unbewusst, unkritisch. Wir übernehmen sie still und heimlich. Wir verinnerlichen sie einfach. Wir introjizieren sie. So versammeln und vermehren sich in unserem Über-Ich von klein auf alle möglichen autoritären Personen und Stimmen. Da gibt es zunächst die Über-Ich-Mama, den Über-Ich-Papa. Dann die Über-Ich-Lehrerin und den Über-Ich-Doktor. Die Über-Ich-Politikerin und den Über-Ich-Chef. Den Über-Ich-Polizisten und die Über-Ich-Nachrichtensprecherin. Den Über-Ich-Priester und die Über-Ich-Expertin. Wenn wir ehrlich sind, gibt es dort sogar – erschrecken Sie nicht – einen kleinen Über-Ich-Söder und einen kleinen Über-Ich-Lauterbach.

[47] Vgl. hierzu v. A. Freud, S.: Neue Folge der Vorlesungen zur Einführung in die Psychoanalyse (1933), in: Sigmund Freud Studienausgabe Bd. 1, Frankfurt a. M. 1992, S. 447-608, hier: 496-516.

Und so, wie wir im Elternhaus, in Schule, Ausbildung und Beruf von klein auf gelernt haben, die meisten dieser Autoritäten anzuerkennen, ihnen zu vertrauen und ihnen zu folgen, so tun wir es auch mit deren introjizierten Über-Ich-Instanzen. Und das ist in mehrfacher Hinsicht problematisch: *Erstens*: Weil wir andauernd und unkritisch irgendwelchen *vermeintlichen* Autoritäten Einlass in unser Über-Ich gewähren, sie verinnerlichen und introjizieren. Um sie dann in uns selbst sprechen zu lassen, ihren Stimmen Gehör zu schenken. *Zweitens*: Weil wir meinen, das sei normal. Wir kennen es ja kaum anders. Es war schon immer so. Unsere Kindheit über, in unserer Schul- und Ausbildungszeit, im Alltag und Beruf: wie wir uns drehen und wenden: fast überall begegnen wir offiziellen Autoritäten, weitverbreiteter Autoritätsgläubigkeit, tief verinnerlichten Autoritäts-Instanzen. *Drittens:* Das Schlimmste aber ist, dass wir meinen, die Stimmen dieser Autoritäten in unserem Inneren seien unsere eigenen Stimmen. Ein verhängnisvolles Vorurteil. Wieso sollten diese Stimmen unsere eigenen sein? Das können wir doch nur wissen, wenn wir sie prüfen. Was wir aber in der Regel nicht getan haben. Prüfen aber heißt: Der Autorität ihre Autorität nehmen und dann schauen, ob etwas bleibt und ggf. was noch bleibt. Was taucht auf, wenn ich die Autorität in mir entthrone? Nichts? Dann war sie nur ein hohler Macht-Götze. Weg damit. Oder taucht doch etwas auf, etwas das unrepressiv und von sich her überzeugt, etwas, das wirklich Gehalt und Bestand hat, was ich aus freien und vernünftigen Stücken als mein Gewissen, mein Ich-Ideal annehmen und anerkennen kann? *Viertens:* Leider bleiben die meisten Autoritäten in uns ungeprüft. Reines Vorurteil. Sie wurden nie abgeklopft. Nie haben wir geprüft, ob sie nicht vielleicht hohl klingen. Ob sie nicht hohle und falsche Autoritäts-Götzen sind, die zerschlagen gehören. All diese ungeprüften Götzen sind zu nicht viel mehr gut, als unsere eigene Vernunft und Herzensweisheit klein zu halten, zu kontrollieren. Einer echten Aufklärung im Wege zu stehen. Wie sollen wir so zu einer echten Selbstautorisation, zu einer echten inneren Freiheit, zu einem echten „Sapere aude“ kommen?

Machen wir uns nichts vor: Die politischen, wirtschaftlichen und ideologischen Machteliten spielen ihren falschen Machtpoker auf dem Rücken und hinter dem Rücken unseres autoritätsgläubigen Über-Ichs. In unserem Über-Ich sitzen die innerlichen Autoritäten, die von den äußeren Autoritäten geschickt getriggert und benutzt werden. Mit medialer Propaganda, mit Zuckerbrot-und-Peitschen-Politik, genauer: mit Konsum-und-Angst-Politik. An unseren autoritären Über-Ich-Instanzen sind die ‚Fäden' angebracht, durch die wir wie ‚Marionetten' benutzt werden können. Und merken es nicht einmal. Wir meinen bei all dem, wir handelten aus freien Stücken. Was nicht stimmt. Wir handeln zwar irgendwie schon selbst. Aber nicht *als* Ich-Selbst. Nicht aus freien Stücken. Sondern innerlich beaufsichtigt, angstmotiviert, zwanghaft – und in diesem Sinne unfrei.

Eine Schlüsselrolle spielt dabei die Angst. Die Angst vor Liebesentzug und Wertverlust. Angst aber auch vor disziplinierenden Konsequenzen, Maßnahmen, Strafen. Wie oft haben uns unsere (meist selbst autoritätsgläubigen) Eltern Angst gemacht und gesagt: „Es ist ja nur zu deinem Besten." „Wenn du das nicht befolgst, wirst du schon sehen, wohin zu kommst." „Entweder du machst das jetzt oder es setzt was." Wie oft haben uns Lehrerinnen und Doktoren Angst eingejagt: „Du wirst schon sehen, wo du landest, wenn du nicht lernst, wenn du dich nicht disziplinierst und nicht fleißig bist." „Putz dir die Zähne, sonst musst du wieder zum Zahnarzt und das tut weh". „Du wirst ganz schlimm krank und musst vielleicht sogar sterben, wenn du nicht diese bittere Pille schluckst." Auch Chefs, Kolleginnen und Polizisten drohen und ängstigen gern: „Das wird Konsequenzen nach sich ziehen." „Das werde ich melden." „Sie haben eine Ordnungswidrigkeit begangen." „Gegen Sie wird ein Verfahren eröffnet". Und erst Recht Politikerinnen und Nachrichtensprecher – besonders augenscheinlich in der Corona-Krise – benutzen die Angst-Strategie: „Wenn wir jetzt nicht entschlossen handeln, wenn wir jetzt nicht alle an einem Strang ziehen, wird es noch viel schlimmer, dann werden noch viel mehr Menschen sterben." Und wir? Wir haben nicht nur all diese Autoritäten und ‚Ordnungshüter' in unser Über-Ich übernommen, wir haben auch ihre autoritäre Strategie der Angstmache übernommen und verinnerlicht. Und am schlimmsten: wir haben sie nie hinterfragt, wir prüfen sie nicht.

Genau an dieser verinnerlichten Angst und ihren Über-Ich-Angstmachern knüpft die politische und wirtschaftselitäre (Ver-)Führung der Massen an. Das ist kein großes Geheimnis. Der *niederländische Politikwissenschaftler Kees van der Pijl sagte in einem Interview:* „In meinem Buch[48] schlage ich vor, dass mit dem Zusammenbruch des Sowjetsystems 1989/91 die Notwendigkeit einer neuen Methode des Regierens anerkannt wurde von Leuten wie Samuel Huntington, Philip Zelikow und anderen. Dabei sollte Angst – statt wie bisher materielle Vorteile kombiniert mit Ablehnung des Kommunismus – die Basis der legitimen Regierungsfähigkeit sein. Mit dem 11. September 2001 und danach wurde dann die […] Strategie der Spannung internationalisiert. Das wurde fortgesetzt über den Terrorismus bis heute zur Angstmache mit dem ‚Virus'."[49] – Und, so möchte ich

[48] *Van der Pijl, K.:* Die belagerte Welt – Corona: Die Mobilisierung der Angst – und wie wir uns daraus befreien können, Ratzert 2021.

[49] Kees van der Pijl im Interview. In der Zeitschrift ViER 1/2022, zit. in: mit https://www.textstelle.news/2022/02/08/corona-krise-als-mittel-der-macht-van-der-pijl/ – Abgerufen am 8.2.22.

ganz aktuell und anlässlich des Russland-Ukraine-Krieges hinzufügen, bis zur Angst vor einem neuen Weltkrieg.

Auch Edward Snowden hat darauf verwiesen, dass Angst und Angstmache die entscheidenden machtstrategischen Mittel der Führungseliten sind. Genau damit drücken uns die Über-Mächtigen in den psychosozialen (angeblich ‚alternativlosen') Tunnel, der für sie sehr vorteilhaft, für uns aber verhängnisvoll ist. Deshalb sagt Snowden: „The lesson of 9/11 is not to be afraid of terrorists."[50] „It's still not popular yet, because fear is too effective. But what politicians are overlooking is the fact that people become fatigued from fear. Fear works well, and fear works for a long time, but it does not work forever."[51] Heute, in Zeiten der Corona-Epidemie, müsste es heißen: Die Lektion lautet: lass dir keine Angst machen, verinnerliche die propagandistisch verkündete Angst nicht, schaffe in dir einen angst- und macht-freien Raum in deinem Herzen – und denke und handle von dort her, vernünftig und menschlich. Wenn das nicht gehen sollte: Dann schau wenigstens, dass die Angst deine *eigene* Angst, eine *reelle* Angst ist – und nicht eine dir nur medial *aufgeschwatzte* Angst, eine *blinde* Angst, die hintenherum mit ungeprüften, verinnerlichten Über-Ich-Autoritäten operiert.

In einem Interview stellt Angela Richter dem Polit-Aktivist Jeremy Hammond – inhaftiertes Mitglied der Hacker-Gruppe Anonymous – die Frage: „Governments and corporations operate in complete secrecy, whereas the life of citizens is becoming more and more transparent. What is the danger of this development?" Hammonds Antwort: „The ruling classes and their intelligence apparatus routinely engage in warrantless searches and violating our freedom of speech while launching imperialist wars around the world. They shroud their acitivities in secrecy, citing 'national security', while telling us we have to get used to being watched, our phones tapped, the websites we visit monitored. In a free society, this would be flipped – the powerful would be transparent, the people would have privacy. Certainly they hope to catch people and make examples of them, but the true intent is psychological. They put the police in our head – a voice that tells us not to speak out or rise up – because they are watching".[52]

Dieses „Die-Polizei-in-unsere-Köpfe-Setzen" gelingt den Machteliten umso leichter, als wir von klein auf autoritäre Instanzen in unserem Über-Ich aufgenommen und gepflegt haben. An diesen inneren Autoritätspersonen, an

[50] The Lesson of 9/11 is NOT to Be Afraid of Terrorists. A Conversation with Edward Snowden, a. a. O., S. 123.

[51] The Lesson of 9/11 is NOT to Be Afraid of Terrorists. A Conversation with Edward Snowden, a. a. O., S. 131.

[52] A Modern Day Bastille Day! An Interview with Jeremy Hammond, in: Supernerds. Conversations with Heroes, hg. v. A. Richter, Berlin 2015, S. 71-78, hier: 75.

diesen inneren Wächtern und Selbstzensoren kann von den Herrschenden leicht angeknüpft werden. Es sind ihre Stellvertreter – Statthalter und Steigbügelhalter der Macht – in uns. Doch wie werden wir diese verhängnisvollen Stellvertreter-in-Uns los?

Erster Schritt: Depotenzieren freiheitslähmender Introjektionen

Hör nicht mehr auf die falschen Autoritäten in deinem Über-Ich. Horche vielmehr auf das unverbogene Kind in dir. Folge deinem lebendigen sinnlichen Leib. Vertraue dem Muthaften in dir und in deinen Mitmenschen. Trete in einen freien, leidenschaftlichen und vernünftigen Polylog mit deinen Mitmenschen. Öffne gemeinam mit Anderen einen repressions- und machtfreien öffentlichen Raum und Diskurs. Und mach all das als erwachsener, verantwortlicher Vollmensch, nicht als autoritärer Experte oder renommierter Profi. Mach es als souveräner vollsinnlicher Mensch, nicht als innerlich korrumpierter Geistes- und Gefühlskrüppel. Mach es als Barfußdenker und Barfußgeher, mit Vernunft und Herz.

Machen wir uns auch diesbezüglich nichts vor: Die meisten Erwachsenen sind Verwachsene. Erwachsen-Sein heißt für sie: Sich der machtelitär dominierten und konstruierten Realität anzupassen oder einzufügen, in ihr seinen Platz zu finden, vorwärtszukommen, Karriere zu machen. Mag das nun für die meisten meiner Zeitgenossen Erwachsen-*Sein* bedeuten. Mir geht es um etwas Anderes. Mir geht es um Erwachsen-*Werden*. Und Erwachsen-Werden heißt für mich: Das, was an Lebendigkeit und Wildheit, was an Sehnsüchten und Träumen, an Unverbogenem und Liebevollem, an Leuchtäugigem und Authentischem als Kind in uns war, auf eine höhere, reifere, vernünftigere Stufe zu heben. Ohne dabei das ‚Kind in uns' zu vergessen, zu verdrängen oder auszumerzen. Und wenn jemand diesen lebenslangen Prozess des Erwachsen-Werdens „Selbstkultivierung" nennt, soll mir das Recht sein. Solange damit nur nicht gemeint ist: Selbst-Disziplinieren und Selbst-Zivilisieren im Sinne von Selbst-Maßregeln oder gar Selbst-Züchtigen. Denn mit diesen Themen – Selbst-Disziplinieren und Selbst-Zivilisieren – landen wir schneller als wir meinen wieder beim autoritätsgläubigen Konsumenten und machtkorrumpierten ‚Realisten'. Doch wir wollen erwachsene Barfußdenker und Barfußgeher werden. Und die falschen Autoritäts-Götzen in unserem Über-Ich vom Sockel stoßen.

Das ist leicht gesagt, aber schwer getan. Denn vor allem an *die* Bereiche unseres Über-Ichs, die vor- und unbewusst sind, kommen wir nur schwer oder gar nicht ran: An all das, was uns schon in früher Kindheit in Fleisch und Blut übergegangen ist. Doch es gibt einen Trick. Indem ich die hohlen autoritären Instanzen *außer mir* bekämpfe und entmächtige, verlieren die inneren autoritären Instanzen ihren Widerhalt. Den Widerhalt, den sie in der äußeren gesellschaftlichen, politischen, machtökonomischen Realität haben – und zwar nur dort. Und damit verlieren sie einen Großteil der Macht, die sie über mich haben – auch und gerade in meinem Innern. Denn für sich genommen sind die inneren Macht-Instanzen letztlich arme geleckte Würstchen. In dem Moment, in dem wir aufhören, offiziellen und offiziösen Autoritäten zu glauben, *nur weil sie offiziell und offiziös sind* – meist pseudocharismatisch aufgelanden durch die Macht-Institutionen, die hinter ihnen stehen – haben wir fast den ganzen Bann gebrochen. Den restlichen Bann brechen wir, indem wir uns sagen: „Mag ja sein, dass das die herrschende Meinung ist. Aber die herrschende Meinung ist eben oft nicht recht viel mehr als die Meinung der Herrschenden. Und deren Interessen sind meist nicht die meinigen und nicht die unsrigen. Was ist aber mein Interesse, meine Meinung, mein Bedürfnis? Was sind unsere Interessen, Meinungen, Bedürfnisse?"

In jedem von uns wohnt ein freiheitsliebender, lebendiger und unausrottbarer Kern. Oder besser: in jedem von uns brennt eine einzigartige, lebens- und freiheitsliebende Flamme. Diese Flamme wird klein gehalten und fast erstickt durch die Über-Dominanz autoritativer Instanzen in unserem Über-Ich. Unser Über-Ich wird dadurch zu einem autoritätsgläubigen und repressiven. Doch ein autoritätsgläubiges Über-Ich ist ein an sich unselbständiges und abhängiges. Es tut stark, aber ist schwach. Es fühlt sich nur solange stark, als es die äußerlichen offiziellen und offiziösen Autoritäten und Macht-Inszanzen hinter sich weiß. In dem Moment, in dem es mir gelingt, diese äußeren Autoritäten zu hinterfragen, zu entlarven, auf Augenhöhe zu bringen und sie auf ihren tatsächlichen, vernünftigen und gemeinwohltauglichen Gehalt hin zu prüfen, verlieren sie ihr institutionell und machtstrategisch konstruiertes Pseudo-Charisma. Sie verlieren ihre Macht und ihren Einfluss – auch und gerade auf mein Inneres. An dieser Stelle kann es mir gelingen, die freiheitslähmenden autoritären Introjektionen zu entmächtigen. Das zuvor sich so stark gebende Autoritäts-Über-Ich wird schwach und kleinlaut. Jetzt kann meine freiheits- und lebensliebende innere Flamme auflodern und leuchten. Jetzt vertreibt sie die Nebelschwaden der Unterdrückung und Selbstunterdrückung. Jetzt wird es hell und ich sehe klar. Jetzt ist echte Klärung und Aufklärung möglich.

Um ein Missverständnis aus dem Weg zu räumen: Ich bin nicht der Meinung dass blind und pauschal alles, was nur entfernt nach Autorität riecht, bekämpft und ausgerottet gehört. Es geht um etwas Anderes. Nur die falschen Autoritäten sollen weggeräumt werden. Nur mit den innerlichen pseudo-autoritären Über-Ich-Aspekten soll aufgeräumt werden. Echte Autorität ist etwas ganz Anderes. Das habe ich bisher gar nicht thematisiert. Nur soviel: echte Autorität bedarf keiner Institution oder künstlich-machtstrategischen Pseudo-Charismatisierung. Echte Autorität hat es auch nicht nötig, dass sich andere vor ihr unterwerfen. Echte Autorität kann immer nur sein: Autorität unter Autorisierten, unter Gleichen, auf Augenhöhe. Echte Autorität braucht keinen Zwang, keine Gewalt. Sie wirkt durch sich selbst. Sie wird von Anderen frei – und damit auch auf Widerruf – als solche anerkannt ...

Ein guter Arzt ist ein guter Arzt, nicht *weil* er von der Gesellschaft diese autoritäre Position bekommen hat, sondern *obwohl* er sie bekommen hat. Ein guter Arzt ist weniger Autoritätsperson, als vielmehr ein Dienstleister. Er ist nicht der souveräne Entscheider, sondern der kompetente Berater. Und das gilt von allen Expertinnen und Experten.

Und von Politikerinnen und Politikern gilt: sie sind Delegierte, nicht Privilegierte. Sie haben ein Mandat, kein Privileg. Wo es anders ist: da müssen sie von ihrem künstlich konstruierten Autoritätsthron gestoßen werden ...

Zweiter Schritt: Zurücknahme freiheitslähmender Projektionen

Genau so wichtig wie das Depotenzieren freiheitslähmender autoritärer Introjektionen ist die Zurücknahme freiheitslähmender Projektionen und Ermächtigungen. Das hat vor über 170 Jahren der zu Unrecht vergessene Lebensphilosoph und „wahre Sozialist" Karl Grün (1817-1887) gezeigt. Er griff dabei u. A. auf Pierre-Joseph Proudhons (1809-1865) basisdemokratische Theorie und auf die Befreiungsphilosophie Ludwig Feuerbachs (1804-1872) zurück. In seinem Buch „Die soziale Bewegung in Frankreich und Belgien" skizzierte und verglich Grün die Leistungen Feuerbachs und Proudhons. Feuerbach habe erkannt, dass der Gott der Theologie und Philosophie nur eine ins Jenseits projizierte („entäußerte") Abstraktion menschlicher Vorstellungen, Fähigkeiten und Qualitäten sei. In dem Moment, wo die Menschen dieses erkennen würden – wo sie also diese projektive Entäußerung als Projektion durchschauen und zurücknehmen würden – wären sie frei von Gängelung und Unterdrückung durch Gott bzw. seine ideologischen Stellvertreter. Die Menschen hätten sich ihr seelisches Eigentum zurück erobert und könnten sich erstmals frei und menschlich selbst bestimmen: „Den Gott der Religion und den absoluten Geist der Philosophie aufzulösen, um den *Menschen* herzustellen."[53]

---

[53] Grün, K.: Die soziale Bewegung in Frankreich und Belgien. Briefe und Studien, Darmstadt 1845, S. 404.

Tiefenpsychologisch formuliert: In dem Moment, wo die Menschen ihre Gottesprojektionen durchschauen und zurücknehmen, haben sie die Chance, von der Gottesneurose geheilt zu werden. Erst dann kann sich zeigen, ob und ggf. was im nachprojektiven Zustand an Frei-Göttlichem übrig bleibt und greifbar wird. Erst dann können wir selbst sehen und beurteilen, was unabhängig von den Konstruktionen der alten Priester (Theologen und Philosophen) und der neuen Priester (Naturwissenschaftler und andere heutige Definitions-Machthaber) Bestand hat. Und wie wir damit umgehen wollen.

Ähnliche Projektions-Zurücknahme-Vorgänge hätte, so Grün, Proudhon gesehen und beschrieben. Nicht auf dem Gebiet der Religions-Macht-Frage, sondern auf dem Gebiet der Eigentums-Macht-Frage. Proudhon habe erkannt, dass die großen Eigentümer ebenfalls nur deshalb Macht hätten, weil und insofern der Mensch „sein Wesen, die Arbeit und deren Produkt entäußert und in dem übermenschlichen Gotte, dem Eigenthümer, anbetet, von dessen Gnade er lebt." In dem Moment, wo der Mensch auch hier die entäußerte und übertragene Eigentumsgewalt durchschauen und zu sich zurückholen würde, bekäme er das materielle Eigentum für die Allgemeinheit zurück und könne frei für sich und seine gemeinsame Welt arbeiten. „Das Eigenthum aufheben, den Eigenthümer für rechtlos erklären, um das Wesen des Menschen, die *Arbeit*, zu Ehren zu bringen."[54]

Tiefenpsychologisch formuliert: In dem Moment, wo die Menschen ihre Machtprojektionen durchschauen und zurücknehmen, haben sie die Chance, von der (früher feudalistischen, heute) kapitalistischen Neurose geheilt zu werden – und dann zu schauen, in welcher Welt sie wirklich leben und arbeiten wollen.

Genau dieser Gedanke taucht modifiziert in Grüns Goethe-Buch in Bezug auf die Kunst wieder auf. „Habt Ihr Lust dazu, Euch noch länger dieses Pfaffentum gefallen zu lassen, oder wollt Ihr den Schatz der theologisirten Kunst in Euer Inneres zurücknehmen, wollt Ihr das Recht der ästhetischen Entwicklung auch auf der Erde einbürgern? Die Kunst soll nicht abgeschafft, nicht abgelöst werden, wie Religion und Philosophie, die Kunst soll nur ihre religiösen [und elitären] Privilegien abgeben […]. Es bleibt uns von dem ganzen Wörterkram der Spekulazion nichts mehr übrig; wir haben nur noch den Begriff des *Menschlichen*, über dem wir nichts mehr anerkennen. In dieses *Menschliche* legte schon Göthe alle Kunst, und zwar in die menschliche Anschauung."[55]

[54] Grün, K.: Die soziale Bewegung, a. a. O., S. 404f.
[55] Grün, K.: Über Göthe vom menschlichen Standpunkte, Darmstadt 1846, S. XIIIf.

„Die Kunst ist sonach die eigentliche menschliche Sprache, die wahre Offenbarung des Menschenthums, […]. Die wahre Kunst kann man den Kultus der Zukunft nennen.“[56]

„Es ist nichts als menschlicher Inhalt in Göthe, pulsirender, aus dem Leben gegriffener Inhalt; […] davon gibt noch immer jenes Entzücken kund, das uns beim Lesen der Iphigenie oder des Tasso durchbebt. – Und dennoch stand diese Göthe'sche Kunst in einem totalen Mißverhältnisse […]. Die Göthe'schen Dichtungen, aus dem Leben hervorgegangen, […] hatten und haben mit der Wirklichkeit, mit dem Leben nichts zu tun. Sie sind ein himmlisches Reich geworden, […] während wir als trübe Gäste immer noch über die dunkle Erde hintappen, und jene schönen [ästhetischen] Gesetze der Form in Polizei, Gensd'armerie, Verbrechen, Elend, Selbstmord, Justizmord, protestantischen und katholischen Jesuitismus […] übersetzen. Als sich jener Genius den Stoff aus unseren Herzen holte, da schliefen wir, und heute – fangen wir an, uns die Augen zu reiben.“[57]

„Göthe ist ein idealistisches Wesen wie die Religion, die Politik, die Philosophie. Er ist die vollendete Menschlichkeit, der vollendete Humanismus in der Kunst, aber, wie alle Idealisten, mit dem Anspruch, Theorie, Sache des Bewußtseins zu sein und zu bleiben. Diesen Anspruch können wir heute nicht mehr gelten lassen, dieser Anspruch muß aufgehoben werden, auch dieser Humanismus muß, wie jeder andere, *realisirt* werden.“[58]

Wie realisieren wir einen echten Humanismus – heute?

Grün sagt: „Kein König [und erst recht kein Adeliger] kann die Freiheit geben, was er gibt, verwandelt sich in seiner Hand in Knechtschaft […]. Die Freiheit hat man, oder man nimmt sie sich.“[59] Heute muss es heißen: ‚Keine Politikerin und kein Politiker kann die Freiheit geben – und die Superreichen schon gar nicht. Was sie dir geben, verwandelt sich unter der Hand in Überwachung, Manipulation, Ausbeutung. Die Freiheit hat man, oder man nimmt sie sich.'

Hier zeigt sich, dass und wie Grün mit Goethe dem spießbürgerlichen Philister- und Pharisäertum zu Leibe rückt. („Philister“ und „Pharisäer“: das waren zur Zeit Grüns die Bezeichnungen für autoritätsgläubige und autoritätshörige Menschen.)

[56] Grün, K.: Über Göthe, a. a. O., S. XV.
[57] Grün, K.: Über Göthe, a. a. O., S. XVIf.
[58] Grün, K.: Über Göthe, a. a. O., S. XXV.
[59] Grün, K.: Über Göthe, a. a. O., S. 257.

Grün beruft sich dabei zentral auf das „Recht des Herzens". Und rückt damit das Zentralthema und Hauptmotiv einer jeden (wie ich sagen würde) ‚Demokratie des befreiten Herzens' schlagartig in den Vordergrund. Mit offenem Herzen und freiem Geist Mitwelt und Mitmenschen wahrnehmen. Mit Gefühl und Mitgefühl durchs Leben gehen. Mit gerechtem Zorn und kritischer Vernunft gegen Philister- und Pharisäertum, gegen Ungleichheit und Unterdrückung kämpfen. Mutig Missstände anprangern und solidarisch an ihrer Überwindung arbeiten. Auf der Basis dessen handeln, was man erlebt und fühlt, erfährt und sieht: liebevoll und mutig, entschlossen und (nach unten) solidarisch. Mit einem humanen und starkem Selbst, das sich von keinem Menschen und keinen Umständen Selbstwahrnehmung, Selbstdenken und Selbstautorisation aus den Händen schlagen lässt. Gemeinsam für eine gerechtere und schönere Welt kämpfen. Denn wir alle sind Künstlerinnen und Künstler: berufen, an dem Kunstwerk einer humaneren und demokratischeren Zukunft mitzuwirken. Auch und gerade wenn Obrigkeit, (manipulierte) öffentliche Meinung, bürgerliche Konvention und „Trägheit (Muthfaulheit)"[60] dem entgegenstehen. Das innerliche „Recht des eigenen Herzens" ist allem ‚Recht des Stärkeren', aller äußeren Macht und Autorität voraus. Ihm gilt es im Zweifelsfall zu folgen. Und wenn auch ‚alle Welt' dagegen stehen sollte. Auf die Stimme des eigenen Herzens hören. Nicht blind, sondern auf der Basis der *eigenen* Vernunft- und Gewissenseinsicht. Es geht um das mit Herz und Vernunft selbst verantwortete Leben und Tun. Denn, wie es Grün sagte: „In diesem Weltverhältniß zwischen That und Wirkung, Handlung und Folge, in diesem vernünftigen Organismus ist erst eine wirkliche, menschliche Sittlichkeit möglich."[61]

Zu all dem ist eine weitere menschliche Herzensqualität zentral: der Mut. Wie klar spricht er es in seinem Bildungs-Vortrag aus: „Ferner haben Sie *Muth*! Eine Idee wäre des Sieges wenig würdig, wüßte sie nicht zu kämpfen, ja müßte sie nicht kämpfen. Diese Welt, wie sie annoch steht und geht, bedarf des Widerstreits zweier Principien; die alte Bildung, die schlechte Bildung, steht der neuen wahrhaften werdenden entgegen. Da zerschlägt sich mancher Widder an der Mauer des Alten; aber man läßt nicht nach, die Mauer wird morsch, sie stürzt endlich, sie stürzt wahrhaftig. Haben Sie Muth, wenn es Leiden und Arbeit kostet, der Muth hat in sich selbst Genugthuung, selbst für vorläufige Niederlagen. Persönlicher Charakter, Gesinnung, auf Übereinstimmung zwischen Kopf und Herz gebaut, thun uns noth; aber sie sind auch unüberwindlich. Sie lassen sich nicht bändigen, weil sie bereits in sich selbst dasjenige überwunden haben, was

[60] Grün, K.: Über Göthe, a. a. O., S. 260f.
[61] Grün, K.: Über Göthe, a. a. O., S. 264f.

draußen zu überwinden ist, die Feigheit, die Schlechtigkeit, die Niederträchtigkeit, den Egoismus."[62]

Hier haben wir sie wieder, die grünsche, aber auch feuerbachsche und proudhonsche Hauptintuition: die Zurücknahme freiheitslähmender Projektionen als Weg zur innerlichen und äußerlichen Befreiung. In dem Moment, wo ich aufhöre, meine *eigene* Feigheit und Falschheit nach außen zu projizieren; in dem Moment, wo ich sie in mich zurücknehme – nicht um sie dort zu vertuschen oder zu verhätscheln, sondern –, um sie dort zu *überwinden*, habe ich die Chance, selbstbestimmt, frei und „vollsaftig"[63] zu leben: als ein ganzer, leib-seelisch-geistig integrierte Mensch und Mitmensch. Und dann erst kann ich – nicht mehr geknechtet durch autoritäre Introjektionen, nicht mehr benebelt durch die eigenen Projektionen und Ängste – die *tatsächlich draußen liegende* und (nicht projizierte) *reale* Niederträchtigkeit und Unterdrückung, den *realen* Egoismus der Machteliten *wahr*-nehmen, bekämpfen, überwinden.[64]

Wie dichtete Horaz so schön: *„dimidium facti, qui coepit, habet: sapere aude, / incipe."*

[62] Grün, K.: Über wahre Bildung. Eine Vorlesung gehalten den 28. April 1844 zu Bielefeld zum Besten der armen Spinner im Ravensbergischen, Bielefeld 1844, S. 26f.

[63] Marut, R.: Wieder-Aufbau nicht – Neu-Aufbau, in: Der Ziegelbrenner, 1/1917, hg. v. R. Marut, S. 1-7.

[64] Vgl. hierzu auch: Lessing, T. u. Kozljanič, R. J.: Untergang der Erde am Geist der Machteliten. Die verfluchte Kultur der Maschine. 100 Jahre radikale Zivilisationskritik und solidarische Lebensdemokratie, München 2014.

Reihen und Titel des Albunea Verlags

Reihe Naturreligion und Mythologie:

- Robert Josef Kozljanič: Antike Heil-Ort-Rituale – Traumorakel, Visionssuche und Naturmantik bei den Griechen und Römern. (2004 erschienen)
- Charles A. Eastman (Ohiyesa): Die Seele des Indianers – Ein Siouxindianer berichtet über Glauben und Sitten seines Volkes. (2009 erschienen)
- Helena Rytkönen: Opferriten und Pfannkuchen – Eine Reise ins Land der Mari an der Wolga. (2010 erschienen)
- Die Natur ist heilig. Hymnen an antike Gottheiten – Ein Gebetbuch für naturreligiöse Menschen. Zusammengestellt, teils neu übersetzt und mit einem Nachwort versehen v. Lothar Lohenstein. (2017 erschienen)
- Unser Dasein ist heilig. Antike Gebete für persönliche, familiäre und gesellschaftliche Anlässe. Zusammengestellt, teils neu übersetzt und mit einem Nachwort versehen v. Lothar Lohenstein. (In Bearbeitung)

Reihe Kulturgeschichte:

- Robert Josef Kozljanič: Der Geist eines Ortes – Kulturgeschichte und Phänomenologie des Genius Loci. 1. Band: Antike – Mittelalter. 2. Band: Neuzeit – Gegenwart. (2004 erschienen)
- Andrea Kölbl: Fiktionen der Liebe – Europäische Volksmärchen und populäre Spielfilme im Vergleich. (2006 erschienen)
- Eduard Stemplinger: Sympathieglaube und Sympathiekuren in Altertum und Neuzeit. (In Bearbeitung)

Reihe Zivilisationskritik und Befreiungsdenken:

- Theodor Lessing / Robert Josef Kozljanič: Untergang der Erde am Geist der Machteliten. Die verfluchte Kultur der Maschine / 100 Jahre radikale Zivilisationskritik und solidarische Lebensdemokratie. (2014 erschienen)
- Rudolf Gaßenhuber: Herzsinn und Weltangst. Philosophisch-psychologische Essays. (2018 erschienen)
- Robert Josef Kozljanič: Philanthropie als Maske der Macht. Corona, Gates und das Geschäft mit der Angst. Ein Handbuch zur Enttarnung antidemokratischer Netzwerke. (2022 erschienen)
- Helene Stöcker: Unsere Umwertung der Werte. (Deutscher Originaltext von 1897 in englischer, italienischer und russischer Übersetzung; geplant)

Reihe Lebensphilosophie (Jahrbücher):

- I. Jahrbuch für Lebensphilosophie (2005). Zur Vielfalt und Aktualität der Lebensphilosophie. Hg. v. R. J. Kozljanič. (Erschienen)
- II. Jahrbuch für Lebensphilosophie (2006). Leib-Denken. Hg. v. R. J. Kozljanič. (Erschienen)
- III. Jahrbuch für Lebensphilosophie (2007). Praxis der Philosophie – Gernot Böhme zum 70. Geburtstag. Hg. v. U. Gahlings, D. Croome u. R. J. Kozljanič. (Erschienen)
- IV. Jahrbuch für Lebensphilosophie (2008/2009). Lebensphilosophische Vordenker des 18. und 19. Jahrhunderts. Hg. v. R. J. Kozljanič. (Erschienen)
- V. Jahrbuch für Lebensphilosophie (2010/2011). Gelebter, erfahrener und erinnerter Raum. Hg. v. J. Hasse u. R. J. Kozljanič. (Erschienen)
- VI. Jahrbuch für Lebensphilosophie (2012/2013). Dramatisch-freiheitliches Philosophieren. Eberhard Simons in memoriam. Hg. v. T. Dahlheim. (Erschienen)
- VII. Jahrbuch für Lebensphilosophie (2014/2015). Lebensdenkerinnen. Liebe zum Denken – Praxis des Lebens – Weisheit der Liebe. Hg. v. H. Bennent-Vahle, U. Gahlings u. R. J. Kozljanič. (Erschienen)
- VIII. Jahrbuch für Lebensphilosophie (2016/2017). Kritik und Therapie wissenschaftlicher Unvernunft. Hg. v. J. Hasse u. R. J. Kozljanič. (Erschienen)
- IX. Jahrbuch für Lebensphilosophie (2018/2019). Väter, Mütter, Töchter und Söhne der Lebensphilosophie. Hg. v. R. J. Kozljanič. (Erscheint 2018)
- X. Jahrbuch für Lebensphilosophie (2020-2022). Leben, Lieben, Aufbegehren – Sozialismus des befreiten Herzens. (Texte zur sozialistischen, pazifistischen und anarchistischen Lebensphilosophie Band 1). Hg. v. R. J. Kozljanič. (Erscheint 2022)
- XI. Jahrbuch für Lebensphilosophie (2023-2025). Leben, Lieben, Aufbegehren – Anarchismus des befreiten Herzens. (Texte zur sozialistischen, pazifistischen und anarchistischen Lebensphilosophie Band 2). Hg. v. R. J. Kozljanič. (Geplant)

Reihe Lebensphilosophie (Grundlagentexte):

- Philipp Lersch: Erlebnishorizonte – Schriften zur Lebensphilosophie. Herausgegeben und eingeleitet von Thomas Rolf. (2011 erschienen)

- Friedrich Schlegel / Robert Josef Kozljanič: Philosophie des Lebens – Eine Manifestation. (2018 erschienen)
- Max Scheler: Versuche einer Philosophie des Lebens (2018 erschienen)
- Melchior Palágyi: Der Gegensatz von Geist und Leben. Schriften zur schöpferischen Verbindung von Erkenntnistheorie und Vitalismus. Herausgegeben und eingeleitet von Heiko Heublein. Mit einem Vorwort von Prof. Dr. Christian Möckel (2018 erschienen)

Reihe sozialer Humanismus und solidarische Pädagogik:

- Johann Gottfried Herder: Humanismus als Herzensbildung und schöne Wissenschaft. Vorrede und Briefe zu Beförderung der Humanität. Mit einem Nachwort von Prof. Dr. Wilfried Stroh (2018 erschienen)
- Ernesto Grassi / Robert Josef Kozljanič: Zweite Aufklärung und demokratische Bildung. Vom elitären zum sozialen Humanismus. (In Bearbeitung)
- Helene Stöcker: Verkünder und Verwirklicher der Menschenliebe. Sozialhumanistische und pazifistische Beiträge. (In Bearbeitung)
- Rosa Mayreder: Mensch und Menschlichkeit (Geplant)

ALBVNEA VERLAG MVENCHEN

Seldeneckstr. 18
D-81243 München
www.albunea.de
info@albunea.de